王小宁 编著

通过新HSK 5级 听力分类训练

北京语言大学出版社
BEIJING LANGUAGE AND CULTURE UNIVERSITY PRESS

图书在版编目（CIP）数据

通过新HSK听力分类训练. 5级 / 王小宁编著. — 北京：北京语言大学出版社，2014. 6

ISBN 978-7-5619-3720-4

Ⅰ. ①通… Ⅱ. ①王… Ⅲ. ①汉语 – 听说教学 – 对外汉语教学 – 水平考试 – 习题集 Ⅳ. ①H195.4-44

中国版本图书馆CIP数据核字(2014)第070564号

书　　名：通过新HSK · 听力分类训练（5级）
书名拼音：TONGGUO XIN HSK · TINGLI FENLEI XUNLIAN (5 JI)
责任编辑：刘　芬
责任印制：姜正周

出版发行：北京语言大学出版社
社　　址：北京市海淀区学院路15号　　**邮政编码：**100083
网　　址：www.blcup.com
电　　话：发行部　010-82303648 / 3591 / 3650
编辑部　010-82303392
读者服务部　010-82303653
网上订购电话　010-82303908
客户服务信箱　service@blcup.com
印　　刷：北京画中画印刷有限公司
经　　销：全国新华书店

版　　次：2014年6月第1版　2014年6月第1次印刷
开　　本：889毫米 × 1194毫米　　1 / 16　　**印张：**25.75
字　　数：514千字
书　　号：ISBN 978-7-5619-3720-4 / H · 13310
定　　价：65.00元

前　言

新HSK汉语水平考试分为听力、阅读、书写三个部分，其中听力所占比例为45%。因此，听力成绩决定新HSK考试的成败。同时，听力是新HSK考试的第一部分，对整个考试状态的发挥影响很大。要想在新HSK考试中取得理想的成绩，听力训练必不可少。

本书作者在研究、总结新HSK五级考试听力真题以及考生问题的基础上编写了这本书，从以下四个方面对考生进行指导和帮助：

★ 剖析题型规律 ★

通过对2010—2011年20多套听力真题和样题进行研究和分析，总结出听力必考的9大题型、4类话题场景和4种文体，帮助考生充分了解新HSK五级考试，增强学习和复习的针对性。

★ 指导解题技巧 ★

以大量的真题为例，详细分析讲解每类题的题型规律、题型特点及解题技巧，有助于考生快速准确地答题。

★ 提供海量练习 ★

既有按照题型、话题、文体分类的同步练习，又有综合练习，这种全方位、多角度的练习有助于考生在较短时间内提高听力水平。

★ 仿真模拟考试 ★

精心设计了8套仿真模拟试题，供考生自我测试和评估，帮助考生充分适应考试。

此外，本书还配有所有练习题及8套仿真模拟试题的详细答案解析及长达11个小时的高品质录音，方便学生自学与复习。由于本书容量很大，练习题和模拟题选项未按照真题形式分行排版，请广大考生训练时注意！

最后，预祝所有新HSK考生都能全面提高听力水平，顺利通过新HSK五级考试！

编者

2014年2月

CONTENTS
目 录

考前须知

一、关于新HSK

1. 什么是新HSK

新HSK是中国国家汉办在2009年11月正式推出的一项国际汉语能力标准化考试，重点考查汉语非第一语言的考生在生活、学习和工作中运用汉语进行交际的能力。

新HSK分笔试和口试两部分，这两部分是相互独立的。笔试分6级，口试分3级。

笔试	口试
HSK（六级）	HSK（高级）
HSK（五级）	
HSK（四级）	HSK（中级）
HSK（三级）	
HSK（二级）	HSK（初级）
HSK（一级）	

2. 新HSK有什么用

（1）根据中国教育部2010年的最新规定，外国留学生可以凭新HSK成绩报告申请就读中国大学本科专业，新HSK成绩不得低于四级180分。

（2）为院校招生、分班授课、课程免修、学分授予提供参考依据。

（3）为用人机构录用、培训、晋升工作人员提供参考依据。

（4）为汉语学习者了解、提高自己的汉语应用能力提供参考依据。

（5）为相关汉语教学单位、培训机构评价教学或培训成效提供参考依据。

3. 如何参加新HSK考试

（1）报名：①登录www.chinesetesting.cn，选择考点、时间、科目进行网上报名。②到就近考点报名，要带上护照原件和复印件、两张2寸近期免冠照片（彩色和黑白均可）、电子照片（格式为JPG / JPEG，100KB以下）以及报名费。

重要提示

- 报名截止日期为考试日期前27天。
- 特殊要求的考生，请联系汉考国际：
  电话：86-10-59307689　　传真：86-10-59307680
  Email：kaoshi@chinesetesting.cn
  通讯地址：中国北京德胜门外大街德胜国际B座18层汉考国际
  邮政编码：100088

（2）交费：HSK考试报名费因世界各国的政策和货币汇率等原因会有所不同，具体请到汉语考试服务网上查询或向当地的新HSK授权考点查询。

交费的方法有两种：到所选考点直接交纳考试费；在已经开通互联网支付功能的考点报名，可以进行网上交费。

（3）获得准考证：登录www.chinesetesting.cn打印准考证；或联系考点领取准考证。

（4）参加考试：了解考试规则，准备好考试用品，按时参加考试。

重要提示

- 考试时一定要带：身份证件、准考证、两支以上2B铅笔、橡皮。
- 不能带的：录音机、照相机、词典、MP3、移动电话、传呼机、便携式电脑、笔记本、教科书及其他与考试无关的用品。

（5）查询成绩：考试后30天登录www.chinesetesting.cn，输入18位准考证号码和姓名查询。

（6）成绩报告：考后一个月寄往考点，考生可以凭准考证到报名考点领取。

二、关于新HSK五级

1. 什么样的水平可以报考新HSK五级

新HSK五级主要面向按每周2～4课时进度学习汉语两年以上，掌握2500个常用词语的考生，其中包括1200个四级词和1300个五级新增词（详见附录）。

2. 新HSK五级考什么

新HSK五级考查考生的汉语应用能力，通过的考生可以阅读汉语报纸杂志，欣赏汉语影视节目，用汉语进行较为完整的演讲。

新HSK五级共100题，分听力、阅读、书写三部分。

考试内容		试题数量（个）		考试时间（分钟）
一、听力	第一部分	20	45	约30
	第二部分	25		
填写答题卡（将听力部分的答案填涂到答题卡上）				5
二、阅读	第一部分	15	45	45
	第二部分	10		
	第三部分	20		
填写答题卡（将阅读部分的答案填涂到答题卡上）				5
三、书写	第一部分	8	10	40
	第二部分	2		
共计		100		约120

全部考试约125分钟（含考生填写个人信息时间5分钟）。

听力部分考试的试题内容是考场统一播放的录音内容，结合试卷上印刷的听力部分的内容；其他部分考试内容都印刷在试卷上。考生一律在答题卡上作答。

3. 新HSK五级的分数等级和成绩报告

新HSK五级成绩报告提供听力、阅读、书写和总分四个分数。总分180分为合格。

	满分	你的分数
听力	100	
阅读	100	
书写	100	
总分	300	

新HSK成绩有效期为两年（从考试当日算起），可以作为外国留学生进入中国院校学习的汉语能力的证明。

4. 新HSK五级的考试过程

（1）考试开始时，主考宣布：

> 大家好！欢迎参加HSK（五级）考试。

（2）主考提醒考生（可以用考生的母语及其他有效方式）：

① 关闭手机。

② 把准考证和身份证件放在桌子的右上方。

（3）之后，主考宣布：

> 现在请大家填写答题卡。

主考示意考生参考准考证（可以用考生的母语及其他有效方式），用铅笔填写答题卡上的姓名、国籍、序号、性别、考点、年龄、你是华裔吗、学习汉语的时间等信息。

关于华裔考生的概念，可解释为：父母双方或一方是中国人的考生。

（4）之后，主考请监考发试卷。

（5）试卷发完后，主考向考生解释试卷封面上的注意内容（可以用考生的母语及其他有效方式）。

注意

一、HSK（五级）分三部分：

1. 听力（45题，约30分钟）

2. 阅读（45题，45分钟）

3. 书写（10题，40分钟）

二、听力结束后，有5分钟时间填写答题卡。

三、全部考试约125分钟（含考生填写个人信息时间5分钟）。

（6）之后，主考宣布：

> 请打开试卷，现在开始听力考试。

主考示意考生把试卷上的密封条打开（可以用考生的母语及其他有效方式）。

（7）主考播放听力录音。

（音乐，30秒，渐弱）

大家好！欢迎参加HSK（五级）考试。

大家好！欢迎参加HSK（五级）考试。

大家好！欢迎参加HSK（五级）考试。

HSK（五级）听力考试分两部分，共45题。

请大家注意，听力考试现在开始。

第一部分

第1到20题，请选出正确答案。现在开始第1题：

40秒（除音乐外）

第二部分

第21到45题，请选出正确答案。现在开始第21题：

第31到32题是根据下面一段对话：

第33到34题是根据下面一段对话：

第35到36题是根据下面一段话：

第37到38题是根据下面一段话：

第39到42题是根据下面一段话：

第43到45题是根据下面一段话：

听力考试现在结束。

（8）听力播放结束后，主考宣布：

> 现在请把第1到45题的答案写在答题卡上，时间为5分钟。

主考提醒考生把答案写在答题卡上（可以用考生的母语及其他有效方式）。

（9）5分钟后，主考宣布：

> 现在开始阅读考试。考试时间为45分钟。

（10）阅读考试还剩5分钟时，主考宣布：

> 阅读考试时间还有5分钟。

（11）阅读考试结束后，主考宣布：

> 现在开始书写考试。考试时间为40分钟。请用铅笔直接把答案写在答题卡上。

（12）书写考试还剩5分钟时，主考宣布：

书写考试时间还有5分钟。

（13）书写考试结束后，主考宣布：

现在请监考收回试卷和答题卡。

（14）主考清点试卷和答题卡后宣布：

考试现在结束。谢谢大家！再见。

题型特点及解题技巧

新HSK五级听力第一部分是短对话，共20题。第二部分是长对话和短文，共25题。每题都只能听一遍，要求从四个选项中选出正确答案。听听力时放松心态和掌握必要的备考技巧非常关键。

一、题型特点

新HSK汉语水平考试分听力、阅读、书写三个部分，共100题，其中听力占45%。听力所占比重如此之大，如果得分不高，必然会影响整个考试成绩。再加上听力是新HSK考试的第一部分，如果答不好，考生就会产生心理压力，从而影响整个考试。因此，要想在新HSK考试中取得理想的成绩，必须从听力开始。

（一）试题结构

新HSK五级听力总分为100分，包括两部分，如下表所示：

考试内容		试题数量		考试时间
听力（100分）	第一部分	20题	共45题	约30分钟
	第二部分	25题		
填写答题卡				5分钟

第一部分是短对话，共20题。每题听一遍。每题都是两个人的两句对话，第三个人根据对话问一个问题，试卷上提供4个选项，考生根据听到的内容选出答案。

例如 H51003第1题（H=HSK，5=5级，10=2010年，03=第3套题，全书同，后略）

【看到的选项】

A. 银行　　B. 商场　　C. 电梯里　　D. 阅览室

【听到的声音】

女：你好，这儿可以用信用卡吗？

男：小姐，对不起，我们这里只能用现金付款。

问：他们最可能在哪儿？

题解

答案是B。“小姐”“付款”是商场常用的词语。

第二部分是长对话和短文，共25题。每题听一遍。

第21-30题是两个人的4～5句对话。第三个人根据对话问一个问题，试卷上提供4个选项，考生根据听到的内容选出答案。

例如 样题第25题

【看到的选项】

A. 去旅游　　B. 获得国际大奖

C. 成为专业摄影师　　D. 把五大名山都拍下来

【听到的声音】

女：这些照片是你拍的吗？真漂亮，都可以做明信片了！

男：哪里，我这也就是业余水平。我的愿望是能把中国的五大名山都拍下来。

女：你这么喜欢旅游，这个愿望很容易实现的。

男：对，只是需要些时间。

问：男的有什么愿望？

题解

答案是D。从“我的愿望是能把中国的五大名山都拍下来”可知应选D。

第31-45题是4～6段短文，有时也会出现两段5～8句的长对话，每段短文或长对话之后出2～4道题，同样，试卷上每题提供4个选项，考生要根据听到的内容选出答案。每题听一遍。

短文题：

例如 H51001第36到38题

【看到的选项】

36. A. 男朋友　　B. 她一个人住

C. 一个好朋友　　D. 父亲和母亲

37. A. 觉得不方便　　B. 房子价格太高

C. 现在住的地方太远　　D. 想和丈夫住在一起

38. A. 不想搬家　　B. 还在上大学

C. 想买贵的房子　　D. 还没找到合适的房子

【听到的声音】

第36到38题是根据下面一段话：

大学毕业以后，李丽和好朋友陈慧一起找了一套房子，房费一人出一半儿，既省钱又可以有个伴儿，挺好的。可现在陈慧有了男朋友，李丽就觉得不方便了，想找个房子搬出去。两个月过去了，她跑了很多地方，还是没有找到合适的。不是房子太差，就是地方太远，不然就是价钱太贵。李丽说，现在找房子比找男朋友还难。

36. 李丽现在和谁住在一起？

37. 李丽为什么要找房子？

38. 关于李丽，下列哪项正确？

题解

36. C。"大学毕业以后，李丽和好朋友陈慧一起找了一套房子"其中的"好朋友"就是答案。

37. A。"可现在陈慧有了男朋友，李丽就觉得不方便了"其中的"觉得不方便"就是答案。

38. D。"她跑了很多地方，还是没有找到合适的"其中的"没有找到合适的"就是答案。

长对话题：

例如 样题第31到32题

【看到的选项】

31. A. 考试　B. 写作业　C. 踢足球　D. 看球赛

32. A. 妈妈同意了　B. 儿子考得不好　C. 儿子没看球赛　D. 妈妈想看电视

【听到的声音】

第31到32题是根据下面一段对话：

男：妈，今天咱们能不能早点儿吃晚饭？

女：为什么？有什么事情吗？

男：晚上七点有世界杯足球比赛，我想看看。

女：又要看球赛，你的作业写完了吗？

男：放心，我早就写完了。

女：下周二你们不是要考试吗？你准备好了吗？

男：妈，没问题，只要您让我看球赛，我一定考出好成绩。

女：真拿你没办法，好吧。

31. 儿子今天晚上想要做什么？

32. 根据对话，可以知道什么？

题解

31. 答案是D。"晚上七点有世界杯足球比赛，我想看看"意思是想看足球赛。

32. 答案是A。"真拿你没办法，好吧"表示同意。

（二）听力语料

新HSK五级听力以考查汉语交际能力为主要目的，语料的选取注重实用性或交际性。

对话部分的语料一般取自生活中真实场景或语境，句子较口语化，而且不使用长句或者过多的修饰性成分。

短文类型多样，内容丰富、信息量大，涉及社会、经济、科普、文化、人物、教育、艺术、历史、地理、文学、体育、环境等多方面内容。

（三）听力词汇

新HSK五级听力的词语共2500个，其中包括1200个四级词和1300个新增词（见附录）。选项的词汇会控制在2500个之内，一般不会出现超纲词。听力录音中会尽可能多地使用1300个五级新增词，所以熟记这些词语可以帮你更快更准确地答题。

二、解题技巧

（一）放松心态很重要

考试时一定要放松心情，不要紧张。如果有一两个词没有听懂或者一两道题不会做，千万不要再去想它。否则，当你还在冥思苦想的时候，后面的题都已经读完了。这样会破坏你的心情，影响你的情绪，对其他部分的考试也不利。

（二）具体的备考技巧

1. 根据选项预测内容和提问

在听录音之前，你获得的唯一信息就是试卷上的ABCD四个选项，而这四个选项与对话的内容、提出的问题有着密切的联系。所以，必须抓紧空隙时间抢先阅读选项（注意：可利用的空隙时间是填写答题卡的5分钟，还有每题之后的15秒钟）。这样就可以根据选项的内容预测对话或短文的内容和提问方式，提前了解对话内容。只有这样，才能有目的地听，有选择地记。

下面是短对话、长对话、短文三种题型预测对话内容和提问方式的方法，可以熟记。

短对话

真题	你看到的选项	根据选项预测对话内容和提问方式	你听到的录音
H51004第19题	A. 一星期 B. 半个月 C. 一个月 D. 两个月	这四个选项都是时间，而且是时间段，由此可以预测对话内容跟时间有关，因为是时间段，所以问题中应该有“多长时间”“多久”。如果选项是时间点，比如“6点”“1月1号”“春节”等，问题中就会有“什么时候”“哪一天”等。	女：你暑假里有什么计划吗？ 男：我打算和朋友去西安看看名胜古迹。七月中旬出发，月底回来。 问：男的打算去西安多久？ 答案是B。“七月中旬出发，月底回来”，中旬到月底是半个月。

续表

真题	你看到的选项	根据选项预测对话内容和提问方式	你听到的录音
H51001 第6题	A. 学校 B. 饭店 C. 商场 D. 地铁	这四个选项都是处所，由此可以预测对话内容跟地点有关，问题应该有“什么地方”“哪里”“哪儿”或者“什么场合”。	男：小姐，我们可以坐这儿吗？ 女：对不起，三号桌已经有人订了。您这边请可以吗？ 问：对话最可能发生在什么地方？ 答案是B。“三号桌已经有人订了”是饭店的常用语。
H51117 第2题	A. 新来的总裁 B. 报社的记者 C. 儿子的班主任 D. 出版社的编辑	这四个选项都是人物，由此，我们可以预测出问题应该是对人物提问的，所以，问题中应该有“谁”。	男：出版社的那个冯编辑你认识？ 女：在一个会议上见过面，但是没打过交道。 问：他们在谈谁？ 答案是D。“出版社的那个冯编辑你认识”其中的“出版社的编辑”就是答案。
H51004 第4题	A. 教练 B. 秘书 C. 大夫 D. 教授	这四个选项都是有关职业身份的词，需要我们从对话中判断出说话人的职业身份，所以问题中应该有“……最可能是做什么的”。	男：王总，这几份文件需要您签字。 女：先放这儿吧。你去联系一下王经理，转告他下午的会议取消了。 问：男的最可能是做什么的？ 答案是B。“姓+总”是下级或者秘书对总经理的称呼。
H51113 第16题	A. 整体不错 B. 逻辑性很强 C. 句子不太通顺 D. 结构不太合理	这四个选项里面都有形容词：“不错”“强”“通顺”“合理”，这种题大多是问评价感受的，提问的方式一般是“……怎么样”。	男：我写的那份报告您看了吗？ 女：看了，整体上写得不错，只有几个小地方还要再修改一下。 问：女的觉得那份报告怎么样？ 答案是A。“看了，整体上写得不错，只有几个小地方还要再修改一下”其中“整体上不错”就是答案。

续表

真题	你看到的选项	根据选项预测对话内容和提问方式	你听到的录音
H51113 第17题	A. 赞成 B. 推辞 C. 反对 D. 无所谓	这四个选项都是有关态度语气的词，提问的方式一般是“说话人是什么态度／语气”。	女：我们的婚礼能不能考虑请我的导师来主持？ 男：当然可以，要是你的导师能来主持，那是再好不过了。 问：男的是什么态度？ 答案是A。“再好不过了”意思是非常好，表示赞成。
H51116 第13题	A. 情绪不好 B. 没女朋友 C. 和女朋友吵架了 D. 送女朋友花儿了	这题BCD三个选项中都有“女朋友”，由此可知问题是对男的提问的。那么，男的做了什么事情？这就是问题所要问的。问题可能会问“关于男的，可以知道什么”或者“男的怎么了”。	女：你女朋友收到你的花儿，是什么反应啊？ 男：她有点儿意外，当然也很感动。 问：关于男的，可以知道什么？ 答案是D。从“你女朋友收到你的花儿，是什么反应啊”可知，男的送女朋友花儿了，故选D。
H51113 第2题	A. 太贵了 B. 没有时间浇水 C. 家里没有花瓶 D. 她妈妈对花粉过敏	从这四个选项中的“贵”“浇水”“花瓶”“花粉过敏”可以知道，对话的内容跟“买花”有关，而且没有买成。那么，为什么没有买？这就是问题所要问的。问题中可能会有“为什么……”或者“……是什么原因”。	男：明天是母亲节，我们去给你妈买束鲜花怎么样？ 女：千万别，我妈花粉过敏。 问：女的为什么不让买鲜花？ 答案是D。“我妈花粉过敏”就是答案。
H51001 第9题	A. 洗澡 B. 等车 C. 看电视 D. 洗衣服	这四个选项都是动词短语，表示动作，由此我们可以预测出，问题可能要问谈话人在做什么或者在谈论什么。	女：冬冬，都几点了！快去洗澡吧。 男：等一会儿，动画片马上就完了。 问：冬冬在做什么？ 答案是C。“动画片”是电视节目。

长对话

H51001第33到35题

<table>
<tr><th>真题</th><th>你看到的选项</th><th>根据选项预测对话内容和提问方式</th><th>你听到的录音</th></tr>
<tr><td rowspan="3">H51001
第33到
35题</td><td>33. A. 夫妻
B. 同事
C. 经理和职工
D. 老师和学生</td><td>第33题的四个选项都是表示人物之间关系的词语，因此要注意对话中表示人物关系的词语。这类题提问的方式应该是“说话人／他们是什么关系”。</td><td rowspan="3">第33到35题是根据下面一段对话：
女：小王，怎么最近在车站看不到你了？
男：我买汽车了，现在每天开车上班，所以不用挤公共汽车了。
女：你买车了？太好了。开车上班的感觉不错吧？
男：刚开始的时候挺紧张的，开得很慢，车一多就害怕，现在好多了。
女：慢慢就习惯了。那下周末咱公司去郊区玩儿你就可以自己开车去了。
男：我还没有开车去过郊区呢，那条路也不熟，我还是想坐公司的车去。
女：是，还是坐车轻松。你忙吧，张经理还在等着看这份文件呢，我现在给他送过去。
男：那好，咱们有时间再聊。
33. 说话人是什么关系？
34. 男的下周末要做什么？
35. 这段对话最有可能发生在什么地方？</td></tr>
<tr><td>34. A. 看病
B. 送文件
C. 去郊区玩儿
D. 去国外出差</td><td>第34题的四个选项都是动词性的短语，表示不同的活动安排，由此可以预测出问题是“谁做什么”。因此，要特别注意听谈话人提到的“做什么”。</td></tr>
<tr><td>35. A. 车上
B. 餐厅
C. 汽车站
D. 办公室</td><td>第35题的四个选项都表示地点，由此可以预测出问题应该是“对话发生在哪儿”“谁在哪儿” 或者“谁在什么地方”。要特别注意通过一些词语判断谈话地点。</td></tr>
</table>

这一题有3组选项，说明要提3个问题。从这三组选项，我们可以预测出对话的内容和提问的方式。这样，就可以带着这三个问题，有目的地听对话中的相关词语，做到成竹在胸。

第33题答案是B。“下周末咱公司去郊区玩儿”，从“咱公司”可以知道，他们是同事关系。

第34题答案是C。答案也在“下周末咱公司去郊区玩儿”，因为跟“下周末”最近的动词性词语是“去郊区玩儿”。

第35题答案是D。通过女的说的最后一句话“张经理还在等着看这份文件呢，我现在给他送过去”可以知道他们的对话最可能发生在办公室。

短文

样题第39到42题

<table>
<tr><th>真题</th><th>你看到的选项</th><th>根据选项预测短文内容和提问方式</th><th>你听到的录音</th></tr>
<tr><td rowspan="2">样题第39到42题</td><td>39. A. 他有很多马
B. 他知道马会回来
C. 儿子会把马找回来
D. 他认为马丢了不一定是坏事</td><td>第39题的四个选项中都有“马”，由此可以猜测出这篇短文讲的内容跟“马”有关，其中涉及的两个人，一个是“他”，一个是“儿子”。发生的事情可能是“马丢了”，因BCD三个选项分别有“马会回来”“把马找回来”“马丢了”。那么“马丢了”，能回来吗？如果没回来，它去了哪儿？最后怎么样了？“他”或者“儿子”会有什么反应呢？这些都可能是要提出的问题。</td><td rowspan="2">古时候有一个老人。一天，他的一匹马跑到了另一个国家。大家都安慰他，可是他却说：“马丢了一定是坏事吗？我看不一定。”果然，不久以后，那匹马带着一匹外国的好马回来了。大家又都跑过来祝贺他。可是老人说：“马回来了也不一定是好事啊。”果然，一天早上，老人的儿子骑那匹好马时把腿摔断了。可是，面对大家的同情，老人还是那句话：“你们怎么能够马上判断出这是好还是坏呢？”
第二年，发生了战争，所有的成年男人都不得不去当兵，大多数都死在了战场上。可是，老人的儿子由于断了一条腿，留在了家里，保住了自己的命。
39. 老人的马丢了，他为什么不难过？</td></tr>
<tr><td>40. A. 受伤了
B. 独自回来了
C. 跑到国外了
D. 带着另一匹马回来了</td><td>第39题已经预测了这个问题。</td></tr>
</table>

续表

<table>
<tr><th>真题</th><th>你看到的选项</th><th>根据选项预测短文内容和提问方式</th><th>你听到的录音</th></tr>
<tr><td rowspan="2"></td><td>41. A. 摔断了腿
B. 不会骑马
C. 还没有成年
D. 要照顾老人</td><td>第41题的四个选项似乎跟人有关，可能说的是“他”，也可能说的是“儿子”。但是从CD两个选项“没有成年”“要照顾老人”可以猜出，多半说的是“儿子”，所以要特别注意听跟儿子有关的内容。</td><td rowspan="2">40. 老人丢的那匹马后来怎么样了？
41. 老人的儿子为什么不去打仗？
42. 老人是个什么样的人？</td></tr>
<tr><td>42. A. 充满智慧
B. 十分天真
C. 有点糊涂
D. 热爱和平</td><td>第42题的四个选项也都是说人的，可能说的是“他”，也可能说的是“儿子”。但是，AC两个选项“充满智慧”“有点糊涂”一般是说老人的，因此问题可能会对老人进行提问。</td></tr>
</table>

这段话有4组选项，说明要提出4个问题让你回答。通过预测和分析，你就会心中有数，听的时候心情也会比较放松，觉得听懂短文不太难了。

第39题答案是D。这从短文中老人的话“马丢了一定是坏事吗？我看不一定”可知。

第40题答案是D。“那匹马带着一匹外国的好马回来了”就是答案所在。

第41题答案是A。“老人的儿子由于断了一条腿，留在了家里，保住了自己的命”告诉了我们答案。

第42题答案是A。这个答案是用逻辑推理得来的。从短文可以看出，老人看待问题很全面，不盲目乐观或悲观，可知老人充满智慧。

2. 边听边记

（1）用汉语拼音记：用汉语拼音或者自己熟悉的符号做简单记录，以便提示自己。个别没听清楚的地方可忽略，以免影响听后面的内容。

（2）记关键词：根据选项的提示，记下相应的时间、数字、人名、地点、原因、结果等关键词。对话所要谈论的关键词一般出现在第一句话，尤其是名词、动词和形容词，抓住第一句话的关键词，就抓住了对话的线索。

例 1 H51004第13题

【看到的选项】

A. 取消了　　B. 晚点了　　C. 上座率不高　　D. 正在紧急降落

【听到的声音】

女：真糟糕，飞往伦敦的航班取消了。

男：也不知道这大雾什么时候才能停。

问：飞往伦敦的航班怎么了？

题解

答案是A。第一句话的关键词是名词“航班”和动词“取消”。

例 2 H51113第13题

【看到的选项】

A. 还没有装修　　B. 有100多平米

C. 周围环境不好　　D. 女的觉得面积很大

【听到的声音】

女：这个房子还挺大的，得有九十多平米吧，就你一个人住？

男：不是，我跟一个朋友合租的。

问：关于这个房子，可以知道什么？

题解

答案是D。这是跟住房相关的话题。第一句话中名词“房子”和形容词“大”都是关键词。

3. 听清问句

（1）分清男女：录音中男女声音的出现没有规律，第一句话有时候是男的，有时是女的，所以，一定要听清问题是对男说话人提问还是对女说话人提问。例如：

问：男的平时看电视吗？

问：男的是什么意思？

问：男的明天要去哪儿？

问：男说话人认为他们的关系怎样？

问：女的要坐什么时候的火车？

问：女的是什么口气？

问：女的为什么没有上大学？

问：关于女说话人，我们可以知道什么？

（2）分清人名、称呼：如果对话中有人名或者称呼，一定要用拼音记下来，以防对其提问。例如：

问：冬冬为什么不想出去玩儿？

问：老李是从事哪种工作的？

问：小张迟到了多长时间？

问：妈妈的生日是几号？

（3）分清肯定和否定：有些问题是用否定的方式提出的，一定要注意。例如：

问：说话人没有提到哪个东西？

问：下面哪件事是没有提到的？

问：哪所大学他还没去？

问：下面哪个不是地铁的特点？

问：下面哪种东西不是小刘买的？

4. 熟悉常考话题和场景

新HSK听力以考查汉语交际能力为主要目的，选择的语料很注重实用性和交际性，尤其是对话部分，一般都取自生活中的真实场景或语境，因此，对话部分常考的话题也主要有四大类：

（1）日常生活话题，例如：餐馆订位吃饭、商场超市购物、医院看病、住房租房、乘坐火车飞机、谈论天气、美容美发等。

（2）办公商务话题，例如：会议会务、公司经营、招聘面试、办公事务等。

（3）学校教育话题，例如：课程、考试、毕业等。

（4）休闲娱乐话题，例如：体育活动、看电影电视、旅游休闲等。

如果你能熟悉这些常考的话题场景，并在平时训练时注意发挥想象力，想象出相应的生活场景，定能在考试中轻松地听、准确地选。

5. 掌握常考词语和句子

（1）掌握与常考话题场景相关的语句，例如与餐馆订位吃饭相关的词语和句子有：

词语：预订座位（订位）、订桌、几号桌、靠窗、包间、包桌、菜单、打包

句子：请给我看一下菜单。

服务员，点菜。

来一个麻婆豆腐。

先点这些吧。

少放点儿盐。

（2）特殊句式：新HSK听力考试中较难的句式是比较句、反问句、强调句。

（3）五级词汇：要掌握新HSK五级考试要求掌握的2500个词语，尤其是其中的1300个新增词（详见附录）。

题型规律与技巧运用

为了便于考生更好地理解、掌握新HSK五级听力的特点，我们把听力第一部分和第二部分按照题型分为短对话、长对话、短文三类，并从题型、话题、文体三个方面对新HSK五级听力试题进行分析和训练。

听力第一部分（1） 短对话及其9大必考题型

- 测试内容：短对话一般取自生活中真实场景或语境，内容多与日常生活、学习、工作、娱乐相关。
- 测试重点：短对话句子结构比较简单，信息量也较少。要求考生有扎实的语言基础，对较短的语言材料有较快的反应和正确的理解、判断。
- 测试难点：句子短，信息量少，需要记忆力好，反应快。
- 通过对样题和2010—2011两年的20多套真题进行研究，我们发现，短对话常考的题型主要有9种，它们是：时间数字题、地点场合题、职业身份题、人物关系题、话题行动题、评价感受题、语气态度题、事实推理题、逻辑关系题。

下面我们将就这9种题型的规律、解题技巧做逐一的讲解、提示，并做同步训练。

一、题型规律、解题技巧、同步训练

（一）时间数字题

1. 什么是时间数字题

时间数字题新HSK五级听力必考，尤其是时间题，每次考试都不少于两道题。

时间题常考年月日、钟点、季节、节假日等，数字题常与价格、年龄、人数、重量、房间号、车次、电话号码以及动作的次数等有关。

例1 样题第4题

【看到的选项】

A. 下个星期　　B. 月底　　C. 下个月　　D. 明年

【听到的声音】

男：您的作品什么时候能跟读者见面呢？

女：应该很快了，我已经修改完并交给出版社了，下个月就能出版。

问：这本书什么时候能出版？

题解

第一步，读选项，预测内容和问题。这四个选项都是时间词，由此可预测问题中一般会包含“什么时候”这类表示时间的结构。

第二步，边听边记跟时间相关的信息。

第三步，听清问句。问题是“这本书什么时候能出版”。

第四步，选择答案。答案是C。“下个月就能出版”直接给出了答案“下个月”。

例2

【看到的选项】

A. 一层　　B. 七层　　C. 八层　　D. 九层

【听到的声音】

男：请问，招生办公室在哪儿？

女：八楼，靠右边9号就是。不过电梯只能到七楼，你得自己爬一层。

问：招生办公室在几层？

题解

第一步，根据选项预测内容和问题。这题的四个选项都跟数字有关系，“层”是量词，指楼层。由此可以猜出问题应该是对楼层提问的，比如“……在第几层”。

第二步，边听边记数字。注意听第几层。

第三步，听清问句。问题是“招生办公室在几层”。

第四步，选择答案。答案是C。“电梯只能到七楼，你得自己爬一层”，7+1=8。而且前面也直接提到了“八楼”。

2. 题型标志

（1）选项特点

时间数字题可以很容易从选项上辨认出来，ABCD四个选项一般都是表示时间或者数字的词语，例如：

①表示时间：

表示年：A. 2012年　B. 2010年　C. 今年　D. 明年

表示月：A. 3月初　B. 3月　C. 4月中旬　D. 4月底

表示日：A. 今天　B. 前天　C. 后天　D. 明天

表示星期：A. 星期三　B. 星期四　C. 星期五　D. 星期六

表示钟点：A. 9点　B. 8点半　C. 8点50　D. 10点

表示节日、纪念日：A. 元旦　B. 国庆节　C. 结婚纪念日　D. 男的的生日

②表示数字：多以“数词＋量词”形式出现

表示价格：A. 70元　B. 80元　C. 90元　D. 100元

表示年龄：A. 20岁　B. 40岁　C. 23岁　D. 46岁

表示身高：A. 一米五　B. 一米六八　C. 一米七　D. 五十公分

表示重量：A. 半斤　B. 一斤半　C. 一斤八两　D. 一公斤

表示房间号：A. 1号楼1808　B. 二门3层301

C. 10号楼三单元101号　D. 7层5号

表示车次：A. T17次列车　B. T11次列车　C. K16次列车　D. K13次列车

表示动作的次数：A. 一次　B. 两次　C. 三次　D. 四次

表示电话号码：A. 62773012　B. 13501214168

C. 62785001转880　D. 010–62753050

（2）提问方式

时间数字题的问句中多数都有提问时间或者数字的疑问词。

对时间提问：问句常有“什么时候”“哪天”“多长（时间）”“多久”“星期几”“几点”“几号”“哪个季节”等询问时间的词语。例如：

问：现在最可能是什么时候？

问：女的的生日是哪天？

问：这本书什么时候能出版？

问：男的打算先去多久？

问：他们准备几点见面？

问：现在是哪个季节？

问：明天是什么日子？

对数字提问：问句中常有“多”“多少”“几”这样的疑问词。例如：

问：体育场现在有多少个座位？

问：乒乓球在中国有多少年的历史？

问：编辑建议将论文改为多少字？

也有其他的提问方式，例如：

问：男（女）的主要是什么意思？

3. 题型规律

时间数字题常见的形式有两种，一种是直接型，另一种是计算型。

（1）直接型

即正确答案与录音中出现的时间数字完全相同，或者意思上相近，只是变换了一种表达方式。这种类型主要有两种出题方法：

① 正确答案与录音中出现的时间数字完全相同，简单地说就是听到什么选什么。

例1 H51003 第15题

【看到的选项】

A. 元旦　　B. 国庆节　　C. 结婚纪念日　　D. 男的的生日

【听到的声音】

女：明天是咱俩的结婚纪念日，你有什么打算？

男：这么特殊的日子，我听你的安排好了。

问：明天是什么日子？

题解

第一步，根据选项预测内容和问题。这四个选项都是节日或者纪念日，可以预测问题中一般会出现“……什么日子”。

第二步，边听边记预测的内容。注意：元旦是1月1号，国庆节是10月1号。

第三步，听清问句。这题的问句是“明天是什么日子”。

第四步，选择答案。答案是C。“明天是咱俩的结婚纪念日”其中的“结婚纪念日”就是答案。

例2

【看到的选项】

A. 40元　　B. 350元　　C. 700元　　D. 1050元

【听到的声音】

女：先生，这儿游一次泳多少钱？

男：一次两小时40块，如果办月卡的话，每月350，也可以办季卡，一张700。

问：季卡一张多少钱？

题解

第一步，根据选项预测内容和问题。这道题的四个选项都是数字——人民币的金额，所以问题中一般会出现“……多少钱”。

第二步，边听边记人民币的钱数。

第三步，听清问句。这道题的问题是“季卡一张多少钱”。

第四步，选择答案。答案是C。“也可以办季卡，一张700”直接说出了答案。

要想正确解答这种问题，必须熟练掌握汉语时间数字的表达法，特别是年、月、日、星期、钟点、节假日、纪念日表达法，以及数字，比如价格、年龄、重量、身高、车次、电话号码等的表达法。例如：汉语中习惯上用“一刻”表示15分钟，“半”表示30分钟。

② 正确答案与录音中的时间数字词意思相近，只是变换了一种表达方式。

例1

【看到的选项】

A. 几分钟前　　B. 几分钟后　　C. 很早　　D. 很晚

【听到的声音】

男：刚才王老师来过电话，让你回来后赶快去开会。

女：没问题。

问：王老师什么时候来的电话？

题解

第一步，根据选项预测内容和问题。这四个选项都跟时间有关系。所以问题中一般会有“……什么时候”“……几点”等。

第二步，边听边记跟时间相关的内容。注意听“前”和“后”，“早”和“晚”。

第三步，听清问句。这道题的问题是“王老师什么时候来的电话”。

第四步，选择答案。答案是A。这一题的关键词是“刚才”。“刚才”就是“几分钟前”的意思。像这样表达时间的词语还有“马上”“立刻”“过几天”“准时”“一时”“往年”“最近”“总是”“平时”等。

例2 H51116 第11题

【看到的选项】

A. 睡前吃　　B. 饭后吃　　C. 一日两次　　D. 每次三粒

【听到的声音】

女：这个胃药你一天吃两次，一次两粒。

男：好的，我明白了，大夫。

问：胃药应该怎么吃？

题解

第一步，根据选项预测内容和问题。四个选项中A和B跟时间有关系，C和D跟数字有关系，那么问题可能是对时间提问的，也可能是对数字提问的。

第二步，边听边记时间和数字。着重听“睡前”和“饭后”，“两次”和“两粒”。

第三步，听清问句。问题是“胃药应该怎么吃”。

第四步，选择答案。答案是C。“这个胃药你一天吃两次，一次两粒”其中的“一天吃两次”就是“一日两次”。

（2）计算型

这种题的正确答案与录音中出现的时间数字不完全一样，需要进行简单的计算，才能找出正确答案。要熟练掌握这种题中跟计算相关的词语，比如“一共”“倍”“打折”等。

例1 样题第13题

【看到的选项】

A. 9月30号　　B. 10月1号　　C. 10月2号　　D. 10月3号

【听到的声音】

女：谢谢你的礼物，真没想到你还记得我的生日。

男：我的生日正好是十月一号国庆节，第二天就是你的生日，很好记。

问：女的的生日是哪天？

题解

第一步，根据选项预测内容和问题。这题的四个选项都是日期，因此问题可能会问“……哪天”或者“……什么时候”。

第二步，边听边记时间词。要特别注意10月1号，因为这天是中国的国庆节。

第三步，听清问句。由问句可知，该题是问“女的的生日是哪天”。

第四步，选择答案。答案是C。男的说“我的生日是十月一号……，第二天就是你的生日”。要正确选择这道题的答案，不能直接选择听到的日期，不但要听懂男的说的第一句话，还要听懂第二句话，因为第二句话间接表达出了答案。

例2

【看到的选项】

A. 300元　　B. 240元　　C. 120元　　D. 60元

【听到的声音】

女：这件衬衣多少钱？

男：平时300元，周末八折优惠。

问：这件衬衣星期六买要花多少钱？

题解

第一步，根据选项预测内容和问题。这题的四个选项都是钱数，内容可能跟购物、付款有关，问题可能会问“……多少钱”。

第二步，边听边记跟钱数以及与计算有关的词语。

第三步，听清问句。问题是问“这件衬衣星期六买要花多少钱”。

第四步，选择答案。答案是B。注意汉语中的“八折”就是按80%计算。用乘法计算：300元×80%=240元。

4. 解题技巧

（1）根据选项预测内容和问题。

（2）边听边做简单的笔记，便于计算。

直接型的时间数字题一般只有一个时间或数字，你听到的时间或数字就是答案。因此要迅速地用汉语拼音或者你熟悉的符号记下这个时间或数字。

计算型的时间数字题常常会有两到三个跟时间数字相关的词语，这几个词语都会出现在选项中，具有一定的迷惑性，你需要根据前后句的意思进行推理、计算。

（3）掌握常考的时间、节日、数字的表示法。

下面是一些常用的时间、数字表示法，如果你能够熟练掌握，就可以大大提高做题速度。要特别注意带有“提前、推迟”“增加、减少”概念的词语。

① 时间的表示法

表示法	举例
钟点的表示法	刻=15分钟 一点一刻（1：15） 五点三刻（5：45） 半=30分钟 三点半（3：30） 过：用在“点”后。 十二点过五分（12：05） 差：用在“点”前或后。 差五分五点／五点差五分（4：55）
年的表示法	前年、去年、今年、明年、后年、年初、年终、年底／末
月的表示法	上（个）月、这（个）月、下（个）月、月初、月中、月底／末
星期的表示法	上星期／周、这星期／周、下星期／周、周末
日期的表示法	大前天、前天、昨天、今天、明天、后天、大后天
表示“提前”的词语	早、快、提前、早点儿
表示“推迟”的词语	晚、晚点、慢、推迟、耽误
其他跟时间相关的词语	马上、立刻、过几天、准时、一时、往年、最近、总是、平时

② 中国的主要节日及其对应的时间

节日	具体时间
新年（元旦）	1月1日
春节	农历正月初一
妇女节	3月8日

续表

清明节	4月4日 / 5日
劳动节	5月1日
儿童节	6月1日
端午节	农历五月初五
教师节	9月10日
中秋节	农历八月十五
国庆节	10月1日

③ 数字的表示法

表示法	举例	常用问句
年龄的表示法	半岁、一岁、一岁半、十岁、十岁半	几岁了？ 多大了？ 多大岁数了？
价格的表示法	书面语：元、角、分 口　语：块、毛、分	多少钱？ 怎么卖的？
重量的表示法	吨、公斤、千克、克、斤、两	多重？ ……有多重？
长度的表示法	公里、千米、米、厘米	多长？ ……有多长？
号码的表示法	电话号码：62785548 房间号：331号房间 公共汽车（公交车）：55路 火车：T42次（读作：特42次列车） 飞机：909次（航班）	电话号码是多少？ 哪个房间？ 几路车？ 哪次火车？ 哪个航班？
数的表示法	序数：第一、老大、初一 分数：二分之一、三分之二 百分数：百分之三十 小数：0.125（零点一二五） 倍数：两倍、三倍 概数：左右、上下、来、多、几	
表示“增加”概念的词语	增加、多、贵、老、大、高、重、长、还有、倍	
表示“减少”概念的词语	减少、少、剩、差、降、便宜、小、年轻、低（矮）、轻、优惠、半价、……折、……成、百分之……	

5. 同步训练

第1–15题：请选出正确答案。

1. A. 7：25　　B. 7：30　　C. 7：35　　D. 7：40
2. A. 16个小时　　B. 12个小时　　C. 10个小时　　D. 4个小时
3. A. 一点　　B. 一点半　　C. 两点　　D. 两点半
4. A. 五月一号　　B. 五一以前　　C. 五一以后　　D. 四月底五月初
5. A. 6点45分　　B. 7点　　C. 7点半　　D. 8点
6. A. 8点一刻　　B. 7点45分　　C. 9点　　D. 8点半
7. A. 2次　　B. 3次　　C. 不到3次　　D. 至少3次
8. A. 150块　　B. 140块　　C. 130块　　D. 120块
9. A. 31元　　B. 28元　　C. 25元　　D. 30元
10. A. 100元　　B. 250元　　C. 350元　　D. 450元
11. A. 零下20度　　B. 零下26度　　C. 零下6度　　D. 零下14度
12. A. 男的从前没出过远门儿　　B. 男的第一次出远门儿
    C. 男的不想出远门儿　　D. 男的出远门儿已经不止一次了
13. A. 一次　　B. 两次　　C. 三次　　D. 四次
14. A. 5天　　B. 7天　　C. 10天　　D. 12天
15. A. 23公斤　　B. 26公斤　　C. 3公斤　　D. 6公斤

（二）地点场合题

1. 什么是地点场合题

地点场合题主要是对地点和场合进行提问，常常需要根据对话内容判断出说话人所在的地点、想去的地方或者动作行为发生的场合。这种题型在新HSK听力中常考。

例1 样题第14题

【看到的选项】

A. 车站　　B. 学校　　C. 医院　　D. 机场

【听到的声音】

男：车快开了，我要上车了。

女：好，祝你一路平安。到了以后给我来电话。

问：他们最可能在哪儿？

题解

第一步，根据选项预测内容和问题。这题的四个选项都是地点。问题一般会问“……在哪儿”“……在什么地方”。

第二步，边听边记跟地点相关的词语或者表达。

第三步，听清问句。由问句可知，该道题问的是地点，“他们最可能在哪儿”。

第四步，选择答案。答案是A。从“车快开了，我要上车了”可以知道是在车站。

例2

【看到的选项】

A. 婚礼上　　B. 大会开幕式上　　C. 大会闭幕式上　　D. 告别宴会上

【听到的声音】

男：预祝这次大会圆满成功！

女：干杯！

问：男的是在什么场合讲话？

题解

第一步，根据选项预测内容和问题。这题的四个选项是四个不同的场合。不同的场合有不同的表达。问题可能会问“……是在什么场合说的”“……是在什么场合讲话”。

第二步，注意听记跟地点、场合相关的词语。

第三步，听清问句。这道题的问题是“男的是在什么场合讲话”。

第四步，选择答案。答案是B。“预祝”，意味大会刚开始，是开幕式上常用的词语。

2. 题型标志

（1）选项特点

地点场合题的四个选项一般都是表示地点的词语或结构，比如城市名、处所名词，也可能是用方位词组（名词／名词性词组+方位词）表示的地点。例如：

国家名：　A. 中国　　B. 埃及　　C. 英国　　D. 印度

城市名：　A. 杭州　　B. 北京　　C. 上海　　D. 西安

处所名词：A. 银行　　B. 商场　　C. 机场　　D. 学校

方位词组：A. 婚礼上　B. 大会开幕式上　C. 大会闭幕式上　D. 告别宴会上

（2）提问方式

地点场合题的问句中常常有“哪儿”“什么地方”或“什么场合”。例如：

问：他们最可能在哪儿？

问：男（女）的最可能在哪儿？

问：问路人要去哪儿？

问：男的明天要去哪儿？

问：……在哪儿／什么地方工作？

问：对话可能发生在什么地方？

问：这句话是在什么场合说的？

3. 题型规律

地点场合题也有两种：一种是直接型，一种是间接型。

（1）直接型：即直接提到某个地点或者场合。

例1 H51002 第2题

【看到的选项】

A. 车展会　　B. 图书馆　　C. 博物馆　　D. 动物园

【听到的声音】

男：明天下午有个车展，我们去看，你呢？

女：我还在犹豫，下午有个讲座，我很想去听听。

问：男的明天要去哪儿？

题解

第一步，根据选项预测内容和问题。这题的四个选项都是地点，问题可能会出现“……哪儿”“……什么地方”。

第二步，边听边记，注意听跟这四个地点相关的词语。

第三步，听清问句。这道题的问题是“男的明天要去哪儿”。

第四步，选择答案。答案是A。这是一道直接型的地点题。男的说的第一句话“明天下午有个车展”直接说出了答案。“车展”就是“车展会”，其他几个选项对话都没有提到。

例2

【看到的选项】

A. 总结大会　　B. 开学典礼　　C. 教材订货会　　D. 教学讨论会

【听到的声音】

女：今天这个教学讨论会开得不错，讨论了很多教学、教材中存在的问题。

男：对，以后这种会应该定期开，及时沟通。

问：对话最可能发生在什么场合？

题解

第一步，根据选项预测内容和问题。这题的四个选项都是会议名称，问题可能会出现"……在什么场合"。

第二步，边听边记，注意听相关的词语。

第三步，听清问句。问题是问"对话最可能发生的场合"。

第四步，选择答案。答案是D。这是一道直接型的场合题。"今天这个教学讨论会开得不错"其中的"教学讨论会"就是答案。

（2）间接型，即通过对话内容暗示出某个地点或者场合。新HSK五级听力大部分地点场合题属于这一种。

例1 H51005第3题

【看到的选项】

A. 商场　　B. 加油站　　C. 电梯里　　D. 博物馆

【听到的声音】

女：这两条牛仔裤我都要了。

男：好的，给您小票，收款台在那边儿，请您去那儿付款。

问：他们最可能在哪儿？

题解

第一步，根据选项预测内容和问题。这题的四个选项都是地点，问题可能会出现"……哪儿""……什么地方"。

第二步，边听边记，注意听跟这四个地点相关的词语。

第三步，选择答案。答案是A。这是一道间接型的地点场合题。选项中的几个地点在对话中都没有出现，你只能通过对话中的"牛仔裤、小票、收款台、付款"这些商场里常使用的词语来推测出答案。

例2

【看到的选项】

A. 毕业典礼　　B. 开学典礼　　C. 公司庆典　　D. 生日宴会

【听到的声音】

男：各位马上就要走上工作岗位了，希望你们为母校争光。

女：我们绝不辜负校长的期望。

问：对话最可能发生在什么场合？

题解

第一步，根据选项预测内容和问题。这题的四个选项都是有关场合的结构，问题可能会问"……什么场合"。

第二步，边听边记，注意听跟这四个场合相关的词语。

第三步，选择答案。答案是A。"校长"是学校常用的词语。"马上就要走上工作岗位了"意思是马上就要毕业了。"希望你们为母校争光"是毕业典礼上常听到的话。

4. 解题技巧

（1）熟悉此类题选项中常出现的词语，迅速判断题型。

① 常见的地点类词语

办公室	保险公司
宾馆（饭店、酒店、旅馆）	博物馆
餐厅（饭馆儿、快餐厅、小吃店、食堂）	出版社
船上	地铁
电视台	电梯里
电影院	动物园
法院	飞机上
服装市场	高速公路入口
公共汽车上	公司
海边	海关
火车上	加油站
汽车修理店	公共汽车站
沙漠	商场（百货店、超市、小卖部）

学校　　图书馆
雪山　　医院
银行　　邮局
阅览室　　长途汽车站

② 常见的场合类词语

毕业典礼　　车展会
房展会　　婚礼
开学典礼　　生日宴会
讨论会　　招聘会
总结会

（2）要熟悉下列常考的地点场合及相关语句，这样，你就能根据这些词语迅速做出判断。

常考的地点场合	相关词语	常用语句
商场（百货店、超市等购物场所）	服装鞋帽：毛衣、衣服、裙子、鞋、款式、合适、颜色、尺寸、大小、时尚、式样、号码、肥瘦、长短、老气 优惠活动：降价、促销、打折、打七折、85折优惠、买一送一、甩卖 售后服务：退货、换货、保修、保修期、免费安装、上门修理、送货上门、说明书、厂家 付款／交款：收款台（收银台）、信用卡、现金、刷卡、零钱、发票 其他：服务员、柜台、购物车、开门、关门、开张、挑选、进价、涨价／提价 网上购物：网银（网上银行）、支付宝、包邮、满100免邮、限时抢购、包快递、到付、在线支付、运费险、团购、正品保证、在线客服、退货、换货、付款后48小时内发货（预售商品除外）、七天无理由退换、拍、宝贝、实物拍摄、清仓、新品专区、收藏本店、皇冠店家、好评、亲	您想买点儿什么？ 我可以试试吗？ 有其他颜色的吗？ 给我看看。 多少钱？ 这是我昨天买的，想换一下。 这件衣服有问题，我想退了。 请到收银台付款。 收您50，找您10块。 可以用信用卡吗？ 请拿好小票。 请给我开一张发票。

续表

常考的地点场合	相关词语	常用语句
餐厅（饭馆儿、快餐店、小吃店、食堂）	小姐、先生、服务员、师傅、顾客 预订座位（订位）、订桌、几号桌、靠窗、包间、包桌、吸烟区、无烟区 菜单、点（菜）、味道、地道 热菜、凉菜、汤、油腻、清淡 酒水、饮料、啤酒、白酒、红酒 火锅、面食、主食、点心 筷子、勺子、碗、餐巾纸、牙签 结账/埋单、发票、打包、团购	我要订两个靠窗的座位。 三号桌已经有人订了。您这边请可以吗？ 有包间吗？ 欢迎光临。 您几位？ 我们可以坐这儿吗？ 现在上菜可以吗？ 请给我看一下菜单。 服务员，点菜。 请问，您来点儿什么？ 来一个麻婆豆腐。 先点这些吧。 少放点儿盐。 这个菜辣吗？ 别放味精。 请帮我们把这个汤分一下。 请帮我催一下菜。 服务员，结账（埋单）。 服务员，打包。 可以用信用卡吗？ 对不起，我们这儿只能用现金。
宾馆（酒店、旅馆）	前台、前台服务员、预订、登记、出示、证件、身份证、护照、房卡、押金、门卡、钥匙、早餐券 五星级、单人间、双人间、标准间、套间、豪华套房、客房服务、换房、热水、打扫房间、叫早服务 退房、结账、房费	一天多少钱？ 含早餐吗？ 请勿打扰！ 请打扫！ 我的钥匙落在房间里了。 我的门卡丢了。 暖气不热了。 马桶堵了。

续表

常考的地点场合	相关词语	常用语句
银行	取号、存钱、取钱、定期存款、活期存款、自动取款机（ATM机）、现金、开通网上银行、填表、填写信息、免费、贷款、账户、利息、存款单、取款单、开户、转账、死期、理财、金卡、存折、汇款、密码、挂失、支票、汇率、利率、兑换、换钱、到期	我取1000块钱。 我存两万。 存活期。 利息是多少？ 手续复杂吗？ 需要另付费吗？ 请输入密码。 这儿可以换美元吗？ 100美元换多少人民币？ 请帮我开一个股票账户。 我要存钱。 您想存定期还是活期？
医院	大夫、医生、护士 看病、挂号、门诊、预约、专家号、普通号、内科、外科、中医、西医、急诊、病历 感冒、发烧、头疼、打喷嚏、流鼻涕、胃疼、嗓子疼、拉肚子、失眠、过敏、受伤、睡眠不好 住院、出院、探视时间、恢复、检查、体温、化验、血压、手术、打针、开（药）、取药、药方、中药、西药、整容、按摩、针灸、病房、体检、近视眼、传染、复查、恶化、好转、麻醉	你哪儿不舒服？ 大夫，我得的是什么病？ 挂一个内科。 我拉肚子了。 我感冒了，嗓子不舒服。 这种药一天吃两次，一次吃一片。
机场（飞机上）	机长、空中小姐（空姐）、机票、票务中心、订机票、航班、机场、办理登机手续、靠窗的座位、托运行李、超重、邮寄包裹、证件、身份证、护照、机场巴士、头等舱、经济舱、登机牌、安检、海关、登机口、登机、起飞、系安全带、直飞、（紧急）降落、晚点、准点、下飞机、拿行李、送行（人）、接机／人、中转、飞往……的航班	这是飞往上海的CA1521次航班。 对不起，您的行李超重了。 开始登机了。 飞机没按时起飞。 航班取消了。 欢迎搭乘本次航班。 欢迎再次光临。 一路平安。

续表

常考的地点场合	相关词语	常用语句
火车上	订火车票、买火车票、站台票、候车室、车次、站台、排队、列车、特快、直快、动车、检票、发车、车厢、硬座、卧铺、硬卧、软卧、软座、无座、靠窗的座位、补票、列车员、乘警、乘客、行李架、高铁、晚点、准点	我买一张10号去西安的硬卧票。 T42次在哪个候车室等车？ T42次在第几站台上车？ T42次现在请旅客上车了，在第三候车室检票上车。 列车快开了。 从北京到上海要多长时间？ 几点到上海？ 列车晚点了吗？ 开往北京的T41列车准时到站。
公交车上	公交、公共汽车、几路车、末班车、首班车、终点站、下一站、挤车、上车、下车、刷卡、买票	没票请买票。 上车请刷卡。 您应该到马路对面坐车。 请问，这路车去火车站吗？ 请问下一站是天安门吗？ 请问在哪一站可以换地铁？
出租车	司机、坐出租车（打车、打的）、发票、出租车公司、叫车服务	劳驾，去机场。 半小时能到火车站吗？ 在前面的红绿灯右转。 就停这儿吧。 给我打一张发票。
邮局	包裹、邮票、特快专递（EMS）、邮政编码、信箱、汇款、明信片、挂号、超重、托运、寄信、平信、挂号信、邮资、包裹单、航空信	你要寄挂号信还是平信？ 你好，我来取汇款。
理发店	洗头、理发、剪发、染发、烫发、吹发、焗油、发型 洗、染、烫、吹、剪、长、短、直发、卷发、大波浪、小波浪、刘海儿、平头	我想烫一下。 我想染一下。 我想焗个油，焗成金色的。 您要剪成什么样的？ 我先帮您设计一下。 别太短了。 洗、剪、吹一共60块。 请问，你想理什么发型？ 我想把头发拉直。

续表

常考的地点场合	相关词语	常用语句
美容店	美容、护肤、面膜、按摩	我想做个面膜。
学校	作业、考试、论文、课程、选修课、必修课、学生宿舍、教授、讲师、助教、学期、系、学位、本科、硕士、博士、成绩、及格、不及格、注册、老师、食堂、教室、上课、下课、学分、学费、奖学金、毕业	考试成绩出来了吗？ 什么时候考试？
图书馆	借书证、书、杂志、报纸、借、还、罚款、续借、过期、到期、阅览室、浏览、图书管理员、查资料	老师，我想借这本书。 你的书过期了。
出版社	编辑、作者、期刊、杂志、校对、稿费、版税、稿酬、排版、印刷、出版	
照相馆	照片、冲洗、底片、胶卷、数码相机、加洗、缩小、放大	
电影院	电影票、大厅、小厅、第……排……号、导演、演员、观众、剧情	
展览馆、美术馆等	门票、展品、艺术品、艺术家	
动物园等旅游景点	游人、动物、熊猫、大象、狮子、老虎、孔雀、猴子	

5. 同步训练

第1–15题：请选出正确答案。

1. A. 邮局　B. 商场　C. 医院　D. 教室
2. A. 银行　B. 书店　C. 宾馆　D. 邮局
3. A. 家里　B. 超市　C. 邮局　D. 教室
4. A. 照相馆　B. 洗衣店　C. 美容院　D. 理发店
5. A. 机场　B. 火车站　C. 汽车站　D. 地铁站
6. A. 公园　B. 动物园　C. 植物园　D. 游乐园
7. A. 美术馆　B. 展览馆　C. 电影院　D. 照相馆

8. A. 庆祝生日的时候　　B. 吃晚饭的时候
C. 停电的时候　　D. 过节的时候

9. A. 超市	B. 书店	C. 饭店	D. 菜市场
10. A. 北京	B. 成都	C. 西安	D. 郑州
11. A. 商店	B. 电影院	C. 饭馆儿	D. 车站
12. A. 饭店	B. 车站	C. 商场	D. 学校
13. A. 工厂	B. 医院	C. 邮局	D. 法院
14. A. 抽屉里	B. 书架上	C. 电脑桌上	D. 行李箱里
15. A. 宿舍	B. 西门	C. 路上	D. 图书馆

（三）职业身份题

1. 什么是职业身份题

HSK听力理解中有一种题需要考生根据对话内容判断出说话人的职业和身份，这种题就是职业身份题。俗话说“干什么，吆喝什么”。因此，可以根据对话内容判断出什么话是什么人说的。

例1　H51001第17题

【看到的选项】

A. 律师　　B. 医生　　C. 老师　　D. 理发师

【听到的声音】

女：今年流行短发，我想把头发剪短了。

男：好的，我先帮您设计一下。

问：男的最可能是做什么的？

题解

第一步，根据选项预测内容和问题。这四个选项都跟职业有关，问题一般是问“……是做什么的”“……是做什么工作的”。

第二步，边听边记，注意跟这四个职业相关的词语。

第三步，选择答案。答案是D。“短发”“头发”“剪”“设计”都是跟理发师相关的词语。

例2 H51002 第4题

【看到的选项】

A. 演员　　B. 作家

C. 班主任　　D. 主持人

【听到的声音】

男：观众朋友们，让我们以热烈的掌声欢迎今天的嘉宾张阳女士。

女：大家好！很荣幸能够参加《有话好好说》这个节目。

问：男的是做什么工作的？

题解

第一步，根据选项预测内容和问题。这四个选项都跟职业有关，问题一般是问“……是做什么的”“……是做什么工作的”。

第二步，边听边记，注意跟这四个职业相关的词语。

第三步，选择答案。答案是D。“观众朋友们”“嘉宾”“节目”都是跟主持人相关的词语。

2. 题型标志

（1）选项特点

职业身份题的四个选项一般是表示职业的词语。例如：

A. 医生　　B. 教师　　C. 售货员　　D. 售票员

A. 记者　　B. 教练　　C. 学生　　D. 画家

A. 演员　　B. 作家　　C. 班主任　　D. 主持人

（2）提问方式

职业身份题的问句中常常有“……是干／做什么的”“……做什么工作”“……从事哪种／什么工作”。例如：

问：他太太最可能是做什么的？

问：他妈妈做什么工作？

问：老李是从事哪种工作的？

3. 题型规律

这类题型一般不会直接说出某人的职业或者身份，而是通过一些词语或者某人在干什么、说什么等情况来暗示出其职业和身份。

例如 H51002 第11题

【看到的选项】

A. 司机　　B. 记者　　C. 医生　　D. 售票员

【听到的声音】

女：一年中你有五六个月在外地跑，真是太辛苦了。

男：还行，可以接触、采访各种各样的人，也挺有意思的。

问：男的最可能是做什么的？

题解

第一步，根据选项预测内容和问题。这四个选项都跟职业有关，问题一般是问职业的，如“……最可能是做什么的”“……从事哪种／什么工作”。

第二步，边听边记，注意跟这四个职业相关的词语。

第三步，选择答案。答案是B。对话中的“采访”就是跟记者有关的常用词语。

4. 解题技巧

（1）下面是新HSK听力选项中常出现的有关职业和身份的词语，一定要认识，否则你将无从选择。

① 常考的职业

编辑	播音员	裁缝
大夫／医生	导演	导游
翻译	服务员	工程师
工人	画家	会计
记者	家庭主妇	教练
教师／老师	警察	空姐
理发师	律师	设计师
农民	商人	摄影师
售票员	司机	学生
销售	作家	演员

② 常见的职务头衔

厂长	董事长：李董	工程师：王工
主席	教授	校长
经理	秘书	部长
主管	主任	助理

总经理：王总、李总

③ 常见的职业身份及相关词语

词语特征	常见的职业和身份
员	售货员、售票员、服务员、推销员、播音员、运动员、营业员、演员、图书管理员、邮递员、快递员、职员
者	记者、体育爱好者、音乐爱好者、曲艺爱好者、文学爱好者、京剧爱好者、读者、作者
师	教师、摄影师、工程师、美容师、厨师、理发师、理财师、律师
迷	球迷、影迷、舞迷、京剧迷、电视迷、歌迷
星	歌星、影星、明星
生	医生、学生
导	导游、导演、导购、导师
理	经理、助理、代理

职业身份	相关词语	常用语句
教师	任教、桃李满天下、考试、学期、成绩、备课	
学生	大学、中学、小学、毕业、成绩、考试、测验、作业、论文、奖学金、及格、不及格、补考、论文答辩、开题报告	
医生	手术、外科、内科、急诊、打针、服（中药的量词）	您哪儿不舒服？
邮递员／快递员	送信、信、包裹、信箱、明信片、挂号信、快递	
交通警察	人行道、红绿灯、驾驶执照、罚款、车速	
饭馆服务员	点菜、菜单、忌口、埋单	您吃点儿什么？ 还要点儿什么？ 有什么忌口的？
售票员	票、买票、刷卡	到哪儿？ 哪儿上的？ 没票请买票。 下车请刷卡。

续表

职业身份	相关词语	常用语句
银行职员	存（钱、款）、取（钱、款）、利息、汇款单、存款单	
播音员	各位观众、各位听众、嘉宾	欢迎收看！ 欢迎收听！
记者	专题报道、采访	
修电脑的	死机、中病毒、硬盘、内存、软件、硬件	
图书管理员	借、还、到期、罚款、续借	这本书过期了。
律师	官司、被告、原告	
理发师	剪、烫、染、吹、洗	想剪什么发型？ 染什么颜色？

5. 同步训练

第1–15题：请选出正确答案。

1. A. 教师　B. 司机　C. 大夫　D. 警察
2. A. 教师　B. 运动员　C. 厨师　D. 宾馆服务员
3. A. 售货员　B. 服务员　C. 教师　D. 喝茶的
4. A. 售货员　B. 收电费的　C. 修手表的　D. 修自行车的
5. A. 售票员　B. 警察　C. 出租车司机　D. 老师
6. A. 司机　B. 老板　C. 医生　D. 老师
7. A. 工人　B. 律师　C. 秘书　D. 医生
8. A. 编辑　B. 演员　C. 工人　D. 科学家
9. A. 饭店服务员　B. 药店服务员　C. 律师　D. 教师
10. A. 推销员　B. 律师　C. 记者　D. 售票员
11. A. 老板　B. 演员　C. 作家　D. 记者
12. A. 顾客　B. 理发师　C. 买菜的　D. 修理工
13. A. 快递员　B. 银行职员　C. 售货员　D. 图书管理员
14. A. 记者　B. 邮递员　C. 大学生　D. 演员
15. A. 律师　B. 记者　C. 警察　D. 老板

（四）人物关系题

1. 什么是人物关系题

人物关系题包括两种，一种是对人物提问的，问句中一般有“谁”；另一种是对关系提问的，需要根据对话内容判断出说话人之间的关系，比如他们是朋友关系、夫妻关系，还是其他关系。

例1 H51002第12题

【看到的选项】

A. 房东　　B. 公司秘书　　C. 接受采访的人　　D. 要买房子的人

【听到的声音】

男：我觉得今天看的那个房子条件还可以，你说呢？

女：还行吧。那明天你再联系一下他，咱们租下来吧。

问：他们打算联系谁？

题解

第一步，根据选项预测内容和问题。这是一道人物题。因为四个选项都跟人物称呼有关，所以预测问题可能是问人物的，如“谁……”“……是谁”。

第二步，边听边记，注意跟这四个人物称呼相关的词语。

第三步，选择答案。答案是A。“房子”“租”都是跟房东有关的词语。

例2 样题第12题

【看到的选项】

A. 亲戚　　B. 邻居　　C. 朋友　　D. 同事

【听到的声音】

男：您是新搬来的吧？我就住楼上，有事儿就打个招呼。

女：好的，以后少不了麻烦您。

问：他们是什么关系？

题解

第一步，根据选项预测内容和问题。这四个选项都是表示关系的词语，问题一般会问“……是什么关系”。

第二步，边听边记，注意跟这四种关系相关的词语。

第三步，选择答案。答案是B。“新搬来的”意思是新邻居。

2. 题型标志

（1）选项特点

人物关系题的四个选项一般是人名、对人物的称呼，或者是表示某种关系的词语。例如：

人物：A. 小张　　B. 小刘　　C. 老王　　D. 老赵

A. 张总　　B. 马主任　　C. 李厂长　　D. 魏经理

A. 爸爸　　B. 妈妈　　C. 老师　　D. 哥哥

关系：A. 亲戚　　B. 邻居　　C. 朋友　　D. 同事

A. 夫妻　　B. 母子　　C. 同学　　D. 领导与下属

A. 售货员与顾客　　B. 老师与学生

C. 空中小姐与乘客　　D. 司机与乘客

（2）提问方式

对人物提问：

问：他们打算联系谁？

问：谁辞职了？

问：男的可能在跟谁说话？

对关系提问：

问：他们是什么关系？

问：他们最可能是什么关系？

问：两个说话人之间可能是什么关系？

3. 题型规律

人物关系题常考的主要有下面两种。

（1）用称呼表示人物关系

用说话人之间的称呼，来判断“谁做某事”或者“某事是谁做的”。例如：

例1 H51003 第4题

【看到的选项】

A. 魏经理　　B. 设计师　　C. 李厂长　　D. 技术人员

【听到的声音】

男：听李秘书说，魏经理辞职了，你知道吗？

女：不知道。怪不得几天都没见着他。我还以为他出差了呢。

问：谁辞职了？

题解

第一步，根据选项预测内容和问题。这四个选项都跟人物称呼有关，问题一般是问人物的，如“谁……”“……是谁”。

第二步，边听边记，注意跟这四个人物称呼相关的词语。

第三步，选择答案。答案是A。第一句话“魏经理辞职了”其中的“魏经理”就是答案。

例2 H51001第4题

【看到的选项】

A. 她爸爸　　B. 她妈妈　　C. 她丈夫　　D. 她孩子

【听到的声音】

男：最近你怎么老在单位吃饭啊？

女：我们家那位出差了，我一个人也懒得做。

问：谁出差了？

题解

第一步，根据选项预测内容和问题。这四个选项都跟人物称呼有关，问题一般是问人物的，如“谁……”“……是谁”。

第二步，边听边记，注意跟这四个人物称呼相关的词语。

第三步，选择答案。答案是C。答案在“我们家那位出差了”这句话中。“我们家那位”是丈夫对妻子，或者妻子对丈夫的称呼。

（2）用词语表示人物关系

用相关的词语来暗示出对话中的人物是“谁”，或者他们之间是什么关系。

例1 H51002第12题

【看到的选项】

A. 房东　　B. 公司秘书　　C. 接受采访的人　　D. 要买房子的人

【听到的声音】

男：我觉得今天看的那个房子条件还可以，你说呢？

女：还行吧。那明天你再联系一下他，咱们租下来吧。

问：他们打算联系谁？

题解

第一步，根据选项预测内容和问题。这四个选项都跟人物有关，问题中一般会有“谁”。

第二步，边听边记，注意跟这四种人物相关的词语。

第三步，选择答案。答案是A。“房子”“租”表示谈论的话题跟“租房”有关。

例2 H51005第2题

【看到的选项】

A. 同事　　B. 亲戚　　C. 邻居　　D. 顾客和售货员

【听到的声音】

男：办公室没水了，打电话叫一桶矿泉水吧。

女：刚才打了，占线，稍等一会儿我再打。

问：他们最可能是什么关系？

题解

第一步，根据选项预测内容和问题。这四个选项都是表示人物关系的词语，问题一般是“……最可能是什么关系”。

第二步，边听边记，注意跟这四种人物关系相关的词语。

第三步，选择答案。答案是A。“办公室没水了”说明事情发生在办公室，所以，说话人应该是同事关系。

4. 解题技巧

（1）听到人名或者称呼，一定要用笔记下来，最好用拼音记。

（2）下面是新HSK听力常考的称呼，一定要认识，否则你将无从选择。

① 中国人的姓名及称呼

· 常见的姓有：张、王、李、赵、孙、刘、杨、黄等。中国人的名字一般都是两个或者三个字，例如：张明、李文青。熟人之间称呼时，常常省略“姓”，例如：称“张文清”为“文清”。

· 称呼年龄大的人，可以在姓前面加上“老”，例如：老张、老王、老李、老孙。

· 称呼年轻人，可以在姓前面加上“小”，例如：小张、小王、小李、小刘。

· 可以在姓后面加上职业、职务表示称呼，例如：张经理、王大夫、李校长、赵老师。

· 称呼不认识的人，可以用“同志、师傅、小姐、先生”。如果知道这个人的姓，也可以说“刘师傅、张小姐、王先生”。

② 家人亲戚

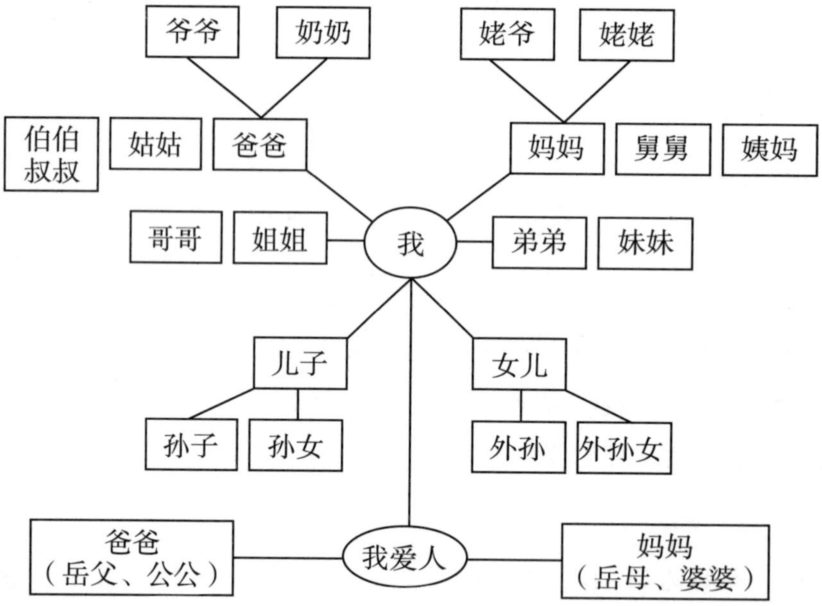

③ 常考关系及相关词语

常见的关系	相关词语	常用语句
夫妻关系	老公、老婆、先生、太太、我那位、我爱人、小两口、老两口、两口子、爱情、（相）配、结婚、离婚、新房、办喜事、婚房、安家	我那位出差了。
恋人关系	男朋友、女朋友、对象、谈恋爱、搞对象、介绍、条件相当、约会、见面、双方父母同意、谈恋爱、牵个线儿、搭个桥儿、跟……吹了	

续表

常见的关系	相关词语	常用语句
邻居关系	搬（家）、低头不见抬头见、远亲不如近邻、隔壁、对门、旁边、街坊	有事招呼一声。
同学关系	班、成绩、毕业	
司机与交警	驾照、行驶证、闯红灯、限行、超速、醉驾	
售货员与顾客	退、换、打折、收银台、小票、发票、优惠、砍价、衬衫、西服、裤子、裙子、领带、一分钱一分货、便宜没好货、好货不便宜	您要点儿什么？ ……多少钱？ 我试试可以吗？
餐厅服务员与顾客	菜单、酒水单、餐巾纸、饮料、包间	您几位？ 还要别的吗？
空姐与乘客	起飞、降落、晚点、安全带、航班、护照、座位、登机牌、行李、搭乘、班机、商务舱、经济舱、头等舱	欢迎再次搭乘我们的航班。
银行职员与顾客	存款、利率、支票、贷款、活期、定期、外币、兑换率	
医生与病人	发烧、感冒、流感、牙疼、咳嗽、头疼、肺炎、胃疼、手术、病房、中医、西医、中药、西药	你哪儿不舒服？
房东和租户	一居室、暖气费、物业费、月付、季付、年付	请问，包物业取暖吗？
同事	办公室、开会、文件、汇报、申请、检查工作、签字	
列车员与乘客	车厢、餐车、座位、晚点、上铺、中铺、下铺、硬座、软座、硬卧、软卧	

5. 同步训练

第1–15题：请选出正确答案。

1. A. 小刘　　B. 马力　　C. 小刘和马力　　D. 听话人
2. A. 朋友　　B. 邻居　　C. 亲戚　　D. 老乡
3. A. 妈妈　　B. 爸爸　　C. 孩子　　D. 孩子和爸爸
4. A. 理发师和顾客　　B. 售货员和顾客
   C. 裁缝和顾客　　D. 画家和模特儿
5. A. 母子　　B. 父女　　C. 同事　　D. 夫妻
6. A. 售货员与顾客　　B. 老师与学生
   C. 空姐与乘客　　D. 司机与乘客

7. A. 同学	B. 母子	C. 师生	D. 同事
8. A. 邻居	B. 师生	C. 同事	D. 同学
9. A. 老姚	B. 李明	C. 小赵	D. 小张
10. A. 老师和学生	B. 妈妈和儿子	C. 丈夫和妻子	D. 男朋友和女朋友
11. A. 上级和下级	B. 导游和游客	C. 商家和顾客	D. 司机与乘客
12. A. 同学	B. 老师和学生	C. 朋友	D. 医生和病人
13. A. 父亲与女儿	B. 丈夫与妻子	C. 顾客与服务员	D. 同事
14. A. 他妈妈	B. 他妻子	C. 他女儿	D. 他奶奶
15. A. 同学	B. 恋人	C. 同事	D. 师生

（五）话题行动题

1. 什么是话题行动题

话题行动题就是根据对话的内容判断出说话的双方谈论的话题或者根据对话内容来推断出某人已经、正在或者打算做某事。内容一般涉及日常生活、工作、学习、娱乐等场景。

例1 H51117 第10题

【看到的选项】

A. 家务　　B. 投资　　C. 婚礼　　D. 电视连续剧

【听到的声音】

男：你们俩家务一般是怎么分工的？

女：我负责洗衣服，打扫卫生。他负责做饭，他很会做菜。

问：他们在谈论哪个话题？

题解

第一步，根据选项预测内容和问题。这四个选项都是名词，表示某种事情。这种选项一般都跟话题有关。问题中一般会出现“……什么话题”或者“……哪个话题”。

第二步，边听边记，注意跟这些话题相关的词语，也要注意听第一句话和问句。

第三步，选择答案。答案是A。“你们俩家务一般是怎么分工的”其中的“家务”就是答案。“洗衣服”“打扫卫生”“做菜”也都属于家务。

例2 样题第16题

【看到的选项】

A. 结账　　B. 见律师　　C. 谈合同　　D. 打电话

【听到的声音】

男：总算打通了，刚才怎么一直占线？

女：刚和律师谈合同的事呢，你找我什么事？

问：他们在做什么？

题解

第一步，根据选项预测内容和问题。这四个选项都是动词短语，问题一般是问“……在做什么”或者“……打算做什么”。

第二步，边听边记，注意跟这组动作相关的词语。

第三步，选择答案。答案是D。“总算打通了”“占线”都是打电话时常用的。

例3 H51004第16题

【看到的选项】

A. 要退休了　　B. 打算出国　　C. 准备去办签证　　D. 想从事别的工作

【听到的声音】

男：老张，退休手续办好了没有？

女：差不多了，礼拜四就正式退了。我要去好好享受我的退休生活了。

问：关于女的，下列哪项正确？

题解

第一步，根据选项预测内容和问题。这四个选项都是动词性的短语，而且带有“要”“想”“打算”“准备”等词。问题一般是问“……想／打算／准备做什么”“……下列哪项正确”。

第二步，边听边记，注意跟这组动作相关的词语。

第三步，选择答案。答案是A。“退休手续”“退休生活”都是跟退休相关的词语。

2. 题型标志

（1）选项特点

跟话题相关的选项一般都是名词性的。例如：

A. 领带　　B. 项链　　C. 围巾　　D. 手套

A. 家务　　B. 投资　　C. 婚礼　　D. 电视连续剧

A.《红楼梦》　　B.《和平年代》

C.《战争与和平》　　D.《钢铁是怎样炼成的》

跟行动相关的选项一般都是动词、动词+名词或动词+动词组成的动宾词组，例如：

动词：A. 游泳　　B. 射击　　C. 滑冰　　D. 跑步

A. 结账　　B. 排队　　C. 工作　　D. 学习

动词+名词的短语：A. 付款　　B. 取包裹　　C. 换零钱　　D. 申请护照

A. 谈合同　　B. 打电话　　C. 见律师　　D. 订机票

A. 写作文　　B. 包饺子　　C. 使用电脑　　D. 骑摩托车

A. 考驾照　　B. 开书店　　C. 经营餐厅　　D. 开发房地产

动词+动词的短语：A. 要加班　　B. 想买项链

C. 打算参加姐姐的婚礼　　D. 准备国庆节结婚

A. 要移民　　B. 想休息一段时间

C. 想辞职　　D. 打算退休

（2）提问方式

提问话题的问句中常有"……谈论的是什么／什么事／什么问题""……说的是什么事"。例如：

问：他们在谈什么？

问：他们在谈论哪个话题？

问：他们俩在谈论什么问题？

问：他们在说什么事？

提问行动的问句中常有"做什么""干什么"或者由"动词+名词"构成的一般疑问句。例如：

问：他们正在做什么？

问：冬冬在干什么？

问：女的要做什么？

问：女的练太极拳吗？

问：男的平时看电视吗？

也有一些其他的提问方式，例如：

问：关于女的，下列哪项正确？

问：从对话中我们可以知道什么？

3. 题型规律

话题行动题有两种类型：

（1）直接型：就是直接说出活动计划的内容。例如：

例1 H51114第5题

【看到的选项】

A.《红楼梦》　　B.《和平年代》

C.《战争与和平》　　D.《钢铁是怎样炼成的》

【听到的声音】

女：《战争与和平》这本书你看过吗？

男：上大学时读过，不过现在已经没有印象了。

问：他们在谈论哪本书？

题解

第一步，根据选项预测内容和问题。这四个选项都是书名，可以预测问题一般是问“他们在谈论哪本书”。

第二步，边听边记，注意听书名。

第三步，选择答案。答案是C。这道题是直接型的话题行动题。答案就在第一句话“《战争与和平》这本书你看过吗”，其中的“《战争与和平》”就是答案。

（2）间接型：就是用相关词语暗示出活动计划的内容。

例1 H51116 第10题

【看到的选项】

A. 电视节目　　B. 嘉宾名单　　C. 戒烟方法　　D. 晚会的安排

【听到的声音】

男：你看过《实话实说》那个节目吗？

女：看过，我很喜欢那个男主持人，他非常风趣。

问：他们在谈什么？

题解

第一步，根据选项预测内容和问题。这四个选项都名词性短语，问题一般是问“他们在谈论什么”。

第二步，边听边记，注意跟这组名词相关的词语。

第三步，选择答案。答案是A。这是一道间接型的话题行动题。从“节目”“主持人”可以猜测出答案。

例2 H51003 第19题

【看到的选项】

A. 排队　　B. 订机票　　C. 征求意见　　D. 办登机手续

【听到的声音】

女：您好，这里是彩虹票务中心。

男：你好，我要订一张二十五号去香港的机票。

问：男的在做什么？

题解

第一步，根据选项预测内容和问题。这四个选项都是动词性的短语，问题一般是问“……在做什么”。

第二步，边听边记，注意跟这组动作相关的词语。

第三步，选择答案。答案是B。这道题是间接型的话题行动题。从“票务中心”“订一张二十五号去香港的机票”可以猜出答案。

4. 解题技巧

（1）话题行动题中有时会有两三个行动，听录音的时候一定要分清，哪些是建议，哪些是说话人真正要做的。

（2）话题行动题常常跟时间先后有关，所以要特别注意一些跟时间有关的词语。例如：

表示过去的词语：已经、以前、曾经、早就、动词+过

表示现在的词语：正在、正、在、（吃饭）呢

表示将来的词语：想、要、打算、计划、准备

（3）话题行动题有时跟节假日相关，所以记住下面这些常见的节假日的活动，也是很重要的。

春节（正月初一）：吃年夜饭、扫尘、守岁、贴年画、贴春联、给压岁钱、包饺子、拜年、放鞭炮、吃年糕、赶庙会

元宵节（正月十五）：吃元宵、赏灯、打灯笼、猜灯谜

清明节（四月四／五日）：扫墓、踏青、植树、放风筝、荡秋千

中秋节（八月十五）：吃月饼、赏月

端午节（五月初五）：包粽子、吃粽子、赛龙舟

七夕节（七月初七）：牛郎、织女、中国情人节、鹊桥、女儿节

重阳节（九月初九）：登高、赏菊、老人节

（4）熟悉以下常见话题行动题的相关词语，可以帮助你尽快做出判断。

常见的话题行动	相关词语
学习	写作业、背课文、写汉字、上课、上学、看书、写文章、考试、查资料、写论文
休闲娱乐	看电视／片子、照相、跳舞、唱卡拉OK、看足球比赛、练气功、打太极拳、散步、下棋、打球、游泳、滑冰、滑雪、旅游、表演节目、表演杂技、看小说
工作	开会、出差、上班、简历、面试、辞职、听取意见、谈合同、见律师、办签证、办退休手续、征求意见、想从事别的工作、请嘉宾提前到达、换新的合作伙伴、调整开幕式时间、开书店、经营餐厅、开发房地产
做家务	做饭／菜、洗碗、打扫房间、搞卫生、照顾孩子
购物	买东西、买礼物、逛街、逛书店、逛商店、试衣服、试鞋、肥、瘦、换（衣服等）、合适、颜色、样式
日常生活	打电话、参加婚礼、吃饭、等人、等车、招待客人、借东西、还东西、存钱、换钱、配钥匙、医院探视（看望病人）、参观游览、听电台广播、看报纸、订机票、洗衣服、洗澡、排队、接人、结账

5. 同步训练

第1–15题：请选出正确答案。

1. A. 陪家人　B. 去上海　C. 去开会　D. 打电话
2. A. 接人出院　B. 送人住院　C. 看望病人　D. 退还礼品
3. A. 裤子　B. 鞋　C. 自行车　D. 眼镜
4. A. 跟男的一起进城　B. 向男的借车
   C. 回学校吃晚饭　D. 借给男的车
5. A. 领带　B. 项链　C. 围巾　D. 手套
6. A. 去跳舞　B. 去唱卡拉OK
   C. 先去跳舞，然后去唱卡拉OK　D. 去跳舞或者去唱卡拉OK
7. A. 女的想去南方工作　B. 女的不是大学毕业生
   C. 女的打算留在北京　D. 男的想去南方
8. A. 看电视　B. 休息　C. 生气　D. 跟男的吵架
9. A. 跳舞　B. 照相　C. 表演节目　D. 上课
10. A. 使用复印机　B. 包饺子　C. 使用电脑　D. 骑摩托车
11. A. 开会　B. 面试　C. 买东西　D. 找工作
12. A. 付款　B. 取包裹　C. 换零钱　D. 申请执照
13. A. 挤车　B. 上班　C. 等车　D. 下班
14. A. 找老师　B. 写论文　C. 看朋友　D. 打电话
15. A. 考驾照　B. 练车　C. 开车　D. 买车

（六）评价感受题

1. 什么是评价感受题

评价感受题，顾名思义就是问说话人对人或事物的评价或者感受。

例1 H51005 第14题

【看到的选项】

A. 很出色　B. 水平一般

C. 没有明显进步　D. 是这次比赛的冠军

【听到的声音】

男：你怎么没参加比赛？你乒乓球打得那么厉害，拿冠军绝对没问题。

女：最近工作忙，准备得不充分，等下一届再说吧。

问：女的乒乓球打得怎么样？

题解

第一步，根据选项预测内容和问题。这题的AB两个选项中分别有形容词“出色”“一般”，这种题一般都是评价感受类的，问题可能会问“……怎么样”或者“关于……，下列哪项正确”。从选项D可以猜出对话内容可能跟比赛有关。

第二步，边听边记，注意录音中表示评价感受的词语。

第三步，选择答案。答案是A。“你乒乓球打得那么厉害”就是答案所在。“厉害”是一个多义词，一个意思是“非常好、出色”，另一个意思是“很严重”。在这里“厉害”是第一个意思。

例2 H51005第16题

【看到的选项】

A. 待遇很好　　B. 经营状况不错

C. 员工没有积极性　　D. 股票价格涨了

【听到的声音】

男：你们公司刚成立不久，经营得还好吧？

女：已经陆续接了几个工程，相信会越来越好。

问：关于这个公司，下列哪项正确？

题解

第一步，根据选项预测内容和问题。这题的ABC三个选项中分别有形容词“好”“不错”“（有）积极（性）”，四个选项都表示对人或事物的感觉、感受。这种题一般都是评价感受类的，问题可能会问“……怎么样”或者“关于……，下列哪项正确”。从B和D中的“经营状况”和“股票价格”可以猜出，对话的内容可能跟公司相关。

第二步，边听边记，注意录音中表示评价感受的词语。

第三步，选择答案。答案是B。“已经陆续接了几个工程，相信会越来越好”就是答案所在。“越来越好”的意思是一天比一天好，表示现在状况不错。

2. 题型标志

（1）选项特点

这种题型的选项很容易辨别，ABCD四个选项中有很多是形容词或者带有形容词的短语。例如：

A. 很精彩　　B. 不如小说　　C. 非常糟糕　　D. 是经典作品
A. 很休闲　　B. 比较时尚　　C. 不怎么样　　D. 样式有点儿老
A. 太高　　B. 比较合适　　C. 还没确定　　D. 还可以再低些
A. 顾客多　　B. 在四川　　C. 服务不好　　D. 菜的味道怪

（2）提问方式

多数的问句中都有“怎么样”或者“怎样”。例如：

问：男的觉得那个电视剧怎么样？
问：男的觉得那件衣服怎么样？
问：男的觉得价格怎么样？
问：这个饭店怎么样？

也有其他的提问方式，例如：

问：关于……，下列哪项正确？
问：说话人是什么意思？
问：从这句话中我们可以知道什么？

3. 题型规律

在新HSK听力考试中，表示评价感受的方法主要有两种：词语、句式。

（1）用词语或俗语表示评价感受

例1 H51113第3题

【看到的选项】

A. 很地道　　B. 不太标准　　C. 语速很快　　D. 进步很大

【听到的声音】

女：你的北京话说得很地道，你是北京人？
男：是，我在这里出生、长大，至今还没离开过北京呢。
问：男的北京话说得怎么样？

题解

第一步，根据选项预测内容和问题。这四个选项都是带有形容词的短语，由此可以预测这是一道评价感受题，问题可能会问“……怎么样”或者“关于……，下列哪项正确”。

第二步，边听边记，注意录音中表示评价感受的词语。

第三步，选择答案。答案是A。“地道”是一个多义词，在这里是“很纯正、很好”的意思。

例2 H51117第18题

【看到的选项】

A. 颜色太淡　　B. 价格太高　　C. 风格不太理想　　D. 样式不好看

【听到的声音】

男：这种窗帘怎么样？挺好看的吧？

女：还不错，就是跟咱们家房间的整体风格不太一致。

问：女的认为这种窗帘怎么样？

题解

第一步，根据选项预测内容和问题。这题的四个选项都有形容词，由此可以预测可能是评价感受题，问题可能会问“……怎么样”。

第二步，边听边记，注意跟评价感受相关的词语。

第三步，选择答案。答案是C。“还不错，就是跟咱们家房间的整体风格不太一致”就是答案所在。其中的“风格不太一致”是个小缺点，也就是“不太理想”。选项中的“不理想”是个惯用语。

例3 H51115 第18题

【看到的选项】

A. 不太好　　B. 很晚才睡　　C. 被吵醒了　　D. 做了很多梦

【听到的声音】

男：昨天睡得怎么样？酒店的床还习惯吗？

女：马马虎虎，就是枕头有点儿低，睡得我的脖子有点儿酸。

问：女的昨晚睡得怎么样？

题解

第一步，根据选项预测内容和问题。选项中的A和B都带有形容词，由此可以预测这道题可能是评价感受题。

第二步，边听边记，注意录音中相关的词语。

第三步，选择答案。答案是A。“马马虎虎”是一个成语，意思是不太好。

例4 H51117第6题

【看到的选项】

A. 很难看　　B. 非常像　　C. 差别很大　　D. 很有个性

【听到的声音】

男：你看，他们兄弟俩长得太像了，简直一模一样。

女：是，你知道他们哪个大哪个小吗？

问：关于兄弟俩，下面说法哪项正确？

题解

第一步，根据选项预测内容和问题。从这题的B和C两个选项可以猜出，对话可能是有关评价感受的，因为“像”和“差别大”都有比较的意思，可能会问人们对两个人或两个东西比较后的评价感受。

第二步，边听边记，注意表示比较的词语。

第三步，选择答案。答案是B。“他们兄弟俩长得太像了，简直一模一样”就是答案，其中的“太像了”就是“非常像”。“一模一样”是一个成语，意思是完全一样。

例5 H51114第15题

【看到的选项】

A. 很及时　　B. 雨量很少　　C. 持续时间长　　D. 降雨范围广

【听到的声音】

女：北京的春天太干燥了，这么久一场雨也没有下。

男：是啊，所以说“春雨贵如油”。

问：男的觉得北京的春雨怎么样？

题解

第一步，根据选项预测内容和问题。这四个选项都是带有形容词的短语，由此可以预测这是一道评价感受题，问题可能会问“……怎么样”或者“关于……，下列哪项正确”。

第二步，边听边记，注意录音中表示评价感受的词语。

第三步，选择答案。答案是B。“春雨贵如油”是一句俗语，意思是春天的雨水很少。

（2）用句式表示评价感受

例1 H51116第6题

【看到的选项】

A. 很精彩　　B. 令人失望

C. 打破了世界纪录　　D. 没有想象的激烈

【听到的声音】

男：昨天的网球决赛你看了吗？

女：看了，太精彩了，李娜简直太厉害了！

问：昨晚的球赛怎么样？

题解

第一步，根据选项预测内容和问题。从选项C“打破了世界纪录”可以猜出，对话的内容可能是有关体育比赛的，问题可能会问“比赛怎么样”。

第二步，边听边记，注意听跟比赛相关的词语。

第三步，选择答案。答案是A。“太精彩了”就是答案。其中的“太……了”是一个表示感叹的句式，意思是“非常、特别”。

例2 H51005第19题

【看到的选项】

A. 很休闲　　B. 比较时尚　　C. 不怎么样　　D. 样式有点儿老

【听到的声音】

女：我刚买了一件衣服，你看看这样式怎么样？

男：还可以，感觉挺时尚的。

问：男的觉得那件衣服怎么样？

题解

第一步，根据选项预测内容和问题。这题的选项中“休闲”“时尚”“老”都是形容词，表示评价感受。这道题的问题可能会问"……怎么样"。

第二步，边听边记，注意录音中表示评价感受的词语。

第三步，选择答案。答案是B。"挺……的"意思是"比较"。

例3 H51003第11题

【看到的选项】

A. 很精彩　　B. 不如小说　　C. 非常糟糕　　D. 是经典作品

【听到的声音】

女：这两天看北京一台的那个连续剧了吗？挺好看的。

男：看了，我还专门看了那本小说，我觉得小说比电视剧好。

问：男的觉得那个电视剧怎么样？

题解

第一步，根据选项预测内容和问题。这题的选项中"精彩""糟糕""经典"都是形容词，"不如"表示比较。这种题的问题一般是问"……怎么样"。

第二步，边听边记，注意录音中表示评价感受的词语。

第三步，选择答案。答案是B。"小说比电视剧好"的意思是"电视剧不如小说"。这里用了一个比较句式"A比B好"="B不如A"。

4. 解题技巧

（1）评价感受题中的很多词语都是多义的，而且常考的意思都跟字面意思不一样，因此，切不可从字面意思去猜测词义。

（2）下面这些词语常出现在选项中，熟练掌握可以帮助你迅速读懂选项，预测问题。

好的评价感受	不好的评价感受
好	坏、差、糟糕
新、崭新	旧、老、二手
老实	圆滑
认真、细心	马虎、马马虎虎、粗心
高兴	生气
聪明	笨

续表

好的评价感受	不好的评价感受
懂事	淘气
有趣	无聊
拥挤	宽松
出色	一般
热情	冷淡
舒服	难受、别扭
精彩	糟糕
诚实	虚伪
方便	麻烦
整洁	脏、乱
经典	俗套
休闲	忙碌
时尚	过时
合适	有点儿+形容词（有点儿老、有点儿大）

（3）记住下面这些常考的词语、惯用语、成语、俗语以及句式

◆ 常考的词语：

· 吃苦

A：你妈妈可真能干。

B：我爸爸去世得早，妈妈一个人带着我们三个孩子，这些年真吃了不少苦。

· 吃力

① 他脑子笨，上课太吃力了。

② 这座山太陡了，爬起来很吃力。

· 吃香

① 现在这个演员很吃香。

② 这种产品在市场上很吃香。

· 次

① 这个牌子的电视机质量很次，刚用没多久就坏了。

② 这个人太次，一点儿道理都不讲。

· 凑合

A：你觉得这个房子的位置怎么样？

B：凑合吧，离公司有点儿远，但是生活还算方便。

· 地道

① 这儿的广东菜很地道，跟我在广东吃的一样。

② 她英语说得真地道，不看人还以为是老外在说话呢。

· 红火

① 她家的日子越过越红火。

② 他的小店靠近学校，买卖很红火。

· 火

① 这家饭店的生意特火，每天都有很多人排队。

② 现在市场上卖得最火的是韩国服装。

· 紧

① 一天要完成这么多工作，时间太紧了。

② 买了房子以后，每个月都得还贷款，感觉手头紧多了。

· 净

① 桌子上净是书。

② 这个人嘴里净是脏话，我们都不喜欢他。

· 厉害

A：我现在已经是公司的副经理了。

B：嗬，你还挺厉害呀。

· 灵

① 你说的这个方法挺灵的。

② 这药还真灵，吃了一天腿就不疼了。

· 神

① 这种药挺神的，能治好多种病。

② 这事真是越说越神了。

· 数

① 兄弟几个中，数他最有本事。

② 全班数她功课好。

· 牛

① 在我们单位，小李的技术最牛。

② 他牛着呢，谁都瞧不起。

· 抢手

① 这场足球赛的门票十分抢手，我排了半天队也没抢到。

② 这是我们公司今年新开发的产品，一上市就很抢手。

· 土

① 这件衣服这么土，你还穿？

② 你真土，连笔记本电脑都没见过。

· 要命

① 今天热得要命。

② 今天的考试难得要命。

· 一般／一般般

① 这篇文章写得一般（般），还需要修改。

② 这里的小吃虽然多，但是味道却一般（般）。

· 走红

A：那个戴墨镜的年轻人是谁呀？怎么那么多人让他签名？

B：你不知道他？他可是当前最走红的歌星。

◆ 常考的惯用语：

· 不耐烦：老孙怎么还不来呀？我都等得不耐烦了。

· 不太理想：我现在的工作不太理想，我想找机会换换。

· 不怎么样：这台电脑真不怎么样，老死机。

· 还不错：这家宾馆的服务态度还不错，下次咱们还住这儿吧。

· 还是老样子

A：你妈妈身体怎么样？

B：还是老样子，跟去年差不多。

· 就那么回事儿

A：昨晚的电影怎么样？

B：就那么回事儿，一般吧。

· 了不起：乔布斯真了不起，发明了苹果手机，给我的生活带来了很多乐趣。

· 没劲：这个电视剧真没劲，我看着看着都快睡着了。

· 没说的／没的说：他的手艺真的没说的／没的说，做的菜跟大饭店的味道一样。

· 没意思：我老公和孩子都去上班了，我一个人在家待着真没意思。

· 拿不出手

A：明天小李结婚，咱们把这对花瓶送给他吧。

B：送这点儿小礼物真拿不出手呢。

· 说得过去：我的口语不太好，但是听力还说得过去。

· 有两下子

A：王强的摄影作品获了国际大奖。

B：看他平时不爱吭声，没想到还真有两下子。

· 有一手

A：我的电脑最近老死机，速度慢死了。

B：你让小张帮你看看，他修电脑还是有一手的。

◆ 常考的成语和俗语：

· 半斤（对）八两

A：小刘，你看我们俩的汉字谁写得更好？

B：你们俩是半斤（对）八两，都差不多，就别争了。

· 成千上万

A：听说那场战争夺去了成千上万人的生命。

B：是啊，战争太残酷了。

· 粗心大意：她真是粗心大意，考试卷上连名字也没写。

· 丢三落四

A：哎呀，我把借书证忘在宿舍里了。

B：你呀，做事总是那么粗心，丢三落四的。

· 马马虎虎

A：你刚换的这个新工作怎么样？

B：马马虎虎吧，先凑合干吧。

· 数一数二

A：陆华的学习成绩怎么样？

B：她的学习成绩在班里可是数一数二的。

· 一模一样

① 这两件衣服看起来一模一样，但是价钱差多了。

② 她们姐妹俩长得一模一样，让人都分不出来哪个是姐姐，哪个是妹妹。

· 自相矛盾

A：他说话总是自相矛盾，就连前一句话和后一句话也不一致。

B：这种人，还是少跟他打交道好。

· 比上不足，比下有余

A：你汉语水平在班里怎么样？

B：比上不足，比下有余，只能算是中等。

· 春雨贵如油

A：北京的春天太干燥了，这么久一场雨也没有下。

B：是啊，所以说“春雨贵如油”。

· 车到山前必有路

A：下周一就要考试了，我还有很多都没复习呢。

B：别着急，车到山前必有路，总会有办法的。

· 一是一，二是二

A：你跟老万以前是同事，你觉得他怎么样？

B：他这个人做什么事情都非常认真，从来都是一是一，二是二。

◆ 常考的句式：

· 别提多+形容词+了 = 非常

① 这孩子别提多聪明了！

② 那里的空气别提多新鲜了！

· 形容词 + 极了 = 非常

① 这个广告有意思极了。

② 公园里的花香极了。

· 太 + 形容词 + 了 = 非常

① 你写的汉字太好看了。

② 这个箱子太重了。

· 挺 + 形容词 + 的 = 比较

① 这个孩子挺天真的。

② 老师说我的进步挺大的。

· 越来越 + 形容词

① 天气越来越暖和了。

② 物价越来越高了。

· A + 比 + B + 形容词（A>B）

① 这座山比那座山高。= 这座山高。

② 香港的湿度比北京大多了。= 香港湿度大。

· A + 没有 + B +形容词（A < B）

① 上海没有北京热。= 北京热。

② 这个房间没有那个房间大。= 那个房间大。

· A + 不如 + B +形容词（A < B）

① 电视剧不如小说好。= 小说好。

② 这个报告不如那个报告有意思。= 那个报告有意思。

· A + 不比 + B +形容词（A ≤B）

① 今年不比去年冷。

② 她今天不比我来得早。

· A + 跟（和、同）+ B + 一样（一般）+形容词（A = B）

① 他弟弟和我一般大。

② 他跟他哥哥一样帅。

· A＋有＋B＋这么 / 那么+形容词（A ≈B）

① 你快有你妈妈这么高了吧？

② 你说汉语有他那么好吗？

· 像……这么（那么）……

① 我不像他那么爱看电影。

② 你要是能像老师那么帮助我，那该多好啊！

· 一天比一天（一次比一次、一个比一个……）（=越来越）

① 天气一天比一天暖和了。

② 这课的汉字一个比一个难。

· 比 + 疑问代词 + 都 + 形容词（=最）

① 对我来说，这件事比什么都重要。

② 我觉得昆明的气候比哪儿都好。

· 没有比 + A + 再 / 更 + 形容词……了（=最）

① 没有比小李更会说话的人了。

② 整个北京城没有比我这儿的毛线更好的了。

· 没有像 + A + 这么 / 那么 + 形容词……了（=最）

① 世界上没有像小张那么懒的人了。

② 咱们班没有像他那么聪明的人了。

5. 同步训练

第1–15题：请选出正确答案。

1. A. 不够时尚　B. 有点儿瘦　C. 不怎么样　D. 样式有点儿老
2. A. 李红不马虎　B. 李红最马虎　C. 没有马虎人　D. 李红最认真
3. A. 他想知道是谁写的　B. 他们班另外一个人写得最好
   C. 小丽的字写得最不好　D. 他们班小丽的字写得最好
4. A. 除了同仁堂，这儿没有人看重声誉
   B. 谁都比同仁堂看重声誉
   C. 同仁堂最看重声誉
   D. 同仁堂不看重声誉
5. A. 很可爱　B. 不认真　C. 有耐心　D. 不努力
6. A. 结构不错　B. 很有新意　C. 句子不太通顺　D. 逻辑性很强
7. A. 价格便宜　B. 量太少　C. 味道不错　D. 种类少
8. A. 第一个方案比较好　B. 第二个方案非常好
   C. 两个方案都非常好　D. 两个方案都不太好
9. A. 很好看　B. 不好看　C. 很有意思　D. 样子很难看
10. A. 拍得很好　B. 拍得还可以　C. 无法评价　D. 拍得不好
11. A. 非常优秀　B. 工作能力一般　C. 不怎么样　D. 还可以
12. A. 非常好　B. 很有潜力　C. 不是很好　D. 写得很差
13. A. 很高　B. 很低　C. 还可以　D. 无法评价

14. A. 红色的衣服还可以　　B. 黑色的不错
C. 红色的是过去的　　D. 红色和黑色的都不错

15. A. 对电脑不熟悉　　B. 很会修电脑
C. 喜欢帮助别人　　D. 用一只手修电脑

（七）语气态度题

1. 什么是语气态度题

新HSK五级听力考试中有类题目是提问说话人的语气和态度的，这类题目就是语气态度题。

例1 样题第2题

【看到的选项】

A. 吃惊　　B. 遗憾　　C. 兴奋　　D. 难过

【听到的声音】

男：你怎么了？这么高兴！

女：朋友送了我两张今晚演唱会的门票，这个演唱会我期待很久了！

问：女的是什么语气？

题解

第一步，根据选项预测内容和问题。这题的四个选项都表示语气。这种题的问题一般是"……是什么语气"。

第二步，边听边记，注意听说话人的语气。

第三步，选择答案。答案是C。女的说"这个演唱会我期待很久了"，说明她很兴奋。

例2 H51001第14题

【看到的选项】

A. 机会很重要　　B. 压力不能太大　　C. 要争取拿金牌　　D. 人应该有点儿压力

【听到的声音】

男：如果压力太大，往往不能发挥出正常的水平。

女：是的，很多运动员就是因为压力太大而失掉了拿金牌的机会。

问：女的主要是什么观点？

题解

第一步，根据选项预测内容和问题。这题BCD三个选项中的“不能”“要”“应该”都是表达观点、建议的词语。这种题的问题一般是“……是什么观点”。从B和D中的“压力”，C中的“金牌”可以猜出，对话的内容可能是压力对获得金牌的影响。

第二步，边听边记预测的内容和问题。

第三步，选择答案。答案是B。“很多运动员就是因为压力太大而失掉了拿金牌的机会”意思是压力不能太大，否则就很难拿到金牌。“因为……而……”就是“因为……所以……”。

2. 题型标志

（1）选项特点

语气态度题的选项或者是表示某种语气的词语，比如“安慰”“鼓励”等，或者是表示说话人态度、观点的短语，常带有“能、不能”“应该、不应该”“要、不要”“希望、不希望”“祝”“劝”“让”等词。例如：

表示语气：

A. 吃惊　　B. 遗憾　　C. 兴奋　　D. 难过

A. 责备　　B. 安慰　　C. 询问　　D. 夸奖

A. 讽刺　　B. 鼓励　　C. 怀疑　　D. 反对

表示态度、观点：

A. 机会很重要　　B. 压力不能太大　　C. 要争取拿金牌　　D. 人应该有点儿压力

A. 要坚持　　B. 不要太自信　　C. 劝男的放弃　　D. 要避免相同的错误

A. 以后保持联系　　B. 让男的别着急　　C. 祝男的一路顺风　　D. 不希望男的辞职

（2）提问方式

对表示语气的选项提问：

问：男／女的是什么语气？

问：男／女的是什么口气？

问：男／女的是什么态度？

对表示观点的选项提问：

问：男／女的是什么观点？

问：男／女的是什么意思？

3. 题型规律

语气态度题主要有两种类型：一种是使用带有语气的词语，另一种是使用带有语气的句式。

（1）带有语气的词语：就是用一些词语暗示某种语气。

例1 H51117第17题

【看到的选项】

A. 感谢　　B. 担心　　C. 后悔　　D. 激动

【听到的声音】

女：幸好你昨晚给我发了个短信，不然我今天就要白跑一趟了。

男：我也是昨天下午才接到的通知，怕你不知道，就赶紧告诉你。

问：女的是什么语气？

题解

第一步，根据选项预测内容和问题。这题的四个选项都是表示语气态度的词语。这种题的问题一般是“……是什么语气”。

第二步，边听边记，注意是问男的还是问女的，并且注意他（她）的话语之中暗含的意思。

第三步，选择答案。答案是A。女的说“幸好你昨晚给我发了个短信，不然我今天就要白跑一趟了”，这句话的意思是“因为男的昨晚给她发了短信，所以她今天没有白跑”，其中暗含了对男的表示感谢。

例2 H51003第14题

【看到的选项】

A. 讽刺　　B. 鼓励　　C. 怀疑　　D. 反对

【听到的声音】

男：总裁，这个项目对我而言挑战性太大，我有点儿想放弃了。

女：遇到困难不应该逃避，应该积极地面对。你先尽力去做吧。

问：女的是什么态度？

题解

第一步，根据选项预测内容和问题。这题的四个选项都是表示语气态度的词语。这种题的问题一般是“……是什么语气／态度”。

第二步，边听边记，注意是问男的还是问女的，并且注意他（她）的话语之中暗含的意思。

第三步，选择答案。答案是B。女的说“遇到困难不应该逃避，应该积极地面对。你先尽力去做吧”，其中的“应该……”“尽力去做吧”都是表示鼓励。

例3 H51002第16题

【看到的选项】

A. 赞成　　B. 反对

C. 无所谓　　D. 再考虑考虑

【听到的声音】

男：我想拿几万块钱投资股市，你知道哪只股票好吗？

女：我不建议你买股票，股市风险很大。

问：女的是什么态度？

题解

第一步，根据选项预测内容和问题。这题的四个选项都是表示语气态度的词语。这种题的问题一般是“……是什么态度”。

第二步，边听边记，注意是问男的还是问女的，并且注意他（她）的话语之中暗含的意思。

第三步，选择答案。答案是B。“不建议”的意思是不赞成，也就是反对。

例4 H51005 第9题

【看到的选项】

A. 安慰　　B. 责备　　C. 委屈　　D. 称赞

【听到的声音】

女：手机没电了，你的充电器在吗？借我用用。

男：你的呢？又找不到了？总是乱丢东西，你这个坏习惯什么时候才能改啊？

问：男的是什么语气？

题解

第一步，根据选项预测内容和问题。这题的四个选项都是表示语气的词语。这种题的问题一般是“……是什么语气”。

第二步，边听边记，注意听说话人的语气。

第三步，选择答案。答案是B。“总是乱丢东西”，意思是“不应该乱丢东西”，表示不满。

例5 H51116第12题

【看到的选项】

A. 要坚持　　B. 不要太自信

C. 劝男的放弃　　D. 要避免相同的错误

【听到的声音】

男：我已经试了六次了，还是不行，我看我干脆放弃好了。

女：别轻易就说放弃，说不定下次就成功了。

问：女的是什么意思？

题解

第一步，根据选项预测内容和问题。这题的四个选项都有表示语气态度的词语，A中的“要”表示鼓励、建议，B中的“不要”表示提醒、建议，C中的“劝”表示劝告，D中的“要”也是提醒。由此可以猜出，这题可能是语气态度题。这种题的提问方式一般是“……是什么意思”或者“……是什么观点”。

第二步，边听边记，注意听说话人的语气。

第三步，选择答案。答案是A。“别轻易就说放弃”就是答案所在。“别”是“不要”的意思，“轻易”是“随便”。所以“别轻易就说放弃”就是不要很随便地就放弃了，意思是要坚持。

（2）带有语气的句式：最常考的句式是反问句和强调句。

① 反问句

反问就是用肯定的形式表示否定的意思，用否定的形式表示肯定的意思。它可以表达多种语气。在新HSK五级听力对话部分，反问句出现的频率非常高，也是比较难听懂的一类题。

例1 H51114第18题

【看到的选项】

A. 以后保持联系　　B. 让男的别着急

C. 祝男的一路顺风　　D. 不希望男的辞职

【听到的声音】

男：马主任，对不起，这是我的辞职信，我现在去办理交接手续。

女：你真的不再考虑一下了吗？

问：女的是什么意思？

题解

第一步，根据选项预测内容和问题。从这题的BCD选项可以看出，B项有安慰的意思，C项有祝愿的意思，D项有希望的意思，由此可以判断这是一道语气态度题。这种题一般会问"……是什么态度""……是什么意思"。

第二步，注意听女的的态度。

第三步，选择答案。答案是D。"你真的不再考虑一下了吗"是一个反问句，意思是"你应该再考虑一下"。

例2 样题第6题

【看到的选项】

A. 去送她妈妈　　B. 继续找项链　　C. 送妈妈项链　　D. 出去买项链

【听到的声音】

男：算了，别找了。旧的不去，新的不来。

女：那怎么行呢，这条项链可是我妈妈送给我的。

问：女的要做什么？

题解

第一步，根据选项预测内容和问题。这题的四个选项中都有动词，由此可以猜出男的或者女的在做什么事情，而BCD三个选项中都有"项链"一词，由此可知对话的内容跟"项链"有关。

第二步，边听边记，注意听问题是问女的还是男的，以及跟项链相关的词语。

第三步，选择答案。答案是B。男的说"别找了"，由此可知女的在找东西。女的回答"那怎么行呢"意思是"不行，我要继续找"。"那怎么行呢"是一个反问句，意思是"不行"。

反问句虽然有点儿难，但是它也是有规律的，只要你掌握了这种规律，就会变难为易了。

掌握下表中几种最常见的反问句的表达方法，可以帮助你快速准确地解题。

反问句的表达法	例句
不（是）……吗	（1）不是安排她来做会议记录吗？＝安排了她来做会议记录。 （2）你不是今天上午的飞机吗？＝我认为你是今天上午的飞机。
没……吗	（1）他没听过这首歌吗？＝他应该听过这首歌。 （2）你没看见这儿写着“禁止吸烟”吗？＝你应该看见这儿写着“禁止吸烟”。
难道……	（1）难道我没告诉你吗？那个地方不能去！＝我告诉你了，那个地方不能去！ （2）这个问题老师刚讲过，难道你忘了？＝这个问题老师刚讲过，你不应该忘。
何必……呢	（1）公寓附近就有取款机，何必去银行呢？＝公寓附近就有取款机，不必去银行。 （2）这么点儿小事，何必生气呢？＝这么点儿小事，没有必要生气。
……怎么……	（1）带着伞怎么还湿成这样？＝带着伞不应该湿成这样。 （2）我天天给花儿浇水，可是它的叶子怎么反而黄了？＝我天天给花儿浇水，它的叶子不应该变黄。
哪／哪儿／哪里……呢／呀／啊	（1）我现在哪儿有工夫看电视呀？＝我现在没有工夫看电视。 （2）这哪儿是我的书啊？＝这不是我的书。
谁……	（1）这么没有意思的书，谁看呀？＝这么没有意思的书，没有人看。 （2）那么远，谁去呀？＝那么远，没人去。
……什么	（1）他的汉语好什么！＝他的汉语不好。 （2）你知道什么呀！＝你不知道。
……什么时候……	（1）你什么时候答应我了？＝你没答应我。 （2）我什么时候说了？＝我没说。
……有什么……	（1）他的汉语有什么不好的！＝他的汉语挺好的。 （2）这有什么可怕的！＝这不可怕。
为什么／凭什么……	（1）为什么不让我去？＝应该让我去。 （2）我凭什么告诉你？＝我不会告诉你。
有……的吗	（1）有这么教育孩子的吗？＝这么教育孩子不对。 （2）有你这么对待老人的吗？＝你不应该这样对待老人。

②强调句

强调句在新HSK五级听力考试中很重要，有时候，它不是直接的考点，但是如果你听不懂，心里就会紧张，从而影响和干扰你对其他部分的理解，也会影响你的做题速度。

例如 H51115第10题

【看到的选项】

A. 喜欢大自然　B. 地理很有趣　C. 地理学得不好　D. 了解一些地理常识

【听到的声音】

男：你怎么连最基本的地理常识都不知道？

女：我从小地理就学得很差。

问：女的是什么意思？

题解

第一步，根据选项预测内容和问题。从BCD选项中都有"地理"一词，且A选项中有"大自然"，可知谈话内容可能与"地理"有关。

第二步，边听边记，注意问题是问男的还是女的。

第三步，选择答案。答案是C。"我从小地理就学得很差"意思是地理学得不好。"连最基本的地理常识都不知道"是一个强调句，这个强调句虽然不影响对答案的选择，但是如果你听不懂，可能就会心情紧张，干扰你听懂下一句话。

熟记和理解下列常见的强调句式，可以大大提高做题的速度。

· 连……都／也……

①他最近很忙，连星期天都不休息。

②我这几天心情不好，连话也不想说。

· ……都／也没／不＝都不；都没

①这个班的人我一个都／也不认识。＝都不认识

②这种会议我一次也没参加过。＝都没参加过

· 不……不……＝一定要；应该

①她是我最好的朋友，我不能不帮助她。＝她是我最好的朋友，我一定要帮助她。

②这件事这么重要，她不会不知道。＝这件事这么重要，她应该知道。

· 没有…不… / 没有不 = 都

① 没有人不赞成这件事。=（每个人）都赞成这件事。

② 我没有不喜欢吃的东西。= 吃的东西我都喜欢。

· 非……不可 = 一定要

① 这个小孩儿非要吃巧克力不可。= 这个小孩儿一定要吃巧克力。

② 要学好一门语言，非下苦功夫不可。= 要学好一门语言，一定要下苦功夫。

4. 解题技巧

（1）熟记选项词语：下面这些词语常常出现在选项中，要熟练掌握，否则你将无从下手。

正面的、表示赞成肯定的语气态度	负面的、表示反对否定的语气态度
表扬、称赞、友好、赞成、赞同、支持	羞愧、怀疑、难为情、委屈、虚伪、着急
高兴、激动、兴奋、喜悦	担忧、郁闷、伤心、担心、害怕、紧张
谦虚、虚心	无所谓、不在乎、听任
同意、理解、肯定	不同意、反对、否定
安慰、鼓励、劝告	嘲讽、嘲笑、讽刺
佩服、羡慕、满意	不理、看不起、轻视、冷淡
祝贺、祝愿	为难、左右为难、犹豫
感激、感谢、庆幸、感动	讨厌、厌恶、厌烦、不耐烦
客气、礼貌	后悔、遗憾、可惜、失望
期望、希望	无奈、无可奈何
道歉、歉意	拒绝、谢绝
善良、诚实、自豪、亲切、认真、热情、同情、珍惜	不满、抱怨、气愤、埋怨、批评、责备、责怪、指责、质问

（2）熟记惯用表达：以下是语气态度的习惯表达，要是能多读多说，可以帮助你在听力考试中迅速判断说话人的语气态度，提高做题的准确率。

常考的语气态度	常用表达
安慰	别担心　放心（吧） 别急　想开点儿　没关系　没事儿 反问语气：急什么?
称赞	干得好　干得不错　好样的 酷毙了　太酷了　真酷　绝了　没治了 太棒了　棒极了　真棒 真不得了　（真）了不起　真行 真有两下子　真有本事　真不简单 还不错　说得过去　像那么回事 真有你的　有一手　没的说　没说的　数一数二　真不赖　够可以的
同意	好说　就是 好主意　太好了　好极了　好办法 有道理　（你）说得对 反问语气：可不是?
反对	话不能这么说　不必了　这样不太合适吧 没门儿　休想　那不行　你有病呀　有毛病呀你 没戏　别来这一套　算了吧　得了吧 反问语气：那哪儿行啊？那怎么行啊？那哪儿成啊?
怀疑	不会吧　吹牛　别吹（牛）了 太夸张了吧　不可能吧 真的吗　是吗 反问语气：哪会啊？怎么会呢?
惊讶、吃惊、意外	（我的）天哪　（我的）妈呀 哇　好家伙 真没想到　做梦也没想到　太阳从西边出来了 真没想到你还有这一手 居然　竟　不料 反问语气：谁能想到呢?
肯定	错不了　没错　不会错的 没问题　问题不大 那当然　当然（啦） 那是　没的说　准 反问语气：那还用说？不是吗?

续表

常考的语气态度	常用表达
否定	不可能　不会的　鬼知道　天知道 胡说八道　瞎说　胡说　胡扯 想得美　做梦　下辈子吧　没影儿的事儿 别做白日梦了　话可不能这么说　死了这条心吧　够呛 反问语气：谁知道？谁说的？开什么玩笑？
批评、责备、不满	别提了　你看你　不像话　真可恶 太过分了　太不像话了　真受不了　真没意思 真是的　真小气　太要命了　真无聊 反问语气：怎么搞的？怎么回事？怎么这样啊？有你这样的吗？没什么新鲜的？你还有完没完？你让我说什么好？
期望	恨不得　恨不能　巴不得
歉意	对不起　过意不去　不好意思　抱歉
轻视	看不起
劝告	别捣乱　别胡闹　别胡来　别多心　别瞎猜　别瞎想 别多嘴　少插嘴　算了吧　得了 万万不可　千万别　使不得　最好别 反问语气：何必呢？何苦呢？
听任、不在乎	随你　你说吧 无所谓　我不介意　我不在乎 信不信由你　爱信不信　不信拉倒 怎么都行　随便　怎么都可以
无奈	不干不行啊　不得不　没办法　没法儿 无能为力　无可奈何　无话可说　拿他没办法　没脾气
拒绝	不用了　不必了　不了 改天吧　下次吧　以后吧 再说吧　回头再说吧　到时候再说吧　下次再说
约定	不见不散　到时见　待会儿见 回头见　一会儿见　一言为定　说好了　说定了
质问	反问句：这与你有什么相干？关你什么事！ 你有什么资格指责我？ 你以为你是谁？你算老几？你这是什么态度？

续表

常考的语气态度	常用表达
嘱咐、提醒	当心　小心　慢点儿　别急
祝贺、祝愿	恭喜恭喜　祝贺祝贺 一路顺风　一路平安 祝你成功　祝你马到成功
不确定	不见得　不一定　不好说　说不好　十有八九　没准儿

5. 同步训练

第1–15题：请选出正确答案。

1. A. 希望　B. 拒绝　C. 遗憾　D. 约定
2. A. 能够成功　B. 应该放弃　C. 需要帮助　D. 不太可行
3. A. 不满　B. 惊讶　C. 称赞　D. 认同
4. A. 赞成　B. 推辞　C. 否定　D. 无所谓
5. A. 很有信心　B. 想当经理　C. 不一定完成任务　D. 应该有责任心
6. A. 称赞女的能吃苦　B. 同情女的太痛苦　C. 提醒女的做事要动脑筋　D. 劝女的不必在小事上费心
7. A. 不应该辅导小孩学习　B. 没有时间辅导小孩学习　C. 不想很晚到家　D. 不想在公司工作了
8. A. 赞扬　B. 同情　C. 不满　D. 羡慕
9. A. 不在乎　B. 赞叹　C. 怀疑　D. 不满
10. A. 生气　B. 反对　C. 惊讶　D. 赞同
11. A. 满意　B. 认同　C. 无奈　D. 惊讶
12. A. 让女的找人代替　B. 女的去不去无所谓　C. 劝女的一定要去　D. 同意女的不去
13. A. 这次要陪姐姐　B. 同意一起去玩儿　C. 下次去姐姐家玩儿　D. 愿意去姐姐家
14. A. 跟老板讨价还价　B. 会想出办法的　C. 要抓紧时间　D. 开车去山里放松一下
15. A. 可以等等看　B. 应该尽早买房　C. 以后再买房　D. 不要买房

（八）事实推理题

1. 什么是事实推理题

事实推理题，就是根据对话中的细节、原因或结果进行推理判断从而得出答案的一类题目。这是短对话必考的一类题，出现频率较高，每次考试都会出现2～3题，也是难度最大的一类题，因为这类题不仅要求考生有比较扎实的语言基础，还要对中国的文化、社会等方面有较为深刻的理解。

例1 H51113第14题

【看到的选项】

A. 已经完成了　　B. 包含通讯录　　C. 一共有15页　　D. 需要重新打印

【听到的声音】

男：小王，会议手册做得怎么样了？

女：除了通讯录，其他部分基本上都完成了。现在只有通讯录的信息还不全。

问：关于会议手册，下列哪项正确？

题解

第一步，根据选项预测内容和问题。从这题的四个选项可以知道，问题可能要问“什么东西……”或者“关于……，下列哪项正确”。

第二步，注意听第一句话，对话的主题一般会出现在第一句话。“会议手册”就是这段对话谈论的主题。那么，“会议手册”怎么样了，这就是对话的重点。

第三步，选择答案。答案是B。女的没有直接说“通讯录”包含在会议手册里，但是我们从“除了通讯录，其他部分基本上都完成了”可知“其他部分基本完成了，但是通讯录没有完成”，由此，可以推断出“通讯录”也是会议手册的一部分。注意“除了……都……”的用法。

例2 H51115第5题

【看到的选项】

A. 要尊重孩子　　B. 要珍惜现在　　C. 要少看动画片　　D. 吃零食对身体不好

【听到的声音】

男：真累人，现在我每天晚上都得陪孩子一起看动画片。

女：好好享受吧。等孩子再长大一点儿，你就会怀念这段时光了。

问：女的是什么意思？

题解

第一步，根据选项预测内容和问题。从ACD三个选项中的“孩子”“动画片”“吃零食”可以看出，对话的内容可能跟孩子有关。从ABC三个选项都有“要”可以知道，对话中的人物对孩子问题提出了自己的建议。这种题问题可能是问“男／女的是什么意思”或者“关于男／女的，可以知道什么”。

第二步，边听边记预测的问题。注意问题是对男的提问还是对女的提问。

第三步，选择答案。答案是B。女的说“好好享受吧”，就是建议男的好好珍惜现在跟孩子在一起的时间。

2. 题型标志

（1）选项特点

该类题对话内容常常涉及谈话的一方或双方做了什么，做某事的原因何在，结果如何，等等。常常是对试题中不同的点进行考查，因此这类题的选项通常没有太大联系。当看到这样的选项时，要想到可能是道事实推理题。

（2）提问方式

事实推理题的提问方式灵活多样，例如：

问：关于……，下列哪项正确？

问：男／女的是什么意思？

问：这句话告诉我们什么？

问：关于说话人，我们可以知道什么？

同时要特别小心否定形式提问，如：

问：从对话，我们不知道什么？

问：下面哪项说法是错误的？

3. 解题技巧

1. 快速浏览选项，预测问题。这类题的选项之间一般没有太大的联系，提问方式大多是比较模糊和宽泛的，要特别注意否定式的提问。

2. 这类题的答案一般不在对话中直接出现，考生必须根据整个句子或对话的意思体会说话人想表达的真正的意思。考生要想掌握这类题目，就必须多听、多练，提高整体的语言水平，培养汉语语感，增加对中国文化、社会的理解。

4. 同步训练

第1–15题：请选出正确答案。

1. A. 衣服不合适　B. 女的很年轻　C. 要早点儿回来　D. 可以穿这件衣服
2. A. 小张的母亲很早就去世了　B. 小张的父亲结了两次婚
   C. 小张的父亲独自抚养小张　D. 小张快工作了
3. A. 没有把握　B. 很有信心　C. 有点紧张　D. 不太在乎
4. A. 没喝咖啡　B. 失眠了　C. 只睡了三个小时　D. 想看电视剧
5. A. 快老了　B. 不想活了　C. 心里不快活　D. 很感谢女的
6. A. 她爱人喜欢电脑　B. 她爱人的电脑坏了
   C. 她爱人不吃饭　D. 她爱人心情不好
7. A. 签证办好了　B. 被拒签了　C. 正在等签证　D. 要去国外工作
8. A. 他们的生活很辛苦　B. 他们不用学习文化课
   C. 他们的生活没有规律　D. 他们很喜欢在操场训练
9. A. 王老师家着火了　B. 王老师很少生气
   C. 王老师工作不认真　D. 王老师不喜欢学生
10. A. 需要支持　B. 很有信心　C. 不想发言　D. 想听专家意见
11. A. 男的开车技术还不错　B. 上班迟到没关系
    C. 到办公室时正好迟到　D. 9点开始上班
12. A. 准备去上班　B. 要去参加婚礼
    C. 要去逛服装市场　D. 要去学校图书馆
13. A. 妈妈同意了　B. 妈妈什么也没说
    C. 儿子喜欢开车　D. 儿子不小心摔了
14. A. 男的很想负责这个项目　B. 女的劝男的接受这个项目
    C. 领导不信任男的　D. 其他的人想做这个项目
15. A. 交通很拥堵　B. 自行车特别多
    C. 天上的星星很多　D. 印象深的事很多

（九）逻辑关系题

1. 什么是逻辑关系题

在新HSK五级听力部分，有一类题常涉及因果、假设、转折、递进等逻辑关系，我们把这类题叫作逻辑关系题。例如：

◆ 因果关系：这是逻辑关系题考得最多的一种题型。这种题中有的有关联词，比如“因为……”“由于……”；但绝大多数是没有关联词的，对话中隐含着一种因果关系。问题一般是对“原因”进行提问，问句中会有疑问词“为什么”或“怎么”。

例1 H51001第16题

【看到的选项】

A. 车坏了　　B. 没赶上火车　　C. 没买到机票　　D. 航班取消了

【听到的声音】

男：我以为你早该到了，怎么现在才到？

女：别提了！本来我连飞机票都买好了，可是因为大雾，航班取消了，我只好坐火车过来了。

问：女的为什么来晚了？

题解

第一步，根据选项预测内容和问题。从这题的四个选项可以猜测出，某人准备出行，但是因为ABCD这四个原因，情况发生了变化。这种题的问题可能会问“……为什么……”或者“关于……，哪个选项是正确的”。

第二步，边听边记，注意听影响行程的原因。

第三步，选择答案。答案是D。“因为大雾，航班取消了”就是答案。

例2 H51005第8题

【看到的选项】

A. 同意担任主角　　B. 请到了著名导演

C. 提供了资金支持　　D. 答应为影片做宣传

【听到的声音】

男：很高兴这次能一起拍电影，对你们资金方面的支持再次表示感谢。

女：导演，您别客气，能与您合作我们感到很荣幸。

问：男的为什么要感谢女的？

题解

第一步，根据选项预测内容和问题。从这题的四个选项中的词语“主角”“导演”“资金”“影片”可以知道，这段对话应该是关于拍电影的。从“同意”“请到了”“提供了”“答应”可以知道结果是令人满意的，那么对满意的结果会有什么表示？是高兴？还是感激？都是问题可能要涉及的。

第二步，边听边记预测的问题。

第三步，选择答案。答案是C。“对你们资金方面的支持再次表示感谢”，感谢的原因是提供了资金方面的支持。

◆ 假设关系：这种题中常有表示假设关系的关联词，例如“如果……就……”“要是……就……”等。

例如 样题第3题

【看到的选项】

A. 不成功　　B. 对方很满意　　C. 价格已经谈好　　D. 需要降低价格

【听到的声音】

女：关于产品的价格，对方是什么意见？

男：价格是关键，如果我们不降低价格，他们恐怕就会放弃和我们合作。

问：关于这次合作，下列哪项正确？

题解

第一步，根据选项预测内容和问题。从这题选项中的词语“价格”“谈好”“降低价格”可以知道，这段对话是关于价格商谈的，那么价格是否谈妥可能是问题中会涉及的。

第二步，边听边记预测的问题。

第三步，选择答案。答案是D。“如果我们不降低价格，他们恐怕就会放弃和我们合作”意思是降低价格，才能合作。

◆ 转折关系：在转折题中，说话人往往表达两个意思，这两个意思是相反或者相对的，句中常带有“虽然……，但是……”“不过……”等表示转折关系的关联词。

例1 样题第8题

【看到的选项】

A. 开车很熟练了　　B. 买了一辆新车　　C. 想多练习倒车　　D. 还没拿到驾照

【听到的声音】

男：祝贺你，这么快就拿到驾照了。

女：驾照虽然拿到了，但毕竟是新手，一倒车心里就紧张，我得多练练倒车。

问：关于女的，可以知道什么？

题解

第一步，根据选项预测内容和问题。从这题选项中的词语"开车""熟练""新车""练习倒车""驾照"可以知道，这段对话是关于学车的，从ABCD可以知道已经学完了，学完后"水平怎样？买车了吗？驾照拿到了吗？"都是可能问的问题。

第二步，边听边记预测的问题。

第三步，选择答案。答案是C。女的说的"驾照虽然拿到了，但毕竟是新手"，是个转折关系的句子，可知A和D不对。女的"我得多练练倒车"就是答案。

例2 H51005第12题

【看到的选项】

A. 两人要去学车　　B. 他们打算买车

C. 他们想办辅导班　　D. 暑期学车有优惠

【听到的声音】

男：你这个暑假有什么安排吗？要不要和我一起报名去学车？

女：好，虽然还没买车，但是先把驾照拿到手再说。

问：根据对话，下列哪项正确？

题解

第一步，根据选项预测内容和问题。从这题选项可以知道对话中有两个人，从"学车""买车""辅导班""学车有优惠"可以知道，他们打算学车，因为"辅导班""学车有优惠"说明他们准备报名，还没有开始学。那么，他们决定学不学，学完以后是否买车都是可能要问的问题。

第二步，边听边记预测的问题。

第三步，选择答案。答案是A。男的说"要不要和我一起报名去学车"，女的说"好"，表示同意，说明他们两人要去学车。

◆ 递进关系：递进关系常用的关联词是“不仅……，而且……”“不仅仅……，还……”“连……也/都……”等。例如：

例如 样题第15题

【看到的选项】

A. 缺水 B. 缺阳光 C. 阳光太多 D. 没人照顾

【听到的声音】

女：我天天给花儿浇水，可是它的叶子怎么反而黄了？

男：花儿不仅仅需要水分，还需要有充足的阳光。

问：花儿的叶子为什么变黄了？

题解

第一步，根据选项预测内容和问题。从这题选项中的词语“缺水”“缺阳光”可以猜测出，这段对话可能是关于养花养草的，并且花草长得不好，那么这其中的原因是什么？问题中可能会出现“……是为什么”或者“关于……，下列哪项正确”“关于……，可以知道什么”。

第二步，边听边记，注意选项中哪一个是花草长得不好的原因。

第三步，选择答案。答案是B。男的说“花儿不仅仅需要水分，还需要有充足的阳光”，意思是花儿缺少阳光了。

2. 题型标志

与时间数字题、地点场合题等题型不同，逻辑关系题的选项和问句一般都没有明显的标志（除因果关系外，因果关系常出现提问原因的疑问词“为什么”“什么原因”），你在听录音之前很难从四个选项上预测题型。因此，掌握逻辑关系题的关联词语非常重要。

3. 解题技巧

（1）不同的逻辑关系，有不同的语义侧重，平时训练的时候应该多体会。

因果关系常侧重原因，原因一般是出题的地方。

假设关系常侧重条件，所以要注意听“如果”“要是”后面的句子。

转折关系"但是""可是""不过"等词语后面常常是考点，要特别注意听。

递进关系的关联词常考的是"不仅A，而且B""不仅仅A，还B"，其中的A和B都很重要，都可能是提问的内容，也要注意听。但是"连A都/也……"表示强调，A常常是提问的内容。

（2）记住下列关联词及其逻辑关系有助于你迅速选中逻辑关系题的答案。

① 因果关系

常用关联词	逻辑关系说明	例句
因为/由于A，所以B A，因此/因而/于是B	A是原因，B是结果	因为没有买到飞机票，所以我们只好坐火车去北京。 由于天气寒冷，所以感冒的人很多。 我没有在场，因此无法判断他们谁在说谎。
既然A，就B 既然A，只好B	A是已经发生的情况，B是从A来的结果	既然你已经来了，就安心学吧。 既然你一定要去，我只好同意了。
A，可见B	B是从A推断出的结果	她把你送的礼物摆在书架上，可见她很喜欢。
A，以至于B A，以致B	A是原因，B是结果	我们毕业二十年都没有见面，以至于彼此都认不出来了。 这条路设计不合理，以致天天堵车。
之所以A，是因为B	B是原因，A是结果	我今天之所以没有去车站接你，是因为下午有一个紧急的会。

② 假设关系

常用关联词	逻辑关系说明	例句
要是/如果/假如/假若/倘若/若A，就/则B	A出现，B就会出现	如果我是你，早就跟她离婚了。 假如没有汽车，我们就不能按时到达目的地了。
幸亏/多亏A，否则/不然/要不B 要不是A，就B	很高兴A发生，B没有发生	幸亏我带的钱多，否则就买不了这本书了。 多亏我走得早点儿，不然就赶不上火车了。 要不是你提醒我，我早就把这件事忘了。
即使/就是/哪怕/就算/纵然A，也B	A出现，B也会出现	即使天气不好，他也要去爬山。 就是他不愿意帮助我，也没有关系。 就算剩下我一个人，我也要坚持到底。

③ 转折关系

常用关联词	逻辑关系说明	例句
虽说A，可是B 虽然A，但是B 尽管A，却B 固然A，但是B	B和A相反	虽说连续两年没有考上大学，可是他并没有灰心。 三月的天气，虽然没有太阳，但是也不觉得冷。 尽管老师的身体一天比一天差，他却依然坚持为我们上课。 工作固然重要，但是健康更重要。
A，反之B	A是一种结果，B是与A相反的结果	我们只要努力就会有收获，反之，终日无所事事，将一事无成。
A，其实B	B是与A相反的结果	他说他不知道这件事，其实他早就知道了。

④ 递进关系

常用关联词	逻辑关系说明	例句
不但A，而且B 不仅A，并且B 不只A，甚至B 不光A，甚至还B	B比A更进一层	小李不但聪明，而且勤奋。 他不仅独自完成了这个项目，并且做得很出色。 这么难的事，不只孩子做不好，甚至大人也很难做好。 我不光想办一个幼儿园，甚至还想办一个养老院。
不但不A，反而B 不但没A，反而B	B和A相反，且意思更进一层	他说了半天，我不但没明白，反而更糊涂了。
连A都／也……	强调做A很难或很容易	我的汉语听力进步很快，现在连电影都能看懂了。 这个手机很好用，连老人都喜欢。

⑤ 条件关系

常用关联词	逻辑关系说明	例句
无论／不管／不论A，都／也B 任凭A，也B	情况变化，但B不会改变	无论天气多么冷，他都坚持锻炼身体。 他拿定的主意，不管谁劝，都不能改变。 任凭你怎样努力，已经发生了的事情，也是无法改变的。
只有A，才B 除非A，才B 除非A，否则／不然B	A是B发生的唯一条件	只有经济发展了，人民的生活水平才能提高。 除非我的女朋友去，我才去。 这件事除非你去办，否则谁也办不成。 除非再修两条路，不然堵车问题解决不了。

续表

常用关联词	逻辑关系说明	例句
凡是A，都B 只要A，就B	符合A条件，B没有例外	我很喜欢旅游，凡是没有去过的地方我都想去。 你只要拨打121电话，就可以知道一天的天气情况。

⑥ 选择关系

常用关联词	逻辑关系说明	例句
宁可A，也不B 宁愿A，也不B 宁肯A，也不B	A和B比较之后，选择A	他说宁可在家睡觉，也不看足球比赛，你相信吗？ 宁愿自己辛苦一点儿，也不想麻烦别人。
与其A，（还）不如B 与其说A，倒不如说B	A和B比较之后，选择B	与其在家躺着，还不如去看场电影。 他这么做，与其说是为了孩子，倒不如说是为了他自己。
不是A，就是B	A和B中必选一个	星期天他不是去唱卡拉OK，就是去健身房健身。

4. 同步训练

第1–15题：请选出正确答案。

1. A. 不想去千岛湖　B. 没去过千岛湖　C. 知道千岛湖在哪儿　D. 想了解一下千岛湖
2. A. 洗凉水澡　B. 穿得太少　C. 空调吹的　D. 睡得太晚
3. A. 下大雨也要去　B. 下大雨就不去了　C. 雨小了就去　D. 没想到会下这么大的雨
4. A. 设备　B. 决心　C. 技术　D. 天气
5. A. 不愿意去买菜　B. 女的不让他买菜　C. 不知道要买什么菜　D. 没时间买菜
6. A. 名牌　B. 便宜　C. 耐用　D. 无所谓
7. A. 这样做好吃　B. 跟妈妈学的　C. 电视里教的　D. 自己研究的
8. A. 穿破了　B. 不喜欢　C. 没有弄脏弄坏　D. 不合适
9. A. 考试不及格　B. 没走人行横道　C. 买错了东西　D. 闯了红灯

10. A. 忘了洗车　B. 刚洗过车　C. 没时间洗车　D. 天气不好

11. A. 跑步机质量不好　B. 健身房倒闭了
　C. 师傅辞职了　D. 师傅请假了

12. A. 男的赶回家陪她　B. 男的没去开会
　C. 男的送给她礼物　D. 男的记得她的生日

13. A. 飞机出故障了　B. 飞机不能按时起飞
　C. 没有带雨伞　D. 还没吃饭

14. A. 色彩鲜艳　B. 价格太高　C. 样式不好　D. 质量一般

15. A. 去看热闹　B. 要参加婚礼　C. 头发长了　D. 理发店打折

二、短对话题综合训练

第1–55题：请选出正确答案。

1. A. 看电影　B. 上班　C. 开会　D. 锻炼身体
2. A. 车站　B. 车上　C. 路上　D. 动物园
3. A. 修车的　B. 修表的　C. 修电视机的　D. 修电脑的
4. A. 医生和病人　B. 同事　C. 夫妻　D. 病人和药店售货员
5. A. 要跟小李去旅游　B. 不能送她去机场了　C. 不能参加她的生日晚会　D. 心情不太好
6. A. 看报纸　B. 找工作　C. 谈生意　D. 做广告
7. A. 很差　B. 一般　C. 马马虎虎　D. 味道纯正
8. A. 我刚认识朴松叶　B. 我很了解朴松叶　C. 朴松叶不是我同学　D. 我对朴松叶不熟悉
9. A. 马上睡觉　B. 反正写不完，不如睡觉　C. 今天晚上不想睡觉了　D. 今天晚上一定要写完稿子
10. A. 想去锻炼，但是没有时间　B. 太累了，不想去锻炼了　C. 一定要去锻炼　D. 可能有时间去锻炼
11. A. 今天比昨天冷　B. 今天下了大雨　C. 女的不怕冷　D. 男的知道下雨
12. A. 国美饭店　B. 公共汽车站　C. 高大建筑　D. 去饭店的路
13. A. 他想知道画展在什么地方　B. 他问女的什么时候去　C. 他没有时间去看画展　D. 刚考完试，他哪儿也不想去
14. A. 9点　B. 9点半　C. 9点15分　D. 9点45分
15. A. 操场　B. 公园　C. 银行　D. 教室
16. A. 科技工作者　B. 厨师　C. 农民　D. 记者
17. A. 马虎　B. 细心　C. 认真　D. 紧张
18. A. 小张不适合　B. 小张最合适　C. 小张比较适合　D. 没有人适合
19. A. 售货员和顾客　B. 服务员和顾客　C. 售票员和乘客　D. 经理和秘书

20. A. 女的失业了 B. 男的没上班
C. 女的会做饭 D. 老板会做炒鱿鱼这道菜
21. A. 惊讶 B. 轻视 C. 赞赏 D. 不满
22. A. 宾馆 B. 饭馆儿 C. 图书馆 D. 体育馆
23. A. 这次只有男的不能去 B. 这次男的可以去
C. 这次男的可以不去 D. 这次只有男的才能去
24. A. 男的不喜欢干活 B. 应该把孩子送到托儿所
C. 男的应该接送孩子 D. 男的喜欢照顾孩子
25. A. 朱丽不许他们找人 B. 他们找的人不愿意
C. 他们不想去找人 D. 朱丽能够帮他们
26. A. 赞美 B. 疑问 C. 着急 D. 否定
27. A. 商店 B. 超市 C. 饭馆儿 D. 农贸市场
28. A. 觉得雨下得很大 B. 认为不用带雨伞
C. 想回家拿雨伞 D. 后悔没带雨伞
29. A. 在工厂工作 B. 在学校工作
C. 在医院工作 D. 在商店工作
30. A. 这个队一定会输 B. 这个队可能会输
C. 这个队不会输 D. 这个队还没赢过
31. A. 1天 B. 2天 C. 3天 D. 7天
32. A. 记者 B. 秘书 C. 教师 D. 列车员
33. A. 图片 B. 电影 C. 唱片 D. 杂志
34. A. 很能干 B. 能力一般 C. 比较能干 D. 不太能干
35. A. 埋怨 B. 赞成 C. 气愤 D. 反对
36. A. 她无话可说 B. 小高没说话
C. 小高的口语最好 D. 小高的口语很差
37. A. 换家具 B. 修空调 C. 钥匙丢了 D. 马桶堵了
38. A. 很可能是路上堵车了 B. 他们约会的时间是十点
C. 他们约会的时间是九点 D. 肯定是路上堵车了
39. A. 后悔 B. 讽刺 C. 佩服 D. 担心
40. A. 不要工作太晚 B. 不要给自己太多压力
C. 应该休息一段时间 D. 建议男的检查身体
41. A. 学生 B. 老师 C. 图书管理员 D. 电脑管理员

42. A. 对男的不满意　B. 她儿子被男的救了
C. 认为男的应该帮助她　D. 有生命危险

43. A. 不让男的办手续　B. 告诉男的不要后悔
C. 希望男的再考虑一下　D. 对男的不满意

44. A. 女的出的题太难了，他做不出来　B. 不愿意帮女的
C. 他没有能力帮女的　D. 女的不应该出这么难的题目

45. A. 商店　B. 饭店　C. 照相馆　D. 理发店

46. A. 没考上大学　B. 没考上好大学
C. 不愿意上大学　D. 考上了好大学

47. A. 女的没有见过草原　B. 女的会叫他一起去
C. 女的不去草原了　D. 草原风景不漂亮

48. A. 他觉得太远　B. 他不会去　C. 他不会不去　D. 他不知道怎么走

49. A. 女的和男的工资差不多　B. 女的没有男的工资高
C. 女的比男的工资高　D. 男女工资都不高

50. A. 马路上　B. 火车上　C. 电梯里　D. 教室里

51. A. 很多　B. 很少　C. 不太多　D. 不多也不少

52. A. 事业和爱情同样重要　B. 事业没有爱情重要
C. 爱情没有事业重要　D. 她也说不清楚

53. A. 天气不好　B. 下星期要考试
C. 他不喜欢去香山　D. 这星期要考试

54. A. 一件　B. 两件　C. 三件　D. 四件

55. A. 因为他今天要参加婚礼　B. 因为今天风太大了
C. 因为他不喜欢原来的发型　D. 因为他今天要结婚

听力第一部分（2） 长对话及其4大必考话题

- 题型特点：长对话题在听力的第二部分，包括四句对话和多句对话。第21-30题是四句对话，就是男女每人各两句的对话。每段对话之后提1个问题。从第31题开始，有时会出现2段8句话左右的多句对话。每段对话之后提2～4个问题。
- 测试内容：长对话取材广泛，富于变化，主要涉及日常生活、工作、学习、休闲娱乐等方面内容。
- 测试重点：抓住关键词语传达出的信息，想象出对话发生的环境和场景，理解对话内容及说话人的态度和语气。
- 测试难点：与短对话相比，长对话的信息量更大，干扰项更多，话题转换也更频繁，这些对考生的记忆力、反应力和理解力都是极大的挑战。

通过对样题和2010—2011两年的20多套真题进行研究，我们发现，长对话常考的话题主要有4大类：日常生活话题、办公商务话题、学校教育话题、休闲娱乐话题，其中日常生活话题和办公商务话题所占比例为78.9%。

长对话的提问方式跟短对话基本相同，只是它扩展了短对话的话题情景，使其更加完整，有头有尾，也更贴近现实生活，因此，如果你能熟悉长对话常考的话题、题型规律以及相应的词语和表达，就能在考试中如鱼得水，稳操胜券。

下面我们将就这4类话题的题型规律、解题技巧做逐一的讲解提示，并做同步训练。

一、题型规律、解题技巧、同步训练

（一）日常生活话题

1. 什么是日常生活话题

日常生活话题就是吃饭、穿衣、住房、出行、购物、看病等跟人们的日常生活密切相关的话题。

这类话题在长对话部分所占比例最大，占52.7%。其中包括10类小话题：

（1）饮食健康话题　　（2）衣着服饰话题
（3）买房租房话题　　（4）乘车驾车话题
（5）家务家事话题　　（6）天气组合话题
（7）商场购物话题　　（8）医院看病话题
（9）银行取钱话题　　（10）美容美发话题

注：在这10类小话题中，商场购物、医院看病、银行取钱、美容美发等已经在短对话部分第36～40页地点场合题中涉及了，此处不再赘述。

2. 题型标志

（1）选项特点

日常生活话题的选项一般都跟时间数字、地点场合、人物关系、行动计划、家务家事、生病、购物、乘车等日常生活的活动相关。例如：

A. 明天　B. 下周一　C. 两周后　D. 下个月
A. 船上　B. 飞机上　C. 火车上　D. 公共汽车上
A. 夫妻　B. 同事　C. 经理和职工　D. 老师和学生
A. 步行　B. 开车　C. 坐地铁　D. 坐公共汽车
A. 去接她　B. 收衣服　C. 打车回家　D. 打扫阳台
A. 感冒了　B. 鼻子过敏　C. 药物反应　D. 闻到辣椒了
A. 送货上门　B. 现在打七折　C. 有优惠活动　D. 保修期为两年

（2）提问方式

日常生活类长对话题的提问方式跟短对话题基本相同，以下几种提问方式在这个部分常出现，平时训练的时候应该多加注意。

问：……在做什么／忙什么？例如：男的正在做什么？男的最近在忙什么？
问：……怎么了？例如：男的最近怎么了？
问：……怎么样？例如：女的觉得炸鸡腿儿怎么样？
问：……为什么……？例如：女的为什么要搬家？
问：……让／请……做什么？例如：女的让男的做什么？女的请男的帮什么忙？
问：根据对话，下列哪项正确？
问：关于男的，可以知道什么？
问：关于这款冰箱，下列哪项正确？

3. 解题技巧

（1）快速浏览选项，预测对话内容和问题。

（2）注意听第一句话和问句，问句后面经常有题，所以一定要认真听问句后面的句子，答案经常就在答句中。

（3）注意听表示建议的词语和结构，例如“应该、少+动词（少吃）、多+动词（多听）、最好”等，以及表示建议的句子，例如“……让……做什么”“……请……做什么”“……建议……做什么”，这种句子经常会出题。

（4）发挥想象力，边听边想象日常生活中的场景。

（5）注意组合话题。这部分常考的组合型的话题有：

生病+吃饭　　生病+穿衣
天气+穿衣　　天气+交通（飞机、火车、汽车、驾车）
天气+旅游　　天气+生病
天气+家务

（6）熟悉各类话题常用的关键词和句子，以提高做题速度。

常考话题	相关词语	常用语句
饮食健康	一日三餐、早餐、晚餐、午餐、夜宵、消夜、下午茶 营养、健康、饿、饱 主食、米饭、面条、包子、饺子、馒头、小吃、油条 凉菜、热菜、川菜、粤菜、上海菜 特色菜、招牌菜、美食、麻辣豆腐、鱼香肉丝、烤鸭、炸鸡腿儿、油炸食品、垃圾食品	我要订两个靠窗的座位。 三号桌已经有人订了。 有包间吗？ 您几位？ 我们可以坐这儿吗？ 您这边请可以吗？ 请给我看一下菜单。 服务员，点菜。 来一个麻婆豆腐。

续表

<table>
<tr><th colspan="2">常考话题</th><th>相关词语</th><th>常用语句</th></tr>
<tr><td colspan="2"></td><td>海鲜、鱼、虾、牛肉、羊肉、鸡肉、猪肉
味道、清淡、油腻、酸、甜、苦、辣、咸
酱油、醋、盐、辣椒、味精
酒水、饮料、啤酒、茶水、矿泉水、可乐
煎、烤、炸、蒸、熬
好吃、少吃、香味儿、流口水
地道、正宗</td><td>先点这些吧。
少放点儿盐。
这个菜辣吗?
别放味精。
请帮我们把这个汤分一下。
请帮忙催一下菜。
服务员，结账（埋单）。
服务员，打包。
可以用信用卡吗?
对不起，我们这儿只能用现金。</td></tr>
<tr><td colspan="2">衣着服饰</td><td>西装、裙子、衬衣、牛仔裤、皮鞋、旅游鞋、运动鞋、领带、围巾、手套、帽子
项链、戒指、耳环
颜色鲜艳、合适、搭配
长短、大小
窗帘、被子、床单、被罩、枕头</td><td></td></tr>
<tr><td rowspan="3">买房租房</td><td>买房</td><td>别墅、高楼、南北通透、面积、均价、位置、地段、小区环境、交通、物业费、停车位、停车费、塔楼、板楼
房款、全款、贷款、商业贷款、公积金贷款、按揭、分期付款、利率、月供、收入证明
一居室、三室两厅两卫、客厅、餐厅、卧室、厨房、卫生间、阳台、走廊、花园</td><td>均价多少钱?
每平方米多少钱?
有折扣吗?
周围环境怎么样?</td></tr>
<tr><td>装修</td><td>面积、装修公司、设计方案、装修风格、空间、打通、采光、木地板、瓷砖、地毯、灯、窗帘
家电、家具齐全</td><td>你准备怎样装修?
你是找哪家装修公司设计的?
我自己设计的。
把阳台和卧室打通空间就大了。</td></tr>
<tr><td>租房</td><td>房东、租房、签合同、房费、房租、押（订）金、省钱、合适、方便、搬家、公寓、合租、家电家具齐全、中介、中介费
房子太差、地方太远、价钱太贵、太吵、灯、空调、电视、洗衣机</td><td>现在方便看房吗?
什么时候签合同?
物业在哪儿?</td></tr>
</table>

续表

常考话题	相关词语	常用语句
买房租房　住宾馆	详见P37，此略。	
乘车驾车	新手、练车、陪练、驾照（车本）、买车、车钥匙、开车、倒车、停车、车速、速度、开慢点儿、注意安全、系好安全带、高速公路、走高速、路不熟、迷路、修车、限行、转弯、调头、机动车道、非机动车道、汽车修理店、保险公司、加油站、加油 停车位、地上车位、地下车库、停车费 警察、交警（交通警察）、红绿灯、十字路口、堵车、闯红灯、超速、罚款、罚单、交通事故	我迷路了。 车坏了。 哪儿能修车？ 加油站在哪儿？
家务家事	做饭、煮咖啡、接孩子、打扫房间、收拾房间、洗衣服、晾衣服、收衣服、招待客人、送客人、浇花、浇水、水分、阳光、送礼物 洗澡、看电视（动画片）、看书、看报 谈恋爱、结婚、生孩子、离婚	刚到家。 刚进门。 请进。 请坐。 请喝茶。 时间不早了，我该回去了。 我送送你。 不用送了。 请留步。 慢走。 以后常来玩儿。
天气	白天、夜间、春天、夏天、秋天、冬天、下雨／雪、刮风、晴（天）、阴（天）、冷、热、干、湿、闷、晴转多云、风向南转北、风力三四级、最低气温、最高气温、降水概率（为10%）、降温、升温、温暖、寒冷、凉快、潮湿、湿润、干燥	
商场购物话题 医院看病话题 银行取钱话题 美容美发话题	这几类话题的相关词语在短对话部分第36～40页地点场合题中涉及了，此处不再赘述。	

4. 例题分析

（1）饮食健康话题

例1 H51002第26题

【看到的选项】

A. 有营养　　B. 不好闻　　C. 是垃圾食品　　D. 味道非常好

【听到的声音】

男：今天中午我吃炸鸡腿儿了，真好吃。

女：少吃油炸食品，那是垃圾食品，对健康没什么好处。

男：我知道，可还是忍不住，中午闻到那个香味儿就要流口水。

女：以后还是少吃吧。

问：女的觉得炸鸡腿儿怎么样？

题解

第一步，根据选项预测内容和问题。这题四个选项中的“营养”“好闻”“垃圾食品”“味道”都是跟饮食相关的词语，从“营养”和“垃圾食品”可以猜出，这题的内容可能是关于饮食健康的话题。

第二步，边听边想象对话场景，注意健康的食品和不健康的食品。

第三步，选择答案。答案是C。“少吃油炸食品，那是垃圾食品，对健康没什么好处”，“少吃”的意思是“吃多了不好”。

例2 H51003第25题

【看到的选项】

A. 喝矿泉水　　B. 吃个馒头　　C. 放点儿酱油　　D. 吃清淡些的菜

【听到的声音】

女：快把那瓶矿泉水给我。

男：给你，你吃不了辣吗？眼泪都出来了。

女：我没想到这么辣，这个菜太辣了。

男：的确有些辣，你吃这个菜，这个清淡一些。

问：男的建议女的做什么？

题解

第一步，根据选项预测内容和问题。这题的四个选项都与饮食有关，而且都是动词性的短语。由此可以猜出，问题可能会问一个人要做什么。

第二步，边听边想象对话场景，并注意听对话中的人要做的具体事情。

第三步，选择答案。答案是D。“你吃这个菜，这个清淡一些”，答案就在这句话中。

（2）衣着服饰话题

例如 H51116 第22题

【看到的选项】

A. 很时尚　　B. 很高档　　C. 太朴素了　　D. 有点儿短

【听到的声音】

男：你明天就穿这身去参加弟弟的婚礼啊？

女：怎么？不合适吗？

男：这条裙子是不是太朴素了？上次买的那条呢？

女：也行，那我明天换那条。

问：男的觉得这条裙子怎么样？

题解

第一步，根据选项预测内容和问题。这题四个选项中分别有形容词“时尚”“高档”“朴素”“短”，这种题问题一般会问“……怎么样”。

第二步，注意听第一句话和问句，然后边听边想象对话场景，并注意听谈论的是什么，怎么样。

第三步，选择答案。答案是C。男的说“这条裙子是不是太朴素了”意思是“我认为这条裙子太朴素了”。

（3）买房租房话题：跟“住”相关的话题，主要有买房、装修、租房、住宾馆。

例1 H51115第21题

【看到的选项】

A. 破产了　　B. 买保险了　　C. 贷款买房了　　D. 买股票赔了钱

【听到的声音】

女：我听说你们买房了？

男：是，上个月十六号定的。

女：是全款付清，还是贷款？

男：一半儿一半儿，首付百分之五十，剩余的是贷款。

问：关于男的，可以知道什么？

题解

第一步，根据选项预测内容和问题。这题的四个选项都是动词性的短语，而且每个选项中都有表示完成的“了”，由此可以猜出，对话中的人做了什么事情。问题一般是“谁做了什么事”或者“关于……，可以知道什么”。

第二步，边听边想象对话场景，并注意相关词语，由此判断对话中的人做了什么事情。

第三步，选择答案。答案是C。“定（房）”“首付”“贷款”都是跟买房相关的词语。

例2 样题第23题

【看到的选项】

A. 下班晚了　　B. 在帮男的装修

C. 自己设计了装修方案　　D. 不满意现在的装修效果

【听到的声音】

女：怎么现在才来？快请进。

男：下班时又写了两封邮件，晚了会儿。你的新家装修得真漂亮！找哪家公司设计的？

女：是我自己设计的，虽然累了点儿，但是完全是按照我的要求来装修的。

男：真不错，下次我家装修，不用请外面的公司了，直接找你。

问：关于女的，可以知道什么？

题解

第一步，根据选项预测内容和问题。从这题选项中的“装修”“装修方案”“装修效果”可以知道，话题是跟房子装修有关的，问题可能会问设计师、装修风格、装修公司等。

第二步，边听边想象对话场景，并注意听预测的问题。

第三步，选择答案。答案是C。“是我自己设计的”就是答案。

例3 H51113第29题

【看到的选项】

A. 会议记录　　B. 房屋设计图　　C. 房屋出租广告　　D. 人才招聘广告

【听到的声音】

女：房屋出租广告？你看这个干什么？

男：我下个月要搬家，得赶快找房子。

女：搬家？为什么？

男：房东给我打电话了，他要卖房子。

问：男的在看什么？

题解

第一步，根据选项预测内容和问题。这题的四个选项都是名词性的，问题可能会问“谁在看……”或者“谁在写……”。

第二步，边听边想象对话场景，并注意听预测的问题。

第三步，选择答案。答案是C。女的说“房屋出租广告？你看这个干什么”，意思是男的正在看房屋出租广告。

例4 H51114第26题

【看到的选项】

A. 套间　　B. 单人间　　C. 标准间　　D. 豪华套间

【听到的声音】

男：你好，还有房间吗？

女：有，标准间和套间都有，您要……

男：我要两个标准间。

女：好，请出示一下身份证，我来帮您办理入住。

问：男的想要什么样的房间？

题解

第一步，根据选项预测内容和问题。这题的四个选项都是宾馆的房间名称，由此可知对话是跟入住宾馆相关的。问题可能会问“……要什么样的房间”。

第二步，边听边想象跟宾馆入住相关的场景，并注意听第一句、问句和答句。

第三步，选择答案。答案是C。男的说“我要两个标准间”其中的“标准间”就是答案。

（4）乘车驾车话题：随着中国经济的发展，中国拥有私家车的人和家庭越来越多，因此驾车上班、办事、外出旅游以及与此相关的问题也就成为人们谈论的话题。

例1 H51001第27题

【看到的选项】

A. 登机　　B. 开车　　C. 修汽车　　D. 打扫房间

【听到的声音】

女：我们十点之前可以到家吗？

男：按照这个速度，应该没问题，只要你带着进门的钥匙。

女：高速公路上，你还是开慢点儿吧，注意安全。

男：好的，我们争取十点前到家。

问：男的正在做什么？

题解

第一步，根据选项预测内容和问题。这题的四个选项都是动词性的，由此可以知道对话中的人在做什么事情。问题可能会问“……在做什么”或者“关于……，可以知道什么”。

第二步，边听边想象对话场景，并注意听相关词语。

第三步，选择答案。答案是B。这是驾驶汽车的场景。“速度、高速公路、开慢点儿、注意安全”都是开车常用的词语。

例2

【看到的选项】

A. 停车位　　B. 加油站　　C. 保险公司　　D. 汽车修理店

【听到的声音】

女：师傅，请问还有停车位吗？

男：对不起，地上没有车位了，地下车库还有，下去后向左拐。

女：好的，多谢。

男：不客气。

问：女的在找什么？

题解

第一步，根据选项预测内容和问题。这题的四个选项都是表示地点的，问题不太可能会问“……在哪儿”，因为“在”和“停车位”不搭配。能跟这四个选项搭配的动词是“找”，所以，问题可能会问“……在找什么”。

第二步，边听边想象对话场景，并注意听相关词语。

第三步，选择答案。答案是A。“停车位、地上车位、地下车库”都是跟停车相关的词语。

（5）家务家事话题：家庭是一个小社会，家人之间的相互关心、对亲朋好友的招待以及没完没了的家务活儿，都是家庭常见的话题。

例1 样题第29题

【看到的选项】

A. 去接她　　B. 收衣服　　C. 打车回家　　D. 打扫阳台

【听到的声音】

女：喂？你到家了吗？

男：到楼下了，马上到家，怎么了？

女：要下雨了，阳台上还有好多衣服，你赶紧收一下。

男：好的。你没带伞吧？一会儿打车回来吧。

问：女的让男的做什么？

题解

第一步，根据选项预测内容和问题。这题的四个选项都是动词性的短语，而且都是与家务家事相关的，问题中一般会有“谁做什么”。

第二步，边听边想象对话场景，并注意听做的事情。

第三步，选择答案。答案是B。“喂？你到家了吗”这句话没有称呼，这种说话的语气，最可能是妻子对丈夫说的。这个场景就是妻子给丈夫打电话，告诉他要下雨了，让他收衣服。

例2 H51113第23题

【看到的选项】

A. 避免掉色　　B. 干得更快　　C. 不容易结冰　　D. 避免拿错了

【听到的声音】

女：牛仔裤洗了要翻过来晾晒。

男：为什么？我以前一直都这样晾晒的。

女：太阳光太强，牛仔裤会掉色的。

男：原来是这样啊，我这就把它翻过来。

问：牛仔裤为什么要翻过来晒？

题解

第一步，根据选项预测内容和问题。从这题选项中的词语“掉色”“（晾）干得更快”可以知道，话题可能是关于晾晒衣服的。

第二步，边听边想象对话场景，并注意听衣服应该怎么晾。

第三步，选择答案。答案是A。“太阳光太强，牛仔裤会掉色的”这句就是答案。

（6）天气组合话题：天气影响着人们日常生活的方方面面，包括人们每天的穿衣、出行甚至情绪，所以，天气话题也就理所当然地成为新HSK五级听力考试必考的话题，而且多是以组合的方式出现的，比如天气+交通、天气+生病等。

例1 H51003第21题

【看到的选项】

A. 工人和工厂　　B. 天气和交通

C. 运输和设备　　D. 政府的政策

【听到的声音】

女：天气预报说，明天早上有雪。

男：那交通肯定要受影响了。糟糕，我明天还得去工厂。

女：没事，主要是高速公路受影响，你去工厂，又不用走高速。

男：那我也得早点儿出门，肯定堵车。

问：他们在谈论什么？

题解

第一步，根据选项预测内容和问题。这题的四个选项都是名词，而且互相之间没有什么联系，这种题，提问方式一般是“……在谈论什么”。

第二步，注意听第一句话的关键词，然后边听边想象对话场景，并注意听谈论的话题。

第三步，选择答案。答案是B。这是一道天气和交通出行组合的题。第一句话的关键词是“天气”，第二句话说“那交通肯定要受影响了”，这两句话就是答案所在。

例2 H51001第31到32题

【看到的选项】

31. A. 学习	B. 开会	C. 接人	D. 参观游览
32. A. 多云	B. 会下雪	C. 没有风	D. 比今天冷

【听到的声音】

第31到32题是根据下面一段对话：

女：杨老师，我明天要去北京参加一个会议，飞机上午十点到。我想先去看看您。您明天方便吗？

男：非常欢迎！我明天没有什么安排。你能来我特别高兴。到时候我去机场接你吧？

女：不用了，谢谢您，我自己能行。不知道北京现在的天气怎么样？

男：我们这儿可不像香港，挺冷的。

女：有多冷？

男：今天最高气温只有五度，听说明天有大风，比今天还冷。

女：这么冷啊？

男：嗯，你一定要多穿点儿衣服，别感冒了。

女：好的，谢谢您，那我们明天见。

男：好的，再见。

31. 女的来北京做什么？

32. 明天天气怎么样？

题解

第一步，根据选项预测内容和问题。第31题的四个选项都是动词性的，问题一般会问“……做什么”。第32题的四个选项都跟天气有关，由此可知对话中会涉及做事和天气两个话题。

第二步，注意听第一句话和问句，然后边听边想象对话场景，并注意听预测的问题。

第三步，选择答案。

第31题答案是B。“杨老师，我明天要去北京参加一个会议”，其中的“参加会议”就是开会。

第32题答案是D。“今天最高气温只有五度，听说明天有大风，比今天还冷”就是答案。

（7）商场购物话题

例1 H51004第27题

【看到的选项】

A. 送货上门　　B. 现在打七折　　C. 有优惠活动　　D. 保修期为两年

【听到的声音】

女：这款银色的冰箱是我们今年卖得最好的，您看看。

男：你们现在有什么优惠活动吗？

女：现在买我们送您一个电饭锅。

男：那冰箱的保修期是多长时间？

女：保修期一年，厂家免费上门修理。

问：关于这款冰箱，下列哪项正确？

题解

第一步，根据选项预测内容和问题。从这题的四个选项中的词语“送货”“打七折”“优惠活动”“保修期”可以知道，对话的内容跟购物有关，而且这四个选项都与购物优惠活动有关。那么，问题一定会问是哪一种优惠活动。

第二步，边听边记预测的问题，并注意听问句和答句。

第三步，选择答案。答案是C。由“现在买我们送您一个电饭锅”可知。

例2 H51115第29题

【看到的选项】

A. 结账　　B. 点菜　　C. 换零钱　　D. 订房间

【听到的声音】

女：一共四百五，您刷卡还是付现金？

男：付现金，麻烦你给我开一张发票。

女：好的，抬头怎么写？

男：你就按照这张名片上的公司名称开。

问：男的正在做什么？

题解

第一步，根据选项预测内容和问题。从AC这两个选项中的“结账”“钱”可以猜出，对话可能与“钱”有关。四个选项都是动词性的短语，问题一般是问“……正在做什么”。

第二步，边听边想象跟“钱”有关的购物话题场景，注意听第一句话和问句，答案往往就在答句中。

第三步，选择答案。答案是A。从第一句话“一共四百五，您刷卡还是付现金”可以知道是在结账。

（8）医院看病话题

例1 H51005第25题

【看到的选项】

A. 感冒了　　B. 鼻子过敏　　C. 药物反应　　D. 闻到辣椒了

【听到的声音】

女：你感冒了吗？怎么一直打喷嚏？

男：不是，我一到春天，鼻子就过敏。

女：那能吃药缓解一下吗？

男：吃药也没用，我都习惯了，过几天就好了。

问：男的为什么打喷嚏？

题解

第一步，根据选项预测内容和问题。从ABC三个选项可以知道，对话可能是跟生病有关的。另外选项B中有“鼻子”，选项D中的“闻”也跟“鼻子”有关。由此可以知道，这个病可能跟鼻子有关，问题可能会问这种病的原因。

第二步，边听边记预测的内容和问题，注意听第一句话和问句。

第三步，选择答案。答案是B。“我一到春天，鼻子就过敏”就是答案。

例2 H51113第25题

【看到的选项】

A. 腰疼　　B. 喝醉了　　C. 胳膊痒　　D. 胃不舒服

【听到的声音】

女：你的胳膊怎么了？这儿红了一片。

男：我也不知道被什么咬了，特别痒。

女：我去给你拿个药，止痒效果非常好。

男：那麻烦你了。

问：男的怎么了？

题解

第一步，根据选项预测内容和问题。从ACD三个选项中的“疼”“痒”和“不舒服”可以知道，对话可能是跟生病有关的。另外从“腰”“胳膊”“胃”可以猜出，问题可能会问“哪儿……”或者“……怎么了”。

第二步，边听边记预测的内容和问题，注意听第一句话和问句，同时注意是对男的提问还是对女的提问。

第三步，选择答案。答案是C。第一句话女的问“你的胳膊怎么了”，说明是“胳膊不舒服”。第二句男的回答“特别痒”，所以“胳膊痒”就是答案。

例3 H51001第30题

【看到的选项】

A. 明天　　B. 下周一二　　C. 两周后　　D. 下个月

【听到的声音】

男：大夫您好，我妻子的情况怎么样？

女：手术很成功，她恢复得很快，过两天，下周一二就可以出院了。

男：太好了！太谢谢您了！

女：不客气。

问：他妻子什么时候可以出院？

题解

第一步，根据选项预测内容和问题。这四个选项都是时间，因此，问题会问“什么时候”“多长时间”。

第二步，边听边记，并注意听时间。

第三步，选择答案。答案是B。“下周一二就可以出院了”直接给出了答案。

（9）银行取钱话题

例1 H51001第23题

【看到的选项】

A. 银行　　B. 商店　　C. 电影院　　D. 博物馆

【听到的声音】

女：先生，您好，您要办理什么业务？

男：你好，我要存一些钱。

女：好，请您先在这儿取一个号，对，就这儿。

男：三十七号，我前面还有几个人？

女：只有两位，请您坐这边稍等一下。

问：他们现在在哪里？

题解

第一步，根据选项预测内容和问题。这四个选项都是地点，因此，问题会问"在哪儿"或者"什么地方"。

第二步，边听边记，注意听跟地点相关的词语，注意听第一句话和问句。

第三步，选择答案。答案是A。"我要存一些钱"这是在银行常说的话，"存钱"是银行常用词语。

例2 H51003第29题

【看到的选项】

A. 贷款　　B. 手机上网

C. 开通网上银行　　D. 开通股票账户

【听到的声音】

女：您好，请问您要办理什么业务？

男：我有一张金卡，我想开通网上银行，手续复杂吗？

女：不复杂，大概十几分钟就能办完。请您先填一下这张表格。

男：谢谢，开通网上银行需要另付费用吗？

女：不用，是免费的。

问：男的要办理什么业务？

题解

第一步，根据选项预测内容和问题。ACD三个选项都是动词性的词语或短语，这种题，问题一般会问"谁做什么事情"，从A和C中的"贷款"和"网上银行"可以猜出对话可能是跟银行业务有关。

第二步，边听边记预测的问题，注意听第一句话、问句和答句。

第三步，选择答案。答案是C。男的说"我有一张金卡，我想开通网上银行"，其中的"开通网上银行"就是答案。"金卡"是银行常用词语。

（10）美容美发话题

例1 H51113第26题

【看到的选项】

A. 是礼拜天　　B. 有打折优惠

C. 理发师是新来的　　D. 希望得到好运气

【听到的声音】

男：我刚才去理发，人比平时多很多。

女：今天是二月初二，按风俗讲，今天理发能带来一年的好运。

男：怪不得这么多人。

女：你们老家没这个风俗吗？

男：也有。

问：今天为什么有很多人去理发？

题解

第一步，根据选项预测内容和问题。选项中有“打折优惠”“理发师”，由此猜想可能与理发有关。那么“理发有没有优惠”“理发师理得怎么样”都是可能会问的问题。

第二步，边听边记预测的问题，注意听第一句话和问句。

第三步，选择答案。从“今天是二月初二，按风俗讲，今天理发能带来一年的好运”可以知道答案应该选D。

5. 同步训练

第1–18题：请选出正确答案。

1. A. 住在幸福大街9号　　B. 邀请张文去做客
   C. 去她家坐车要10分钟　　D. 她想帮助张文

2. A. 想下载软件　　B. 想在网上买东西
   C. 想在网上看电影　　D. 想申请电子信箱

3. A. 他们在饭店　　B. 他们在看手机
   C. 他们在开会　　D. 男的想买桌子

4. A. 取钱　　B. 存钱　　C. 换钱　　D. 买股票

5. A. 过敏了　　B. 喝醉了　　C. 去旅游了　　D. 想晒太阳

6. A. 很多人都准备上班　B. 发生了交通事故
C. 他们遇到了堵车　D. 他们不想上班了

7. A. 一个月浇一次水　B. 一周晒一次太阳
C. 一般不能放在阳台上　D. 把花儿放阳台上，一周浇一次水

8. A. 质量不好　B. 在网上买的　C. 今天刚安好　D. 有保修期

9. A. 着凉了　B. 压力大　C. 爱吃蔬菜　D. 消化不好

10. A. 是外国人　B. 是游客　C. 不会用房卡　D. 是酒店人员

11. A. 洗了凉水澡　B. 鼻子过敏　C. 被雨淋了　D. 被人传染了

12. A. 下礼拜回家　B. 下周要出差　C. 没买到车票　D. 坐飞机回家

13. A. 开汽车　B. 坐公交车　C. 坐出租车　D. 乘地铁

14. A. 吃完夜宵　B. 明天中午　C. 明天早上　D. 当天夜晚

15. A. 车站的小卖部　B. 对面的食品店
C. 车站对面的食品店　D. 马路对面的超市

16. A. 水果　B. 冰淇淋　C. 罐头　D. 巧克力

17. A. 他没有预约看房
B. 他要跟朋友一起租房
C. 他看上的房子里没有电灯，要打灯笼
D. 他喜欢那个房子

18. A. 交通方便　B. 租金便宜　C. 房子结构好　D. 适合两人住

（二）办公商务话题

1. 什么是办公商务话题

办公商务话题就是跟工作相关的会议会务、公司经营、招聘应聘、办公事务等话题。这类话题是新HSK五级听力考试增加最多的内容，也是新HSK听力重视实用性的体现。

其中包括4种小话题：

（1）会议会务话题

（2）公司经营话题

（3）招聘应聘话题

（4）办公事务话题

2. 题型标志

（1）选项特点

办公商务话题的选项中一般都有跟“经理、公司、开会、销售、电脑”等与工作相关的词语。例如：

A. 美术编辑　　B. 项目管理　　C. 产品推广　　D. 市场销售

A. 人事　　B. 销售　　C. 研发　　D. 法律

A. 待遇比较低　　B. 最近刚辞职

C. 新开了一家公司　　D. 需要计算机方面的人才

A. 电脑坏了　　B. 麦克风坏了

C. 麦克风没打开　　D. 软件不能下载了

（2）提问方式

办公商务话题的问句中经常也会出现相关的词语，常见的提问方式如下：

问：宴会被安排在什么时候？

问：男的以前从事哪个行业？

问：女的需要哪方面的人员？

问：男的要应聘哪个部门？

问：男的认为销售工作怎么样？

问：营业执照什么时候能办下来？

问：那份文件现在在哪儿？

问：女的为什么不关电脑？

3. 解题技巧

（1）快速浏览选项，预测对话内容和问题。

（2）注意听第一句话和问句，问句后面经常有题，所以一定要认真听问句后面的句子，答案经常就在答句中。

（3）发挥想象力，边听边想象办公、商务活动等工作时的话题场景。

（4）注意组合话题。这类话题常跟餐饮、休闲娱乐、家务家事、健康组合在一起出题，比如：工作+吃饭、工作+旅游、工作+家务家事、工作+健康，问题可能是提问工作的，也可能是提问餐饮、休闲娱乐、天气、健康的。

（5）熟悉各类话题常用的关键词和句子，以提高做题速度。

常考话题		相关词语	常用语句
会议会务		会议、开会、年会、宴会、宴会厅、展览会、开幕式、预订、嘉宾、出席、招待、合作、开始、结束、庆祝、商业谈判、会议记录、参加会议、听取意见、参加宴会、热情招待、贵公司、主持会议	宴会厅已经被预订了。 会议由王经理主持。 这是我的名片。 会议取消了。 没有房间了。 预祝我们合作成功！ 干杯！
公司经营		总裁、经理、秘书、员工、会计、公司、单位、同事、工作、上班、下班、加班、出差、去国外出差、辞职、退休、办公司、注册公司、营业执照、做生意、做买卖、调研报告、项目、产品、新产品、特产、开发、推广、宣传、广告、经营状况、卖得好、资金、资金问题、资金紧张、价格、价钱、谈价格、便宜、数量、质量、合作、商量、签合同、合同规定、法律文件、签字、付款、支票、现金、付款方式、货到付款、分期付款、先付一半定金、立即付款、欠钱、开发票	那批货后天可以送到吧？ 后天肯定能到。 这批货涨价了。 你们想要多少？ 价格还能谈吗？ 那我们只好放弃合作了。
招聘应聘		公司、招聘、应聘、找工作、换工作、打工、参加考试、面试、准备、简历、机会、努力、有把握、有希望、自信、工作经验、实践经验、部门、人事部、销售部、研发部、招人、销售经理、年薪、实习、底薪、提成、录取	您好，我是来应聘的。 你想应聘哪个部门？ 我叫李明，应聘销售经理。 我看一下你的简历。 你做过会计吗？ 有消息了吗？ 你被录取了。 我们公司不招人。
办公事务	电脑	光盘、移动硬盘、U盘、麦克风、复制、删除、文件、资料、安装、软件、程序、速度慢、系统、升级、中病毒、杀毒软件、下载、鼠标	电脑死机了。 我的电脑中病毒了。 装的东西太多了。 你应该装杀毒软件。 这个文件太大了。 这个电脑反应很慢。
	互联网	网吧、上网、网速、下载、网上订票、注册会员、申请电子信箱、填写个人资料、电子邮箱、信箱、输入、用户名、密码、发电子邮件（发E-mail）、链接	上不去网。 网断了。 网速很快。

续表

常考话题		相关词语	常用语句
办公事务	打印机	传真机、打印、发传真、按、没反应、A4纸、B5纸、缺纸、修	打印机没纸了。 传真机没反应。 打印机（传真机）坏了。
	电话	座机、手机、号码、充值卡、SIM卡、占线、充电器、打电话、发短信	喂，你哪位？ 我的号码是62772345。 对不起，我打错了。 对不起，他/她不在。 没人接。 打不通。
	快递	快递公司、包裹、签收、到付	

4. 例题分析

（1）会议会务话题

例1 H51115第28题

【看到的选项】

A. 手机信号不好　　B. 邮箱地址有误

C. 市长不出席活动　　D. 还有两人没联系上

【听到的声音】

男：出席后天活动的人员确定了吗？

女：邮件已经都发出了，但是现在还有两位专家没有反馈……

男：那直接打电话联系啊？

女：我刚打了，一直占线。

问：根据对话，下列哪项正确？

题解

第一步，根据选项预测内容和问题。从ABD三个选项中的词语可以猜出，对话中的人想跟某个人联系，但是因为“信号不好”“地址有误”没有联系上。

第二步，边听边想象对话场景，并注意听预测的内容。

第三步，选择答案。答案是D。“现在还有两位专家没有反馈”“我刚打了，一直占线”这两句话说明还有两个人没有联系上。

例2 H51001第26题

【看到的选项】

A. 领导　B. 家人　C. 专家们　D. 班主任

【听到的声音】

男：获得了今年的科技进步奖，您现在最想说的是什么？

女：感谢大家对我的肯定与鼓励。没有大家的支持与帮助，我是无法取得这样的成绩的。

男：那您最想感谢的人是谁？

女：最想感谢的，是我的家人。

问：女的最想感谢谁？

题解

第一步，根据选项预测内容和问题。这题的四个选项都是人，问题中一定会有“谁”。

第二步，边听边想象对话场景，并注意听预测的内容。

第三步，选择答案。答案是B。由对话内容可知，这是在颁奖会上获奖人接受采访时发表的一段感言，对一些人表示感谢的话。

（2）公司经营话题

例1 H51002第25题

【看到的选项】

A. 10天后　B. 这个月中旬　C. 下个月中旬　D. 下个月底

【听到的声音】

女：成立公司的事办得怎么样了？

男：别提了，办理营业执照的手续比我想的复杂。

女：那估计什么时候能办下来？

男：本来以为这个月底可以，现在看要等到下月中旬了。

问：营业执照什么时候能办下来？

题解

第一步，根据选项预测内容和问题。这题的四个选项都是时间，问题中一定会有提问时间的词语“什么时候”。

第二步，注意听第一句话，从“成立公司”可以知道这段对话是谈开办公司的话题。边听边想象对话场景，并注意听时间。

第三步，选择答案。答案是C。从“本来以为这个月底可以，现在看要等到下月中旬了”可知答案。

例2 H51116第29题

【看到的选项】

A. 需要调整　　B. 非常完美　　C. 没有价值　　D. 比较简单

【听到的声音】

女：这个方案你看过了吧？说说意见。

男：我个人觉得，这个方案还需要调整。

女：具体讲呢？

男：我们产品的特点没有得到很好的体现。

女：你有什么好的建议？

问：男的觉得这个方案怎么样？

题解

第一步，根据选项预测内容和问题。从这题选项中的词语“完美”“有价值”“简单”可以猜出，问题可能会问“……怎么样”。

第二步，注意听第一句话，关键词是“方案”，然后边听边想象对话场景，并注意听“方案怎么样”。

第三步，选择答案。答案是A。男的说“我个人觉得，这个方案还需要调整”，这就是答案。

（3）招聘应聘话题

例1 H51002第24题

【看到的选项】

A. 人事　　B. 销售　　C. 研发　　D. 法律

【听到的声音】

男：小姐，你好，我是来应聘的。

女：请问你叫什么名字，应聘哪个部门？

男：我叫李明，应聘销售经理。是王小姐让我下午两点半来面试的。

女：好，我带你过去。请这边走。

问：男的要应聘哪个部门？

题解

第一步，根据选项预测内容和问题。这题选项中的“人事”“销售”“研发”都是公司的部门，所以问题中可能会有“哪个部门”。

第二步，注意听第一句话，关键词是“应聘”，然后边听边想象应聘面试场景，并注意听应聘人想去哪个部门。

第三步，选择答案。答案是B。“我叫李明，应聘销售经理”就是答案。

例2 H51001第22题

【看到的选项】

A. 只招聘一人　　B. 公司不招人　　C. 女的被录取了　　D. 女的不想去考试

【听到的声音】

男：你应聘的那家公司有消息了吗？

女：上周参加了一个考试，说这周五还有一个考试。

男：那看来很有希望，他们打算招几个人啊？

女：就一个，我得再好好儿准备一下。

问：根据对话，可以知道什么？

题解

第一步，根据选项预测内容和问题。从这题的四个选项中的词语“招聘”“招”“录取”“考试”可以知道，话题是关于应聘、找工作的。从C可以知道，女的已经去应聘过了，那么结果怎样，这就是问题所在。

第二步，边听边想象应聘面试场景，并注意听公司招聘几个人、女的是否被录取了。

第三步，选择答案。答案是A。“就一个”意思是只招聘一个。

（4）办公事务话题

例1 H51005第30题

【看到的选项】

A. 在网上聊天　　B. 在下载软件　　C. 准备看电影　　D. 在清理系统垃圾

【听到的声音】

男：你不用电脑就把它关了吧，让它也休息一下。

女：我正在下载一个软件，还有两分钟就下完了。

男：什么软件？

女：清理系统垃圾的软件，装上这个软件，以后电脑就不会那么慢了。

问：女的为什么不关电脑？

题解

第一步，根据选项预测内容和问题。从这题的四个选项中的词语“网上聊天”“下载软件”“清理系统垃圾”可以知道，话题是关于电脑使用的，由此猜测问题也应该是跟使用电脑相关的。

第二步，边听边想象使用电脑的场景，并注意听在用电脑做什么事情。

第三步，选择答案。答案是B。“我正在下载一个软件”其中的“下载软件”就是答案。

例2 H51005第28题

【看到的选项】

A. 信箱密码　　B. 电话号码　　C. 公寓地址　　D. 会议地点

【听到的声音】

男：喂，小张，你知道咱们那个公共信箱的新密码吗？

女：知道，您现在方便记吗？

男：我现在没有笔，请你给我发个短信吧。

女：行，您稍等，我马上给您发过去。

问：男的想要什么？

题解

第一步，根据选项预测内容和问题。这四个选项是四个内容不相关的名词性短语，由此可以猜出，对话的内容可能是某人忘记或者需要某个东西。那么，问题可能会问“某人需要什么”或者“某人忘了什么”。

第二步，边听边记预测的内容和问题。

第三步，选择答案。答案是A。从第一句话男的问“小张，你知道咱们那个公共信箱的新密码吗”可以知道，男的是想要信箱密码。

5. 同步训练

第1–18题：请选出正确答案。

1. A. 美术编辑　B. 项目管理　C. 产品推广　D. 销售人员
2. A. 与领导不和　B. 工作压力大　C. 心情不好　D. 对公司有意见
3. A. 三个人　B. 二十五个人　C. 四个人　D. 十个人
4. A. 女的将被裁员　B. 男的将被裁员
   C. 女的找到一份新工作　D. 男女都将继续留在该公司
5. A. 从巴黎回来半年了　B. 要去巴黎培训半年
   C. 要去巴黎培训三周　D. 三周后从巴黎返回
6. A. 网络信息安全　B. 电脑故障
   C. 更换鼠标　D. 网速太慢
7. A. 需要合作人　B. 没有注册资金
   C. 营业执照刚办好　D. 想开一家饭馆儿
8. A. 综合管理部　B. 销售部　C. 文秘部　D. 人事部
9. A. 电脑设计　B. 报社编辑　C. 文字校对　D. 学校老师
10. A. 多买多送　B. 让利销售　C. 大量订购　D. 买一送一
11. A. 突出团队优势　B. 非常完美
    C. 没有价值　D. 比较简单
12. A. 订购产品　B. 广泛合作
    C. 互相信任　D. 提高质量
13. A. 过生日　B. 升职了
    C. 朋友聚会　D. 搬新家了
14. A. 有错误　B. 需要翻译
    C. 不能拷贝　D. 在公共邮箱里
15. A. 人事部　B. 销售部　C. 研发部　D. 法务部
16. A. 键盘　B. 文件夹　C. 鼠标　D. 移动硬盘
17. A. 他失踪了　B. 他在拼命找工作
    C. 他工作表现很好　D. 老板对他不满意
18. A. 人品不好　B. 有本事
    C. 喜欢穿着　D. 很懒散

（三）学校教育话题

1. 什么是学校教育话题

学校教育话题就是跟学生生活、学习、教育子女、教育理念相关的话题。

参加HSK考试的考生，有相当一部分是在校或者准备入学的学生，因此，有关受教育、学习的场景和话题也是新HSK五级听力考试中经常涉及的话题。

2. 题型标志

（1）选项特点

学校教育话题的选项中一般有跟学校教育相关的词语，例如：

A. 考试	B. 写作业	C. 踢足球	D. 看球赛
A. 上大学	B. 考研究生	C. 出国留学	D. 参加工作
A. 班长	B. 总经理	C. 宣传部部长	D. 学生会主席
A. 没接到通知	B. 忙着写报告	C. 那天参加考试	D. 要去辅导班学习

（2）提问方式

学校教育话题的问句比较多样，除了出现相关的词语外，也有其他的提问方式，例如：

问：女的有什么打算？

问：男的要竞选什么？

问：女的是什么态度？

问：下列选项，哪个正确？

3. 解题技巧

（1）快速浏览选项，预测对话内容和问题。

（2）注意听第一句话和问句，问句后面经常有题，所以一定要认真听问句后面的句子，答案经常就在答句中。

（3）发挥想象力，边听边想象学校学习、生活的场景。

（4）注意组合话题。学校教育话题常跟休闲娱乐、工作话题组合在一起出题，比如：学习+体育比赛／体育活动、学习+看电影电视，或者教育+工作（求职等）。问题可能是提问学习的，也可能是提问休闲娱乐、工作方面的。

（5）熟悉各类话题常用的关键词和句子，以提高做题速度。

常考话题	相关词语	常用语句
教育相关人员	校长、老师、教师、大学、本科、研究生、博士生、硕士	考试通过了。 学得怎么样？ 你选了什么课？ 哪所补习学校好？
开学毕业	报到、注册、交学费、分班考试、毕业证、毕业典礼	
课程	专业、选课、试听、上课、下课、考试、成绩、及格、不及格 网络课程、论文答辩	
作业考试	作业、论文、文章、题目、发表、写论文、写提纲、调查报告	
学生活动	学生会主席、竞选 讲座、专家、观点、独特	
升学考试	高考、中考、小升初、考研、考博、出国留学	
子女教育	教育、要求严格、批评、表扬、疼爱、支持、对、错、错误、打骂（孩子） 独生子女、兄弟姐妹、耐心	

4. 例题分析

例1 H51002第21题

【看到的选项】

A. 上大学　　B. 考研究生　　C. 出国留学　　D. 参加工作

【听到的声音】

女：爸，我不想读研究生了。

男：怎么了？你不是考得很好吗？想参加工作了？

女：我想出国留学，您会反对吗？

男：正好相反，我会尊重你的选择。

问：女的有什么打算？

题解

第一步，根据选项预测内容和问题。从这题的四个选项可以猜到，对话涉及学校教育话题。四个选项都是动词性短语，所以，问题可能会问“谁要做……”或者“谁有什么打算”。

第二步，发挥想象，边听边想象学校教育相关场景，并记下对话中的人要做什么事情。

第三步，选择答案。答案是C。“我想出国留学”就是答案。

例2 H51113第27题

【看到的选项】

A. 班长　B. 总经理　C. 宣传部部长　D. 学生会主席

【听到的声音】

女：听说你要参加学生会主席的竞选？

男：是，今天下午就要做竞选演讲了。

女：你的领导能力很出色，肯定没问题，我支持你。

男：谢谢您。

问：男的要竞选什么？

题解

第一步，根据选项预测内容和问题。从这题A和D可以猜到，对话也许是跟学校生活相关的。另外，这四个选项都是领导职务，常跟领导职务搭配的动词是“竞选”。所以，问题很可能是问“谁打算竞选……”。

第二步，注意听第一句话，边听边想象对话场景，第一句话中的关键词对理解对话内容非常有帮助。

第三步，选择答案。答案是D。从第一句话女的问“听说你要参加学生会主席的竞选”，男的回答“是”，可知答案。

5. 同步训练

第1–18题：请选出正确答案。

1. A. 汉语　B. 英语　C. 法语　D. 德语
2. A. 找物理家教　B. 找物理和数学家教
   C. 找数学家教　D. 每门课找一位家教
3. A. 高兴　B. 着急　C. 无奈　D. 无所谓

4. A. 每天阅读300页　B. 每周读300页的书
C. 周一前读300页的书　D. 去书店或图书馆找一本300页的书

5. A. 学生　B. 教师
C. 教务处工作人员　D. 网络工程师

6. A. 课堂上认真听讲　B. 在互联网上学习英语
C. 多请教老师　D. 多看英文书

7. A. 儿子报考了音乐学院　B. 儿子每天都练琴唱歌
C. 考大学不太难　D. 考完以后可以休息

8. A. 晚上工作到很晚　B. 晚上学习到很晚
C. 每天夜里开车　D. 晚上玩儿游戏

9. A. 五年前　B. 今年夏天　C. 明年夏天　D. 去年夏天

10. A. 写作业　B. 听音乐　C. 看奥运比赛　D. 干家务

11. A. 生病了　B. 要考试　C. 担心选不上　D. 胳膊摔断了

12. A. 学习委员　B. 班长　C. 学生会主席　D. 生活委员

13. A. 山区教师　B. 大学教师　C. 记者　D. 山区农民

14. A. 博士　B. 研究生　C. 大学　D. 出国留学

15. A. 教室　B. 咖啡厅　C. 图书馆　D. 电脑房

16. A. 天天喝咖啡　B. 认为考试不重要
C. 正在等朋友　D. 不用复习准备考试

17. A. 看中文电影电视　B. 听中文歌
C. 把汉字写在小本子上　D. 看中文小说

18. A. 是个有心人　B. 是个浪漫的人
C. 是个特别聪明的人　D. 是个喜欢学中文的人

（四）休闲娱乐话题

1. 什么是休闲娱乐话题

休闲娱乐话题是指跟旅游、体育活动、文艺文化活动等相关的话题。随着人们生活水平的提高，休闲娱乐已经成为衡量人们生活水平的一个重要方面。因此，它也必然成为新HSK听力测试的重要话题之一。

2. 题型标志

（1）选项特点

休闲娱乐话题的选项中常带有跟旅游景点、游乐活动、照相等相关的词语，例如：

A. 去旅游　　B. 获得国际大奖
C. 成为专业摄影师　　D. 把五大名山都拍下来

A. 年纪不大　　B. 不会下象棋
C. 他父亲爱下象棋　　D. 60岁开始下象棋

A. 海边　　B. 沙漠　　C. 雪山　　D. 动物园

A. 酒吧　　B. 游乐园　　C. 科技馆　　D. 俱乐部

A. 相机坏了　　B. 没带相机
C. 忘记带手机了　　D. 手机不能照相

（2）提问方式

问：男的有什么愿望？

问：女的去哪里玩儿了？

问：他们周末准备去哪儿玩儿？

问：女的假期打算去哪儿玩儿？

问：关于男的，下列哪项正确？

问：关于女的，下列哪项正确？

3. 解题技巧

（1）快速浏览选项，预测对话内容和问题。

（2）注意听第一句话和问句，问句后面经常有题，所以一定要认真听问句后面的句子，答案经常就在答句中。

（3）发挥想象力，边听边想象旅游、体育比赛、体育活动、看电影电视等休闲娱乐场景。

（4）注意组合话题。这类话题常跟天气、学习话题组合在一起出题，比如：旅游+天气、体育活动+天气，体育活动+学习、看电影电视+学习，问题可能是提问休闲娱乐的，也可能是提问天气等的。

（5）熟悉各类话题常用的关键词和句子，以提高做题速度。

常考话题		相关词语
旅游休闲	旅游方式	A. 跟团游：旅行团、旅行社、护照、签证、国外游、境内游、景点、包机、包车、五星级宾馆、旅游大巴 B. 自助游：郊区、自驾车、自驾游、背包客、驴友、青年旅社、悠闲、自由、灵活
	旅游景点及活动	名胜古迹、五大名山、海滩、游泳、爬山
	旅游装备	相机（照相、摄影、留念）、防晒霜（晒黑、晒伤）、登山鞋、游泳衣、雨衣、雨伞、雨具
体育健身	体育运动	长跑、足球、篮球、排球、棒球、台球、乒乓球、保龄球、网球、高尔夫球、游泳、滑冰
	体育比赛	运动会、奥运会、亚运会、大运会、冬运会、运动员、教练、对手、训练、比赛、赛前准备、熟悉比赛环境、决赛、进入状态、发挥正常、比赛结果、名次、冠军、金牌、银牌、第一、前三名、赢、输、世界杯足球赛
	健身相关	体育馆、运动馆、健身、健身卡、次卡、季卡、月卡、年卡、学期卡、健身教练、空腹、瑜伽、健身操、太极拳、太极球
文艺文化活动	影视游戏休闲	电影、电视、京剧、演唱会、演员、门票、表演出色、上座率不高、北京一台、频道、连续剧、续集、功夫片、经典作品、字幕、听不懂
	业余休闲活动	开车、郊游、下棋、下象棋、五子棋、跳棋、麻将、迷上、小说、很精彩、摄影、网吧、酒吧、迪厅、唱卡拉OK、上网、电脑游戏、相机、拍照、照相、效果 游乐园、游乐场、公园、动物园、展览馆

4. 例题分析

例1 H51001第25题

【看到的选项】

A. 自己猜的　　B. 自己看见的　　C. 听别人说的　　D. 她也去打球了

【听到的声音】

女：喂？你最近是不是常去打排球？

男：你怎么知道的？

女：这几天我路过操场，有两次看到你在那儿打排球。

男：怪不得，你什么时候有空，我们一起去打好不好？

问：女的是怎么知道的？

题解

第一步，根据选项预测内容和问题。从这题ABC三个选项可以猜到，说话人知道了一件事，这件事可能是她/他自己猜的，也可能是自己看见的，也可能是听别人说的。从D可以猜到，这个人是女的。所以，问题应该是问：女的是怎么知道的？

第二步，注意听第一句话和问句，第一句中常包含关键词，问句后面经常有题，所以一定要认真听问句后面的句子，答案经常就在答句中。

第三步，选择答案。答案是B。“这几天我路过操场，有两次看到你在那儿打排球”就是答案。

例2 H51113第21题

【看到的选项】

A. 酒吧　　B. 游乐园　　C. 科技馆　　D. 俱乐部

【听到的声音】

女：你来北京半年了，去过“欢乐谷”吗？

男：你说的是那个游乐园吗？还没。

女：那找个时间，我带你去玩儿。

男：好，肯定很刺激，这个周末去？

女：好。

问：他们周末准备去哪儿玩儿？

题解

第一步，根据选项预测内容和问题。这题的四个选项都是地点，其中ABD三个选项都跟休闲娱乐有关，由此可以猜出，对话内容可能是休闲娱乐话题。问句中可能会有“……去哪儿玩儿”。

第二步，注意听第一句话，第一句话中的关键词对理解对话内容非常有帮助，然后边听边想象对话场景。

第三步，选择答案。答案是B。从女的问男的“去过‘欢乐谷’吗”，男的说“你说的是那个游乐园吗？还没”，可以知道“欢乐谷”就是“游乐园”。

5. 同步训练

第1–18题：请选出正确答案。

1. A. 国际象棋　B. 围棋　C. 象棋　D. 五子棋
2. A. 拳击比赛　B. 篮球比赛
C. 足球比赛　D. 台球比赛
3. A. 10天　B. 6天　C. 4天　D. 16天
4. A. 去买电影票　B. 去放映电影
C. 去电影院看电影　D. 寻找电影票
5. A. 湖边　B. 公园　C. 沙漠　D. 海边
6. A. 打乒乓球　B. 打保龄球　C. 打台球　D. 打网球
7. A. 喜欢打太极拳　B. 喜欢刺激的运动
C. 不喜欢足球　D. 长相不好
8. A. 绘画　B. 书法　C. 摄影　D. 旅游
9. A. 海洋馆　B. 颐和园　C. 动物园　D. 森林公园
10. A. 53枚　B. 35枚　C. 38枚　D. 83枚
11. A. 售票处　B. 房屋中介　C. 广告公司　D. 旅行社
12. A. 7月　B. 8月　C. 9月　D. 10月
13. A. 篮球　B. 足球　C. 乒乓球　D. 排球
14. A. 年纪不大　B. 不会下象棋
C. 他父亲爱下象棋　D. 60岁开始下象棋
15. A. 比较自由　B. 花钱少
C. 可以开车　D. 认识朋友
16. A. 太累　B. 容易被骗
C. 方便省心　D. 花钱多
17. A. 很忙　B. 正在谈恋爱
C. 喜欢在网上聊天　D. 正在学习网络语言
18. A. 一种动物　B. 漂亮的女生
C. 难看的女生　D. 厉害的男生

二、长对话题综合训练

第1–30题：请选出正确答案。

1. A. 步行　B. 开车　C. 坐地铁　D. 坐公共汽车
2. A. 机场　B. 火车站　C. 长途汽车站　D. 高速公路入口
3. A. 包退包换　B. 买一送一　C. 今天有优惠活动　D. 保修期为一年
4. A. 有营养　B. 不好闻　C. 是垃圾食品　D. 味道非常好
5. A. 姐姐结婚　B. 高速路免费　C. 开车旅游　D. 单位放假
6. A. 两三天　B. 两三个礼拜以后　C. 两个礼拜以后　D. 下个月
7. A. 买新房子了　B. 换新单位了　C. 房东要卖房子　D. 房东要涨租金
8. A. 晒黑了　B. 受伤了　C. 不爱吃海鲜　D. 不能吃海鲜
9. A. 破产了　B. 买保险了　C. 贷款买房了　D. 买股票赔了钱
10. A. 旅游　B. 去英国定居　C. 去英国工作　D. 去国外发展
11. A. 为了保持体形　B. 公司发游泳票作为福利　C. 因为气色不好　D. 为了让身体更健康
12. A. 网络断了　B. 麦克风坏了　C. 麦克风没打开　D. 电脑中病毒了
13. A. 去快餐店当服务员　B. 在学校餐厅工作　C. 在医院做护工　D. 做清洁工
14. A. 打太极拳的时候　B. 在北京留学的时候　C. 有人说方言的时候　D. 上课的时候
15. A. 大使馆休息　B. 相片不合要求　C. 要上课　D. 费用不够
16. A. 男的的姑妈　B. 女的的姑妈　C. 女的　D. 广州的朋友
17. A. 办理白金卡　B. 申请贷款　C. 开通网上银行　D. 开通股票账户
18. A. 上北大　B. 出国留学　C. 参加工作　D. 去国外旅游
19. A. 待遇比较低　B. 最近刚辞职　C. 新开了一家公司　D. 急需销售经理
20. A. 公司　B. 家里　C. 出租车上　D. 公共汽车上
21. A. 他不想参加运动会　B. 他喜欢跑100米　C. 他是学武术的　D. 他想当啦啦队
22. A. 销售部门　B. 综合管理部门　C. 人事部门　D. 企划部门
23. A. 做新娘子　B. 在中国结婚　C. 举办中式婚礼　D. 找中国男朋友

24. A. 活泼可爱　B. 能生孩子　C. 温柔贤惠　D. 事业心强
25. A. 安静　B. 上班近　C. 交通方便　D. 邻居好
26. A. 有事时可以商量　B. 怕别人说闲话
C. 节省房租　D. 交通方便
27. A. 怕家长知道　B. 怕别人说闲话　C. 不好意思　D. 不相信男的
28. A. 上班　B. 看病　C. 在家休息　D. 开家长会
29. A. 很好　B. 一般　C. 老师不满意　D. 对学习没兴趣
30. A. 同学　B. 夫妻　C. 同事　D. 邻居

听力第二部分　短文及其4大必考文体

- 题型特点：短文也是在听力的第二部分，从31题或35题开始，有4～6段短文。每段短文之后有2～4个问题。
- 测试内容：短文内容很丰富，可能涉及社会、经济、科普、文化、人物、教育、艺术、历史、地理、文学、体育、环境等多方面的知识。
- 测试重点：对整段文章细节和观点态度的理解和把握。
- 测试难点：相对于对话来说，短文更难一些，这主要是因为：第一，你听到的是一个人的声音，没有变化，不容易抓住重点。第二，短文中的书面词语比较多，有很多是你口头上不常说的，所以听起来也不太容易。

通过对样题和2010—2011两年的20多套真题的研究，我们按文体把短文部分的题型概括为4类：故事叙述类、介绍说明类、评价议论类、调查应用类。

下面我们将就这4种题型的规律、解题技巧做逐一的讲解提示，并做同步训练。

一、题型规律、解题技巧、同步训练

（一）故事叙述类

1. 什么是故事叙述类短文

故事叙述类短文是通过对一个人、一件事情的描述，让人们从中得到启迪和感染，按照内容可分为5种：名人轶事、哲理故事、感人故事、寓言故事、幽默笑话。

2. 题型规律

因为是讲故事，所以短文中一般都会涉及人物、时间、地点、事件的起因、经过、结果，以及故事中包含的道理。因此这类短文也会围绕这几个方面提出问题，尤其要注意事件的起因、经过和故事中包含的道理。

（1）对地点提问，问句中常有“哪里”“哪儿”“什么地方”等。例如：

这个故事发生在哪里？

（2）对事件发生的原因提问，问句中常有“为什么”“为何”等疑问词。例如：

老人为什么感到很烦恼？

农民为什么不去田里劳动了？

作家为什么一定要找车票？

病人为何能活下来？

（3）对事件的经过提问，问句中常有“怎么”等疑问词。例如：

老人是怎么教育儿子们的？

看到落叶，病人是怎么想的？

兔子是怎么死的？

（4）对故事中包含的道理提问，问句中常有“说明什么道理”“告诉我们什么”等。例如：

这段话主要想说明什么道理？

这个故事主要想告诉我们什么？

关于文彦博，可以知道什么？

通过这个故事，我们明白了什么道理？

3. 解题技巧

（1）抓紧时间，迅速浏览选项，并由此预测短文内容及将要提出的问题。

（2）边听边用汉语拼音或者你熟悉的符号记下故事中的人物（who）、地点（where）、时间（when）、发生了什么事情（what）、事情发生的原因（why）、事情的解决办法（how）、事情的结果等重要信息。

（3）故事要告诉人们的哲理、寓意一般都在结尾，所以一定要注意听结尾的总结句。

4. 例题分析

（1）名人轶事

例如 H51005第37到39题

【看到的选项】

37. A. 北京	B. 上海	C. 山东	D. 山西
38. A. 给树浇水	B. 准备划船	C. 要把球弄出来	D. 打算在里面养鱼
39. A. 喜欢游泳	B. 十分聪明	C. 力气很大	D. 是个文学家

【听到的声音】

第37到39题是根据下面一段话：

文彦博，生于公元一零零六年，是北宋时期的政治家。文彦博自幼十分聪明，小时候与伙伴们玩球时，一不小心，球掉进一棵大树的树洞里去了。小朋友试着把手伸进树洞取球，可是树洞太深，怎么也够不着。文彦博看着树洞想了一会儿，说："我有个办法，可以试一试。"随后他叫几个小朋友提来几桶水，把水一桶一桶往树洞里倒，不一会儿树洞里的水就满了，皮球也出来了。文彦博幼年用水取球的故事，就发生在他的祖籍——山西省介休市。这一故事在中国广为流传。

37. 这个故事发生在哪里？

38. 文彦博为什么要往树洞里倒水？

39. 关于文彦博，可以知道什么？

题解

第一步，读选项，预测内容和问题。听录音之前，你必须迅速浏览这个短文有关问题的所有选项，然后对短文内容和提问方式进行简单预测。

第37题是四个地点，问题一定是“什么事情发生在哪里”或者“什么人在哪里”。

第38题四个选项都是动作：“浇水、划船、弄球、养鱼”，你在听录音的时候一定要用汉语拼音记下跟动作有关的词语。

第39题的四个选项都是描写人物的，是说“什么人怎么样”。听录音的时候要注意描写人物的词语。

第二步，边听边记。

人物：文彦博

时间：北宋时期

地点：山西省介休市

事件的起因：球掉进一棵大树的树洞里

事件的经过：文彦博想办法用水取球

事件的结果：皮球取出来了

人物怎么样：聪明

第三步，选择答案。通过预测和听录音时记下来的关键内容，可以很容易地选出答案。

37. D。

38. C。

39. B。

（2）哲理故事

例如 H51004第31到33题

【看到的选项】

31. A. 妻子去世了　　B. 儿子要离婚
    C. 家里欠下许多钱　　D. 儿子们的关系不好

32. A. 严厉责备他们　　B. 用自己的实际经历
    C. 派他们去地里劳动　　D. 用筷子来启发他们

33. A. 要有冒险精神　　B. 坚持才能胜利
    C. 集体的力量大　　D. 真理掌握在少数人手中

【听到的声音】

第31到33题是根据下面一段话：

一个老人有三个儿子。这三个儿子经常闹矛盾，天天吵嘴甚至打架，老人为此很烦恼，想找个机会教育自己的孩子。一天，老人拿来一把筷子，先给儿子一人一根，让他们把筷子折断，三个儿子很轻松地将筷子折断了。然后，老人又给每个儿子一大把筷子，让他们再把筷子弄断，可是这次就没那么容易了。老人说："你们是否想过？这些筷子就像你们一样，在一起时是一个大集体，力量很强大；然而当你们互相吵架时，你们就变成了一根根细筷子，很容易就会被人打败。"

31. 老人为什么感到很烦恼？

32. 老人是怎么教育儿子们的？

33. 这段话主要想说明什么道理？

题解

第一步，读选项，预测内容和问题。

第31题的四个选项是说"什么人怎么样"或者"什么怎么样"，听录音时你一定要注意听"什么人／什么怎么样了"。

第32题的四个选项都是动作，也就是"什么人做什么"。这些动作可能是由第31题而引起的，由此你可以猜测是因为"什么人／什么怎么样了"，所以"什么人要做什么"。

第33题的四个选项都说明了一个道理，这个道理一般是在短文的最后，所以一定要注意听故事讲完之后总结性的话语。

第二步，边听边用拼音记录自己猜测的问题。

什么人／什么怎么样了，所以什么人要做什么，这件事情说明了什么道理。

第三步，选择答案。

31. D。答案在第二个句子"这三个儿子经常闹矛盾，天天吵嘴甚至打架，老人为此很烦恼"中，"闹矛盾、吵嘴、打架"说明关系不好。

32. D。"想找个机会教育自己的孩子。一天，老人拿来一把筷子"，说明用筷子启发他们。

33. C。"在一起时是一个大集体，力量很强大"就是答案。

（3）感人故事

例如 H51004第40到42题

【看到的选项】

40. A. 时间过得真快　　B. 要坚强地活下去
C. 希望早日恢复健康　　D. 自己的生命即将结束

41. A. 有朋友的支持　　B. 有亲人的关怀
C. 有医生的照顾　　D. 有画家的帮助

42. A.《老人与海》 B.《神笔马良》
C.《秋天的故事》 D.《最后一片叶子》

【听到的声音】

第40到42题是根据下面一段话：

小说《最后一片叶子》里讲了一个故事：医院里，一个得了重病的人从房间里向窗外看去：窗外有一棵大树，秋风中，叶子一片片地掉落下来。病人望着飞舞的落叶，身体状况一天不如一天。她说："当树叶全部掉光时，我也就要死了。"一位画家偷偷地在窗户上画了一片绿色的树叶，那片"树叶"一直挂在树枝上，始终没有掉下来。只因为生命中的这片绿叶，病人竟然奇迹般地活了下来。

40. 看到落叶，病人是怎么想的？

41. 病人为何能活下来？

42. 这篇小说的名字是什么？

题解

第一步，读选项，预测内容和问题。

从第40题的4个选项可以猜到，有个人病了，而且可能病得很严重。

从第41题的选项中可以猜到，有人关心和帮助这个病人。那么，要注意听是谁："朋友""亲人""医生"还是"画家"？

第42题的四个选项都有书名号，听录音时一定要注意书的名字。

第二步，边听边记预测的内容：1）病人的病情；2）谁关心帮助这个病人；3）短文中提到的书名。

第三步，选择答案。

40. D。从"当树叶全部掉光时，我也就要死了"可以知道病人的生命即将结束。

41. D。从"一位画家偷偷地在窗户上画了一片绿色的树叶"可以知道帮助病人的人是"画家"。

42. D。从短文第一句"小说《最后一片叶子》里讲了一个故事"可以知道，《最后一片叶子》是小说的名字。

（4）寓言故事

例如 H51003第31到33题

【看到的选项】

31. A. 饿死的 B. 撞死的 C. 摔死的 D. 被农民打死的

32. A. 他受伤了 B. 冬天来了

C. 他养了很多兔子　　D. 以为还可以捡到兔子

33. A. 要注意观察　　B. 运气很重要

C. 坚持才能胜利　　D. 世上没有免费的午餐

【听到的声音】

第31到33题是根据下面一段话：

古时候，有个农民正在田里劳动。突然，他看见一只兔子从旁边的草丛里慌慌张张地跑出来，一头撞在田边的大树上，便倒在那儿一动也不动了。农民走过去一看：兔子死了。因为它奔跑的速度太快，把脖子都撞断了。农民高兴极了，他一点儿力气没花，就白捡了一只又肥又大的兔子。他心想：要是天天都能捡到兔子，那日子就好过了。从此，他再也不肯出力气劳动了。每天他吃完饭就躺在大树底下，等待着第二只、第三只子兔子自己撞到树上来。世上哪有那么多便宜的事啊。这个农民当然再也没有捡到撞死的兔子，而他的田里也没有收获任何粮食，农民只好饿着肚子过年了。

31. 兔子是怎么死的？

32. 农民为什么不去田里劳动了？

33. 这个故事主要想告诉我们什么？

题解

第一步，读选项，预测内容和问题。

从第31题的四个选项可以知道"谁/什么死了"，问题要问"怎么死的"：是"饿死的""撞死的""摔死的"还是"被打死的"？

从第32题的选项可以猜到，有个人干什么或者怎么样了。

第33题的四个选项讲的都是道理，道理一般是在短文的最后，所以一定要注意听故事讲完之后总结性的话语。

而且从第31题和32题的选项可以猜出，这篇短文中可能会涉及"农民"和"兔子"，听的时候要特别注意。

第二步，边听边记预测的内容。谁/什么死了，是怎么死的，有个人干什么/怎么样了，这件事情告诉人们什么道理。

第三步，选择答案。

31. B。从"一只兔子……一头撞在田边的大树上，便倒在那儿一动也不动了"可以知道，兔子是撞死的。

32. D。从"他心想：要是天天都能捡到兔子，那日子就好过了"可知他"以为还可以捡到兔子"。

33. D。从“世上哪有那么多便宜的事啊”可知，这个故事告诉我们“世上没有免费的午餐”，应选D。

（5）幽默笑话

例如 样题第35到36题

【看到的选项】

35. A. 让他补票　　B. 帮他找车票　　C. 表示没关系　　D. 让他一定找到

36. A. 车票很贵　　B. 不想麻烦别人

C. 他知道车票在哪儿　　D. 想知道自己要去哪儿

【听到的声音】

第35到36题是根据下面一段话：

一个很有名的作家坐火车去外地。当火车上的工作人员检查车票时，他翻了每个口袋，也没有找到自己的车票。正好这个工作人员认识他，于是就安慰他说：“没关系，如果您实在找不到车票，那也没事。”“怎么能没事呢？我必须找到那张车票，不然的话，我怎么知道自己要去哪儿呢？”

35. 作家找不到车票，工作人员是怎么做的？

36. 作家为什么一定要找车票？

题解

第一步，读选项，预测内容和问题。

从第35题可以知道，事情可能发生在火车或者汽车上，“他”没有票，所以列车员/售票员让他补票、找票，或者认为没关系，听录音的时候你一定要注意听这些信息。

跟第35题联系起来猜测，第36题可能是列车员让“他”补票、找票等的时候，这个人做出的反应。

第二步，边听边记，注意听列车员让“他”补票、找票等的时候，“他”是怎么做的。

第三步，选择答案。

35. C。短文中提到“工作人员认识他，于是就安慰他说：‘没关系，如果您实在找不到车票，那也没事’”，由此可以判断答案应选C。

36. D。从“我必须找到那张车票，不然的话，我怎么知道自己要去哪儿呢”可知答案应选D。

5. 同步训练

第1–45题：请选出正确答案。

◆ 名人轶事

1. A. 在磨石头　　B. 在聊天
   C. 在磨针　　D. 在做衣服
2. A. 在街上乱逛　　B. 再也没逃过学
   C. 听父母的话　　D. 不喜欢念书
3. A. 宋朝　　B. 元朝　　C. 清朝　　D. 唐朝
4. A. 绘画　　B. 书法　　C. 写作　　D. 烹饪
5. A. 九小时　　B. 十小时
   C. 十一小时　　D. 十二小时
6. A. 对工作认真负责　　B. 在创作上有天赋
   C. 珍惜时间、勤奋写作　　D. 经常读书看报
7. A. 专心练字　　B. 握笔有力
   C. 怕打扰他　　D. 一定能写好字
8. A. 练字要专心　　B. 勤奋读书
   C. 用完十八缸水　　D. 练字要有毅力
9. A. 画家　　B. 书法家
   C. 作家　　D. 收藏家

◆ 哲理故事

10. A. 争论　　B. 谈话　　C. 聊天　　D. 吵架
11. A. 它代表成功　　B. 它长得最高
    C. 它闪闪发光的钻石　　D. 它与上帝最接近
12. A. 石头看起来很大　　B. 石头还有别的用处
    C. 父亲想让儿子挖　　D. 父亲想保存石头
13. A. 父亲　　B. 儿子　　C. 媳妇　　D. 母亲
14. A. 不要听信老人的话　　B. 改变世界，先改变自己的心态
    C. 任何事情只要有毅力，就能成功　　D. 只要勤劳，就能有收获

15. A. 去见总经理　　B. 去试试看
C. 看到了招聘广告　　D. 碰巧路过
16. A. 2次　　B. 3次　　C. 4次　　D. 5次
17. A. 努力学习就能成功　　B. 只有坚持才能成功
C. 要经常去公司看看　　D. 要珍惜工作机会

◆ 感人故事

18. A. 开满了鲜花　　B. 可以随便参观
C. 有很多人来买花　　D. 有两名管理人员
19. A. 闻花的香味　　B. 热爱这项工作
C. 给别人带来快乐　　D. 抚摸鲜花
20. A. 眼睛看不见　　B. 耳朵听不见
C. 有一个果园　　D. 儿子很能干
21. A. 乡村生活　　B. 都市生活
C. 海边生活　　D. 无忧无虑的生活
22. A. 外出打工　　B. 离家出走
C. 回校读书　　D. 在家照顾母亲
23. A. 门锁坏了　　B. 担心女儿出走
C. 等待女儿回家　　D. 锁门不方便
24. A. 眼睛看不见　　B. 耳朵听不见
C. 腿脚不好　　D. 不能说话
25. A. 肉　　B. 蔬菜　　C. 头发　　D. 香肠
26. A. 同学的母亲身体不好　　B. 母爱的伟大感动了他
C. 同学家生活困难　　D. 同学的父亲去世了

◆ 寓言故事

27. A. 买衣服　　B. 买裤子
C. 买鞋子　　D. 买袜子
28. A. 买鞋　　B. 带尺码
C. 带钱　　D. 店铺的名字
29. A. 做事认真　　B. 不会变化
C. 灵活多变　　D. 实事求是

30. A. 身体有病　　B. 身体强壮
C. 喜欢打扮　　D. 喜欢模仿

31. A. 她嫉妒西施　　B. 村民都夸西施漂亮
C. 西施身体不好　　D. 西施有许多漂亮的衣服

32. A. 春天　　B. 秋天　　C. 夏天　　D. 冬天

33. A. 蛇要报答农夫　　B. 蛇咬死了农夫
C. 蛇要帮助农夫　　D. 蛇和农夫成为好朋友

34. A. 一切事物都要顺其自然　　B. 做人一定要诚实
C. 人与人之间要互相帮助　　D. 邪恶的东西是不值得帮助的

35. A. 飞　　B. 跑　　C. 跳　　D. 唱

36. A. 怕吃苦　　B. 怕危险
C. 怕摔跤　　D. 怕困难

37. A. 学本领要动脑筋　　B. 学本领要能吃苦
C. 学本领要不怕危险　　D. 学本领要勇敢

◆ 幽默笑话

38. A. 天气晴朗　　B. 下着大雨
C. 下着大雪　　D. 刮着大风

39. A. 有很多顾客在买车　　B. 顾客非常稀少
C. 我是唯一的顾客　　D. 展厅的顾客很多

40. A. 他没有看上展厅的汽车　　B. 展厅里的汽车太少
C. 销售商看出他急于买车　　D. 汽车的颜色他不喜欢

41. A. 碗　　B. 筷子
C. 菜单　　D. 餐巾纸

42. A. 他指的菜饭馆儿没有　　B. 他指的是饭馆儿名字
C. 服务员不想给他上菜　　D. 服务员知道他不识字

43. A. 煎饼　　B. 饼干
C. 包子　　D. 面包

44. A. 要两个　　B. 很好吃
C. 表示祝贺　　D. 一共两个人

45. A. 向他表示感谢　　B. 他今天胃口不错
C. 误会他的意思了　　D. 让他午饭时再吃

（二）介绍说明类

1. 什么是介绍说明类短文

介绍说明类短文主要是介绍说明某种事物的现象、特征或者某种规律。因为这类短文经常会涉及一些专业词语和专业知识，所以对考生来说，这是最难理解的一种短文类型。

在新HSK听力中，介绍说明类短文常考以下3种：

（1）介绍说明某种事物，如书籍报纸、某种食物、电话等。

（2）介绍科普知识，如天文地理、动植物、医疗保健、体育运动等。

（3）介绍说明某地的风俗习惯、节日的形成等。

2. 题型规律

介绍说明类短文中，常会对事物现象出现的时间、地点或者发明人进行提问，或者要求对事物现象中某些词语进行解释。

（1）对人物提问，常用疑问词"谁"。例如：

乒乓球运动是谁发明的？

（2）对时间提问，常用"多少年""哪天"等。例如：

乒乓球在中国有多少年的历史？

中国的情人节是哪天？

（3）对地点、出处提问，常用"哪儿""来自于"。例如：

最初人们在哪儿打乒乓球？

《围城》的名字来自于什么？

（4）提问对词语的理解，常用"表示什么""什么意思"等。例如：

"围城"被用来表示什么？

"人杰地灵"主要是什么意思？

"七夕"的"夕"是什么意思？

下列哪个词可以用来形容江南？

（5）对文章大意或作者观点提问。例如：

《围城》是一部什么作品？

这段话主要谈什么？

3. 解题技巧

（1）边听边记：介绍说明类短文考查的主要是对细节的记忆和理解，所以，要一边听，一边记下时间、地点、人名等。

（2）要特别注意多次重复的词语，或者前后句中意思相近的词语，这些地方一般都会有考题。

（3）注意积累：介绍说明类短文中常常会出现一些专业词语和专业知识。比如有关地理、经济、动植物等的。如果你平时能够较多地了解这些词语和知识，考试时就会觉得容易很多。

4. 例题分析

（1）介绍一本书

例如 H51005第31到33题

【看到的选项】

31. A. 歌曲	B. 短篇小说	C. 长篇小说	D. 电视连续剧
32. A. 作者的家乡	B. 一个城市名	C. 作品中的人名	D. 作品中人物的对话
33. A. 婚姻	B. 郊区	C. 宗教	D. 政治

【听到的声音】

第31到33题是根据下面一段话：

说起《围城》这部小说，大家就会想到钱钟书。《围城》是钱钟书先生写的唯一一部长篇小说。故事描写了一群二十世纪三四十年代中国高级知识分子的生活和思想。“围城”这个书名来自书中人物的对话——“婚姻就像被围困的城堡”，城外的人想冲进去，城里的人想逃出来。书中还描写了那个年代各式各样的人物，通过细节来表现人物的心理，让你清清楚楚地看到人物性格的各个方面。书中那些形象的比喻，体现了一个学者作家的智慧和幽默，也正因为如此，我们可以把《围城》看成一部“有趣”的小说。

31.《围城》是一部什么作品？

32.《围城》的名字来自于什么？

33.“围城”被用来表示什么？

题解

第一步，读选项，预测内容和问题。

从第31题可以猜出，问题要问的是：短文中提到的“什么”是歌曲、短篇小说、长篇小说，还是电视连续剧？

从第32题可以猜出，问题要问的是：短文中提到的“什么”来自哪里？作者的家乡、城市名、人名，还是对话？

从第33题可以猜出，问题要问的是：短文中提到的“什么”是跟婚姻、郊区、宗教，还是政治有关？

第二步，边听边记预测的内容。

第三步，选择答案。

31. C。从“《围城》是钱钟书先生写的唯一一部长篇小说”可知答案是C。

32. D。“‘围城’这个书名来自书中人物的对话”是答案所在。

33. A。从“婚姻就像被围困的城堡”可知答案。

（2）介绍一个地方

例如 H51005第40到42题

【看到的选项】

40. A. 气候干燥　　B. 经济不够发达
C. 在中国中部地区　　D. 苏州、杭州是代表城市

41. A. 雄伟　　B. 朴素　　C. 繁荣　　D. 豪华

42. A. 人口众多　　B. 风景优美　　C. 历史悠久　　D. 地方好、人才多

【听到的声音】

第40到42题是根据下面一段话：

江南是一个很漂亮的地方，是许多中国人的梦里水乡，它在地理上主要指长江中下游南岸地区。在很多中国人的心里，江南代表着富饶、繁荣、美好。这里景色优美，经济发达，文化教育事业繁荣，从古到今，都是理想的居住地。“上有天堂，下有苏杭”里的苏州、杭州正是江南的代表城市。人们常常用“人杰地灵”来形容江南，说明这里地方好、人才多。

40. 关于江南，下列哪项正确？

41. 下列哪个词可以用来形容江南？

42. “人杰地灵”主要是什么意思？

题解

第一步，读选项，预测内容和问题。

从第40题的ABC可以猜出，问题要问“什么地方……”，所以，听录音的时候

一定要注意听地名，并且要注意听这个地方的特点。

第41题的四个选项都可以形容地方，所以问题可能要问“什么地方……”。同样，听录音的时候一定要注意听地名，要注意这个地方的特点。

第42题的四个选项也都可以形容地方，所以问题也会围绕地名提出。所以，听录音的时候也要注意听某个地方的特点。

第二步，边听边用拼音记下预测的内容。

第三步，选择答案。

40. D。从文中“‘上有天堂，下有苏杭’里的苏州、杭州正是江南的代表城市”可知答案应选D。

41. C。文中提到“江南代表着富饶、繁荣、美好”，可知应选C。

42. D。从“人们常常用‘人杰地灵’来形容江南，说明这里地方好、人才多”可知答案。

（3）介绍一个节日

例如 H51003第43到45题

【看到的选项】

43. A. 五月初七　　B. 七月初五　　C. 七月初七　　D. 七月十五

44. A. 晚上　　B. 祝福　　C. 太阳　　D. 宇宙

45. A. 中国的情人节　　B. 传统节日的意义
C. 中国人怎么过情人节　　D. 东西方情人节的不同

【听到的声音】

第43到45题是根据下面一段话：

中国人有自己传统的情人节，叫作“七夕节”，就在农历七月初七这一天。七夕的“夕”是“晚上”的意思，所以“七夕”说的就是七月初七的晚上。中国人之所以认为这一天是属于情人们的，是因为古时候有一对特别恩爱的男女，由于种种原因，一年中只有这一天才能相见一次，所以中国人把“七夕”视为情人的节日。

43. 中国的情人节是哪天？

44. “七夕”的“夕”是什么意思？

45. 这段话主要谈什么？

题解

第一步，读选项，预测内容和问题。

第43题的四个选项都是时间，所以，听录音时要注意听时间，并做记录。

第44题的四个选项之间没有任何关系，所以这题可能是问“什么是表示什么意思”。

第45题的四个选项都是具有概括性的题目，由此可以猜出这题可能要问：这篇短文的意思或者题目是什么？或者这段话谈的是什么？而且选项ACD中都有“情人节”，由此可以猜到这段短文内容可能与情人节有关，听的时候要特别注意。

第二步，边听边记预测的内容。

第三步，选择答案。

43. C。从第一句话“中国人有自己传统的情人节，叫作‘七夕节’，就在农历七月初七这一天”可知答案应为C。

44. A。从文中提到的“七夕的‘夕’是‘晚上’的意思”可知答案是A。

45. A。文中第一句提到“中国人有自己传统的情人节”，中间一直在谈情人节的来历，最后说“中国人把‘七夕’视为情人的节日”，这些都表明这段话主要谈中国的情人节，应选A。

（4）介绍一种运动

例如 H51002第34到36题

【看到的选项】

34. A. 70多年	B. 90多年	C. 100多年	D. 300多年
35. A. 英国人	B. 法国人	C. 美国人	D. 中国人
36. A. 工厂	B. 饭桌上	C. 网球场	D. 办公室

【听到的声音】

第34到36题是根据下面一段话：

说起乒乓球，很多人都会想到中国。的确，长期以来，中国的乒乓球水平在国际上是属于最好的，而且中国是世界上“乒乓人口”最多的国家。因此，很多人以为乒乓球运动是中国人最早开始的，但事实上乒乓球运动在中国只有七十多年的历史。最初的乒乓球其实是英国人发明的一项饭后运动。十九世纪末，英国上层社会的人们吃完饭之后需要适当的运动来消化一下，于是他们就发明了一种在饭桌上进行的和网球相似的运动，称为桌上网球，这就是乒乓球最早的形式。

34. 乒乓球在中国有多少年的历史？

35. 乒乓球运动是谁发明的？

36. 最初人们在哪儿打乒乓球？

题解

第一步，读选项，预测内容和问题。

第34题的四个选项都是时间，所以，听录音时要注意听时间，并做记录。

第35题的四个选项都是不同国别的人，由此可以猜出，问题中可能会有“哪国人……”或者“谁……”。

第36题的四个选项都是地点，问题可能会问“……在哪儿……”。

第二步，边听边记预测的内容。

第三步，选择答案。

34. A。从“乒乓球运动在中国只有七十多年的历史”可知答案。

35. A。文中“最初的乒乓球其实是英国人发明的一项饭后运动”告诉我们答案是A。

36. B。“他们就发明了一种在饭桌上进行的和网球相似的运动”就是答案。

5. 同步训练

第1–35题：请选出正确答案。

◆ 事物现象

1. A. 使用不方便　　B. 造价太高
   C. 不好停车　　D. 耗费能源
2. A. 更环保　　B. 更快
   C. 更容易驾驶　　D. 更容易研发
3. A. 一次环保讲座　　B. 一次环保活动
   C. 一家环保幼儿园　　D. 一套环保书籍
4. A. 爱护水资源　　B. 垃圾分类
   C. 保护动植物　　D. 节约用电
5. A. 红色　　B. 绿色　　C. 黑色　　D. 灰色和银色
6. A. 颜色好看　　B. 视觉效果好
   C. 颜色浅淡鲜亮　　D. 对光线反射率较高

◆ 天文地理

7. A. 黄河　　B. 黄浦江　　C. 外滩　　D. 长江

8. A. 上海市有中国最热闹的街道　　B. 南京路有很多的西方建筑
　C. 外滩是浦东一个有名的地方　　D. 浦西在上海人眼里是乡下
9. A. 它是个大火球　　B. 太阳依靠月亮的光
　C. 星星围绕太阳转　　D. 太阳离地球很近
10. A. 看太阳的角度不同　　B. 地球离太阳太远
　C. 太阳非常刺眼　　D. 太阳会发光发热
11. A. 太阳离地球很远　　B. 太阳体积非常大
　C. 太阳的温度很高　　D. 太阳靠月亮发光

◆ 心理生理

12. A. 心情开朗　　B. 排泄毒素
　C. 新陈代谢　　D. 增强体质
13. A. 同情的哭　　B. 悲痛的哭
　C. 高兴的哭　　D. 绝望的哭
14. A. 早晨　　B. 上午　　C. 下午　　D. 深夜
15. A. 很有帮助　　B. 没有帮助
　C. 帮助不大　　D. 效果明显
16. A. 早上准备几天后的考试　　B. 把困难的课程安排在上午
　C. 下午做与数字相关的工作　　D. 利用下午完成大部分功课
17. A. 说话表情　　B. 人体姿势
　C. 周围环境　　D. 自身情绪
18. A. 人在走路时　　B. 人在说话时
　C. 人在平躺时　　D. 人在思考时

◆ 动物植物

19. A. 长短粗细一样　　B. 不能保护自己
　C. 有不同的作用　　D. 有的没有用
20. A. 帮助自己逃脱　　B. 有进攻作用
　C. 有平衡作用　　D. 可以保温
21. A. 蹦蹦跳跳　　B. 跑得很远
　C. 保护自己　　D. 躲避敌人

22. A. 眼睛长得细小　　B. 眼睛长在正前方
C. 眼睛看不清猎物　　D. 眼睛会发光
23. A. 注视田野　　B. 捕捉猎物
C. 闭目养神　　D. 搭建房子
24. A. 白天睡觉，夜晚捕猎　　B. 耳孔大，周围排列很多羽毛
C. 听觉非常灵敏　　D. 它是哺乳动物
25. A. 生命力很强　　B. 被称为“活化石”
C. 全身是宝　　D. 到处都有
26. A. 广州　　B. 郑州　　C. 贵州　　D. 福州
27. A. 英国　　B. 美国　　C. 法国　　D. 古巴
28. A. 桃子　　B. 葡萄　　C. 香蕉　　D. 苹果
29. A. 10美分　　B. 20美分　　C. 30美分　　D. 40美分

◆ 文化习俗

30. A. 泼水节　　B. 火把节　　C. 开斋节　　D. 春节
31. A. 跳火把舞　　B. 泼水祝福
C. 互相拜年　　D. 祭祀谷神
32. A. 包饺子　　B. 贴福字
C. 赛龙舟　　D. 吃粽子
33. A. 幸福来临　　B. 消灾避邪
C. 思念亲人　　D. 一种迷信
34. A. 李白　　B. 杜甫　　C. 屈原　　D. 白居易
35. A. 元宵　　B. 粽子　　C. 年糕　　D. 月饼

（三）评价议论类

1. 什么是评价议论类短文

评价议论类短文是对某个问题或某件事进行分析、评论，表明作者的观点、立场、态度、看法的一种文章。

2. 题型规律

由于评价议论类短文既叙事又评论，所以文章的细节、主旨大意、作者的观点态度都是考试的重点。提问方式也是多种多样。

对主旨大意提问，例如：

这段话主要谈什么？

这段话想告诉我们什么？

对某个词语、句子的意思提问，例如：

什么是“自知”？

“放下包袱”最可能是什么意思？

“一句话说得人跳”是什么意思？

对一些细节提问，例如：

问目的：记者最初的采访目的是什么？

问原因：企业家为什么这么做？

问职业：小伙子是做什么工作的？

问数字：小伙子第一个月挣了多少钱？

3. 解题技巧

（1）文章作者的观点、所要表达的中心意思一般都在短文的开头或者结尾，所以一定要注意听短文的首尾句。

（2）要特别注意有转折意思的词语，比如“但是、不过、然而、其实、实际上、事实上”，这些词语的前面一般是其他人的观点、看法，而后面常常是作者的真实观点或者要表达的中心内容，也是考点所在。

（3）要特别注意带有总结概括意思的词语，比如“总之、可见、总而言之、这样一来、这样（的话）、所以”，这些词语的后面常常是作者的观点、看法。

4. 例题分析

例1 H51002第43到45题

【看到的选项】

43. A. 饮食　　B. 运动量　　C. 费用标准　　D. 个人爱好

44. A. 减肥有害健康　　　　　　B. 饭前不要运动
　C. 做自己喜欢的运动　　　　D. 很多人不喜欢慢跑
45. A. 慢跑的作用　　　　　　　B. 减肥的方法
　C. 怎样制定健身计划　　　　D. 如何缓解工作压力

【听到的声音】

第43到45题是根据下面一段话：

在制定个人健身计划时，一定要包含自己喜欢的、或者觉得有趣的或者至少不讨厌的运动。如果你不喜欢慢跑，总觉得慢跑过程很无聊，但为了减肥不得不制定慢跑运动计划，那样的话，我敢打赌你肯定坚持不下去。所以，对于健身新手来说，最好以自己喜欢的运动为中心，再逐步增加其他必要的健身项目，这样的健身计划才更容易实行。

43. 根据这段话，制定健身计划时要注意什么？

44. 根据这段话，下列哪项正确？

45. 这段话主要谈什么？

题解

第一步，读选项，预测内容和问题。

第43、44、45题每题都有运动和减肥的选项，由此可以猜测这篇短文是关于健身的。

第43题的四个选项都跟健身有关，所以，听录音的时候一定要注意听，并用拼音记录。

第44题的A和B项说得都太绝对，这种表述绝对的选项一般都不是正确答案，可以直接排除。D跟健身的话题没有关系，估计也不是正确答案。

第45题的四个选项都是具有概括性的题目，由此可以猜出这题可能要问：这篇短文的意思或者题目是什么，或者这段话谈的是什么？

第二步，边听边记预测的内容，注意听首尾句、转折词以及总结性的词语。

第三步，选择正确答案。

43. D。这是一道细节题，答案在开头“在制定个人健身计划时，一定要包含自己喜欢的、或者觉得有趣的或者至少不讨厌的运动”，这也是文章的中心意思。

44. C。“对于健身新手来说，最好以自己喜欢的运动为中心”其中的“以自己喜欢的运动为中心”就是“做自己喜欢的运动”。

45. C。这是一道主旨大意题，短文开头和结尾都直接提到“健身计划”，中间也是有关如何制定健身计划的，所以可知应选C。

例2 H51114第42题到43题

【看到的选项】

42. A. 友好　　B. 记忆力好
　C. 常感到寂寞　　D. 往往以自我为中心

43. A. 要学会拒绝　　B. 要敢于冒险
　C. 要关心周围的人　　D. 不要过分追求完美

【听到的声音】

第42题到43题是根据下面一段话：

追求完美，严格要求自己，这是一种难能可贵的品质。但是，在现实生活中，追求完美是不现实的，因为世界上根本没有完美的人和事。心理学家指出，过度追求完美是一种不健康的心理，这样的人往往会以自我为中心，从自己的角度去要求和判断别人。长期下去，不仅让周围的人承受巨大压力，影响人际交往，同时也不利于自己的身心健康。所以，学会调整自己的心态很重要。

42. 追求完美的人有什么缺点？

43. 这段话想告诉我们什么？

题解

第一步，读选项，预测内容和问题。

第42题的四个选项都是人的特点，所以，问题一般是对人提出的。

第43题的四个选项中都有“要”或者“不要”，这种题都是问作者态度或者文章中心意思的，问题一般是问“这段话想告诉我们什么？”或者“这段话谈的是什么”。

第二步，边听边记预测的内容，注意听首尾句、转折词以及总结性的词语。

第三步，选择正确答案。

42. D。这是一道细节题，答案在转折词“但是”后面“过度追求完美是一种不健康的心理，这样的人往往会以自我为中心”，其中的“不健康的心理……以自我为中心”就是答案。

43. D。这是一道主旨大意题，答案在转折词“但是”后面“在现实生活中，追求完美是不现实的，因为世界上根本没有完美的人和事”。

例3 H51115第44到45题

【看到的选项】

44. A. 知识丰富　　　　B. 了解自己

C. 非常自信　　　　D. 自己很聪明

45. A. 贵在行动　　　　B. 自己的路自己走

C. 人贵有自知之明　　　　D. 三人行，必有我师

【听到的声音】

第44到45题是根据下面一段话：

常言道："人贵有自知之明。"只有真正了解自己，才能为自己的生活与工作做一个恰当的规划，才不至于走弯路和歪路。想获得成功，首先要有自知之明。自知，就是要认识自己、了解自己。把自知称之为"明"，可见自知是一个人智慧的体现。而自知之明之所以"贵"，则说明人是多么不容易自知。

44. 什么是"自知"？

45. 这段话主要谈什么？

题解

第一步，读选项，预测内容和问题。

第44题的BCD三个选项"自己""自信""自己"中都有"自"，由此可以推测问题可能跟"自己"有关。

第45题的四个选项都是具有概括性的题目，这种题一般是对主旨大意提问的，问题一般是：这段话主要谈什么？或者这段话告诉我们什么？

第二步，边听边记预测的内容，注意听首尾句、转折词以及总结性的词语。

第三步，选择正确答案。

44. B。这是一道词语解释题，这种题的答案一般在这个词语的前句或者后句之中。"自知"之后的句子是"只有真正了解自己……"，其中"了解自己"就是答案。

45. C。答案在开头。"常言道：'人贵有自知之明'"就是答案。

5. 同步训练

第1–30题：请选出正确答案。

1. A. 友情需要互相帮助　B. 爱情需要相互信任
   C. 友情不能发展成爱情　D. 爱情不允许第三者
2. A. 让爱人理解　B. 跟朋友解释
   C. 断绝朋友关系　D. 选择离婚
3. A. 对社会的影响有限　B. 奇怪然而并不可怕
   C. 是毫无用处的信息　D. 随时随地都可听到
4. A. 都包括哪些类型　B. 最容易欺骗哪种人
   C. 是什么人制造的　D. 何时何地最易传播
5. A. 结果绝对可靠　B. 范围不够广泛
   C. 根本没有说服力　D. 只反映一般情况
6. A. 夫妻没有生活在一起　B. 夫妻说话脸红
   C. 夫妻关系好　D. 夫妻关系紧张
7. A. 专挑好听的说　B. 相互包容与谦让
   C. 发现自身的缺点　D. 改变生活习惯
8. A. 劳动　B. 愿望
   C. 幸福　D. 散步
9. A. 每天都希望幸福　B. 不要担心幸福或不幸福
   C. 幸福是自己的感觉　D. 心里没有幸福的感觉
10. A. 喜欢灰心丧气　B. 没有坚持到底
    C. 害怕困难　D. 不愿意付出
11. A. 喜欢做事的人　B. 失败的人
    C. 成功的人　D. 坚持到底的人
12. A. 安慰　B. 鼓励
    C. 赞美　D. 无所谓
13. A. 欣赏对方的优点　B. 给对方讲道理
    C. 跟对方辩论　D. 请朋友帮助
14. A. 每个人都有这三种力量　B. 大部分人都需要这三种力量
    C. 有这三种力量成功就不远了　D. 不同的力量可以创造不同的成功

15. A. 理想、道德、宽容　B. 承受、奋斗、助人为乐
C. 失败、奋斗、竞争　D. 信念、创造、生命
16. A. 学习外语　B. 拿到毕业证
C. 成为领袖人物　D. 提高就业竞争力
17. A. 科学技能　B. 科学知识
C. 文化价值观　D. 生活习惯
18. A. 中青年知识分子的健康问题　B. 中青年知识分子的生活习惯
C. 中青年知识分子对工作负责　D. 中青年知识分子工作压力大
19. A. 不锻炼身体　B. 工作压力大
C. 带病坚持工作　D. 青年时不注意身体健康
20. A. 家长什么也做不了　B. 对孩子多关心
C. 在日常生活中训练　D. 和老师多沟通
21. A. 家长言行　B. 家庭环境
C. 日常生活　D. 依靠老师
22. A. 要求孩子复述课堂内容　B. 要求孩子听一遍就做到
C. 让孩子看着你的脸听　D. 让孩子多做家务
23. A. 争取时间　B. 合理分配时间
C. 搞好人际关系　D. 拥有资金
24. A. 谁掌握时间谁就是赢家　B. 谁掌握企业谁就是赢家
C. 谁掌握金钱谁就是赢家　D. 谁掌握权力谁就是赢家
25. A. 没有知识技能的人　B. 缺乏爱心的人
C. 没有生活目标的人　D. 好吃懒做的人
26. A. 学好科学文化知识　B. 积极参加各项活动
C. 培养各方面的能力　D. 树立远大的理想
27. A. 热爱工作　B. 热爱家人
C. 热爱旅游　D. 热爱生命
28. A. 爱自己　B. 爱他人
C. 爱自然　D. 爱孩子

29. A. 他们希望公司更有名　　B. 他们希望自己的权力更大
C. 他们不愿意公司倒闭　　D. 他们想让公司的股价高一些

30. A. 不要太在乎得失　　B. 失败是成功之母
C. 骄傲使人落后　　D. 天才出于勤奋

（四）调查应用类

1. 什么是调查应用类短文

调查应用类短文是指新闻调查、广播通知等应用性的短文。

新闻调查，主要对某一情况、某一社会问题、某一成功经验等引起关注的事件进行调查报道，揭示其中的详情、真相。内容涉及很广，有社会、经济、心理、教育、文化、环境保护以及科学新发现等。

广播通知是以广播或者口头形式传达给人们的提示性信息。例如商场、机场的广播通知，或者电视电台的节目预告、广告等，告诉人们在什么时间、什么地点应该做什么或者会发生什么事情，应该注意什么。

2. 题型规律

调查应用类短文考查的都是细节题，所以，相关的人物、时间、地点、目的、原因、主题等都是提问的对象。

问人物：参赛作品由谁来评分？
哪些学生获得了很大的成功？
问时间：这次会议为期几天？
问地点：飞机要去哪个城市？
在哪个城市想换工作的人比例最高？
问数量：这次会议有几个议题？
被调查的学生中多少人有目标？
问目的：让家长参与活动的目的是什么？
问原因：人们为什么希望在九月底十月初换工作？
公司为什么要放假？

问主题：本次大赛的主题是什么？

关心老人和儿童健康问题属于哪个议题？

3. 解题技巧

（1）注意听第一句话。调查应用类短文的第一段话通常都会概括出整篇文章的主要内容和最重要的信息。这是由应用文文体本身的特点决定的。

（2）注意听细节。调查应用类短文主要考查考生对细节的记忆，有时会涉及不同的时间和复杂的数据，所以要边听边记下数字、时间、地点、事件、注意事项等。

（3）积累常用的术语：

据调查／统计	调查对象／结果
调查表明	调查数据显示
据有关部门的一项调查研究表明	平均
超过	截至……
百分之（%）	……的原因主要有……
……率（患病率、发病率、失业率）	……逐年增加／减少
以……的速度递增／递减	

（4）平时要多练习听跟日常生活相关的广播通知，例如：乘坐飞机通知、乘坐火车通知、商场的广播通知、天气预报等。

◆ 乘坐飞机的广播通知

① 办理登机手续

前往上海的旅客请注意：您乘坐的CA2986次航班现在开始办理乘机手续，请您到17号柜台办理。谢谢！

② 开始登机

前往三亚的旅客请注意：您乘坐的MU7766次航班现在开始登机。请带好您的随身物品，出示登机牌，由4号登机口上17号飞机。祝您旅途愉快。谢谢！

③ 停止办理登机手续

前往上海的旅客请注意：您乘坐的CA3387次航班将在17点10分截止办理乘机手续。乘坐本次航班没有办理手续的旅客，请马上到29号柜台办理。谢谢！

④ 催促某人登机

乘坐飞往北京CA8158次航班的张明旅客请注意，您乘坐的航班马上就要起飞了，请您速到22号登机口上飞机。

⑤ 晚点起飞

乘坐飞往北京CA8158次航班的旅客，我们抱歉地通知您，由于航空公司飞机调配的原因，起飞时间推迟到8点30分，我们代表航空公司对您表示歉意。

⑥ 晚点到达

迎接旅客的各位请注意：我们抱歉地通知您，由广州飞来本站的CZ5327次航班由于天气原因不能按时到达，预计到达本站的时间为13点30分。谢谢！

⑦ 机上电子设备提醒

为了保障飞机导航通讯系统的正常工作，在飞机起飞和下降过程中请不要使用手提电脑，在整个航程中请不要使用手提电话、遥控玩具、电子游戏机等电子设备。

⑧ 餐前广播

女士们，先生们：我们将为您提供餐食（点心餐）、茶水、咖啡和饮料。欢迎您选用。需要用餐的旅客，请您将小桌板放下。为了方便其他旅客，在供餐期间，请您将座椅靠背调整到正常位置。谢谢！

⑨ 填写意见卡

女士们，先生们：欢迎您乘坐中国**航空公司航班，为了帮助我们不断提高服务质量，敬请留下宝贵意见，谢谢您的关心和支持！

⑩ 飞机到达

女士们，先生们：

我们已经抵达北京首都国际机场。地面温度是23度。飞机仍在滑行，请您不要离开座位，并保持移动电话关闭状态。当安全带指示灯熄灭后，再解开安全带。打开行李架时，请注意安全，以免行李滑落。您的托运行李请到候机楼行李提取处领取。需要转机的旅客请您到候机楼出发大厅办理手续。

感谢您选乘上海航空公司班机，下次旅途再见。

◆ 乘坐火车的广播通知

① 检票

各位旅客请注意，开往西安的**次列车现在开始检票，请大家把票准备好，由第一候车室第三检票口检票上车。

② 准备开车

旅客朋友大家好！

本次列车是由**始发，开往西安的**次列车，开车时间是**点**分，列车还有5分钟就要开车了，上错车的旅客和拿站台票的朋友请下车，列车启动后，请不要和站台上的亲友握手，以免发生危险。

③ 预告站名

旅客朋友：

列车运行前方车站是**车站，正点到达**站的时间是**点**分，这个区间需要行走**公里，运行**小时**分。

④ 到站前通知

旅客朋友：

**车站快要到了，下车的旅客朋友，请您带好自己的物品到车厢两端等候下车。

⑤ 到站通知

旅客朋友：

现在的停车站是**站，停车**分，站台在列车运行方向的*侧，下车的旅客朋友，请您按先后顺序下车，不要拥挤。

⑥ 补票通知

旅客朋友：

如果你在上车前没来得及买票，请到*号车厢列车办公席办理补票手续。

⑦ 使用卧铺通知

买好卧铺票的旅客朋友，请到卧铺车厢休息。您的车票请交给乘务员统一保管。下车前，再凭卧铺牌换回自己的车票。根据铁路有关规定，如开车后一个小时，持有卧铺票的旅客还不到卧铺车去换票，您的铺位便按空铺另行出售了，请朋友们抓紧办理，以免影响您的休息。

◆ 商场广播

① 开始营业

亲爱的顾客您好，欢迎光临**商场！我们的营业时间为早上**点到晚上**点。我们为您准备了丰富的商品，请慢慢选购。祝您购物愉快，谢谢！

② 促销商品

亲爱的顾客您好，欢迎光临**商场**店，我商场正在进行**的促销活动，请慢慢选购，谢谢！

③ 提醒

亲爱的顾客您好，欢迎光临**商场，由于今天卖场人流较多，请您注意保管好随身携带的物品，不要把包放在购物车里，祝您购物愉快！

④ 收银排队提醒

A. 亲爱的顾客您好，由于现在收银区的顾客较多，较拥挤，请您排好队按顺序交款，以免耽误您宝贵的时间，谢谢您的合作。

B. 亲爱的顾客您好，现在**号的收银机人较少，请您前往结账，谢谢！

⑤ 停车场

亲爱的顾客您好，欢迎光临**商场，为了您购物方便，本商场为您提供免费停车。请您依次停放。谢谢！

⑥ 移动车位

车牌尾号为**的车主，由于您的车辆没有停放在适当的车位，请您尽快到停车场进行处理。谢谢！

⑦ 寻人广播

A. 顾客**（先生／小姐），请您到（入口／出口／停车场／服务台）处，有人找您。谢谢！

B. 亲爱的顾客您好，现有一位小男（女）孩，年龄约**岁，身穿**，请家长速到服务台认领。谢谢！

⑧ 失物招领

亲爱的顾客您好，服务台捡到**，请失主速到服务台认领，谢谢！

⑨ 结束营业

亲爱的顾客朋友：

晚上好！感谢您光临**商场，我商场的营业时间是从**点到**点，请安排好购物时间，并到收银台前结款，请不要忘记您寄存的物品，我们期待您的再次光临，**商场祝您晚安！

◆ 天气预报

各位听众，早上好！现在播送北京气象台今天早上六点钟发布的北京地区天气预报：今天白天，晴，风向南，风力二三级，最高气温三度。今天夜间，阴有小雪，风向转北，风力一二级，最低气温零下三度。天气预报播送完了，谢谢您的收听。

4. 例题分析

（1）新闻调查

例如 H51005第34到36题

【看到的选项】

34. A. 4%　　B. 90%　　C. 96%　　D. 100%

35. A. 有长远目标的　　B. 坚持自己意见的
C. 做事十分认真的　　D. 有目标并且写了下来的

36. A. 只问了一个问题　　B. 结论没有说服力
C. 持续进行了20年　　D. 帮助许多学生取得了成功

【听到的声音】

第34到36题是根据下面一段话：

一所大学曾经进行过一次长达二十年的调查。最初，研究人员对参加调查的学生们提了一个问题："你们有目标吗？"百分之九十的学生回答说有。研究人员又问："如果你们有了目标，那么，是否把它写下来呢？"这时只有百分之四的学生回答说："写下来了。"

二十年后，研究人员找到当年参加调查的学生们。结果发现，那些有目标并且将目标写下来的学生，无论是事业发展还是生活水平，都远远超过了那些没有这样做的学生。他们创造的价值超过其余百分之九十六的学生的总和。那么，那百分之九十六的学生今天在干什么呢？研究发现：这些人忙忙碌碌，一辈子都在直接或间接帮助那百分之四的人实现他们的理想。

34. 被调查的学生中多少人有目标？

35. 哪些学生获得了很大的成功？

36. 关于这项调查，下列哪项正确？

题解

第一步，读选项，预测内容和问题。

从第34、35、36题的选项可以猜出，这篇短文谈的可能是一篇调查报告。

从第34题可以猜出，问题可能要问"多少人……"或者"……占多少"，听录音时一定要记下数字。

第35题是四种不同类型的人。"……的"是"的"字结构，表示"……的人"。

从第36题可以猜出，问题可能要问：这个调查……

第二步，边听边记预测的内容。

第三步，选择答案。

34. B。从文中研究人员问学生们是否有目标，而"百分之九十的学生回答说有"可知答案应选B。

35. D。从"那些有目标并且将目标写下来的学生，无论是事业发展还是生活水平，都远远超过了那些没有这样做的学生"可知答案是D。

36. C。从文中第一句"一所大学曾经进行过一次长达二十年的调查"，以及后面的"二十年后，研究人员找到当年参加调查的学生们"可知答案是C。

（2）广播通知

例1 样题第37到38题

【看到的选项】

37. A. 香港　B. 上海　C. 广州　D. 北京

38. A. 飞机正在降落　B. 飞机已经降落　C. 飞机还没起飞　D. 飞机已经起飞了

【听到的声音】

第37到38题是根据下面一段话：

女士们，先生们，欢迎乘坐中国南方航空公司的航班。我们将从北京飞往上海，飞行距离是一千一百公里，空中飞行时间大约是两小时十分钟，飞行高度七千米。为了安全，在飞机起飞和下降过程中请不要使用电脑、电话、游戏机等电子设备。飞机很快就要起飞了，请您坐好，系好安全带。我们将为您提供最周到的服务。谢谢！

37. 飞机要去哪个城市？

38. 根据这段话，可以知道什么？

题解

第一步，读选项，预测内容和问题。

从第37、38题的选项可以猜出，这个短文可能与飞机飞行的地点和起飞降落有关。

第37题都是城市名，问题可能要问：飞机从哪儿起飞？飞到哪儿？在哪儿降落？听录音的时候一定要听清问题，留意城市名。

第38题是关于飞机起飞或者降落的，每个选项中都有表示时间的词语“正在”“已经”“还没”。听录音的时候一定要注意听表示时间的词语。

第二步，边听边记预测的内容。

第三步，选择答案。

第37题答案是B。“我们将从北京飞往上海”中的“飞往”是“飞向”的意思。

第38题答案是C。“飞机很快就要起飞了”中的“很快就要”的意思是“马上，还没有”。

例2 H51002第40到42题

【看到的选项】

40. A. 公开、公平　B. 青春、时尚　C. 自由、快乐　D. 精彩、浪漫

41. A. 导演　　B. 网友
C. 设计师　　D. 大学生
42. A. 刚刚结束　　B. 是体育比赛
C. 4月公布结果　　D. 主要面向中老年人

【听到的声音】

第40到42题是根据下面一段话：

本次时装设计大赛的主题是青春、时尚，参加比赛的设计师要求年龄在二十五岁以下，设计师可以充分自由发挥自己的想象力和创造力，体现自己的个性。整个大赛本着公开、公平的原则进行，所有设计师的作品将被放在网上，由网友打分，评选出最佳设计奖，评选结果于四月十五日公布。具体的比赛规则和报名方法见网上的“报名须知”。

40. 本次大赛的主题是什么？

41. 参赛作品由谁来评分？

42. 关于这次比赛，可以知道什么？

题解

第一步，读选项，预测内容和问题。

第40题的四个选项很显然是活动的主题或者中心内容，所以问题可能会问：……的主题是什么？

第41题是四类不同的人，问题可能会问“谁……”或者“……是谁”。

第42题的四个选项之间没有关系，这种题的提问方式一般是“关于……，可以知道什么”。

第二步，边听边记预测的内容。

第三步，选择答案。

40. 答案是B。“本次时装设计大赛的主题是青春、时尚”其中的“青春、时尚”就是答案。

41. 答案是B。“所有设计师的作品将被放在网上，由网友打分”其中“由网友打分”就是答案。

42. 答案是C。“评选结果于四月十五日公布”就是答案。

5. 同步训练

第1–28题：请选出正确答案。

◆ 新闻调查

1. A. 超市购物　B. 网上购物　C. 电视购物　D. 电话购物
2. A. 3.3%　B. 4.4%　C. 5.5%　D. 6.6%
3. A. 中年人　B. 老年人　C. 青少年　D. 儿童
4. A. 有相当高的营养价值　B. 能量炸弹和垃圾食品　C. 富含维生素　D. 提高人体免疫力
5. A. 胃病　B. 感冒　C. 肥胖　D. 拉肚子
6. A. 电脑　B. MP3　C. 手机　D. 电视
7. A. 索尼　B. 爱立信　C. 三星　D. 苹果
8. A. 600～1500元　B. 700～1500元　C. 800～1500元　D. 900～1500元
9. A. 饮食　B. 良好的身材　C. 自身的保健　D. 服装
10. A. 20～30岁　B. 30～40岁　C. 41～50岁　D. 61～70岁
11. A. 男性　B. 女性　C. 青少年　D. 中青年

◆ 广播通知

12. A. 旅客　B. 飞行员　C. 机组人员　D. 客舱乘务员
13. A. 禁止大声说话　B. 禁止吸烟　C. 禁止走动　D. 禁止开窗
14. A. 系好安全带　B. 收起座椅靠背　C. 关闭手机　D. 收起小桌板
15. A. 兰州　B. 西宁　C. 西安　D. 北京

16. A. 早上　　B. 中午
C. 下午　　D. 晚上
17. A. 找列车长购买　　B. 找乘务员购买
C. 到办公席办理　　D. 直接去卧铺车厢
18. A. 上午八点到晚上九点　　B. 上午八点到晚上九点半
C. 上午八点半到晚上九点　　D. 上午八点半到晚上九点半
19. A. 一楼　　B. 二楼
C. 三楼　　D. 五楼
20. A. 八点半　　B. 八点四十五
C. 九点一刻　　D. 九点半
21. A. 认真总结今天　　B. 带好所需的商品
C. 不要忘记结账　　D. 不要忘记携带的物品
22. A. 过元宵节　　B. 过春节
C. 过端午节　　D. 过中秋节
23. A. 11天　　B. 10天
C. 15天　　D. 27天

◆ 天气预报

24. A. 21℃　　B. 28℃
C. 27℃　　D. 16℃
25. A. 晴转多云　　B. 多云转晴
C. 晴转阴　　D. 阴转晴
26. A. 11点　　B. 17点
C. 5点　　D. 7点
27. A. 带雨伞　　B. 不利于出行
C. 防风保暖　　D. 天气不好
28. A. 24～26℃　　B. 12～15℃
C. 12～25℃　　D. 11～17℃

二、短文题综合训练

第1–75题：请选出正确答案。

1. A. 他工作很忙　　B. 他很会教育孩子
   C. 他让儿子投资银行　　D. 他经常做慈善
2. A. 不相信儿子　　B. 想让儿子搞地产开发
   C. 不想让儿子回国　　D. 希望儿子自强自立
3. A. 唐朝　　B. 秦朝
   C. 明朝　　D. 清朝
4. A. 资源丰富　　B. 旅游胜地
   C. 历史悠久，交通发达　　D. 经济文化中心
5. A. 中学生　　B. 大学生
   C. 小学生　　D. 学龄前儿童
6. A. 地球　　B. 海洋
   C. 交通　　D. 军事
7. A. 三个　　B. 四个
   C. 五个　　D. 六个
8. A. 认为自己聪明　　B. 干了一件傻事
   C. 后悔吃馒头　　D. 只吃第五个馒头
9. A. 宁可少一些，也不要贪多　　B. 没有数量的积累，就达不到目的
   C. 要按客观规律做事　　D. 无论做什么事情都要专心
10. A. 一方有了外遇　　B. 夫妻经常吵架
    C. 对爱情期待太高　　D. 因为没有孩子
11. A. 爱情浪漫，婚姻现实　　B. 不要轻易结婚
    C. 幸福的婚姻很少　　D. 婚姻需要相互的理解
12. A. 谁先看见大雁　　B. 如何吃大雁
    C. 谁射得准　　D. 谁跑得快
13. A. 清炖　　B. 红烧
    C. 一半清炖，一半红烧　　D. 爆炒
14. A. 在天空中　　B. 在树枝上
    C. 飞得无影无踪　　D. 被兄弟俩射下来了

15. A. 郑州 B. 开封
C. 洛阳 D. 广州
16. A. 1点12分 B. 5点06分
C. 1点06分 D. 5点12分
17. A. 不能下车 B. 不能到站台散步
C. 不能到站台购买食品 D. 不能使用车内厕所
18. A. 8～17℃ B. 8～11℃
C. 4～6℃ D. 7～8℃
19. A. 台湾西部地区 B. 台湾东部地区
C. 华北地区和海南 D. 江淮和江南东部
20. A. 刚吃完饭时 B. 天气太冷时
C. 水温较低时 D. 室温较高时
21. A. 儿童 B. 老人
C. 消化不好的人 D. 吃东西少的人
22. A. 添减衣物，以防疾病 B. 减少外出旅游
C. 经常锻炼身体 D. 合理饮食
23. A. 水管 B. 煤气
C. 门窗 D. 电器
24. A. 下雨 B. 刮风
C. 彩虹 D. 雷电
25. A. 谁跑得快 B. 谁的本领大
C. 谁能发光 D. 谁能刮风
26. A. 放出温暖的光 B. 阳光越来越强
C. 风呼呼地刮起来 D. 收起放出的能量
27. A. 让行人缩起头颈 B. 让行人拉紧衣服
C. 放出温暖的光芒 D. 停止了努力
28. A. 说服往往比压服有效 B. 人有长处，也有短处
C. 虚心向别人学习经验 D. 取长补短，才能进步
29. A. 早晨 B. 中午
C. 下午 D. 晚上
30. A. 晚上八点到九点 B. 晚上八点半到九点半
C. 晚上九点到十点 D. 晚上九点半到十点半

31. A. 青少年　B. 中年人
C. 年纪大或有失眠症　D. 妇女和儿童

32. A. 中国气象台　B. 中国中央气象台
C. 我国台湾气象台　D. 日本气象台

33. A. 刮风　B. 下雨　C. 台风　D. 气温

34. A. 家庭暴力　B. 物价上涨
C. 孩子的教育　D. 医疗保险

35. A. 孩子的健康　B. 孩子的学习
C. 孩子的兴趣　D. 孩子的品德

36. A. 玩游戏　B. 听音乐
C. 干家务　D. 学习

37. A. 漂亮　B. 伟大
C. 骄傲　D. 厉害

38. A. 吃得太多了　B. 把肚子鼓起来
C. 爱吹牛　D. 吸气

39. A. 爱护环境　B. 延长地球寿命
C. 减少自然灾害　D. 做惊天动地的事

40. A. 把水果皮扔进垃圾桶　B. 把小吃袋扔进垃圾桶
C. 不要采摘公园的花草　D. 不要随地吐痰

41. A. 铺位下面　B. 坐席下面
C. 行李架上　D. 过道上

42. A. 坐席或铺位下面　B. 行李架上
C. 寄存起来　D. 行李车上

43. A. 五岁　B. 四岁　C. 十岁　D. 七岁

44. A. 拼世界地图　B. 做地理作业
C. 整理房间　D. 拼人的头像

45. A. 教育孩子很重要　B. 应该经常拼地图
C. 做人第一，做事第二　D. 世界需要和谐

46. A. 缺少付出　B. 没有信心
C. 抓不住机会　D. 没有耐心

47. A. 巨大的付出　B. 艰苦的劳动
C. 耐心等待　D. 获取更多的知识

48. A. 机遇可以随时出现　　B. 机遇不能强求
C. 机遇靠人的努力去创造　　D. 机遇是等出来的
49. A. 鲨鱼　　B. 海豚　　C. 海龟　　D. 鲸鱼
50. A. 快乐　　B. 健康　　C. 平安　　D. 幸福
51. A. 泪流满面　　B. 非常吃惊
C. 愁眉苦脸　　D. 无精打采
52. A. 问她借蜡烛　　B. 给她送蜡烛
C. 跟她聊天儿　　D. 向她请教问题
53. A. 她不喜欢孩子　　B. 她脾气不好
C. 担心以后被打扰　　D. 她没有蜡烛
54. A. 愤怒　　B. 悲伤　　C. 感动　　D. 自豪
55. A. 天气寒冷，蔬菜生长慢　　B. 人们为过春节储备蔬菜
C. 蔬菜供给量减少　　D. 运费上涨
56. A. 23.26%　　B. 19.13%
C. 26.23%　　D. 13.19%
57. A. 祈求健康平安　　B. 讨论农作物损失问题
C. 祈求降雨　　D. 听音乐会
58. A. 雨衣　　B. 雨鞋　　C. 雨伞　　D. 帐篷
59. A. 她从很远的地方来　　B. 她非常坚强
C. 她有爱心和信心　　D. 她不怕困难
60. A. 眼睛看不见的人　　B. 耳朵听不见的人
C. 不会说话的人　　D. 腿脚不便的人
61. A. 瘸子领着瞎子　　B. 瘸子拉着瞎子
C. 瞎子背着瘸子　　D. 瞎子跟着瘸子
62. A. 瘸子和瞎子关系很好　　B. 人的缺陷可以互相弥补
C. 要有勇气面对自己的缺陷　　D. 一个人有信心很重要
63. A. 3条　　B. 4条　　C. 5条　　D. 6条
64. A. 保持卫生清洁　　B. 保持周围美观
C. 保持道路畅通　　D. 保持商铺周围绿化项目
65. A. 罚款　　B. 停业整顿
C. 没收乱摆乱放的所有物品　　D. 拘留15天

66. A. 小船的船长　B. 纽约州州长
C. 富商　D. 工程师

67. A. 孝敬父母　B. 以州长的身份要求自己
C. 珍惜荣誉　D. 刻苦读书

68. A. 有信念　B. 有机遇
C. 聪明能干　D. 人缘好

69. A. 一天生一个金蛋　B. 每星期生一个金蛋
C. 生的蛋很好吃　D. 生的蛋可以治病

70. A. 鸭子生病了　B. 他想吃烤鸭
C. 他不喜欢这只鸭子　D. 他想取出全部金蛋

71. A. 鸭肉不好吃　B. 鸭蛋不好吃
C. 鸭子肚里没有金蛋　D. 他只拿出了一个金蛋

72. A. 贪心没有好下场　B. 失败是成功之母
C. 坚持到底就是胜利　D. 一分钱一分货

73. A. 列车员帮旅客拿行李　B. 旅客帮乘务员打扫卫生
C. 协助保持车厢内的卫生　D. 旅客帮乘务员关闭厕所

74. A. 水龙头　B. 垃圾袋
C. 厕所　D. 餐厅

75. A. 保持车厢内的卫生　B. 乘务员清扫时挪动自己的物品
C. 提前关闭厕所　D. 请携带好自己的行李

模拟题

模拟题一

第一部分

第1–20题：请选出正确答案。

1. A. 宾馆　B. 商场　C. 餐厅　D. 售票处
2. A. 7点　B. 8点半　C. 9点　D. 9点半
3. A. 修车的　B. 修表的　C. 修电视机的　D. 修电脑的
4. A. 师生关系　B. 同学关系　C. 夫妻关系　D. 同事关系
5. A. 复习　B. 去香山　C. 去长城　D. 见同学
6. A. 一个人　B. 两个人　C. 三个人　D. 四个人
7. A. 她知道哪年学生多　B. 她想知道哪年学生多
   C. 今年的考生比去年多　D. 今年的考生最多
8. A. 非常优秀　B. 没有人夸　C. 不怎么样　D. 还可以
9. A. 打网球　B. 旅行　C. 上网　D. 运动
10. A. 办公室里太热了　B. 经理生气了
    C. 老张的车胎没气了　D. 经理生病了
11. A. 一周之内能到　B. 男的在寄信
    C. 平信很快　D. 特快专递三天能到
12. A. 儿子学习很好　B. 儿子学习比较差
    C. 儿子学习一般　D. 无法评价
13. A. 接送孩子方便　B. 离自己家近
    C. 教学质量高　D. 教学方式活泼
14. A. 男的和客户谈钉子的买卖　B. 男的去钉钉子了
    C. 男的遇到了麻烦　D. 男的会钉钉子
15. A. 已经辞职了　B. 想找新工作　C. 没找到工作　D. 要换工作了
16. A. 她觉得儿子学习不努力　B. 她很担心儿子球打得不好
    C. 儿子喜欢打球她很高兴　D. 儿子学习跟打球一样好
17. A. 全班的人今晚都去看电影　B. 小李和小赵今晚去看电影
    C. 小李、小赵和其他人一起去看电影　D. 小李和小赵今晚不去看电影
18. A. 拒绝　B. 同意　C. 犹豫　D. 兴奋

19. A. 很想买房　B. 贷款买房了
C. 生活质量提高了　D. 每个月工资四五千块钱
20. A. 吃面条　B. 吃饺子　C. 都不吃　D. 面条和饺子都可以

第二部分

第21–45题：请选出正确答案。

21. A. 与老板不和　B. 和同事吵架　C. 出卖公司　D. 身体有病
22. A. 没电了　B. 卡纸了　C. 没墨了　D. 坏了
23. A. 胃病　B. 拉肚子　C. 发烧　D. 感冒
24. A. 他父母要去旅行　B. 他父母愿意用信用卡
C. 老人不习惯用信用卡　D. 老人不喜欢旅游
25. A. 剪短发　B. 做护理　C. 烫发　D. 洗发
26. A. 饭馆儿　B. 电影院　C. 图书馆　D. 理发店
27. A. 是部门经理　B. 被公司聘用了
C. 在人事部工作　D. 不想实习了
28. A. 零食　B. 日用品　C. 衣服　D. 手提包
29. A. 体育　B. 生物　C. 音乐　D. 物理
30. A. 船上　B. 机场　C. 火车站　D. 汽车上
31. A. 砸缸　B. 捉迷藏　C. 给花浇水　D. 爬假山
32. A. 胳膊摔破了　B. 掉进水缸里
C. 掉进河里了　D. 鼻子流血了
33. A. 他在缸里找石头　B. 他的玩具掉进了缸里
C. 为了救小朋友　D. 他们在玩儿捉迷藏
34. A. 都很乐观　B. 都很悲观
C. 一个乐观，一个悲观　D. 性格倔强
35. A. 在玩儿玩具　B. 在哭泣　C. 在学习　D. 在掏马粪
36. A. 一列小火车　B. 一辆小汽车
C. 一架小飞机　D. 一匹小马
37. A. 成功比失败更常见　B. 失败比成功更常见
C. 面对失败，不灰心的人才能成功　D. 要想成功，必须经历失败
38. A. 成功的人很多　B. 耐心等待成功
C. 失败是成功之母　D. 多鼓励失败者

39. A. 绿颜色的食品　　B. 绿色的蔬菜
C. 接近没有污染的食品　　D. 没有化肥的食品
40. A. 绿色食品也叫安全食品　　B. 绿色食品绝对没有任何污染
C. 销售绿色食品时要避免接触污染　　D. 加工绿色食品时不应受到污染
41. A. 一只花猫　　B. 一些玩具
C. 一碗方便面　　D. 几本童话书
42. A. 他特别调皮　　B. 担心方便面凉了
C. 给爸爸一个惊喜　　D. 自己饿了再吃
43. A. 方便面味道好　　B. 孩子充满了爱心
C. 方便面价钱贵　　D. 孩子非常聪明
44. A. 22.8%　　B. 55.2%　　C. 70.3%　　D. 11.3%
45. A. 合理饮食，坐姿正确　　B. 坚持做眼保健操
C. 经常往远处看看　　D. 要经常起来活动

模拟题二

第一部分

第1–20题：请选出正确答案。

1. A. 理发师和顾客　B. 售货员和顾客　C. 裁缝和顾客　D. 修理工和顾客
2. A. 这件事只有男的不能办　B. 这件事男的可以办　C. 这件事男的可以不办　D. 这件事只有男的才能办
3. A. 考试日期已经公布了　B. 考试日期还没有公布　C. 女的不知道要考试　D. 女的没明白男的的意思
4. A. 买鞋　B. 看妈妈　C. 买毛巾　D. 买围巾
5. A. 小王　B. 小张　C. 小刘　D. 王老师
6. A. 天气情况　B. 身体情况　C. 电视节目　D. 广播节目
7. A. 医生也说不清楚　B. 医生认为是天气造成的　C. 可能是传染的　D. 可能是不小心着凉了
8. A. 摄影师　B. 裁缝　C. 售货员　D. 饭店服务员
9. A. 7点40　B. 8点　C. 8点20　D. 8点半
10. A. 很高兴　B. 不错　C. 一般　D. 不好
11. A. 休息　B. 爬山　C. 吃东西　D. 买东西
12. A. 男的很喜欢平房　B. 新办公室和旧办公室一样　C. 男的不喜欢平房　D. 平房里没有灯
13. A. 她没有找工作　B. 没有找到她喜欢的公司　C. 公司都没有叫她去面试　D. 只有一家公司叫她去面试
14. A. 他想先吃饭，再听歌　B. 他不习惯吃饭的时候听歌　C. 他很喜欢听女的唱歌　D. 他不喜欢听女的唱歌
15. A. 我和李教授是亲兄弟　B. 我想认识李教授　C. 我跟李教授不太熟悉　D. 我和李教授非常熟
16. A. 老李他们不会说话　B. 老李他们的做法很过分　C. 老李他们很会说话　D. 老李他们的做法很合适
17. A. 惊讶　B. 赞赏　C. 轻视　D. 不满

18. A. 这个班有7个人考了60分以下　B. 这个班只有7个人，都考了60分以下
C. 这个班只有7个人考得差　D. 这个班有7个学习不好的学生
19. A. 小李明天出差　B. 小李不可能出差
C. 小李后天出差　D. 小李明天或者后天出差
20. A. 商场　B. 加油站　C. 修车铺　D. 自由市场

第二部分

第21–45题：请选出正确答案。

21. A. 成为羽毛球教练　B. 当运动员
C. 获得世界冠军　D. 每天打羽毛球
22. A. 还没付款　B. 质量不合格
C. 摆得很整齐　D. 临时放这儿
23. A. 不要放油　B. 不要放盐
C. 不要放糖　D. 不要放味精
24. A. 拉肚子　B. 头疼　C. 发烧　D. 在家休息
25. A. 颁奖典礼　B. 欢迎晚宴　C. 交易会　D. 总结会
26. A. 经常出毛病　B. 用了快十年　C. 老板批准换新的　D. 非常贵
27. A. 订房间　B. 订票　C. 退房　D. 吃饭
28. A. 想做头发护理　B. 想办优惠卡
C. 头发很干燥　D. 想剪短发
29. A. 320元　B. 230元　C. 300元　D. 800元
30. A. 没有复习　B. 上课没有听讲　C. 考试前病了　D. 逃学
31. A. 一个苹果　B. 一块饼干　C. 一块糖　D. 一瓶水
32. A. 幸福就是拥有很多东西　B. 幸福是一种感觉
C. 幸福是一个微笑　D. 什么都有的人很幸福
33. A. 奶奶去世了　B. 爸爸妈妈失业了
C. 钱被小偷偷走了　D. 他要去远方读书
34. A. 小火车　B. 洋娃娃　C. 小汽车　D. 红气球
35. A. 妈妈做的饭　B. 爸爸说的话
C. 五毛钱买的快乐　D. 买了一个小汽车
36. A. 经常打骂孩子　B. 为儿女买房结婚
C. 为儿女看孩子　D. 为儿女找工作

37. A. 不要把孩子放在农村　B. 不要给孩子太多的钱
C. 要理性地爱孩子　D. 要让孩子独立思考
38. A. 常用来滋补身体　B. 营养丰富
C. 矿物质含量高　D. 维生素含量高
39. A. 蛋白质　B. 维生素　C. 脂肪　D. 无机盐
40. A. 它是百兽之王　B. 小动物都怕它
C. 它是上帝派来的　D. 它喜欢老虎
41. A. 狮子　B. 狐狸　C. 老虎　D. 豹子
42. A. 温顺　B. 狡猾　C. 凶猛　D. 可爱
43. A. 天气恶劣　B. 旅客问题
C. 出现机械故障　D. 航班延误
44. A. 英国伦敦　B. 法国巴黎
C. 美国华盛顿　D. 日本东京
45. A. 安检部　B. 医疗急救中心
C. 现场监管　D. 服务台

模拟题三

第一部分

第1–20题：请选出正确答案。

1. A. 水果　B. 啤酒　C. 面包　D. 零食
2. A. 那张CD很好听　B. 人们总喜欢听那张CD
   C. 我不想听那张CD了　D. 我要听够那张CD
3. A. 监狱　B. 军队　C. 医院　D. 学校
4. A. 觉得男的说的有道理　B. 觉得男的说的没道理
   C. 认为国产电视机质量不好　D. 认为进口电视机不贵
5. A. 聪明能干，但是脾气不好　B. 聪明能干，脾气也好
   C. 没有脾气　D. 做事不认真
6. A. 恋人　B. 夫妻　C. 邻居　D. 同事
7. A. 这项工作很容易完成　B. 这项工作不需要多少时间
   C. 这项工作很奇怪　D. 很多人都没完成这项工作
8. A. 气愤　B. 自信　C. 不安　D. 兴奋
9. A. 五一劳动节　B. 春节　C. 教师节　D. 父亲节
10. A. 还没辞职　B. 已经找到了公司
    C. 现在的公司离家太远　D. 现在的公司工资太低
11. A. 工作　B. 房子　C. 衣服　D. 文件
12. A. 她母亲的身体时好时坏　B. 她母亲的身体一天就变好了
    C. 她母亲的身体越来越好　D. 她母亲的身体更不好了
13. A. 十二点之前不能修好女的的自行车
    B. 十二点之前肯定能修好女的的自行车
    C. 十二点以后再修女的的自行车
    D. 女的的自行车没有问题
14. A. 电视节目　B. 广播节目　C. 电影　D. 杂志
15. A. 找老刘办事儿　B. 看望老刘的儿子
    C. 参加婚礼　D. 结婚
16. A. 去食堂买饭　B. 去排队买词典
    C. 赶快去排队　D. 去找词典

17. A. 不相信男的说的话　　B. 让男的和明明谈一谈
C. 男的做得也不好　　D. 应该让明明自己想一想
18. A. 这双白色的皮鞋很漂亮　　B. 配上白色皮鞋会更好
C. 裙子很好，但不知道该怎么说　　D. 不好，也没什么可说的
19. A. 女的在街上玩儿　　B. 女的闯了红灯
C. 男的劝女的不要玩儿　　D. 男的跟女的是朋友
20. A. 学生　　B. 警察　　C. 医生　　D. 老师

第二部分

第21-45题：请选出正确答案。

21. A. 因为它们可以攻击别人　　B. 因为它们可以陪伴主人
C. 因为它们可以看门　　D. 因为它们可以表演节目
22. A. 想买玩具火车　　B. 不相信售货员
C. 喜欢孩子　　D. 孩子三岁
23. A. 中铺　　B. 下铺　　C. 上铺　　D. 休息室
24. A. 公司经理　　B. 销售经理　　C. 秘书　　D. 业务员
25. A. 发烧了　　B. 肚子疼　　C. 不高兴　　D. 胃难受
26. A. 离市中心近　　B. 交通便利　　C. 价钱便宜　　D. 房子漂亮
27. A. 朋友介绍　　B. 从电视广告上　　C. 从报纸上　　D. 从网上
28. A. 电池坏了　　B. 老是自动关机　　C. 掉水里了　　D. 快没电了
29. A. 杭州的饮食　　B. 杭州的景点　　C. 杭州的天气　　D. 杭州的优缺点
30. A. 选了四门课　　B. 每天都有课
C. 在准备毕业论文　　D. 已经找到了工作
31. A. 把钱藏在墙缝里　　B. 把钱埋在地里
C. 把钱存起来　　D. 把钱交给妻子
32. A. 斤斤计较　　B. 精打细算
C. 自作聪明　　D. 隐瞒事实
33. A. 身体强壮　　B. 少了一条腿
C. 少了一只胳膊　　D. 不会走路
34. A. 同情他　　B. 冷淡他　　C. 嘲笑他　　D. 讽刺他
35. A. 给他一条新腿　　B. 找一位善良的妻子
C. 教他失去一条腿也能生活　　D. 给他充足的食物

36. A. 气候干旱　　B. 多沙环境
C. 人类活动　　D. 水资源不丰富
37. A. 人类与大自然相处和谐　　B. 人类与大自然相互对立
C. 人类与大自然相互影响　　D. 人类一定能战胜大自然
38. A. 调整人类生活方式　　B. 减少对自然的破坏
C. 人类与大自然和谐发展　　D. 多雨利于防止沙漠化
39. A. 缺乏意志力　　B. 不尊敬师长
C. 喜欢买东西　　D. 学习成绩不好
40. A. 不要和别人攀比　　B. 要有坚定的信念
C. 靠劳动获得财富　　D. 不要总给孩子买礼物
41. A. 更加珍惜礼物　　B. 特别喜欢父母
C. 虚荣心越来越强　　D. 影响孩子学习
42. A. 影响他们的学习　　B. 影响他们的视力
C. 出现青少年暴力事件　　D. 电子游戏是虚幻的世界
43. A. 哪类人喜欢玩儿电子游戏　　B. 电子游戏对健康不利
C. 电子游戏影响孩子学习　　D. 电子游戏给大家带来真实的伤害
44. A. 37万多　　B. 31万多　　C. 20万多　　D. 10万多
45. A. 英国　　B. 加拿大　　C. 美国　　D. 澳大利亚

模拟题四

第一部分

第1–20题：请选出正确答案。

1. A. 告别　B. 问候　C. 开会　D. 旅行
2. A. 很差　B. 很胖　C. 不太好　D. 很好
3. A. 上午8点　B. 上午10点　C. 下午3点　D. 下午5点
4. A. 三块五　B. 五块　C. 四块五　D. 七块
5. A. 安慰　B. 教育　C. 批评　D. 夸奖
6. A. 贵的　B. 便宜的　C. 中等的　D. 女友喜欢的
7. A. 女的在欺骗男的　B. 女的不相信男的　C. 王强的确获奖了　D. 男的肯定被骗了
8. A. 姐妹　B. 师生　C. 同事　D. 同学
9. A. 女的做了手术　B. 女的问男的有没有时间　C. 男的没有时间　D. 男的最近每天都有时间
10. A. 离婚　B. 打官司　C. 请律师　D. 买房
11. A. 皮鞋　B. 外套　C. 裤子　D. 帽子
12. A. 生活应该操心　B. 不要太痛苦　C. 做事需要动脑筋　D. 这件事不值得费心思
13. A. 图书管理员　B. 书店售货员　C. 警察　D. 律师
14. A. 家里　B. 饭馆儿　C. 咖啡厅　D. 会议室
15. A. 认为应该买便宜的电视机　B. 正在问哪种电视机便宜　C. 问一共有几种电视机　D. 认为应该买质量好的电视机
16. A. 不卖啤酒　B. 关门很早　C. 离得很远　D. 说话人常去
17. A. 她找错门了　B. 她要找的人现在不在　C. 她要找的人一直没回来　D. 她要找的人刚搬走
18. A. 附近有很多树　B. 离公园不远　C. 离工作单位远　D. 环境不太好
19. A. 很会做菜　B. 不会做菜　C. 做菜马马虎虎　D. 做菜很认真

20. A. 产品目录　B. 样品　C. 产品质量　D. 生产过程

第二部分

第21–45题：请选出正确答案。

21. A. 上下班开车　B. 上下班坐地铁
    C. 明年保养车　D. 没买车
22. A. 有质量问题　B. 颜色不好看
    C. 穿着不合适　D. 价钱太贵
23. A. 腿受过伤　B. 下周有比赛
    C. 是个啦啦队员　D. 准备回家
24. A. 去南方　B. 去北方
    C. 骑马　D. 旅游计划
25. A. 户型不错　B. 交通便利
    C. 环境很好　D. 价格便宜
26. A. 换个杀毒软件　B. 重做系统
    C. 换个新电脑　D. 去修理部修理
27. A. 绿茶　B. 花茶　C. 冰红茶　D. 龙井茶
28. A. 找留学生办公室　B. 报名考试
    C. 领毕业证书　D. 领成绩单
29. A. 花城　B. 古城　C. 春城　D. 水城
30. A. 不要做太贵的项目　B. 建议男的做头部按摩
    C. 希望男的做足底按摩　D. 让男的做全身按摩
31. A. 认为这样老公就不会离婚　B. 认为这样可以控制老公的心
    C. 她们不喜欢自己的老公　D. 她们想让老公给自己买东西
32. A. 女人应该有气度　B. 女人应该长得漂亮
    C. 女人不要制造困难　D. 女人不要花太多钱
33. A. 他的父亲去世了　B. 他的父亲做了鞋匠
    C. 他离开故乡了　D. 他上大学了
34. A. 孩子喜欢　B. 大人喜欢
    C. 极富幻想　D. 流传很广
35. A. 他写的童话多　B. 他写的童话长
    C. 他喜欢写童话　D. 他的童话很感人

36. A. 粉色的裙子　　B. 粉色的蝴蝶结
C. 粉色的发卡　　D. 粉色的书包
37. A. 骄傲　　B. 高兴　　C. 微笑　　D. 害羞
38. A. 售货员　　B. 朋友　　C. 老师　　D. 姐姐
39. A. 漂亮　　B. 快乐　　C. 自信　　D. 幸福
40. A. 她想要一支铅笔　　B. 她喜欢这个男孩儿
C. 她家生活条件不好　　D. 她学习不用功
41. A. 因为女孩儿保留着他的铅笔　　B. 因为他们在学校是同桌
C. 他没想到女孩儿会感动一生　　D. 他们终于见面了
42. A. 应该给朋友送温暖　　B. 关爱更让人幸福
C. 男孩儿是一个热心人　　D. 应该送给朋友礼物
43. A. 5公斤　　B. 10公斤　　C. 5～10公斤　　D. 很多
44. A. 白天　　B. 夜晚　　C. 中午和下午　　D. 早晨和傍晚
45. A. 动物园　　B. 树上　　C. 竹林里　　D. 房间里

模拟题五

第一部分

第1–20题：请选出正确答案。

1. A. 不好评价　B. 水平很高　C. 很一般　D. 很差
2. A. 买茶叶　B. 买水果　C. 去做客　D. 送巧克力
3. A. 正好三年没见面了　B. 大约三年没见面了　C. 还没到三年，就又见面了　D. 三年才能见一次面
4. A. 害怕　B. 犹豫　C. 不同意　D. 同意
5. A. 小周是个工程师　B. 小周把机器弄坏了　C. 小周今天去了医院　D. 小周病了
6. A. 她爱人现在经常发火　B. 她爱人不发火　C. 她爱人的麻烦还没有解决　D. 她爱人现在脾气变好了
7. A. 小崔　B. 张老师　C. 说话人　D. 听话人
8. A. 林兵搬家的事　B. 林兵找房子的事　C. 林兵结婚的事　D. 林兵的工作
9. A. 保证资金　B. 提供人力支持　C. 协助申请项目　D. 协助市场调研
10. A. 母子　B. 夫妻　C. 同事　D. 父女
11. A. 卖得一直不错　B. 开始不错，后来就难销了　C. 开始卖不出去，后来畅销了　D. 一直都卖不出去
12. A. 哪天去都可以　B. 明天不能去　C. 他想知道哪天去好　D. 明天去
13. A. 打电话　B. 去煤气公司　C. 找人　D. 维修煤气管道
14. A. 这本书她看过至少三遍　B. 这本书她看过不到三遍　C. 这本书她看过两遍　D. 这本书她不喜欢
15. A. 展览馆　B. 电影院　C. 售票处　D. 公园
16. A. 美美没有别人高兴　B. 她想知道谁最高兴　C. 美美最高兴　D. 她知道谁最高兴

17. A. 不是名牌的　　B. 经常出毛病
C. 是刚调换的　　D. 用了很长时间

18. A. 看电影　　B. 看电视　　C. 换频道　　D. 忙别的事

19. A. 他出国了　　B. 他喜欢现在的工作
C. 他的心脏不好　　D. 他很容易找到工作

20. A. 公司老板　　B. 推销员　　C. 房屋中介　　D. 律师

第二部分

第21–45题：请选出正确答案。

21. A. 应该理解孩子　　B. 跟孩子对着干
C. 没有什么好办法　　D. 对孩子要有耐心

22. A. 打招呼　　B. 关心别人的私事
C. 外交习惯　　D. 邀请吃饭

23. A. 航空　　B. 海运　　C. 特快专递　　D. 办托运

24. A. 喜欢吃菜　　B. 不能喝果汁
C. 不能喝啤酒　　D. 身体不舒服

25. A. 打折，免费送货　　B. 送礼品
C. 买一送一　　D. 送购物券

26. A. 拔牙　　B. 装假牙　　C. 补牙　　D. 每天清理

27. A. 火车站　　B. 飞机场　　C. 轮船上　　D. 地铁站

28. A. 身体不舒服　　B. 工作不开心　　C. 父亲病危　　D. 孩子生病

29. A. 研究市场　　B. 取消合同　　C. 请示经理　　D. 推销产品

30. A. 外教授课　　B. 上高级班　　C. 每班12人　　D. 有课本

31. A. 送女朋友　　B. 看望病人
C. 送给母亲　　D. 去墓地献花

32. A. 发卡丢了　　B. 胳膊摔伤了　　C. 买花的钱不够　　D. 迷路了

33. A. 公园　　B. 妈妈的墓地
C. 她妈妈家　　D. 小女孩儿的家

34. A. 禾苗丰收了　　B. 禾苗长高了　　C. 禾苗都死了　　D. 禾苗发芽了

35. A. 半信半疑　　B. 愁眉苦脸　　C. 得意洋洋　　D. 心里着急

36. A. 不能急于求成　　B. 应该精明强干
C. 要足智多谋　　D. 应该意志坚定

37. A. 油炸食物　B. 饮料　C. 服务态度　D. 环境和美食
38. A. 激动　B. 愉快　C. 失望　D. 得意
39. A. 及时刷牙　B. 多运动　C. 多喝水　D. 不要马上睡觉
40. A. 这是我给你的钱　B. 参加我们的酒会吧
C. 我们都是商人　D. 不要再做乞丐了
41. A. 他还是个乞丐　B. 他和商人一起经商
C. 在地铁出口卖铅笔　D. 成为一名富商
42. A. 应该经商　B. 要认识富商
C. 人应该互相帮助　D. 给自己定位很重要
43. A. 30%　B. 40%　C. 50%　D. 80%
44. A. 200多所　B. 300多所　C. 400多所　D. 500多所
45. A. 中医学　B. 戏曲　C. 汉语　D. 经济

模拟题六

第一部分

第1–20题：请选出正确答案。

1. A. 小曹因为没有精神所以丢了工作　B. 小曹精神状况不好
   C. 小曹没有离婚　D. 小曹生活很困难
2. A. 希望女的请客　B. 对吃寿司感到不满
   C. 很高兴去吃寿司　D. 以为女的会做寿司
3. A. 他们在同一个地方　B. 只有一个大门
   C. 女的还在路上　D. 他们可能不在同个地方
4. A. 同学的特长　B. 同学的兴趣　C. 音乐　D. 美术
5. A. 小刘　B. 小张　C. 小孙　D. 都去了
6. A. 裁判员　B. 服务员　C. 售货员　D. 运动员
7. A. 医院　B. 饭店　C. 监狱　D. 会客室
8. A. 百分之三十点八　B. 百分之二十六点四
   C. 百分之四十九点六　D. 百分之十点八
9. A. 很好　B. 还可以　C. 很不好　D. 不很好
10. A. 谦虚　B. 骄傲　C. 赞赏　D. 批评
11. A. 女的没接着芳芳　B. 芳芳没去上学
    C. 芳芳被别人用车接走了　D. 芳芳在校门口被车撞了
12. A. 同学　B. 恋人　C. 兄妹　D. 师生
13. A. 胃病犯了　B. 很想多吃　C. 不想吃饭　D. 心情不好
14. A. 不喜欢参加　B. 不想走路
    C. 不想一个人去　D. 不想让别人骑车带他
15. A. 价钱　B. 颜色　C. 样式　D. 质量
16. A. 有一辆车　B. 要搬家了
    C. 想让男的送她　D. 不想在这儿住了
17. A. 不愿意做买卖　B. 是个推销员
    C. 整天到处乱跑　D. 讨厌市场竞争
18. A. 男的开了一家书店　B. 男的要买书
    C. 女的让男的帮她写论文　D. 女的拒绝了男的的邀请

19. A. 拒绝开会　B. 不知道要开会
C. 感谢女的提醒自己　D. 希望女的一起开会

20. A. 准备回家　B. 不想工作
C. 经常加班　D. 回家吃饭

第二部分

第21–45题：请选出正确答案。

21. A. 车位已满　B. 按小时收费
C. 免费停车　D. 禁止停车

22. A. 质量没保证　B. 免费送货
C. 可以退货　D. 节省时间

23. A. 按照惯例　B. 订货数量不够
C. 价格已经优惠　D. 公司不同意

24. A. 看红叶　B. 周六去　C. 开车　D. 带相机

25. A. 没睡好　B. 感冒了　C. 淋雨了　D. 生气了

26. A. 只洗了两件衬衫　B. 明天上午取衣服
C. 每件多加了五块钱　D. 对洗衣店不满意

27. A. 想买房了　B. 不想租房了
C. 想租800元以下的房子　D. 超过1000元租不起

28. A. 护照申请　B. 办身份证　C. 领取包裹　D. 银行开户

29. A. 收入　B. 发展前途　C. 人际关系　D. 办公环境

30. A. 喜欢集邮　B. 喜欢画画　C. 喜欢收藏　D. 喜欢做手工

31. A. 飞得很快　B. 很快地飞
C. 非常迅速　D. 像飞机一样跑

32. A. 担心熊会吃他的朋友　B. 害怕熊吃他
C. 他不喜欢动物　D. 他和熊在玩耍

33. A. 朋友之间要互相帮助　B. 不能共患难的人不是真朋友
C. 朋友之间要互相鼓励　D. 朋友之间要分享快乐

34. A. 有批判性　B. 有想象力　C. 内容丰富　D. 语言生动

35. A. 50岁　B. 55岁　C. 57岁　D. 60岁

36. A. 比较随便　B. 比较严肃
C. 认为无所谓　D. 认为不需要

37. A. 婚前思考得不够
B. 婚前关系太密切
C. 把婚姻看得太重
D. 婚后经常吵架
38. A. 酒肉朋友
B. 一般朋友
C. 无话不说的朋友
D. 外国朋友
39. A. 跟朋友一起去旅行
B. 跟朋友一起散步
C. 跟朋友讨论问题
D. 跟朋友共享痛苦和欢乐
40. A. 年龄大，身体不好
B. 脸色红润
C. 身体硬朗
D. 经常干家务活
41. A. 无所谓 B. 顺从 C. 冷淡 D. 温柔
42. A. 他想和母亲在一起
B. 他和妻子在一起
C. 他和儿子在一起
D. 他和父亲在一起
43. A. 热情 B. 亲切 C. 友好 D. 真诚
44. A. 紧张激烈 B. 坦率友好 C. 轻松活泼 D. 真诚友好
45. A. 促进友谊发展
B. 利于双方贸易往来
C. 加强科技合作
D. 加强经济合作

模拟题七

第一部分

第1-20题：请选出正确答案。

1. A. 感觉桂林一般　B. 不知道怎么评价好　C. 世界上有很多美丽的地方　D. 桂林是世界上最美的地方
2. A. 迪斯尼乐园太远　B. 去迪斯尼乐园的人太多　C. 孩子都想去迪斯尼乐园　D. 对迪斯尼乐园不感兴趣
3. A. 2007年　B. 2008年　C. 2009年　D. 2010年
4. A. 领导不高兴　B. 大家开会很认真　C. 大家对会议内容很反感　D. 领导召集大家开会
5. A. 分别　B. 吃饭　C. 道歉　D. 请求
6. A. 警察和司机　B. 保安和司机　C. 乘客和司机　D. 教练和司机
7. A. 很好看　B. 很难看　C. 很一般　D. 看不出来
8. A. 很不高兴　B. 有孩子了　C. 父亲非常忙　D. 工作很辛苦
9. A. 学习方法　B. 演出时间　C. 英语教学　D. 比赛结果
10. A. 够花　B. 不够花　C. 可能够花　D. 也许不够花
11. A. 作业太多了，晚上开车到学校去做
    B. 晚上要开车，不能做作业了
    C. 作业太多了，要做到很晚
    D. 作业太难了，根本不会做
12. A. 学校　B. 饭店　C. 商场　D. 地铁
13. A. 律师　B. 医生　C. 老师　D. 理发师
14. A. 妈妈　B. 爸爸　C. 孩子　D. 孩子和爸爸
15. A. 这家公司不大，效益不好　B. 这家公司不大，效益很好　C. 这家公司很大，效益不好　D. 这家公司很大，效益很好
16. A. 犹豫　B. 赞赏　C. 无所谓　D. 不满
17. A. 他很喜欢听笑话　B. 他下个月结婚　C. 他下个月不结婚　D. 他没听懂
18. A. 企业亏损了　B. 女的很严格　C. 发现了次品　D. 市场需要好产品

19. A. 去旅游很累　　B. 希望女的一起去
C. 以后打算跟女的一起去　　D. 假期去旅游人很多

20. A. 是南方人　　B. 个子不高　　C. 身材不好　　D. 是北方人

第二部分

第21–45题：请选出正确答案。

21. A. 医院　　B. 宾馆　　C. 火车站　　D. 游泳馆

22. A. 女的是总经理　　B. 他们在面试人
C. 女的是学市场营销的　　D. 男的想推荐一个人

23. A. 物价比较低　　B. 就业相对容易
C. 名牌大学多　　D. 收入较高

24. A. 在商场买的　　B. 很高档
C. 照相效果不错　　D. 价格很高

25. A. 够用　　B. 太晚了　　C. 有点儿早　　D. 有点儿紧张

26. A. 在公司上班　　B. 在驾校学车　　C. 在驾校当教练　　D. 长途货运

27. A. 没有运费　　B. 有优惠　　C. 说明书难懂　　D. 得自己安装

28. A. 不适合做志愿者　　B. 跟人沟通有问题
C. 性格比较内向　　D. 不喜欢熟人

29. A. 照顾孩子　　B. 开车　　C. 修汽车　　D. 整理房间

30. A. 旅游　　B. 工作　　C. 找朋友　　D. 买东西

31. A. 正在装修　　B. 发生了命案
C. 东西被偷了　　D. 有同事做客

32. A. 感到幸运　　B. 幸灾乐祸　　C. 觉得倒霉　　D. 灰心丧气

33. A. 20%　　B. 9%　　C. 100%　　D. 5%

34. A. 房子的质量　　B. 户型　　C. 价格因素　　D. 周围的环境

35. A. 房子小一些　　B. 装修简单　　C. 可以马上入住　　D. 新房

36. A. 每天上山砍柴　　B. 挑水时间相同
C. 住在一座山上　　D. 每天挑两次水

37. A. 生病了　　B. 要出远门
C. 打了一口井　　D. 发明了新工具

38. A. 要节约用水　　B. 平时就要积累
C. 一切从实际出发　　D. 要听别人的建议

39. A. 增加经济负担　　B. 影响学习
C. 方便联系　　D. 没什么作用
40. A. 手机是学生的好朋友　　B. 手机的利与弊
C. 手机是现代化的工具　　D. 学生应如何发挥手机的作用
41. A. 他们是好朋友　　B. 女士的右脚不方便
C. 女士生病了　　D. 女士抱着孩子
42. A. 1小时　　B. 2小时　　C. 3小时　　D. 4小时
43. A. 温柔　　B. 善良　　C. 大方　　D. 热情
44. A. 工作的时候　　B. 生病的时候
C. 旅游的时候　　D. 学习的时候
45. A. 养成良好的习惯很重要　　B. 应该多学习理论知识
C. 要听老师和家长的话　　D. 没有健康就没有一切

模拟题八

第一部分

第1–20题：请选出正确答案。

1. A. 做得很好　B. 味道不好　C. 做得一般　D. 不想评价
2. A. 离得不远　B. 有很多酒　C. 酒不好但环境很好　D. 酒和环境都很好
3. A. 画　B. 照片　C. 邮票　D. 桌子
4. A. 男的正在学习　B. 男的工作很忙　C. 男的不想学习了　D. 女的心情不好
5. A. 亲戚　B. 师生　C. 同事　D. 同学
6. A. 最好坐火车　B. 不要坐汽车　C. 带点儿晕车药　D. 不要外出旅行
7. A. 小刘　B. 小陈　C. 张经理　D. 陈经理
8. A. 不愿意听小红弹钢琴　B. 认为小红钢琴弹得不错　C. 对小红弹钢琴感到吃惊　D. 希望把小红培养成钢琴家
9. A. 春季　B. 夏季　C. 秋季　D. 冬季
10. A. 教师　B. 学生　C. 售货员　D. 推销员
11. A. 公司　B. 餐厅　C. 宿舍　D. 图书馆
12. A. 加油站的工作人员　B. 汽车公司的工作人员　C. 修手表的　D. 修自行车的
13. A. 满意　B. 责备　C. 紧张　D. 惊讶
14. A. 取钱　B. 买东西　C. 存钱　D. 办信用卡
15. A. 非常聪明　B. 他很优秀　C. 考虑问题全面　D. 爱帮助人
16. A. 男的上个月去了上海　B. 男的不想去上海　C. 男的太太在上海　D. 男的下个月去上海
17. A. 不愿意告诉女的　B. 不喜欢女的　C. 很害怕女的　D. 想知道作文题
18. A. 不会说话　B. 怕见生人　C. 不喜欢玩儿　D. 性格不好

19. A. 这是中国的传统习惯　　B. 他想到家时正好过年
C. 火车开得太慢了　　D. 可能车票不太好买

20. A. 正在接受采访　　B. 对房子不满意
C. 正在签合同　　D. 认为房租太贵

第二部分

第21–45题：请选出正确答案。

21. A. 买沙发　B. 搬家　C. 买房子　D. 装修房子

22. A. 她儿子正在上大学　　B. 她正在找工作
C. 女的想辞职　　D. 她明年大学毕业

23. A. 年卡　B. 月卡　C. 单次卡　D. 会员卡

24. A. 海边　B. 沙漠　C. 公园　D. 动物园

25. A. 桌子上　B. 抽屉里　C. 背包里　D. 凳子上

26. A. 胃疼　　B. 经常失眠
C. 把胳膊摔破了　　D. 把窗户打碎了

27. A. 缺纸　B. 卡纸　C. 没墨了　D. 操作失误

28. A. 坐公交车　B. 坐出租车　C. 坐地铁　D. 坐大巴汽车

29. A. 给她拍照片　　B. 帮助她修电脑
C. 让她认识超人朋友　　D. 解答她的难题

30. A. 天天坐在电脑前面　　B. 不会写简历
C. 不是名牌大学毕业的　　D. 简历发出但没有回音儿

31. A. 汽车　B. 飞机　C. 小船　D. 火车

32. A. 吃饭　B. 娱乐　C. 睡觉　D. 看书

33. A. 房子里面　　B. 桌子下面
C. 棉被里面　　D. 妈妈的身体下面

34. A. 地震很残酷　　B. 母亲不想死
C. 母爱的伟大　　D. 母亲很辛苦

35. A. 麦道MD80　B. 空客A320　C. 波音747　D. 东方航空

36. A. 座椅靠背的下方　　B. 座椅的上方
C. 座椅靠背的口袋里　　D. 座椅的扶手上

37. A. 飞机的侧面　　B. 飞机的中间
C. 飞机的前部和后部　　D. 飞机的出口处

38. A. 人体真奇妙　　B. 右手比左手重要
C. 人完全是对称的　　D. 没有完全相同的东西
39. A. 三分之一　　B. 三分之二　　C. 百分之五十　　D. 非常多
40. A. 抢皮球　　B. 抢小鱼　　C. 抢食物　　D. 抢花朵
41. A. 用手掰开　　B. 用牙咬　　C. 用秤称　　D. 用刀切开
42. A. 伤心　　B. 后悔　　C. 高兴　　D. 开心
43. A. 因为他有坏习惯　　B. 因为他得了传染病
C. 因为他学习不好　　D. 大家都不相信他
44. A. 他不知道伙伴有病　　B. 他父母都是医生，而且他很健康
C. 他父母不懂卫生教育　　D. 他也有一样的病，所以不怕传染
45. A. 不要跟有病的人在一起　　B. 要养成卫生的习惯
C. 提醒人们预防传染病　　D. 自身的情况决定是否会受不好的影响

录音文本及答案解析

听力第一部分（1） 短对话及其9大必考题型

一、题型规律、解题技巧、同步训练

（一）时间数字题 同步训练录音文本及答案解析

第1–15题：请选出正确答案。

1. 男：广告总算演完了，七点半开始转播的球赛，到现在才看上！

   女：不就是晚了五分钟嘛。

   问：球赛实际上是几点开始转播的？

   A. 7：25　　B. 7：30　　C. 7：35　　D. 7：40

   答案是C。从对话中“七点半开始转播的球赛”“晚了五分钟”可知，实际应该是7：35开始转播的。

2. 女：小赵，你从北京回来坐了多长时间的火车呀？

   男：12个小时，接着又坐了4个小时的长途汽车才到家。

   问：小赵坐了多长时间的火车？

   A. 16个小时　　B. 12个小时　　C. 10个小时　　D. 4个小时

   答案是B。“12个小时”就是答案所在。

3. 女：我回去准备一下，换件衣服，咱们下午两点见。

   男：还换什么衣服！集合时间提前了半个小时，你难道不知道？

   问：他们下午几点集合？

   A. 一点　　B. 一点半　　C. 两点　　D. 两点半

   答案是B。从对话可以知道原定两点集合，现在提前了半小时，现在一点半集合。

4. 女：哥哥写信告诉我说，五一前后他要到北京开会，到时候会到学校看我。

   男：是吗？到时我们一起吃顿饭聊聊啊。

   问：哥哥什么时候会来北京？

   A. 五月一号　　B. 五一以前　　C. 五一以后　　D. 四月底五月初

   答案是D。“五一前后”中“五一前”也就是四月底，“五一后”就是五月初，所以答案选D。

5. 女：音乐会8点钟开始，咱们7点出发就不晚。

男：7点太晚了，万一路上堵车呢？咱们还是提前一刻钟出发吧。

问：男的认为应该几点出发？

A. 6点45分　　B. 7点　　C. 7点半　　D. 8点

答案是A。"7点钟太晚了""还是提前一刻钟出发"，说明男的要在7点以前也就是6点45分出发。

6. 女：小李，你这么着急干吗去呀？

男：你看看表，现在已经8点一刻了，差15分钟就要上课了。

问：小李几点上课？

A. 8点一刻　　B. 7点45分　　C. 9点　　D. 8点半

答案是D。"现在已经8点一刻了，差15分钟就要上课了"意思是现在是8点15分了，再等15分钟就要上课了，说明小李是8点半上课。

7. 男：小刘怎么还没来，你给他打个电话吧。

女：我已经找了他不下三次了，也没找到。

问：女的找了小刘几次了？

A. 2次　　B. 3次　　C. 不到3次　　D. 至少3次

答案是D。"不下"的意思是"至少"。

8. 女：这件毛衣怎么卖？

男：大商场里卖150块，别的地方也有卖130、140的，我这儿只卖120。

问：说话人的毛衣卖多少钱？

A. 150块　　B. 140块　　C. 130块　　D. 120块

答案是D。"我这儿只卖120"就是答案所在。

9. 女：这本书书皮有点儿脏，您再给我换一本吧。

男：我们就剩下这么一本了。这样吧，给你便宜3块钱，28块怎么样？

问：这本书原价多少钱？

A. 31元　　B. 28元　　C. 25元　　D. 30元

答案是A。"便宜3块钱，28块怎么样"就是说现在书价是28块，现在的书价加上便宜的3块，原价应该是31元。

10. 女：今天上街咱们花了不少钱，光买书就花了250块。

男：是啊，我还买了两条裤子，每条也要100块钱。

问：今天他们一共花了多少钱？

A. 100元　　B. 250元　　C. 350元　　D. 450元

答案是D。买书花了250元，裤子每条100元，两条裤子要200元，把这些加起来一共花了450元。

11. 女：北京今年冬天真冷啊！我都快受不了了。

男：可不是吗！今年最低温度是零下20度，比去年冬天低6度。

问：去年最低温度是多少？

A. 零下20度　　B. 零下26度　　C. 零下6度　　D. 零下14度

答案是D。“今年最低温度是零下20度，比去年冬天低6度”，那么去年冬天最低温度应该是零下20度加上6度，是零下14度。

12. 女：路上小心点儿。

男：您就放心吧，我又不是第一次出远门儿。

问：从对话里我们可以知道什么？

A. 男的从前没出过远门儿　　B. 男的第一次出远门儿

C. 男的不想出远门儿　　D. 男的出远门儿已经不止一次了

答案是D。“我又不是第一次出远门儿”说明男的出远门已经不止一次，好几次了。

13. 女：你觉得苏州怎么样？

男：小时候去苏州没什么印象，去年和朋友去感觉好极了，有机会一定要再去一次。

问：男的至少去过几次苏州？

A. 一次　　B. 两次　　C. 三次　　D. 四次

答案是B。“小时候去苏州没什么印象，去年和朋友去感觉好极了”，就是说小时候去过苏州，去年和朋友又去过一次，说明他至少去过两次苏州。

14. 女：这个假期玩儿得太高兴了。

男：可惜已经过去五天了，再过两天就该上课了。要是能再放五天假多好啊！

问：一共放了多少天假？

A. 5天　　B. 7天　　C. 10天　　D. 12天

答案是B。“可惜已经过去五天了，再过两天就该上课了”说明已经放假五天了，再休息两天才上课，那么一共放了7天假。

15. 女：麻烦您先称一下这件行李，如果超重我就拿出来一些。

男：您可以免费托运一件23公斤的行李，现在是26公斤。

问：女的行李超重多少？

A. 23公斤　　B. 26公斤　　C. 3公斤　　D. 6公斤

答案是C。超重=26−23=3公斤。

（二）地点场合题　同步训练录音文本及答案解析

第1–15题：请选出正确答案。

1. 男：这些东西你们给送到家吗？

女：放心吧，您这属于大件商品，我们保证24小时内送货上门。

问：这段对话最有可能发生在什么地方？

A. 邮局　　B. 商场　　C. 医院　　D. 教室

答案是B。“您这属于大件商品”，其中“大件商品”是指商场的货物。

2. 女：麻烦帮我预订一个单人间。

男：很抱歉，小姐，十月一号只剩下双人间，没有单人间了。

问：对话有可能在什么地方听到？

A. 银行　　B. 书店　　C. 宾馆　　D. 邮局

答案是C。“预订一个单人间”是宾馆的常用语。

3. 女：老师，黑板上的字我看不清，您能写大一点儿吗？

男：好，现在能看见了吗？

问：这段对话最可能发生在什么地方？

A. 家里　　B. 超市　　C. 邮局　　D. 教室

答案是D。从“老师，黑板上的字我看不清”可以知道他们在教室上课。

4. 男：洗一件西装，一件毛衣，一共多少钱？

女：西装干洗20块，毛衣干洗15块。

问：对话发生在哪里？

A. 照相馆　　B. 洗衣店　　C. 美容院　　D. 理发店

答案是B。“西装干洗20块”，其中“干洗”是洗衣店为顾客洗衣服的一种方式。

5. 女：师傅，能开快点儿吗？两点的飞机，现在都快一点了。

男：没问题，保证让你赶上飞机。

问：女的要去哪儿？

A. 机场　　B. 火车站　　C. 汽车站　　D. 地铁站

答案是A。“能开快点儿吗？两点的飞机”，乘坐飞机必须去机场。

6. 女：请问，熊猫馆在哪儿？

男：您往那边走，经过狮虎山就到了。

问：对话可能发生在哪儿？

A. 公园　　B. 动物园　　C. 植物园　　D. 游乐园

答案是B。“熊猫馆”“狮虎山”都是跟动物园相关的词语。

7. 女：请你们小声点儿，我都听不清台词了。

男：真抱歉，我们来晚了，找不到座位了。

问：对话可能发生在什么地方？

A. 美术馆　　B. 展览馆　　C. 电影院　　D. 照相馆

答案是C。“台词”“座位”都是电影院常用的词语。

8. 男：妈，吃完长寿面，就切蛋糕吧。

女：别急呀，还没有点蜡烛呢！

问：对话可能发生在什么场合？

A. 庆祝生日的时候　　B. 吃晚饭的时候

C. 停电的时候　　D. 过节的时候

答案是A。“吃长寿面”“切蛋糕”“点蜡烛”是庆祝生日时的常见活动。

9. 女：这个是我们店的特色菜。要不要来一个？

男：口味怎么样？还有没有别的？

问：对话很可能发生在什么地方？

A. 超市　　B. 书店　　C. 饭店　　D. 菜市场

答案是C。“这个是我们店的特色菜”是饭店服务员向顾客介绍饭店菜品的常用语。

10. 男：听说你们去旅游了，是吗？

女：是，这次我们开车去旅游，太有意思了！我们从北京出发，沿途经过了郑州、西安、成都，游览了很多名胜古迹。

问：他们去的最后一站是哪儿？

A. 北京　　B. 成都　　C. 西安　　D. 郑州

答案是B。“从北京出发，沿途经过了郑州、西安、成都”，说明成都是最后一站。

11. 女：先生，这是菜单，您现在点菜吗？

男：我还有几个朋友没到，等一会儿人到齐了再点吧。

问：这样的对话会发生在什么地方？

A. 商店　　B. 电影院　　C. 饭馆儿　　D. 车站

答案是C。“这是菜单”是饭馆儿的常用语。

12. 女：这种颜色的毛衣不太适合我。

男：小姐，这儿还有其他颜色的，您尽管挑选。

问：对话可能发生在什么地方？

A. 饭店　　B. 车站　　C. 商场　　D. 学校

答案是C。“这儿还有其他颜色的，您尽管挑选”说明女的在商场挑选衣服。

13. 男：真羡慕你，这么快就找到实习单位了。

女：我也觉得自己很幸运，我现在在内科，已经上班两周了。

问：女的在哪里实习？

A. 工厂　　B. 医院　　C. 邮局　　D. 法院

答案是B。“我现在在内科”，其中“内科”是医院的常用语。

14. 男：我的护照刚才还在这儿，怎么这么一会儿就找不到了？

女：这不是嘛，你自己放在书架上都忘了。

问：护照在哪儿？

A. 抽屉里　　B. 书架上　　C. 电脑桌上　　D. 行李箱里

答案是B。“你自己放在书架上都忘了”就是答案所在。

15. 男：喂，我们都到西门了，你在哪儿呢？

女：我正从宿舍往那儿赶呢，马上就到。

问：女的在哪儿？

A. 宿舍　　B. 西门　　C. 路上　　D. 图书馆

答案是C。从“正从宿舍往那儿赶呢，马上就到”可以知道女的在路上。

（三）职业身份题　同步训练录音文本及答案解析

第1–15题：请选出正确答案。

1. 女：你现在得多休息，我再给你开点儿药。另外，车是不能再开了。

男：好的，我听您的。

问：女的是做什么的？

A. 教师　　B. 司机　　C. 大夫　　D. 警察

答案是C。“我再给你开点儿药”其中“开点药”是医生行使的处方权利。

2. 男：你一整天都干什么了？

女：一早就去锻炼，上午收拾房间，买菜做饭，中午吃完饭学生就找上门来了。

问：女的是干什么的？

A. 教师　　B. 运动员　　C. 厨师　　D. 宾馆服务员

答案是A。“学生就找上门来了”意思是她的学生去她家，女的的身份应该是教师。

3. 女：师傅，有龙井茶吗？

男：刚卖完，您来点儿乌龙茶吧？

问：男的最有可能是做什么的？

A. 售货员　　B. 服务员　　C. 教师　　D. 喝茶的

答案是A。“师傅”“刚卖完”说明男的是销售茶叶的，是售货员。

4. 女：这块表老不准时，有时还不走了。

男：可能是电池没电了。您搁这儿吧，明天来取。

问：女的正在和什么人谈话？

A. 售货员　　B. 收电费的　　C. 修手表的　　D. 修自行车的

答案是C。从对话中可以知道女的的表坏了，她要修表，所以她在和修表人谈话。

5. 女：太感谢您了，我刚才在您的车上光顾看风景了。

男：别客气。不过，下次打车时要注意呀，护照丢了可不是闹着玩儿的。

问：男的可能是干什么的？

A. 售票员　　B. 警察　　C. 出租车司机　　D. 老师

答案是C。“打车”是乘坐出租车时的常用语，说明他是出租车司机。

6. 女：我们公司九点钟开会，要是我迟到了，老板一定会很生气。

男：不要紧，我开快点儿，让你能准时到公司上班。

问：男的可能是干什么的？

A. 司机　　B. 老板　　C. 医生　　D. 老师

答案是A。“我开快点儿”意思是开汽车快点儿，开汽车的人就是司机。

7. 女：我爱人的病要紧吗？

男：我们下午会诊的意见是必须尽快做手术，不能再拖了。

问：男的可能从事什么工作？

A. 工人　　B. 律师　　C. 秘书　　D. 医生

答案是D。“尽快做手术”是医院里的常用语。

8. 女：这本书稿很有新意，我们可以出版。只是有些小地方，还需要您再改改。

男：没问题，我尽快改好给您。

问：女的最可能是做什么的？

A. 编辑　　B. 演员　　C. 工人　　D. 科学家

答案是A。女的话中有“书稿”“出版”等字样，可知女的是编辑，故答案选A。

9. 男：这种药一天吃三次，每次一片。这个糖浆每天吃两次，每次一勺，连续服三天。

女：好的，谢谢您。

问：男的可能是做什么的？

A. 饭店服务员　　B. 药店服务员　　C. 律师　　D. 教师

答案是B。“糖浆”一般指止咳药，男的可能是药店服务员。

10. 女：这是你们公司最新推出的护肤品吗？
男：没错，这种护肤品具有滋养、美白、保湿等多种功效，您试试吧。
问：男的最有可能是干什么的？
A. 推销员　　B. 律师　　C. 记者　　D. 售票员
答案是A。"这种护肤品具有滋养、美白、保湿等多种功效"，说明男的在向女的介绍护肤品的功能，男的可能是推销员。

11. 男：今天去哪儿忙了？一天都没见到你。
女：先采访了一位房地产商，然后又采访了一位作家。
问：女的是干什么的？
A. 老板　　B. 演员　　C. 作家　　D. 记者
答案是D。"采访了一位房地产商"其中"采访"是记者工作的方式之一。

12. 男：我想染染，烫烫，再修修，但是别剪太短了。
女：好，您先洗一下儿吧。
问：女的是干什么的？
A. 顾客　　B. 理发师　　C. 买菜的　　D. 修理工
答案是B。男的说"别剪太短了"说明他去理发店让理发师剪头发。

13. 男：请您在这张单子上填上收件人的姓名、地址、电话号码，对方付款还是您现在付？
女：我来付，今天下午能送到吗？
问：男的可能是干什么的？
A. 快递员　　B. 银行职员　　C. 售货员　　D. 图书管理员
答案是A。"今天下午能送到吗"其中"送"东西是快递员做的事情。

14. 女：好长时间没看见你了，春节回家了吗？
男：没有，我去采访了一个演员、一个邮递员和几个在学校过年的大学生。
问：男的是干什么的？
A. 记者　　B. 邮递员　　C. 大学生　　D. 演员
答案是A。"采访"是记者工作的一种方式。

15. 男：我得马上走了，下午还要去处理一起官司。
女：那我们下次接着聊。
问：男的最可能是做什么职业的？
A. 律师　　B. 记者　　C. 警察　　D. 老板
答案是A。"处理一起官司"是律师的工作职责。

（四）人物关系题　同步训练录音文本及答案解析

第1–15题：请选出正确答案。

1. 男：小刘，下班以后你和马力先别走，来我办公室商量点儿事。

   女：好的，我转告他。

   问：男的让谁去他的办公室？

   A. 小刘　　B. 马力　　C. 小刘和马力　　D. 听话人

   答案是C。“小刘，下班以后你和马力先别走，来我办公室商量点儿事”，意思是小刘和马力都不要走，去办公室商量事情。

2. 男：咱们低头不见抬头见的，今后有需要帮忙的，就说一声。毕竟远亲不如近邻嘛。

   女：以后少不了麻烦您。

   问：说话的两人是什么关系？

   A. 朋友　　B. 邻居　　C. 亲戚　　D. 老乡

   答案是B。男的意思是他们是邻居，经常见面，有事就说一声。而且“低头不见抬头见”“远亲不如近邻”常用于邻居之间。

3. 男：你出去玩儿吧，让爸爸一个人在家里整理整理资料。

   女：我一个人玩儿多没意思呀。

   问：男的在对谁说话？

   A. 妈妈　　B. 爸爸　　C. 孩子　　D. 孩子和爸爸

   答案是C。“你出去玩儿吧，让爸爸一个人在家里整理整理资料”说明爸爸想在家整理资料，让孩子出去玩儿，男的在对孩子说话。

4. 女：我喜欢这个样式，不过这儿最好做短点儿。

   男：这个样式挺显您身材的。来，我给您量一下儿。

   问：两个说话人可能是什么关系？

   A. 理发师和顾客　　B. 售货员和顾客　　C. 裁缝和顾客　　D. 画家和模特儿

   答案是C。“这个样式挺显您身材的”，从“显身材”可知其中“这个样式”是指衣服的款式。“我给您量一下儿”是量尺寸，可以看出他们是裁缝和顾客的关系。

5. 男：晚上我要加班，可能晚点儿回来，你们先吃吧，别等我。

   女：那你几点能回来？孩子还在发烧呢。

   问：他们很可能是什么关系？

   A. 母子　　B. 父女　　C. 同事　　D. 夫妻

   答案是D。“孩子还在发烧呢”是说他们的孩子生病了，他俩是夫妻关系。

6. 女：先生，这是您的行李，请拿好，欢迎您再次搭乘我们的班机！
男：谢谢，后会有期！
问：说话人之间是什么关系？
A. 售货员与顾客　B. 老师与学生　C. 空姐与乘客　D. 司机与乘客
答案是C。"欢迎您再次搭乘我们的班机"是乘客乘坐飞机时空姐常说的话。

7. 男：时间过得太快了，咱们马上就要毕业了。
女：谁说不是呢？你打算做什么工作？
问：这两个人最可能是什么关系？
A. 同学　B. 母子　C. 师生　D. 同事
答案是A。"咱们马上就要毕业了"说明这两个人是同学关系。

8. 女：真羡慕你，每天下班一回家就能吃上可口的饭菜。
男：是啊，我很知足。咱们单位这么忙，只有回家能享受一下了。
问：他们最可能是什么关系？
A. 邻居　B. 师生　C. 同事　D. 同学
答案是C。"咱们单位这么忙"说明他俩在同一个单位工作，是同事关系。

9. 男：小张，咱们下周出差，你让小赵或老姚帮忙订下火车票吧。
女：您放心吧，车票前天我就订好了，到时候直接去取票就行。
问：谁买的火车票？
A. 老姚　B. 李明　C. 小赵　D. 小张
答案是D。从"小张""车票前天我就订好了"可知答案是D。

10. 女：你出国留学，千万要注意身体，别忘了给家里打电话，免得让妈妈担心。
男：我会照顾好自己的，您就放心吧。
问：说话人之间最可能是什么关系？
A. 老师和学生　B. 妈妈和儿子　C. 丈夫和妻子　D. 男朋友和女朋友
答案是B。"免得让妈妈担心""您就放心吧"说明说话的是妈妈和儿子。

11. 女：我们公司有规定，退货要凭小票。
男：我带来了，给你。我是三天前买的。
问：对话的两个人是什么关系？
A. 上级和下级　B. 导游和游客　C. 商家和顾客　D. 司机与乘客
答案是C。"退货要凭小票"其中"小票"是商家给顾客退换商品时的一个凭证。

12. 女：你那时候是班上最调皮的学生，但是很聪明。
男：老师，真不好意思，那时给您添了很多麻烦。
问：他们之间可能是什么关系？

A. 同学　　　　B. 老师和学生　　　　C. 朋友　　　　D. 医生和病人

答案是B。男的称呼女的为老师，说明他们是师生关系。

13. 男：我觉得小赵工作挺努力的，不知道老板为什么把他炒了。

女：唉，咱们没准儿哪天也是这个下场。

问：说话人可能是什么关系？

A. 父亲与女儿　　　　B. 丈夫与妻子　　　　C. 顾客与服务员　　　　D. 同事

答案是D。从对话中"小赵工作努力""老板""炒""咱们没准儿哪天也是这个下场"，其中"咱们"说明他们在一起工作，是同事关系。

14. 男：在奶奶家要听话，暑假也不能只记着玩儿，要按时写作业，这样爸爸妈妈就放心了。

女：知道了，您都说了很多遍了。

问：男的在对谁说话？

A. 他妈妈　　　　B. 他妻子　　　　C. 他女儿　　　　D. 他奶奶

答案是C。从"爸爸妈妈就放心了"其中的称呼"爸爸"可以知道，是对子女说话，由选项可知，应选C。

15. 女：昨天我还看见王红和李光明手拉手在校园里散步，怎么说分手就分手了呢？

男：我也没想到，听说他们已经好了两年了。

问：王红和李光明是什么关系？

A. 同学　　　　B. 恋人　　　　C. 同事　　　　D. 师生

答案是B。"王红和李光明手拉手在校园里散步"其中"手拉手在校园里散步"是恋人之间的一种亲密举动。"分手"也常用于恋人。

（五）话题行动题　同步训练录音文本及答案解析

第1–15题：请选出正确答案。

1. 男：我不去上海开会了，就留在家里跟你们一起过春节。

女：真的？我这就打电话告诉妈妈。

问：男的打算做什么？

A. 陪家人　　　　B. 去上海　　　　C. 去开会　　　　D. 打电话

答案是A。"留在家里跟你们一起过春节"就是在家里，陪家人一起过春节。

2. 男：你说送点儿什么礼物？

女：住院病人，送点儿补品吧。

问：他们要去干什么？

A. 接人出院　　B. 送人住院　　C. 看望病人　　D. 退还礼品

答案是C。"住院病人，送点儿补品吧"，说明他们要去医院看望病人。

3. 女：怎么才十块钱一双，便宜了一半儿。

男：便宜没好货，穿不了两天就得修。

问：这两个人在谈论什么东西？

A. 裤子　　B. 鞋　　C. 自行车　　D. 眼镜

答案是B。"怎么才十块钱一双"其中选项中能与"一双"搭配的只能是鞋。

4. 女：你今天用不用车？我想进城买点儿东西。

男：晚饭前回学校就行。

问：女的打算干什么？

A. 跟男的一起进城　　B. 向男的借车　　C. 回学校吃晚饭　　D. 借给男的车

答案是B。"你今天用不用车？我想进城买点儿东西"，询问男的用不用车，意思是想借车去城里买东西。

5. 男：我明天要去面试，你看，穿这身怎么样？

女：西装挺合身的，就是领带颜色有点儿暗。

问：他们在谈什么？

A. 领带　　B. 项链　　C. 围巾　　D. 手套

答案是A。从"领带颜色有点儿暗"可以知道他们谈论的是领带。

6. 男：咱们约小赵一起去爬山吧？

女：一到周末，小赵不是去跳舞，就是去唱卡拉OK。

问：周末小赵做什么？

A. 去跳舞　　B. 去唱卡拉OK

C. 先去跳舞，然后去唱卡拉OK　　D. 去跳舞或者去唱卡拉OK

答案是D。"一到周末，小赵不是去跳舞，就是去唱卡拉OK"意思是说小赵在周末喜欢去跳舞或者去唱卡拉OK。

7. 男：我知道南方很发达，可是我觉得你留在北京也挺好的呀。

女：留在北京是不错，可是在北京像我这样的大学生太多了，好工作不好找。

问：从对话中我们可以知道什么？

A. 女的想去南方工作　　B. 女的不是大学毕业生

C. 女的打算留在北京　　D. 男的想去南方

答案是A。从两个人的对话中可以看出女的觉得北京好工作不好找，所以她想去南方找工作。

8. 女：这个电视剧真没劲，还这么长。

男：不想看就别看了，省得生气。

问：女的在干什么？

A. 看电视　　B. 休息　　C. 生气　　D. 跟男的吵架

答案是A。“这个电视剧真没劲”说明她在看电视剧。

9. 女：准备好，一、二、三，笑一个。

男：不好意思，我刚才闭了一下眼睛，再来一张吧。

问：他们在干什么？

A. 跳舞　　B. 照相　　C. 表演节目　　D. 上课

答案是B。“我刚才闭了一下眼睛，再来一张”其中“再来一张”意思是要重新照一张照片。

10. 男：你先下载这个软件，然后按照提示一步一步操作，最后设个用户名和密码就可以在网上聊天了。

女：原来这么简单啊。

问：女的最可能在学什么？

A. 使用复印机　　B. 包饺子　　C. 使用电脑　　D. 骑摩托车

答案是C。“下载”“软件”“用户名”“密码”“网上聊天”都是跟电脑有关的词语。

11. 男：我们看了你的简历，觉得比较满意。你来参加面试吧。

女：太好了，我什么时候去面试？

问：女的可能在做什么？

A. 开会　　B. 面试　　C. 买东西　　D. 找工作

答案是D。从“你来参加面试吧”可知，女的在找工作。

12. 女：请问，可以刷信用卡吗？

男：这里只收现金，麻烦您去那边吧。

问：女的要去做什么？

A. 付款　　B. 取包裹　　C. 换零钱　　D. 申请执照

答案是A。“信用卡”“现金”都是付款时所用的词语。

13. 女：等了快半个小时了，车还没来！你看，人越来越多，车来了恐怕也挤不上去。

男：咱们非挤上去不可，不然迟到了可是要扣工资的。

问：他们俩在干什么？

A. 挤车　　B. 上班　　C. 等车　　D. 下班

答案是C。“等了快半个小时了，车还没来”说明他们在车站等车。

14. 女：你毕业论文写得怎么样了？

男：还没动笔呢，这不，刚刚老师还打电话问我呢，我得先去老师那儿一趟。

问：男的现在要去做什么？

A. 找老师　　B. 写论文　　C. 看朋友　　D. 打电话

答案是A。“我得先去老师那儿一趟”意思是他要去找老师。

15. 男：你车学得怎么样了？

女：刚拿到驾照，还不敢单独上路，打算找个陪练先练练再买车。

问：女的打算做什么？

A. 考驾照　　B. 练车　　C. 开车　　D. 买车

答案是B。从“打算找个陪练先练练再买车”这句话可以知道，女的想找陪练练车。

（六）评价感受题　同步训练录音文本及答案解析

第1–15题：请选出正确答案。

1. 女：老公，过来帮我看看，这条裙子我穿怎么样？

男：样式挺时尚的，颜色也不错，就是有点儿紧。

问：男的觉得那条裙子怎么样？

A. 不够时尚　　B. 有点儿瘦　　C. 不怎么样　　D. 样式有点儿老

答案是B。“有点儿紧”的意思是“有点儿瘦”。

2. 女：这么简单的事，李红都做不好，真让人生气。

男：世界上没有像她这么马虎的人了。

问：男的是什么意思？

A. 李红不马虎　　B. 李红最马虎

C. 没有马虎人　　D. 李红最认真

答案是B。“世界上没有像她这么马虎的人了”说明李红最马虎。

3. 女：这些字可真棒，是谁写的？

男：除了小丽，咱们班再也找不出第二个人能写得这么好了。

问：男的是什么意思？

A. 他想知道是谁写的　　B. 他们班另外一个人写得最好

C. 小丽的字写得最不好　　D. 他们班小丽的字写得最好

答案是D。“除了小丽，咱们班再也找不出第二个人能写得这么好了”其中的“再也找不出第二个”意思是小丽是班里写字最好的，没有人能比得上她。

4. 男：这里的药店哪个声誉比较好？

女：这里没有一家比同仁堂这个百年老店更看重声誉的了。

问：女的是什么意思？

A. 除了同仁堂，这儿没有人看重声誉　　B. 谁都比同仁堂看重声誉

C. 同仁堂最看重声誉　　D. 同仁堂不看重声誉

答案是C。女的意思是同仁堂这个药店是最看重声誉的，其他的药店都比不上。

5. 女：我还以为芳芳是个挺认真仔细的人，原来她这么粗心大意！

男：我早就知道了。

问：女的认为芳芳是什么样的人？

A. 很可爱　　B. 不认真　　C. 有耐心　　D. 不努力

答案是B。“原来她这么粗心大意”其中的“粗心大意”就是“不认真”的意思。

6. 男：老师，我的那篇论文还有什么地方需要修改？

女：我刚看完，总体感觉很有新意，但是文章结构还需要稍作调整。

问：女的觉得那篇论文怎么样？

A. 结构不错　　B. 很有新意　　C. 句子不太通顺　　D. 逻辑性很强

答案是B。“总体感觉很有新意”就是答案所在。

7. 女：食堂里的饭菜怎么样？

男：花样和味道都没说的，就是价钱贵了点儿！

问：男的认为饭菜怎么样？

A. 价格便宜　　B. 量太少　　C. 味道不错　　D. 种类少

答案是C。“花样和味道都没说的”其中“都没说的”意思是没什么可挑剔的，说明食堂的饭菜种类多、味道好。

8. 男：你觉得这两个活动方案，哪个比较好？

女：怎么说呢，第二个比第一个稍好一点儿吧，但都不太理想。

问：女的是什么意思？

A. 第一个方案比较好　　B. 第二个方案非常好

C. 两个方案都非常好　　D. 两个方案都不太好

答案是D。“都不太理想”意思是对两者都不太满意，认为两个方案都不太好。

9. 男：昨天你们去看电影，感觉怎么样？

女：真不怎么样，尤其是后半部分，一点儿意思也没有。

问：女的觉得电影怎么样？

A. 很好看　　B. 不好看　　C. 很有意思　　D. 样子很难看

答案是B。从“真不怎么样”可以看出女的认为电影不好看。

10. 女：你看我拍的这两张照片怎么样？

男：怎么说呢？只能说还凑合吧。

问：男的觉得照片拍得怎么样？

A. 拍得很好　　B. 拍得还可以　　C. 无法评价　　D. 拍得不好

答案是B。“只能说还凑合吧”其中“还凑合吧”就是说还可以，能看得过去。

11. 女：知道今年谁评上先进个人了吗？

男：除了周阳还会有谁？他太了不起了，咱们公司再也找不出像他这么能干的人了。

问：男的觉得周阳怎么样？

A. 非常优秀　　B. 工作能力一般

C. 不怎么样　　D. 还可以

答案是A。“太了不起了”意思是很能干，很优秀。

12. 男：你儿子爱看书，作文一定写得不错吧？

女：他是爱看书，但是语言组织能力差一些，作文写得一般。

问：女的觉得儿子作文写得怎么样？

A. 非常好　　B. 很有潜力　　C. 不是很好　　D. 写得很差

答案是C。“作文写得一般”其中“一般”就是“不是很好”。

13. 女：工作都这么多年了，你现在收入怎么样？

男：比上不足，比下有余吧，我也知足了。

问：男的认为自己收入怎么样？

A. 很高　　B. 很低　　C. 还可以　　D. 无法评价

答案是C。“比上不足，比下有余吧”意思是比收入高的人低一些，比收入低的人高一些，男的认为自己收入还可以。

14. 女：明天我要参加同学聚会，你帮我看看，这两件衣服哪件好？

男：这件红色的还说得过去，这件黑色的稍差点儿。

问：男的是什么意思？

A. 红色的衣服还可以　　B. 黑色的不错

C. 红色的是过去的　　D. 红色和黑色的都不错

答案是A。“这件红色的还说得过去”其中“说得过去”意思是还可以。

15. 女：你帮我看看电脑，不知道是中毒了，还是硬件出了毛病。

男：你算找对人了，我修电脑还是很有一手的。

问：关于男的，下列哪项正确？

A. 对电脑不熟悉　　B. 很会修电脑

C. 喜欢帮助别人　　D. 用一只手修电脑

答案是B。“我修电脑还是很有一手的”就是答案所在。其中的“有一手”意思是“在某方面做得好、擅长做某事”。

（七）语气态度题　同步训练录音文本及答案解析

第1–15题：请选出正确答案。

1. 男：今天晚上咱们一起去看电影吧。

女：下周就要考试了，我哪有心思看电影啊？

问：女的是什么意思？

A. 希望　　B. 拒绝　　C. 遗憾　　D. 约定

答案是B。“我哪有心思看电影啊”意思是“我没有心思看电影”，表示拒绝。

2. 女：我看这件事你就别做了，不会成功的。

男：别人能做成的事，为什么我就不能？

问：男的是什么观点？

A. 能够成功　　B. 应该放弃　　C. 需要帮助　　D. 不太可行

答案是A。“为什么我就不能”是一个反问句，意思是“我能做成功”。

3. 女：老刘今天的发言太精彩了！

男：漂亮话谁不会说！

问：男的是什么态度？

A. 不满　　B. 惊讶　　C. 称赞　　D. 认同

答案是A。“漂亮话谁不会说”是一个反问句，表示不满，意思是“每个人都会说漂亮话”。“漂亮话”就是好听但做不到的话。

4. 女：真羡慕你，身体这么好。你以前可不是这个样子。你是不是吃什么药了？

男：哪儿呀，就是生活有规律了。

问：男的是什么态度？

A. 赞成　　B. 推辞　　C. 否定　　D. 无所谓

答案是C。“哪儿呀”表示否定，意思是“不是，你说得不对”。

5. 男：这项任务就交给你了，希望你能负起责任来。

女：经理，您就放心吧，我保证圆满完成任务。

问：女的是什么意思？

A. 很有信心　　B. 想当经理　　C. 不一定完成任务　　D. 应该有责任心

答案是A。“您就放心吧”表示没有问题，很自信。

6. 女：为这件事，我可没少操心。

男：在这件小事上费脑筋，你何苦呢？

问：男的是什么意思？

A. 称赞女的能吃苦　　B. 同情女的太痛苦

C. 提醒女的做事要动脑筋　　D. 劝女的不必在小事上费心

答案是D。“在这件小事上费脑筋，你何苦呢”是一个反问句，其中“何苦呢”意思是没有必要、不值得。这句话的意思是不必为小事伤脑筋，在小事上不值得费心思。

7. 男：公司天天加班，每天很晚才到家，都没有时间辅导小孩儿学习了。
女：我还不是一样吗？
问：女的是什么意思？
A. 不应该辅导小孩学习　　B. 没有时间辅导小孩学习
C. 不想很晚到家　　D. 不想在公司工作了
答案是B。“我还不是一样吗”是一个反问句，意思是“我跟你一样”。

8. 女：小李这个人总是喜欢占别人的小便宜。
男：他这人真没法儿说。
问：女的是什么语气？
A. 赞扬　　B. 同情　　C. 不满　　D. 羡慕
答案是C。“总是喜欢占别人的小便宜”其中“总是+不好的意思”可以表示不满。

9. 女：明雨，你看，美娜做的风筝多漂亮啊！
男：好家伙，真不得了！
问：男的是什么语气？
A. 不在乎　　B. 赞叹　　C. 怀疑　　D. 不满
答案是B。“好家伙，真不得了”是赞赏别人时的惯用语。

10. 女：现在到处都是污染，我们的生活环境越来越差了。
男：谁说不是呢？
问：男的是什么口气？
A. 生气　　B. 反对　　C. 惊讶　　D. 赞同
答案是D。“谁说不是呢”是一个反问句，意思是“我也这么认为”，表示赞同。

11. 女：刚两个月，你们的产品就涨了10%。
男：目前原材料都大幅上涨了，我们的商品涨价，也是不得已。
问：男的是什么态度？
A. 满意　　B. 认同　　C. 无奈　　D. 惊讶
答案是C。“我们的商品涨价，也是不得已”，“不得已”就是“无奈、没有办法”的意思。

12. 女：明天的活动我有点儿不想参加。
男：别人不去都行，但是，你非去不可，你是重要人物啊。
问：男的是什么意思？

A. 让女的找人代替　　B. 女的去不去无所谓

C. 劝女的一定要去　　D. 同意女的不去

答案是C。“你非去不可”是一个强调句，意思是“你一定要去”。

13. 男：明天和我们一起去玩儿吗？

女：我是想去，可我姐姐来了，我得陪她，下次吧。

问：女的是什么意思？

A. 这次要陪姐姐　　B. 同意一起去玩儿

C. 下次去姐姐家玩儿　　D. 愿意去姐姐家

答案是A。“下次吧”意思是这次不行，表示拒绝。

14. 女：老板交给咱们的这个任务难度也太大了，时间短，人手少，咱们到时能完成吗？

男：别着急，车到山前必有路。

问：男的是什么意思？

A. 跟老板讨价还价　　B. 会想出办法的

C. 要抓紧时间　　D. 开车去山里放松一下

答案是B。“别着急，车到山前必有路”意思是“不要着急，到时候一定会有办法的”，表示安慰。

15. 男：现在房价太高，再等等看吧。

女：你要等到什么时候啊？还是早做打算吧。

问：女的是什么意思？

A. 可以等等看　　B. 应该尽早买房　　C. 以后再买房　　D. 不要买房

答案是B。“还是早做打算吧”说明她希望男的早点买房子。

（八）事实推理题　同步训练录音文本及答案解析

第1–15题：请选出正确答案。

1. 女：我穿这件衣服参加宴会，是不是有点儿太鲜艳了？

男：是有点儿，不过话又说回来了，颜色鲜艳不是显着你年轻吗？

问：男的是什么意思？

A. 衣服不合适　　B. 女的很年轻

C. 要早点儿回来　　D. 可以穿这件衣服

答案是D。从“颜色鲜艳不是显着你年轻吗”可以知道，男的意思是可以穿颜色鲜艳的衣服，这样可以显得更年轻。

2. 女：小张的父亲是个什么样的人？

男：自从小张母亲去世后，他父亲一直没有再婚，一个人辛辛苦苦十几年，好在小张马上就要工作了。

问：下面哪句话是错的？

A. 小张的母亲很早就去世了　　B. 小张的父亲结了两次婚

C. 小张的父亲独自抚养小张　　D. 小张快工作了

答案是B。“他父亲一直没有再婚”，表明小张的父亲一直是独自生活，没有找伴侣，所以说“小张的父亲结了两次婚”是错的。

3. 女：这场比赛太重要了，要是输了就进不了决赛了。

男：你就看我的吧！

问：男的是什么意思？

A. 没有把握　　B. 很有信心　　C. 有点紧张　　D. 不太在乎

答案是B。“你就看我的吧”意思是自己会有出色的表现，对自己充满信心。

4. 女：你今天怎么无精打采的？

男：昨天晚上多喝了几杯咖啡，结果怎么也睡不着觉，只好看电视打发时间，到三点才睡。

问：男的是什么意思？

A. 没喝咖啡　　B. 失眠了　　C. 只睡了三个小时　　D. 想看电视剧

答案是B。“结果怎么也睡不着觉”就是说没有睡意，失眠了。

5. 女：小李，今天你过生日，祝你生日快乐！

男：唉，又老了一年，应该悲伤才对。

问：小李现在怎么样？

A. 快老了　　B. 不想活了　　C. 心里不快活　　D. 很感谢女的

答案是C。“唉，又老了一年”，说明他心里不高兴，对生活很悲观。

6. 男：你爱人在家里做家务吗？

女：我爱人每天一回到家，就开始摆弄他的电脑，连饭也顾不上吃。

问：女的是什么意思？

A. 她爱人喜欢电脑　　B. 她爱人的电脑坏了

C. 她爱人不吃饭　　D. 她爱人心情不好

答案是A。女的说她爱人下班回家连饭都顾不上吃，就摆弄电脑，说明他非常喜欢电脑。

7. 女：你的签证办好了吗？什么时候去旅游？

男：材料已经交了，签证下来我就订机票，原定下月10号出发。

问：男的是什么意思？

A. 签证办好了　　B. 被拒签了

C. 正在等签证　　D. 要去国外工作

答案是C。女的问“你的签证办好了吗”，男的回答“材料已经交了，签证下来我就订机票”说明男的正在等签证。

8. 男：我们这些当兵的，白天在操场上训练，晚上还得抓紧时间学习文化知识。

女：就是，我都快坚持不住了。

问：从对话中可以知道什么？

A. 他们的生活很辛苦　　B. 他们不用学习文化课

C. 他们的生活没有规律　　D. 他们很喜欢在操场训练

答案是A。“我都快坚持不住了”说明他们生活很辛苦，身体都快支撑不住了。

9. 男：要让我们王老师发次火可真是太难了，他总是那么和蔼可亲。

女：是啊，我也从来没看见过他发火。

问：男的是什么意思？

A. 王老师家着火了　　B. 王老师很少生气

C. 王老师工作不认真　　D. 王老师不喜欢学生

答案是B。男的意思是王老师态度总是和蔼可亲，很少生气。

10. 女：明天的会很重要，有很多专家到场，你一定得好好准备发言稿。

男：放心吧，一定不会让您失望的。

问：男的是什么意思？

A. 需要支持　　B. 很有信心　　C. 不想发言　　D. 想听专家意见

答案是B。男的说“一定不会让您失望的”，表示他对明天的发言很有信心、有把握。

11. 男：今天多亏我开车送了你一段吧，要不你非迟到不可。

女：是啊，我走进办公室的时候正好九点。

问：关于女的，我们可以知道什么？

A. 男的开车技术还不错　　B. 上班迟到没关系

C. 到办公室时正好迟到　　D. 9点开始上班

答案是D。女的说“我走进办公室的时候正好九点”，说明她按时到达了办公室，没有迟到。

12. 女：老公，你看我穿这身衣服怎么样？

男：稍显随便了点儿，参加婚礼还是穿正式点儿好。

问：关于女的，可以知道什么？

A. 准备去上班　　B. 要去参加婚礼

C. 要去逛服装市场　　D. 要去学校图书馆

答案是B。男的说“参加婚礼还是穿正式点儿好”，说明女的要去参加婚礼。

13. 男：妈妈，明天我想跟几个同学一起开车出去玩儿。

女：既然你一定要去，我也不说什么了，不过你千万要小心。

问：根据对话，可以知道什么？

A. 妈妈同意了　　B. 妈妈什么也没说　　C. 儿子喜欢开车　　D. 儿子不小心摔了

答案是A。妈妈说“我也不说什么了”，意思是表示同意。

14. 男：我的能力实在有限，您还是考虑其他人选吧。

女：这是咱们公司的第一个项目，领导很重视，让你来负责，是对你的信任，你就别再推辞了。

问：根据对话，可以知道什么？

A. 男的很想负责这个项目　　B. 女的劝男的接受这个项目

C. 领导不信任男的　　D. 其他的人想做这个项目

答案是B。女的说“你就别再推辞了”，意思是让男的接受这个项目。

15. 女：你觉得中国哪些方面给你印象最深？

男：要说印象最深的，应该是中国的交通，特别是自行车，比天上的星星还多。

问：根据对话，可以知道什么？

A. 交通很拥堵　　B. 自行车特别多

C. 天上的星星很多　　D. 印象深的事很多

答案是B。“特别是自行车，比天上的星星还多”意思是自行车非常多。

（九）逻辑关系题　同步训练录音文本及答案解析

第1–15题：请选出正确答案。

1. 男：你去过千岛湖吗？

女：我连千岛湖在哪儿都不知道，更不用说去那儿了。

问：女的是什么意思？

A. 不想去千岛湖　　B. 没去过千岛湖

C. 知道千岛湖在哪儿　　D. 想了解一下千岛湖

答案是B。从对话可知，女的不知道千岛湖在哪儿，没去过千岛湖。

2. 男：你的脸怎么这么红？是不是发烧了？

女：好像有点儿，我浑身发冷。可能是昨天洗凉水澡洗的。

问：女的是怎么发烧的？

A. 洗凉水澡　　B. 穿得太少　　C. 空调吹的　　D. 睡得太晚

答案是A。“可能是昨天洗凉水澡洗的”就是答案。

3. 女：雨越下越大了，你就不能改天再去吗？

男：不管下多大的雨，我也得去，说好了的事嘛！

问：男的是什么意思？

A. 下大雨也要去　　B. 下大雨就不去了

C. 雨小了就去　　D. 没想到会下这么大的雨

答案是A。“不管下多大的雨，我也得去”就是说不管怎么样，下大雨也必须要去。“不管……也……”是一个条件句。

4. 女：如果下雨了，我们怎么办呢？

男：那只能等雨停了，要是雨继续下，即使我们的设备和技术再好，也只能取消原计划了。

问：完成这个计划的关键是什么？

A. 设备　　B. 决心　　C. 技术　　D. 天气

答案是D。“要是雨继续下，即使我们的设备和技术再好，也只能取消原计划了”其中“要是……”表示假设。

5. 女：我让你上班时顺便买点儿菜回来，你怎么又忘了？

男：今天领导来检查工作，我忙得不得了，哪顾得上啊？

问：男的为什么没有买菜？

A. 不愿意去买菜　　B. 女的不让他买菜

C. 不知道要买什么菜　　D. 没时间买菜

答案是D。“我忙得不得了，哪顾得上啊”意思是他工作很忙，没有时间买菜。

6. 女：老刘，咱们这次买空调可一定要买名牌啊。

男：什么名牌不名牌的，只要耐用就行。

问：男的买空调的标准是什么？

A. 名牌　　B. 便宜　　C. 耐用　　D. 无所谓

答案是C。“只要耐用就行”，其中的“耐用”就是答案。

7. 男：怎么你做这个菜也是先放糖后放醋？

女：我妈妈教的呀。那你呢，你怎么做？

问：女的为什么先放糖后放醋？

A. 这样做好吃　　B. 跟妈妈学的

C. 电视里教的　　D. 自己研究的

答案是B。“我妈妈教的呀”就是答案。

8. 男：我想给孩子买件毛衣，但是不知道买回去孩子喜欢不喜欢？

女：要是毛衣没有弄脏弄坏，我们这儿都是可以退换的。您就放心挑选吧。

问：毛衣什么情况下可以退换？

A. 穿破了　　B. 不喜欢　　C. 没有弄脏弄坏　　D. 不合适

答案是C。"没有弄脏弄坏"就是答案所在。

9. 男：对不起，我不小心闯了红灯。

女：把你的驾驶证拿出来吧，扣3分，罚款200块。

问：男的为什么道歉？

A. 考试不及格　　B. 没走人行横道　　C. 买错了东西　　D. 闯了红灯

答案是D。"我不小心闯了红灯"就是答案。

10. 女：你的车也太脏了吧，怎么也不洗洗呀？

男：这几天不是刮风就是下雨，过几天再说吧。

问：男的是什么意思？

A. 忘了洗车　　B. 刚洗过车　　C. 没时间洗车　　D. 天气不好

答案是D。"这几天不是刮风就是下雨"就是说没有晴天，天气不好。"不是……就是……"表示并列关系。

11. 女：健身房的跑步机坏了，什么时候能修好？

男：得明后天了，维修的师傅今天发烧请假了。

问：为什么跑步机明后天才能修好？

A. 跑步机质量不好　　B. 健身房倒闭了

C. 师傅辞职了　　D. 师傅请假了

答案是D。"维修的师傅今天发烧请假了"就是答案。

12. 男：开完会会非常晚，要是没来得及给你买生日礼物，就明天再给你买吧。

女：只要你能赶回家陪我过生日我就很满足了，礼物并不重要。

问：女的对什么感到很满足？

A. 男的赶回家陪她　　B. 男的没去开会　　C. 男的送给她礼物　　D. 男的记得她的生日

答案是A。"只要你能赶回家陪我过生日我就很满足了"中的"只要……就……"表示条件关系，"只要"后面的"赶回家陪我"就是答案。

13. 男：看样子这雷阵雨一时半会儿停不了，估计还得等一个小时飞机才能起飞。

女：真让人着急！我们到现在连饭还没吃呢。

问：女的为什么着急？

A. 飞机出故障了　　B. 飞机不能按时起飞

C. 没有带雨伞　　D. 还没吃饭

答案是B。“还得等一个小时飞机才能起飞”说明飞机不能按时起飞。“连……还……”表示递进关系。

14. 女：爸爸，我给你买的那件衣服穿着怎么样？
男：样式不错，就是太贵了。
问：关于衣服，下列哪项是正确的？
A. 色彩鲜艳　　B. 价格太高　　C. 样式不好　　D. 质量一般
答案是B。“样式不错，就是太贵了”其中的“太贵了”就是价格太高。

15. 男：小张明天结婚，我们几个人约好去凑个热闹。
女：怪不得你刚刚去理发呢。
问：男的为什么去理发？
A. 去看热闹　　B. 要参加婚礼　　C. 头发长了　　D. 理发店打折
答案是B。“小张明天结婚，我们几个人约好去凑个热闹”，“凑热闹”就是要参加婚礼的意思。

二、短对话题综合训练录音文本及答案解析

第1–55题：请选出正确答案。

1. 男：你怎么来得这么早，是不是看错表了？
女：我记错开会时间了，早起了一个多小时。
问：女的是来干什么的？
A. 看电影　　B. 上班　　C. 开会　　D. 锻炼身体
答案是C。女的说“我记错开会时间了”，由此可以知道她是来开会的。

2. 女：请问，去动物园在哪儿下车？
男：下一站就是，下车后再往前走一点儿就到了。
问：他们可能是在什么地方谈话？
A. 车站　　B. 车上　　C. 路上　　D. 动物园
答案是B。从“去动物园在哪儿下车”“下一站就是”可知他们都在车上。

3. 女：马师傅，我的电脑死机了，麻烦您帮我看看。
男：又中病毒了吧？
问：马师傅是干什么的？
A. 修车的　　B. 修表的　　C. 修电视机的　　D. 修电脑的

答案是D。“电脑死机”“中病毒”都是电脑出现的故障，可知马师傅是修电脑的。

4. 男：我后天要去外地，还得请您给我开点儿药。

女：那还是老三样，治咳嗽的、拉肚子的、消炎的吧。

问：说话人是什么关系？

A. 医生和病人　　B. 同事　　C. 夫妻　　D. 病人和药店售货员

答案是A。“还得请您给我开点儿药”其中“开点儿药”是医生给病人开的处方。

5. 男：明天晚上我要去机场送朋友，不能来参加你的生日晚会了，真抱歉。

女：是吗？你跟小李都不能来了，真让我伤心。

问：男的为什么向女的道歉？

A. 要跟小李去旅游　　B. 不能送她去机场了

C. 不能参加她的生日晚会　　D. 心情不太好

答案是C。“不能来参加你的生日晚会了，真抱歉”就是答案。

6. 男：小姐，您有什么事吗？

女：我在报纸上看到贵公司的招聘广告，我想问一下面试的具体时间。

问：女的想要干什么？

A. 看报纸　　B. 找工作　　C. 谈生意　　D. 做广告

答案是B。“我想问一下面试的具体时间”，说明她想去公司面试，她在找工作。

7. 男：明天我的女朋友来北京，我想带她去吃广东菜，你能不能推荐一个地方？

女：你们就去美食城吧，那儿的广东菜挺地道的。

问：女的认为美食城的广东菜怎么样？

A. 很差　　B. 一般　　C. 马马虎虎　　D. 味道纯正

答案是D。“那儿的广东菜挺地道的”，其中“广东菜挺地道”就是说广东菜有特色，味道纯正。

8. 女：你也认识朴松叶？

男：我和她同窗十年，是熟得不能再熟的同学啦。

问：根据对话，下列哪项是正确的？

A. 我刚认识朴松叶　　B. 我很了解朴松叶

C. 朴松叶不是我同学　　D. 我对朴松叶不熟悉

答案是B。“我和她同窗十年，是熟得不能再熟的同学啦”就是说他和朴松叶是同班同学，对朴松叶很熟悉、也很了解。

9. 女：已经12点半了，你快睡吧，别工作了。

男：明天就要交稿子了，哪怕今天晚上不睡觉，我也要把这篇稿子写完！

问：男的是什么意思？

A. 马上睡觉　　　　　　　　　　B. 反正写不完，不如睡觉

C. 今天晚上不想睡觉了　　　　　D. 今天晚上一定要写完稿子

答案是D。“哪怕今天晚上不睡觉，我也要把这篇稿子写完”说明今天晚上无论如何都必须把稿子写完。

10. 男：今天工作多，要是没时间就别出去锻炼了。

女：我无论如何也要坚持锻炼。

问：女的是什么意思？

A. 想去锻炼，但是没有时间　　　B. 太累了，不想去锻炼了

C. 一定要去锻炼　　　　　　　　D. 可能有时间去锻炼

答案是C。“我无论如何也要坚持锻炼”意思是不管怎样，都必须坚持锻炼。

11. 女：昨天夜里下了场大雨，今天早晨气温下降了五度。

男：怪不得今天早上我一起床就感到了凉意。

问：从对话中，可以知道什么？

A. 今天比昨天冷　　B. 今天下了大雨　　C. 女的不怕冷　　D. 男的知道下雨

答案是A。“今天早晨气温下降了五度”说明今天比昨天冷。

12. 女：你看到前面那个高楼了吗？那就是国美饭店，1路车车站就在它旁边。

男：谢谢您了！

问：男的在向女的打听什么？

A. 国美饭店　　　　　　　　　　B. 公共汽车站

C. 高大建筑　　　　　　　　　　D. 去饭店的路

答案是B。“1路车车站就在它旁边”其中“1路车车站”是公共汽车站的常用语。

13. 女：小王，听说展览馆正在举办世界名画展，咱们找个时间去看看吧。

男：眼看就要期末考试了，哪里还有时间去看什么画展啊？

问：关于男的，下列哪一项正确？

A. 他想知道画展在什么地方　　　B. 他问女的什么时候去

C. 他没有时间去看画展　　　　　D. 刚考完试，他哪儿也不想去

答案是C。“哪里还有时间去看什么画展啊”意思是他根本就没有时间去看画展。

14. 男：你怎么现在才来？小王已经走了。

女：她让我九点半到，现在还差一刻钟呢，她怎么不等我一下？

问：现在是什么时间？

A. 9点　　　　B. 9点半　　　　C. 9点15分　　　　D. 9点45分

答案是C。“她让我九点半到，现在还差一刻钟呢”就是说现在还没到9点半，还有15分钟才到9点半，所以现在应该是9点15分。

15. 男：对不起，密码不对，请您再输一遍。
女：怎么还不对，让我想想。
问：这段对话最有可能发生在什么地方？
A. 操场　　B. 公园　　C. 银行　　D. 教室
答案是C。在银行存钱或取钱都要输入密码，这样才安全。

16. 女：老刘，你怎么亲自做饭呀？不是一直都是你爱人做饭吗？
男：最近有一个科技扶贫计划，她去农村采访去了。
问：老刘的爱人最可能是做什么的？
A. 科技工作者　　B. 厨师　　C. 农民　　D. 记者
答案是D。"她去农村采访去了"其中"采访"是记者为取得新闻材料而进行的调查或访问。

17. 男：我昨天真马虎，竟然把钱包忘在了出租车上。
女：你不是挺仔细的吗，怎么也干了一次粗心的事儿？
问：女的认为男的这次做事怎么样？
A. 马虎　　B. 细心　　C. 认真　　D. 紧张
答案是A。女的认为男的这次做事马虎。

18. 男：公司想提拔小张做销售主管，你觉得怎么样？
女：我看没有比小张再合适的了。
问：女的是什么意思？
A. 小张不适合　　B. 小张最合适　　C. 小张比较适合　　D. 没有人适合
答案是B。"我看没有比小张再合适的了"说明女的认为其他人都比不上小张，小张最合适。

19. 女：先生，您现在点菜吗？
男：好吧，你们这里有什么特色菜？
问：他们是什么关系？
A. 售货员和顾客　　B. 服务员和顾客　　C. 售票员和乘客　　D. 经理和秘书
答案是B。"您现在点菜吗"是饭店服务员与顾客之间交流的常用语。

20. 男：你怎么今天没上班？
女：快别提了，昨天刚被老板炒了鱿鱼。
问：从以上对话中我们可以知道什么？
A. 女的失业了　　B. 男的没上班
C. 女的会做饭　　D. 老板会做炒鱿鱼这道菜
答案是A。"被老板炒了鱿鱼"意思是被老板开除了，没有工作了，女的失业了。

21. 女：我儿子想当一名钢琴家。让他谈一首曲子，你听听看弹得怎么样。

男：你别说，还真像那么回事呢！

问：男的是什么态度？

A. 惊讶　　B. 轻视　　C. 赞赏　　D. 不满

答案是C。“你别说，还真像那么回事呢”意思是说弹得不错，比较满意，充满赞赏。

22. 男：我要一个标准间。

女：好，这是房卡，早上凭这张卡到二楼吃饭。二楼还有健身房、乒乓球室和阅览室，也可以凭卡进入。

问：这段对话可能发生在什么地方？

A. 宾馆　　B. 饭馆儿　　C. 图书馆　　D. 体育馆

答案是A。“我要一个标准间”是住宾馆时的常用语。

23. 男：下周的演讲比赛我参加不了，你再找个评委吧。

女：广告已经发出去了，这次非你去不可。

问：女的是什么意思？

A. 这次只有男的不能去　　B. 这次男的可以去

C. 这次男的可以不去　　D. 这次只有男的才能去

答案是D。“这次非你去不可”其中的“非……不可”是一个强调句式，意思是“必须、一定”。

24. 男：我看不如把贝贝送到托儿所算了，省得一天到晚看着他，什么事儿也做不成。

女：你当然没问题了，反正你又不用每天接送孩子，再说，就是没有孩子，你一样也不干活。

问：女的是什么意思？

A. 男的不喜欢干活　　B. 应该把孩子送到托儿所

C. 男的应该接送孩子　　D. 男的喜欢照顾孩子

答案是A。“就是没有孩子，你一样也不干活”意思是即使他俩没孩子，男的在家也不喜欢干家务活。

25. 男：说曹操曹操到啊。刚说到朱丽，朱丽就来了。

女：既然她来了，我们就不用去找别人帮忙了。

问：他们为什么不去找其他人了？

A. 朱丽不许他们找人　　B. 他们找的人不愿意

C. 他们不想去找人　　D. 朱丽能够帮他们

答案是D。从女的话中可知，朱丽可以帮他们，所以就不用去找别人帮忙了。

26. 女：幸亏你帮我，要不然我的论文就打印不出来了。

男：客气什么呀，咱俩谁跟谁呀。

问：男的是什么口气？

A. 赞美　　B. 疑问　　C. 着急　　D. 否定

答案是D。“客气什么呀”是一个反问句，意思是“没有必要客气”。

27. 男：这还贵呀？您瞧，新摘的黄瓜，多水灵，多新鲜！

女：再便宜点儿吧，三块钱一斤！

问：他们在什么地方说话？

A. 商店　　B. 超市　　C. 饭馆儿　　D. 农贸市场

答案是D。“再便宜点儿吧”是在农贸市场买东西时常说的一句讨价还价的话。且“黄瓜”常见于农贸市场。

28. 男：你瞧，这雨下得真不小。

女：咱们出门的时候要是带把伞就好了。

问：女的是什么意思？

A. 觉得雨下得很大　　B. 认为不用带雨伞　　C. 想回家拿雨伞　　D. 后悔没带雨伞

答案是D。从“咱们出门的时候要是带把伞就好了”这句话可以看出女的很后悔，要是出门带把伞就不会淋湿了。

29. 女：上批货卖得怎么样？顾客对咱们厂的产品有什么反应？

男：从市场调查结果来看，这批货质量不太一致，顾客意见也很不统一。

问：关于男的，下列哪项是正确的？

A. 在工厂工作　　B. 在学校工作　　C. 在医院工作　　D. 在商店工作

答案是A。“顾客对咱们厂的产品有什么反应”其中“咱们厂的产品”说明他们都在工厂工作。

30. 女：这个足球队有一名主力队员受伤了，不能上场比赛，看来这个队要输了。

男：哪能呢？这个队的水平是一流的，实力雄厚，一名队员影响不了大局。

问：男的是什么意思？

A. 这个队一定会输　　B. 这个队可能会输　　C. 这个队不会输　　D. 这个队还没赢过

答案是C。“哪能呢”是一个反问句，意思是“不可能”。

31. 女：两天的时间太紧张了，经理，能不能再延长一天？

男：不抓紧的话，一个星期也做不好。我已经决定了的事情，不要再说了。

问：经理要求多长时间？

A. 1天　　B. 2天　　C. 3天　　D. 7天

答案是B。女的说“两天的时间太紧张了”说明经理要求她两天完成任务。

32. 女：对不起，总经理现在不在，您跟他约好了吗？
男：约了，他说下午三点有空。
问：女的最有可能是干什么的？
A. 记者　　B. 秘书　　C. 教师　　D. 列车员
答案是B。“总经理现在不在，您跟他约好了吗”是公司秘书对客户的常用语。

33. 女：这个月没什么可看的，净是国产片。
男：不过，有些国产片也是挺不错的。
问：他们正在谈论什么？
A. 图片　　B. 电影　　C. 唱片　　D. 杂志
答案是B。“这个月没什么可看的，净是国产片”就是说这个月放映的都是国内拍摄的电影。

34. 女：我在工作上遇到了难题，想请老刘帮忙，你说我找他行吗？
男：老刘这个人能干着呢，他帮你错不了。
问：男的认为老刘怎么样？
A. 很能干　　B. 能力一般　　C. 比较能干　　D. 不太能干
答案是A。“老刘这个人能干着呢”就是说老刘很能干。

35. 女：听说学校最近要举行演讲比赛，我也想去试试。
男：我看算了，别去出风头了。
问：男的是什么态度？
A. 埋怨　　B. 赞成　　C. 气愤　　D. 反对
答案是D。从“我看算了，别去出风头了”可以知道男的不让她去，持反对意见。“出风头”指出头露面表现自己，含贬义。

36. 男：小高的口语怎么样？
女：没的说，全班就数他说得地道。
问：女的是什么意思？
A. 她无话可说　　B. 小高没说话　　C. 小高的口语最好　　D. 小高的口语很差
答案是C。“全班就数他说得地道”，意思是小高的口语在班里说得最标准，说得最好。“没的说”指非常好。

37. 女：服务员，我的房间马桶堵了，麻烦你来看一下吧。
男：请告诉我房间号，我马上派人去。
问：女的跟服务员谈什么事？
A. 换家具　　B. 修空调　　C. 钥匙丢了　　D. 马桶堵了
答案是D。“我的房间马桶堵了”就是答案。

38. 男：已经过了半个小时了，小王怎么还不来？
女：十有八九是路上堵车了。
问：女说话人是什么意思？
A. 很可能是路上堵车了　B. 他们约会的时间是十点
C. 他们约会的时间是九点　D. 肯定是路上堵车了
答案是A。“十有八九是路上堵车了”其中“十有八九”表示一种猜测，意思是“很可能”。

39. 女：昨天我和其他几个老太太去爬玉皇山了。
男：哟，2000多米高呢，真有你的。
问：男的是什么语气？
A. 后悔　B. 讽刺　C. 佩服　D. 担心
答案是C。从“哟，2000多米高呢，真有你的”可以知道，男的意思是2000多米高的山都能爬上去，令人佩服。

40. 男：我每天都头脑发晕，打不起精神，不知道怎么回事。
女：是不是生病了？要不，去医院检查一下吧？
问：女的是什么意思？
A. 不要工作太晚　B. 不要给自己太多压力
C. 应该休息一段时间　D. 建议男的检查身体
答案是D。“要不，去医院检查一下吧”其中的“要不……吧”是建议某人做某事。

41. 女：请问，我今天借的书，应该哪天还？
男：教师可以借两个月，您只要在9月7号之前还就行。
问：女的是做什么的？
A. 学生　B. 老师　C. 图书管理员　D. 电脑管理员
答案是B。从“教师可以借两个月”这句话可以知道女的是老师。

42. 女：您冒着生命危险救了我的儿子，我真不知道怎么感谢您才好。
男：您别客气，这是我应该做的。
问：关于女的，可以知道什么？
A. 对男的不满意　B. 她儿子被男的救了
C. 认为男的应该帮助她　D. 有生命危险
答案是B。从“您冒着生命危险救了我的儿子”这句话可以知道她的儿子被男的救了。

43. 男：老板，我已经决定辞职了，这是我的辞职报告。
女：办理了交接手续你要是后悔可就来不及了。
问：女的是什么意思？

A. 不让男的办手续　　　　　　　　B. 告诉男的不要后悔

C. 希望男的再考虑一下　　　　　　D. 对男的不满意

答案是C。“办理了交接手续你要是后悔可就来不及了”这句话的意思是希望男的再考虑一下，别急着辞职。

44. 女：帮我把儿子调到你们公司吧！

男：你这不是给我出难题吗？

问：男的是什么意思？

A. 女的出的题太难了，他做不出来　　B. 不愿意帮女的

C. 他没有能力帮女的　　　　　　　　D. 女的不应该出这么难的题目

答案是C。“你这不是给我出难题吗”其中“出难题”的意思是为难人、给人制造麻烦，所以男说话人的意思是他没有能力帮女的。

45. 女：你想理什么样的，长点儿的还是短点儿的？

男：就照原来的样子理吧，短一点儿。

问：这两个人在哪儿说话？

A. 商店　　B. 饭店　　C. 照相馆　　D. 理发店

答案是D。女的问男的理什么样的发型，说明他们在理发店。

46. 男：听说高考成绩已经公布了，你们家小敏考上大学了吗？

女：考是考上了，不过学校不太理想。

问：关于小敏，下列哪项正确？

A. 没考上大学　　B. 没考上好大学　　C. 不愿意上大学　　D. 考上了好大学

答案是B。“考是考上了，不过学校不太理想”，意思是大学是考上了，但没有考上理想的好大学。

47. 女：上周末跟朋友去了草原，我从来都没有看到过那么漂亮的风景。

男：我原本以为你会叫上我呢。

问：男的原来觉得会怎么样？

A. 女的没有见过草原　　　　　　B. 女的会叫他一起去

C. 女的不去草原了　　　　　　　D. 草原风景不漂亮

答案是B。“我原本以为你会叫上我呢”就是答案所在。

48. 女：这么远，我以为你不会去呢。

男：怎么会呢？

问：男的是什么意思？

A. 他觉得太远　　B. 他不会去　　C. 他不会不去　　D. 他不知道怎么走

答案是C。“怎么会呢”意思是他不会不去的，肯定去。

49. 男：现在女人越来越厉害了，很多女人都是家庭的经济支柱。
女：那可不是，不比男的差多少。
问：女的是什么意思？
A. 女的和男的工资差不多　　B. 女的没有男的工资高
C. 女的比男的工资高　　D. 男女工资都不高
答案是A。“不比男的差多少”意思是女的工资比男的少不了多少，两者工资差不多。

50. 女：我上十二层，您到几层？
男：我去八层，谢谢。
问：对话可能发生在哪儿？
A. 马路上　　B. 火车上　　C. 电梯里　　D. 教室里
答案是C。因为楼层比较高，所以他们的对话可能发生在电梯上。

51. 男：今年你们大学有多少留学生？
女：由于经济危机，今年留学生人数大幅下降，还不足350人。
问：女的觉得今年留学生的人数怎么样？
A. 很多　　B. 很少　　C. 不太多　　D. 不多也不少
答案是B。“今年留学生人数大幅下降，还不足350人”说明今年学校留学生很少，已经不到350人了。

52. 男：你认为事业和爱情哪个重要？
女：我觉得比起爱情来，事业更重要。
问：女的是什么意思？
A. 事业和爱情同样重要　　B. 事业没有爱情重要
C. 爱情没有事业重要　　D. 她也说不清楚
答案是C。“我觉得比起爱情来，事业更重要”说明女的认为事业最重要，爱情没有事业重要。

53. 女：今天天气真好，咱们去香山玩儿吧？
男：别出去玩儿了，你不知道我们下星期就要考试了吗？
问：男的为什么不出去玩儿？
A. 天气不好　　B. 下星期要考试　　C. 他不喜欢去香山　　D. 这星期要考试
答案是B。“下星期就要考试”就是答案所在。

54. 女：刚才那两件衣服都不太合适，你再给我拿一件大点儿的试试吧。
男：好的，您稍等。
问：女的一共要试几件衣服？
A. 一件　　B. 两件　　C. 三件　　D. 四件

答案是C。"刚才那两件衣服都不太合适，你再给我拿一件大点儿的试试吧"意思是前面试穿的两件不合适，再试一件大点儿的，一共要试三件衣服。

55. 女：小赵，你怎么又来理发了，是不是嫌上个星期我给你理的发型不好啊？

男：怎么会呢？我今天要参加一个朋友的婚礼，想让你帮我吹吹头发。

问：男的为什么来理发店？

A. 因为他今天要参加婚礼　　B. 因为今天风太大了

C. 因为他不喜欢原来的发型　　D. 因为他今天要结婚

答案是A。"我今天要参加一个朋友的婚礼"就是答案所在。

听力第一部分（2）　长对话及其4大必考话题

一、题型规律、解题技巧、同步训练

（一）日常生活话题　同步训练录音文本及答案解析

第1–18题：请选出正确答案。

1. 女：张文，有空到我家来玩儿。

男：好。对了，赵老师，您家住在哪儿？

女：忘了告诉你了，我家住幸福大街99号，离这儿不太远。

男：去您家用坐车吗？

女：不用。走10来分钟就到了。

问：关于赵老师，下列哪项正确？

A. 住在幸福大街9号　　B. 邀请张文去做客

C. 去她家坐车要10分钟　　D. 她想帮助张文

答案是B。"有空到我家来玩儿"是邀请别人做客的常用语。

2. 女：你在网上买过东西吗？

男：买过，很方便，不过你得先注册成为会员。

女：要填很多个人资料吗？很麻烦吧？

男：不麻烦，只要填上你的邮箱，设定用户名和密码就可以了。

女：那我现在就注册一个。

问：女的为什么要注册？

A. 想下载软件　　B. 想在网上买东西

C. 想在网上看电影　　D. 想申请电子信箱

答案是B。询问别人“你在网上买过东西吗”说明她想在网上购买东西。

3. 女：您好！欢迎光临。请问您几位？有预订吗？

男：四位，已经预订了。

女：请问您贵姓？手机号是？

男：我姓张。手机是13685556688。

女：张先生，这边请，靠窗户的那个桌子是给您留的。

问：根据对话，下列哪项正确？

A. 他们在饭店　　B. 他们在看手机　　C. 他们在开会　　D. 男的想买桌子

答案是A。“您好！欢迎光临。请问您几位”是饭店的常用语。

4. 女：您好，请问您要办理什么业务？

男：我要兑换人民币。

女：外币兑换在9号窗口。请您先在这儿取一个号。

男：今天美元和人民币的汇率是多少？

女：1美元兑换6元人民币。叫到您了，您快去吧。

问：男的打算做什么？

A. 取钱　　B. 存钱　　C. 换钱　　D. 买股票

答案是C。“我要兑换人民币”，“兑换”就是“换”的意思。

5. 男：你的胳膊怎么了？这儿红了一大片。

女：昨天我们出去郊游，太阳特别厉害。

男：紫外线过敏吧？我女朋友也不能晒，一晒就这样。

女：是啊，现在很多人都有这个毛病。

问：女的怎么了？

A. 过敏了　　B. 喝醉了　　C. 去旅游了　　D. 想晒太阳

答案是A。男的问“紫外线过敏吧”，女的回答“是啊”，说明她是过敏了。

6. 女：又堵在路上了，每天这个时候车总是特别多。

男：真倒霉，我们有办法离开这里吗？

女：恐怕除了等之外，没有别的办法。

男：没希望了，我肯定要错过火车了。

问：根据对话，下列哪项是正确的？

A. 很多人都准备上班　　　　B. 发生了交通事故
C. 他们遇到了堵车　　　　D. 他们不想上班了

答案是C。从“又堵在路上了”这句话可以知道堵车了。

7. 女：我要出国旅游一个月。你能帮我照看一下家里的花儿吗？
男：没问题，你告诉我要怎么做就行。
女：一周浇一次水，一般就放在阳台上，让它多晒太阳。
男：就这么简单？那你放心吧。
问：女的请男的帮忙怎么照顾花儿？
A. 一个月浇一次水　　　　B. 一周晒一次太阳
C. 一般不能放在阳台上　　　　D. 把花儿放阳台上，一周浇一次水

答案是D。“一周浇一次水，一般就放在阳台上”是答案所在。

8. 女：你在哪儿买的这个书架？看着质量不错呀。
男：网上买的，便宜，昨天刚送来。
女：那得自己安装吧？
男：没错，得有工具，你要是想买，我可以帮你安装。
问：关于书架，可以知道什么？
A. 质量不好　　B. 在网上买的　　C. 今天刚安好　　D. 有保修期

答案是B。“网上买的，便宜，昨天刚送来”就是答案所在。

9. 女：饮食要注意营养，不能光吃青菜不吃肉。
男：谁不想吃肉啊？可是我最近肠胃不太好，总是消化不良。
女：那你可得注意了，不行就吃点儿药吧？
男：没事，大夫只说让我改改饮食习惯。
问：关于男的，可以知道什么？
A. 着凉了　　B. 压力大　　C. 爱吃蔬菜　　D. 消化不好

答案是D。“总是消化不良”就是说他肠胃消化不好。

10. 女：请问你知道这张房卡怎么用吗？
男：你只需要把房卡插进去就可以了。
女：像这样插进去吗？
男：没错，等到绿灯亮了，转动门把手就行了。
女：哦，打开了，谢谢你。
问：关于女的，可以知道什么？
A. 是外国人　　B. 是游客　　C. 不会用房卡　　D. 是酒店人员

答案是C。她在询问“你知道这张房卡怎么用吗”说明她不会使用房卡。

11. 男：你怎么不停地打喷嚏，是不是着凉了？

女：可能，昨天我出去的时候忘了带雨伞，结果赶上大暴雨，全身都湿透了。

男：那你要不要吃点儿药？

女：不用了，我洗个热水澡，睡一觉就好了。

问：女的为什么打喷嚏？

A. 洗了凉水澡　　B. 鼻子过敏　　C. 被雨淋了　　D. 被人传染了

答案是C。“赶上大暴雨，全身都湿透了”就是答案所在。

12. 男：车票不好买吧？

女：还行，排了半天队，总算买到了。不过是下个礼拜的票。

男：那也行，只要除夕夜能赶到家就行。

女：是啊，回一趟家可真不容易呀。

问：关于女的，下列哪项正确？

A. 下礼拜回家　　B. 下周要出差　　C. 没买到车票　　D. 坐飞机回家

答案是A。“下个礼拜的票”“回一趟家可真不容易”，说明她下个礼拜回家。

13. 男：师傅，打车到机场得多长时间？

女：正常大概一个小时吧。

男：我得在10点前到机场，我们能赶到吗？

女：这个我不能保证，如果不堵车是没问题的。

问：男的怎么去机场？

A. 开汽车　　B. 坐公交车　　C. 坐出租车　　D. 乘地铁

答案是C。“打车”是乘坐出租车的常用语。

14. 男：夜里开车太累。

女：那咱们停下来去吃点儿夜宵吧？

男：好，咱们找个小饭馆先吃点儿东西，然后在附近宾馆住下来，明天一早出发吧？

女：行，但愿明天中午前能顺利抵达上海。

问：他们将在什么时候出发？

A. 吃完夜宵　　B. 明天中午　　C. 明天早上　　D. 当天夜晚

答案是C。“明天一早出发”就是答案所在。

第15到16题是根据下面一段对话：

女：小王，来，尝尝我刚买的点心。

男：味道不错，你在哪儿买的？

女：就在车站对面的食品店买的。

男：哦，那儿除了点心以外，还有什么？

女：多啦，水果、冰淇淋、巧克力……什么都有。

男：水果罐头不知道有没有？

女：多的是，你有空儿自己去看看吧。

男：好，那我今天晚上就去。

15. 女的在哪儿买的点心？

A. 车站的小卖部　　B. 对面的食品店

C. 车站对面的食品店　　D. 马路对面的超市

答案是C。“就在车站对面的食品店买的”就是答案所在。

16. 男的想买什么东西？

A. 水果　　B. 冰淇淋　　C. 罐头　　D. 巧克力

答案是C。他问“水果罐头不知道有没有”，说明他想买罐头。

第17到18题是根据下面一段对话：

男：你好，请问哪位是赵小姐？

女：我就是。请问有什么可以帮您？

男：我是之前打电话预约看房子的。这是我的朋友，他打算和我一起合租房子。

女：你们好！你们真有眼光，选的房子地理位置又好，租金又便宜，这样的房子打着灯笼都找不着呢！

男：我们想先去看看房子，不知道可以不可以？

女：当然可以！我现在就和房东联系，顺利的话我们一会儿就可以看房子，签合同。

17. 关于男的，下面哪个是正确的？

A. 他没有预约看房　　B. 他要跟朋友一起租房

C. 他看上的房子里没有电灯，要打灯笼　　D. 他喜欢那个房子

答案是B。“这是我的朋友，他打算和我一起合租房子”，从这句话中可以看出他要和朋友一起租房子。

18. 女的认为房子有哪些优点？

A. 交通方便　　B. 租金便宜

C. 房子结构好　　D. 适合两人住

答案是B。“租金又便宜”是答案所在。

（二）办公商务话题　同步训练录音文本及答案解析

第1–18题：请选出正确答案。

1. 男：这个项目人手够吗？

女：还可以。要是想在下个月中旬全部完成，最好能再加一个人手，专门负责市场推广。

男：增加人手问题不大，但是你们要注意多沟通，要提高工作效率。

女：多谢领导支持，我们一定努力。

问：女的需要哪方面的人员？

A. 美术编辑　　B. 项目管理　　C. 产品推广　　D. 销售人员

答案是C。“最好能再加一个人手，专门负责市场推广”，其中“负责市场推广”与答案C“产品推广”一致。

2. 女：王总，我想辞去销售部经理的职务。

男：为什么突然要辞职呢？是对公司有什么意见吗？

女：不是，我最近感觉压力太大，经常失眠头疼。

男：你看这样行不行？我放你两周假，你好好儿休息，然后再来工作。

问：女的为什么要辞职？

A. 与领导不和　　B. 工作压力大　　C. 心情不好　　D. 对公司有意见

答案是B。“感觉压力太大，经常失眠头疼”是答案所在。

3. 男：下周三的会有多少人参加？

女：已经确定的有二十五人，还有四个人没有回复。

男：那尽快给他们打个电话确认一下，以便订餐订房间。

女：好，我马上就去安排。

问：没有确定参加会议的有多少人？

A. 三个人　　B. 二十五个人　　C. 四个人　　D. 十个人

答案是C。“还有四个人没有回复”意思是还没有确定。

4. 女：你知道公司裁员名单上有我吗？

男：你在公司表现不错，这次裁员没有你。

女：听到这个消息真是太高兴了。

男：是啊，能够留在这家公司继续工作是对我们能力的肯定。

女：今后我一定要更加努力工作。

问：根据对话，下面哪项正确？

A. 女的将被裁员　　　　　　B. 男的将被裁员

C. 女的找到一份新工作　　　　D. 男女都将继续留在该公司

答案是D。“能够留在这家公司继续工作是对我们能力的肯定”其中“我们”是指男女两个人，从这句话中可以看出他们都留在公司，继续在公司工作。

5. 男：小张去巴黎出差回来了吗？

女：已经回来三周了。他又在办手续，准备去巴黎学习。

男：是吗？这次去多久？

女：大概半年左右，是参加有关金融管理方面的高级培训。

问：关于小张，下列哪项正确？

A. 从巴黎回来半年了　　　　B. 要去巴黎培训半年

C. 要去巴黎培训三周　　　　D. 三周后从巴黎返回

答案是B。“准备去巴黎学习”“大概半年”就是答案。

6. 男：在上网吗？帮我查个东西。

女：哦，鼠标动不了了，好像死机了。

男：是不是电脑中病毒了？

女：我对电脑一窍不通，还是找个懂电脑的人来看看吧。

问：他们在谈论什么？

A. 网络信息安全　　B. 电脑故障　　C. 更换鼠标　　D. 网速太慢

答案是B。“鼠标动不了了，好像死机了”是电脑出现故障的一种表现。

7. 女：好久没见，你忙什么呢？

男：我准备跟我弟弟开一家川菜馆儿，他曾经在部队做厨师，手艺还不错。

女：你们申请营业执照的资料、注册资金都准备好了吗？

男：这些都差不多了。

问：关于男的，可以知道什么？

A. 需要合作人　　B. 没有注册资金　　C. 营业执照刚办好　　D. 想开一家饭馆儿

答案是D。“我准备跟我弟弟开一家川菜馆儿”就是答案。

8. 男：小李，老板没有在综合管理部啊？

女：你可以问老板的助理，或许她知道。

男：我在哪儿可以找到她呢？

女：她在文秘部，这是她办公室的电话。

问：老板助理在哪个部门？

A. 综合管理部　　B. 销售部　　C. 文秘部　　D. 人事部

答案是C。答案就是“她在文秘部”。

9. 女：你工作找得怎么样了？

男：我一周前才开始找，现在还没找到呢！

女：听说你想进报社，我有个朋友在报社工作，我可以给你引见一下。

男：那太好了，我想做编辑工作。

问：男的想找个什么样的工作？

A. 电脑设计　　B. 报社编辑　　C. 文字校对　　D. 学校老师

答案是B。“我想做编辑工作”，说明他想去报社当编辑。

10. 男：你们这批货的价钱高了些。

女：价格可以商量，我们可以给您优惠一些。

男：怎么优惠呢？

女：如果您大量订购，我们可以给您一定的折扣。

问：优惠条件是什么？

A. 多买多送　　B. 让利销售　　C. 大量订购　　D. 买一送一

答案是C。“如果您大量订购，我们可以给您一定的折扣”是答案所在。

11. 女：你觉得我们申报这个项目有希望吗？

男：你们的计划方案我看了，整体感觉还不错。

女：哪些地方还需要再修改一下，我们想听听您的建议。

男：要是能把你们这个团队的优势再突出一下就更好了。

问：男的认为申报方案应该怎么修改？

A. 突出团队优势　　B. 非常完美　　C. 没有价值　　D. 比较简单

答案是A。“要是能把你们这个团队的优势再突出一下就更好了”，其中的“突出团队优势”就是答案。

12. 女：我们跟贵公司的合作一直非常愉快，你们的产品质量我们很满意。

男：谢谢你们对我们的信任，希望我们今后的合作能够更加广泛和深入。

女：好！为了我们的合作成功，干杯！

男：干杯！

问：男的希望怎么样？

A. 订购产品　　B. 广泛合作　　C. 互相信任　　D. 提高质量

答案是B。“希望我们今后的合作能够更加广泛和深入”是答案所在。

13. 男：今天我升职了，我想请你吃饭庆祝一下。

女：恭喜你啊，几点钟？我们在哪儿见面？

男：今晚8点在我家。

女：没问题，我会准时去的。

问：男的为什么请客？

A. 过生日　　B. 升职了　　C. 朋友聚会　　D. 搬新家了

答案是B。“今天我升职了，我想请你吃饭庆祝一下”就是答案。

14. 女：刘经理，我想拷贝一下您今天演讲的课件，可以吗？

男：你的U盘够大吧？今天的课件有很多图片和声音，文件比较大。

女：我试试吧。

男：好的，如果拷不下，你可以到公共邮箱下载。

问：关于课件，下列哪项是正确的？

A. 有错误　　B. 需要翻译　　C. 不能拷贝　　D. 在公共邮箱里

答案是D。“你可以到公共邮箱下载”，说明课件在公共邮箱里。

15. 男：你好，我叫张飞，是来应聘的。孙先生通知我上午十点来面试。

女：请问您应聘什么职位？

男：人事部经理。

女：请您去二楼304房间稍等一下。

问：男的要应聘哪个部门？

A. 人事部　　B. 销售部　　C. 研发部　　D. 法务部

答案是A。从男的回答“人事部经理”可知答案是A，他应聘的是人事部。

16. 女：我的一个文件夹怎么整个都找不到了？

男：你电脑是不是中病毒了？

女：不会吧，我前两天刚刚杀过毒。你帮我看看吧？

男：好的，你确信文件都存在硬盘里了？

问：女的在找什么？

A. 键盘　　B. 文件夹　　C. 鼠标　　D. 移动硬盘

答案是B。女的说“我的一个文件夹怎么整个都找不到了”说明文件夹不见了，正在找。

第17到18题是根据下面一段对话：

男：最近老也见不到小李，他在忙什么呢？

女：他呀，刚找到一份工作，特别拼命。加上他脑子本来就活，给公司提了不少建议，老板也特别器重他！

男：还真看不出来呀。

女：平时看他没个正经，到正事儿上还真有两下子呢！

男：真是人不可貌相啊。

17. 关于小李，下列哪个是正确的？

A. 他失踪了　　B. 他在拼命找工作

C. 他工作表现很好　　D. 老板对他不满意

答案是C。“给公司提了不少建议，老板也特别器重他”，其中从“老板也特别器重他”可以看出他工作表现很好。

18. 他们认为小李怎么样？

A. 人品不好　　B. 有本事　　C. 喜欢穿着　　D. 很懒散

答案是B。“到正事儿上还真有两下子呢”，其中“有两下子”说明工作能力强，有本事。

（三）学校教育话题　同步训练录音文本及答案解析

第1–18题：请选出正确答案。

1. 男：今年暑假你有什么安排？

女：我想上一个英语短期培训班，提高一下英语水平。

男：你找到好的培训学校了吗？

女：在市中心有一所相当好的学校，那儿的师资力量也非常雄厚。

问：女的暑假里想学什么？

A. 汉语　　B. 英语　　C. 法语　　D. 德语

答案是B。“我想上一个英语短期培训班”就是答案所在。

2. 男：丽丽最近物理成绩有些下降，数学成绩提高了。

女：物理课有些概念比较抽象，很难理解。

男：我们给她请一位物理家教做课外辅导吧？

女：嗯，我觉得有必要。

问：男的提议什么？

A. 找物理家教　　B. 找物理和数学家教

C. 找数学家教　　D. 每门课找一位家教

答案是A。“请一位物理家教”是答案所在。

3. 女：那天同学聚会你怎么没来？好几个人都问你呢。

男：别提了，家里一大堆事，孩子正好要上钢琴班。

女：是吗？现在的孩子一到周末就上各种各样的补习班，父母也跟着忙活。

男：有什么办法呢？

问：男的是什么语气？

A. 高兴　　B. 着急　　C. 无奈　　D. 无所谓

答案是C。“有什么办法呢”意思是“没有办法、很无奈”。

4. 男：啊？我们得在周一前完成300页的阅读。

女：老师给我们的时间太短了。

男：是啊，最麻烦的是，在学校书店和图书馆都找不到这本书。

女：明天我再去其他图书馆找一找。

问：老师布置的任务是什么？

A. 每天阅读300页　　B. 每周读300页的书

C. 周一前读300页的书　　D. 去书店或图书馆找一本300页的书

答案是C。“在周一前完成300页的阅读”，就是要读300页的书。

5. 女：您好，李老师！我刚才上网查成绩，好像有点儿问题。

男：我已经接到几个类似电话了，可能是学校网络系统出现了故障。

女：网络系统什么时候能好呢？

男：等系统恢复正常后，我会发短信通知你。

问：女的是什么人？

A. 学生　　B. 教师　　C. 教务处工作人员　　D. 网络工程师

答案是A。“我刚才上网查成绩，好像有点儿问题”，其中“上网查成绩”说明她想了解考试成绩，可以看出她的身份应该是学生。

6. 女：我想提高英语水平，你有什么建议？

男：多上英文网站看英文电影，这样对提高英文水平很有帮助。

女：这样真的能提高英文水平吗？

男：当然，在网上你能学到课堂上学不到的知识。

问：男的提的学好英语的建议是什么？

A. 课堂上认真听讲　　B. 在互联网上学习英语

C. 多请教老师　　D. 多看英文书

答案是B。“多上英文网站看英文电影”就是在互联网上学习英语。

7. 女：听说你儿子报考了音乐学院？

男：是啊，天天不是弹琴就是唱歌，真辛苦。

女：孩子考大学确实挺不容易的，而且音乐学院又那么难考。

男：过几天考完就可以松口气儿了。

问：关于男的的儿子，下列哪项不正确？

A. 儿子报考了音乐学院　　B. 儿子每天都练琴唱歌

C. 考大学不太难　　D. 考完以后可以休息

答案是C。“孩子考大学确实挺不容易的，而且音乐学院又那么难考”说明考大学比较难。

8\. 女：怎么了？看起来你的精神不太好。

男：是啊！为了准备考试，我每天都开夜车。

女：你是不是因为平时贪玩儿，所以只能在考试之前临时抱佛脚啊？

男：哪儿啊？每天的作业都一大堆，做都做不完，哪儿有时间玩儿啊！

问：男的为什么精神不好？

A. 晚上工作到很晚　　B. 晚上学习到很晚

C. 每天夜里开车　　D. 晚上玩儿游戏

答案是B。“为了准备考试，我每天都开夜车”就说明他为了考试学习到很晚。“开夜车”是惯用语，意思是“为了工作或学习的需要而熬夜，连夜加班”。

9\. 男：你在美国已经五年了吧？什么时候毕业？

女：今年夏天终于拿到博士学位了，真不容易呀！

男：那你有什么打算？开始找工作了吗？

女：现在还没想好呢，特别想回国。

问：女的是什么时候毕业的？

A. 五年前　　B. 今年夏天　　C. 明年夏天　　D. 去年夏天

答案是B。“今年夏天终于拿到博士学位了”，说明她是今年夏天毕业的。

10\. 女：爸爸，我想看一会儿电视。

男：老师布置的作业都写完了吗？

女：为了看奥运比赛，我在学校就把作业写完了。

男：那好，你去看吧。

问：女的今晚要干什么？

A. 写作业　　B. 听音乐　　C. 看奥运比赛　　D. 干家务

答案是C。“为了看奥运比赛，我在学校就把作业写完了”，说明女的为了晚上看奥运比赛，在学校就写完了作业。

11\. 女：明天竞选学生会主席的人员都确定好了吗？

男：确定好了，只有王新不能参加竞选了。

女：他为什么不参加竞选了？

男：他生病了，明天要去医院动手术。

问：王新为什么不能参加竞选了？

A. 生病了　　B. 要考试　　C. 担心选不上　　D. 胳膊摔断了

答案是A。“他生病了”就是答案所在。

12. 女：站在学校门口的那个男孩儿是谁？

男：那是王新，我们班班长。

女：听说他还负责院学生会工作，是吗？

男：对啊，他做什么事情都很积极。

问：王新在班里担任什么职务？

A. 学习委员　B. 班长　C. 学生会主席　D. 生活委员

答案是B。“那是王新，我们班班长”，从这句话可以看出王新在班里担任班长。

13. 女：听说你一直在山区从事教育工作。

男：是的，大学毕业我就去了山区。

女：你为什么要放弃都市生活呢？

男：山区的孩子也需要接受教育啊。

问：男的是做什么工作的？

A. 山区教师　B. 大学教师　C. 记者　D. 山区农民

答案是A。“在山区从事教育工作”就是在山区当老师。

14. 男：小红，你在忙什么呢？

女：我在浏览自学网站呢。

男：那里有没有考研的资料啊？我下个月要参加考试。

女：当然有，你可以找到任何想要的资料。

问：男的准备考什么？

A. 博士　B. 研究生　C. 大学　D. 出国留学

答案是B。“那里有没有考研的资料啊”其中“考研的资料”就是考研究生的资料，说明他准备考研究生。

第15到16题是根据下面一段对话：

男：你这么急急忙忙地去干什么呀？

女：去图书馆复习准备考试啊！你在这儿等朋友吗？

男：是啊。我约了朋友在这儿喝咖啡、聊天儿。

女：天哪！你可真有闲工夫！你不用准备考试吗？

男：我这是忙里偷闲。考试是重要，但是如果一直学习，不注意放松，效果也不一定好。

女：我可没有你这么潇洒！这几天考试都快把我压得喘不过气来了！

15. 女的准备去哪儿复习？

A. 教室　B. 咖啡厅　C. 图书馆　D. 电脑房

答案是C。“去图书馆复习准备考试啊”就是答案所在。

16. 关于男的，下列哪个是正确的？

A. 天天喝咖啡　B. 认为考试不重要　C. 正在等朋友　D. 不用复习准备考试

答案是C。女的问男的“你在这儿等朋友吗”，男的回答“是啊”，说明男的是在等朋友。

第17到18题是根据下面一段对话：

男：老师经常表扬你中文学得不错，你是怎么学习的？

女：也没有什么，就是多听、多说、多读、多写。

男：你说得也太简单了，能不能再具体一些？

女：只要多留意，生活中就可以学到很多中文。比如“售票机”“入口”“请注意”这些字很多地方都有，我见到不认识的字，就写在一个随身带的小本子上，回家查字典。

男：你真是个有心人。

女：我还经常看中文电视、电影，听中文歌曲，我觉得这些都是学习中文的好方法。

男：谢谢你，我也要试试你的这些学习方法。

女：不客气，以后我们在一起的时候，也可以多用中文交流。

17. 关于学好中文的方法，女的没有提到哪一个？

A. 看中文电影电视　B. 听中文歌

C. 把汉字写在小本子上　D. 看中文小说

答案是D。“看中文电视、电影”“听中文歌曲”“不认识的字写在小本子上”，都是文中提到的，只有“看中文小说”没有提到。

18. 男的认为女的怎么样？

A. 是个有心人　B. 是个浪漫的人

C. 是个特别聪明的人　D. 是个喜欢学中文的人

答案是A。“你真是个有心人”就是答案所在。

（四）休闲娱乐话题　同步训练录音文本及答案解析

第1–18题：请选出正确答案。

1. 男：你知道围棋怎么下吗？

女：很简单，你用自己的棋子去围对方的棋子，然后占下他所有的地盘就行了。

男：哦，我也听说围棋比国际象棋好下。

女：说说当然比较容易，真下起来的时候就伤脑筋了。

问：根据对话，他们在讨论下什么棋？

A. 国际象棋　　B. 围棋　　C. 象棋　　D. 五子棋

答案是B。从“你知道围棋怎么下吗”这句话可以看出他们在讨论围棋的下法。

2. 男：西西，你最喜欢看什么电视节目？

女：体育节目，特别是篮球比赛。

男：你不喜欢看拳击比赛吗？多刺激呀！台球比赛呢？

女：拳击比赛有些残酷，台球比赛一点儿也不刺激。

问：西西喜欢看什么体育比赛？

A. 拳击比赛　　B. 篮球比赛　　C. 足球比赛　　D. 台球比赛

答案是B。“特别是篮球比赛”就是答案所在。

3. 男：这个假期你有什么打算？

女：我们全家准备出国旅游一圈儿，放松放松。

男：行程安排好了吗？

女：日本10天，韩国6天。

问：女的假期打算出去玩儿几天？

A. 10天　　B. 6天　　C. 4天　　D. 16天

答案是D。“日本10天，韩国6天”，10+6=16天。

4. 男：我有两张电影票，咱们今天去看电影吧？

女：电影几点开始演？

男：下午三点开始。

女：好吧，我们下午早点儿动身去电影院。

问：他们打算去干什么？

A. 去买电影票　　B. 去放映电影

C. 去电影院看电影　　D. 寻找电影票

答案是C。从“咱们今天去看电影吧”“下午早点儿动身去电影院”可知，答案是C。

5. 女：好多人都在捡贝壳，我们也去吧？

男：沙滩上紫外线很强，你不怕晒黑了？

女：我们难得来这儿，晒黑点儿有什么啊？多涂点儿防晒霜不就行了？

男：你不怕晒，我就更不怕晒了。

女：好，那我们走吧。

问：他们去哪儿玩了？

A. 湖边　　B. 公园　　C. 沙漠　　D. 海边

答案是D。海边才会有贝壳、沙滩。

6. 男：最近你父母身体好吗？

女：都很好，他们经常散步，有时打保龄球、下围棋，退休生活过得很愉快。

男：那太好了，真让人高兴，你回家时请代我向他们问好。

女：一定，谢谢。

问：女的的父母退休后喜欢什么运动？

A. 打乒乓球　　B. 打保龄球　　C. 打台球　　D. 打网球

答案是B。“打保龄球”就是答案所在。

7. 女：听说中国有很多人喜欢打太极拳，你会吗？

男：不会，我不觉得太极拳有意思，太慢，都是老爷爷、老奶奶喜欢的运动。我喜欢足球，也喜欢赛马、冲浪。

女：真没看出来，你这么一个文质彬彬的人，居然喜欢如此刺激的运动。

男：人不可貌相嘛。

问：关于男的，可以知道什么？

A. 喜欢打太极拳　　B. 喜欢刺激的运动　　C. 不喜欢足球　　D. 长相不好

答案是B。从女的说的话“你这么一个文质彬彬的人，居然喜欢如此刺激的运动”可以知道男的喜欢刺激的运动。

8. 男：我摄影比赛得了一等奖。

女：太棒了！

男：这部数码相机是摄影大赛发给我的奖品。

女：你真了不起，我们认识这么久，我只知道你喜欢旅游，没想到你还擅长摄影呢！

男：出去旅游才能拍出好的作品。

问：男的干什么获奖了？

A. 绘画　　B. 书法　　C. 摄影　　D. 旅游

答案是C。“我摄影比赛得了一等奖”就是答案所在。

9. 女：周末我们一起去公园吧？

男：我想去海洋馆，但爸爸说去颐和园。

女：这两个地方我们都去过了，去森林公园怎么样？

男：好啊，我们还可以爬山呢！

女：就这么决定了。

问：他们决定去哪个公园？

A. 海洋馆　　B. 颐和园　　C. 动物园　　D. 森林公园

答案是D。“这两个地方我们都去过了，去森林公园怎么样”说明前两个地方去过了，只有森林公园没有去过。

10. 女：今年伦敦奥运会中国获得了多少枚金牌，你知道吗？
男：我不知道，但我知道北京奥运会中国获得53枚金牌。
女：今年没有上届多，这次获得38枚，仅次于美国。
男：那也不错，这都是运动员们奋力拼搏的结果。
问：伦敦奥运会中国获得多少枚金牌？
A. 53枚　　B. 35枚　　C. 38枚　　D. 83枚
答案是C。"今年没有上届多，这次获得38枚"，其中"这次"指的是伦敦奥运会。

11. 男：我们想组一个家庭团，您能不能帮我们设计一个旅行线路呢？
女：你们自己组团，价格要稍微高一些。
男：那没问题，我们带着老人和孩子，所以希望时间不要安排得太紧。
女：您放心，这个我们会考虑的。
问：女的最可能在哪儿工作？
A. 售票处　　B. 房屋中介　　C. 广告公司　　D. 旅行社
答案是D。"家庭团、旅行线路"都是旅行社常用的词语。

12. 男：你上周末去哪儿玩儿了？
女：我去香山了。
男：这个时候去香山还能看见红叶吗？
女：没有看到红叶，可10月份去人又太多了。
问：根据对话，可以知道几月份能看见香山红叶？
A. 7月　　B. 8月　　C. 9月　　D. 10月
答案是D。"没有看到红叶，可10月份去人又太多了"，说明平时看不见香山红叶，只有10月份才能看到。

13. 女：今天电视又转播乒乓球赛。
男：我也看了，中国又赢得了大满贯。
女：在中国，乒乓球几乎是全国性的运动，各行各业的人都喜欢打乒乓球。
男：是啊，我们国家乒乓球人才很多。
问：中国的国球是什么？
A. 篮球　　B. 足球　　C. 乒乓球　　D. 排球
答案是C。"在中国，乒乓球几乎是全国性的运动"其中"全国性的运动"说明乒乓球在中国很普及。

14. 女：你象棋下得真不错。
男：我父亲是个棋迷，我三四岁就开始看着他跟别人下棋。
女：那算起来也超过六十年了吧？
男：是啊，可以说是跟象棋打了一辈子交道。

问：关于男的，下列哪项正确？

A. 年纪不大　　B. 不会下象棋

C. 他父亲爱下象棋　　D. 60岁开始下象棋

答案是C。对话一直在谈论象棋，而且男的说“我父亲是个棋迷”，可知他父亲特别爱下象棋。

第15到16题是根据下面一段对话：

女：现在旅游已经成为人们生活的一个重要部分了。

男：是啊，每年都有不少人利用假期外出旅游。

女：我喜欢自助游，很自由，可以根据自己的时间和兴趣安排行程，也可以选择自己喜欢的朋友、交通工具和旅游线路。

男：我也喜欢这种旅行方式。但是，跟旅游团旅行也不错，可以省去很多麻烦，比如订机票、订火车票、订酒店、办签证等。

女：对，还可以认识很多新朋友。不过，跟旅游团有时候也会发生一些不愉快的事情，比如，你到了酒店，发现房间的条件跟旅行社事先承诺的不太一样。

男：是的，去年我跟几个朋友就遇到过这样的事情，我们都不大高兴。

15. 女的为什么喜欢自助游？

A. 比较自由　　B. 花钱少　　C. 可以开车　　D. 认识朋友

答案是A。“我喜欢自助游，很自由”其中的“很自由”就是答案。

16. 男的觉得参加旅游团怎么样？

A. 太累　　B. 容易被骗　　C. 方便省心　　D. 花钱多

答案是C。“跟旅游团旅行也不错，可以省去很多麻烦”其中的“省去很多麻烦”就是答案。

第17到18题是根据下面一段对话：

女：怎么最近都没看见小张啊？他忙什么呢？

男：他忙着和网上认识的美眉谈情说爱呢，我之前还吓唬他可千万别遇见个恐龙！

女：什么“美眉”？什么“恐龙”？这都是什么意思啊？

男：这些都是网络语言，也算是网络文化的一种吧。“美眉”就是漂亮的女生，“恐龙”就是难看的女生。

女：现在网络上的花样可真多呀！

男：我刚开始看见这些词的时候和你一样，也是一头雾水，后来跟中国朋友在网上聊天，见的多了，也就明白了。

女：那我以后也经常跟你在网上聊天，跟你学习网络新词语。

男：没问题。

17. 关于小张，下列哪个是正确的？

A. 很忙　B. 正在谈恋爱　C. 喜欢在网上聊天　D. 正在学习网络语言

答案是B。“他忙着和网上认识的美眉谈情说爱呢”其中“谈情说爱”指的就是男女之间谈恋爱。

18. 对话中的“恐龙”是什么意思？

A. 一种动物　B. 漂亮的女生　C. 难看的女生　D. 厉害的男生

答案是C。“‘恐龙’就是难看的女生”就是答案所在。

二、长对话题综合训练录音文本及答案解析

第1–30题：请选出正确答案。

1. 男：天气预报说今天有雨夹雪，你多穿点儿。

女：好的，那咱们上班就别开车了吧？

男：行，那得早点儿走，早高峰时挤地铁的人多。

女：来得及。

问：他们打算怎么去上班？

A. 步行　B. 开车　C. 坐地铁　D. 坐公共汽车

答案是C。“早高峰时挤地铁的人多”，其中“挤地铁”是指坐地铁的人比较多，说明他们打算坐地铁上班。

2. 男：再看看你的登机牌是在几号登机口，护照、钱包都带好了吧？

女：您就放心吧，我又不是第一次出远门了。

男：好，一路平安，到了以后来个电话。

女：没问题。您回去吧，好好保重自己。再见。

问：对话是在哪儿进行的？

A. 机场　B. 火车站　C. 长途汽车站　D. 高速公路入口

答案是A。“再看看你的登机牌是在几号登机口”其中“登机牌”是机场为坐飞机的乘客提供的登机凭证。

3. 女：这款三门冰箱是我们今年卖得最好的，您看看。

男：款式、颜色都不错，有优惠活动吗？

女：要是您今天买，送一个微波炉。还多送一年质保。

男：也就是说保修期是两年了。

女：是的，另外，五年内厂家免费上门修理。

问：关于这款冰箱，下列哪项正确？

A. 包退包换　B. 买一送一　C. 今天有优惠活动　D. 保修期为一年

答案是C。"送一个微波炉。还多送一年质保"就是商家所搞的优惠活动。

4. 男：今天中午咱们去吃鸡腿汉堡吧？

女：还是少吃这些垃圾食品，高热量、高脂肪的食品对健康没什么好处。

男：也就是偶尔解解馋呗，我一想到那个香味儿就要流口水。

女：你这个馋猫，真拿你没办法。

问：女的觉得鸡腿汉堡怎么样？

A. 有营养　B. 不好闻　C. 是垃圾食品　D. 味道非常好

答案是C。"还是少吃这些垃圾食品"就是答案所在。

5. 男：我打算国庆节回一趟家，我姐姐结婚。

女：票买好了吗？国庆节是出行旺季，票可不好买。

男：今年开始节假日高速路免费，我打算开车，三个小时就到家了。

女：那你可要注意安全。

问：男的为什么要回家？

A. 姐姐结婚　B. 高速路免费　C. 开车旅游　D. 单位放假

答案是A。"我姐姐结婚"就是答案所在。

6. 男：大夫您好，我妻子的病情严重吗？

女：幸亏手术及时，恢复两三个礼拜就可以出院了。

男：太好了！太谢谢您了！

女：不客气。

问：他妻子什么时候可以出院？

A. 两三天　B. 两三个礼拜以后　C. 两个礼拜以后　D. 下个月

答案是B。"恢复两三个礼拜就可以出院了"就是答案所在。

7. 女：我们的房子快到期了，想续租，但是房东要涨价。

男：那就换一家吧？

女：谈何容易！现在找到一套合适的房子可难了！

男：别着急，慢慢找。你们的合同不是六月份才到期吗？

问：女的为什么要搬家？

A. 买新房子了　B. 换新单位了

C. 房东要卖房子　D. 房东要涨租金

答案是D。从"房子快到期了，想续租，但是房东要涨价"可知，女的搬家是因为房东要涨租金。

8. 男：大夫，劳驾您再给我开点儿药。上次您开的那瓶药挺管用的，用了三天就见好了。

女：我看看，……是好多了。皮肤还痒吗？

男：还有一点儿。

女：以后还得注意，别吃海鲜了。

问：关于男的，可以知道什么？

A. 晒黑了　　B. 受伤了　　C. 不爱吃海鲜　　D. 不能吃海鲜

答案是D。大夫说“以后还得注意，别吃海鲜了”说明男的不能吃海鲜，对海鲜过敏。

9. 女：你的房子买得正是时候，贷款利率打八五折呢。

男：是，我太太也挺满意的。只是还是觉得贷款有点儿多，还款压力大。

女：你们贷了多少？月供是多少？

男：首付百分之四十，剩下的都是贷的。月供差不多八千呢。

问：关于男的，可以知道什么？

A. 破产了　　B. 买保险了　　C. 贷款买房了　　D. 买股票赔了钱

答案是C。女的说“你的房子买得正是时候”说明男的买了房子。

10. 女：你是准备去英国旅游吗？

男：不是，公司派我去英国洽谈一个业务。

女：哦，大概去多长时间？

男：这个不好说，只要合同定好就回国。

问：男的要去干什么？

A. 旅游　　B. 去英国定居　　C. 去英国工作　　D. 去国外发展

答案是C。“公司派我去英国洽谈一个业务”，其中“洽谈业务”就是工作的一种。

11. 男：你看起来气色不错。

女：前两年我身体发福得厉害，所以从去年二月份开始坚持去游泳馆锻炼身体。

男：效果挺好的，你现在身材很棒。

女：是吗？那你也每天坚持锻炼身体吧。

问：女的为什么去游泳馆锻炼身体？

A. 为了保持体形　　B. 公司发游泳票作为福利

C. 因为气色不好　　D. 为了让身体更健康

答案是A。“前两年我身体发福得厉害”，其中“发福”就是身体变胖了，所以锻炼是为了保持体形。

12. 男：我说话对方怎么听不见？

女：我帮你看看。先检查一下麦克风吧。

男：这个麦克风是前几天刚买的，应该不会有问题。

女：哦，怪不得没有声音，你的麦克风开关没打开。

问：根据对话，可以知道什么？

A. 网络断了　B. 麦克风坏了　C. 麦克风没打开　D. 电脑中病毒了

答案是C。“你的麦克风开关没打开”就是答案所在。

13. 男：暑假我想打零工，赚些零花钱。

女：你可以去学校对面那家快餐店试试，前几天他们在招聘服务员。

男：是吗？可我想兼顾我的高级护理专业，想去中心医院做护工。

女：好主意！

问：根据对话，男的想做什么？

A. 去快餐店当服务员　B. 在学校餐厅工作

C. 在医院做护工　D. 做清洁工

答案是C。“想去中心医院做护工”就是答案所在。

14. 男：你在中国的留学生活怎么样？

女：很愉快，也很有收获。在北京学习期间，我也和很多中国人一样，每天早晨去公园锻炼身体。我不但学会了打太极拳，而且还交了许多中国朋友。

男：是吗？那你的中文一定进步不小吧？

女：比留学前说得好多了。我现在可以跟中国人聊天儿了。不过，有时候，他们一说方言我就一点儿也听不懂了。

问：女的什么时候听不懂中文？

A. 打太极拳的时候　B. 在北京留学的时候

C. 有人说方言的时候　D. 上课的时候

答案是C。“他们一说方言我就一点儿也听不懂了”就是答案。

15. 男：今天你怎么没来上课？

女：我去大使馆办签证了。

男：你昨天不是去过了吗？怎么今天又去？

女：咳，别提了，昨天白跑了一趟，我的相片尺寸不合格。

问：女的昨天为什么没有办签证？

A. 大使馆休息　B. 相片不合要求　C. 要上课　D. 费用不够

答案是B。“我的相片尺寸不合格”就是答案。

16. 男：昨晚七点半你看中央电视台综合频道的节目了吗？

女：没有。我正打算看电视，一个朋友打来长途电话。有什么重要新闻吗？

男：中西医结合治疗糖尿病有了突破性进展。

女：那我一定得告诉姑妈，让她上网查看。

问：根据对话，可以知道谁可能患有糖尿病？

A. 男的的姑妈　　B. 女的的姑妈　　C. 女的　　D. 广州的朋友

答案是B。女的说“那我一定得告诉姑妈”说明她姑妈可能患有糖尿病。

17. 女：您好，请问您要办理什么业务？

男：我想开通网上银行。

女：请您先填一下这张表格，在这里签字。

男：给您，这是我的白金卡。

女：请输入六位数的电子银行密码。

问：男的要办理什么业务？

A. 办理白金卡　　B. 申请贷款　　C. 开通网上银行　　D. 开通股票账户

答案是C。“我想开通网上银行”就是答案。

18. 女：你儿子报考的是哪所大学啊？

男：我建议他报考北大，但他不乐意。

女：为什么呀？北大可是名牌大学啊。

男：儿子想出国留学，他想去英国。

问：男的的儿子打算干什么？

A. 上北大　　B. 出国留学　　C. 参加工作　　D. 去国外旅游

答案是B。“儿子想出国留学”是答案所在。

19. 女：我们销售部现在急需一个经理，你有合适人选推荐吗？

男：现在呀，销售经理倒是很多，但是真正能干的也不那么容易留住。

女：也是，我们公司的张经理就突然跳槽走了。

男：那我帮你问问，我有一个朋友是学市场营销专业的，搞销售挺厉害的。

问：关于女的，下列哪项正确？

A. 待遇比较低　　B. 最近刚辞职　　C. 新开了一家公司　　D. 急需销售经理

答案是D。女的说“我们销售部现在急需一个经理”意思是急需销售经理。

20. 女：喂，你帮我看一下，王总给的那份文件是不是在桌子上？

男：在，您现在需要吗？

女：在就行，我下午要用，我以为把它忘在家里了呢。

男：那您需要的时候我帮您送过去。

问：那份文件现在在哪儿？

A. 公司　　B. 家里　　C. 出租车上　　D. 公共汽车上

答案是A。“我下午要用，我以为把它忘在家里了呢”，她认为把文件放在家里了，其实文件在公司的桌子上。

21. 女：李文，你每天都锻炼身体，这次运动会怎么不报名参加？

男：我怎么会不想参加？可我练的是武术，运动会没有这个比赛项目。哎，听说你跟张虎参加100米、400米跑步和跳远。

女：是呀，明天你可一定来给我们加油啊。

男：没问题，我明天一定去给你们加油。

问：关于李文，下列哪个说法正确？

A. 他不想参加运动会　　B. 他喜欢跑100米

C. 他是学武术的　　D. 他想当啦啦队

答案是C。“可我练的是武术”说明他是学武术的。

22. 男：我在咱公司工作5年了，我期望有一个升迁的机会。

女：是的，我了解这个情况，我也正考虑是让你去销售部门还是人事部门。

男：我希望去人事部门，我对那个部门比较了解。

女：好吧，你明天就去人事部工作吧。

男：我会尽力做好新工作。

问：男的去什么部门上班？

A. 销售部门　　B. 综合管理部门　　C. 人事部门　　D. 企划部门

答案是C。“你明天就去人事部工作吧”意思是让他去人事部门上班。

23. 男：谢谢你来参加我们的婚礼。今天客人太多了，招待不周，请多见谅。

女：你太客气了。这是我的荣幸呢！新娘子好漂亮啊！

男：哪里！哪里！

女：我还是第一次参加中国朋友的婚礼呢！中国的婚礼习俗好有意思啊！我今天真是大开眼界了！以后我也要举行中式婚礼。

问：女的有什么希望？

A. 做新娘子　　B. 在中国结婚　　C. 举行中式婚礼　　D. 找中国男朋友

答案是C。最后一句话“以后我也要举行中式婚礼”就是答案。

第24到25题是根据下面一段对话：

女：你理想的家是什么样的？

男：有个温柔贤惠的妻子，几个活泼可爱的孩子，还有一个……

女：还有一个大房子！

男：没错！我理想的房子要有四间卧室，一个大客厅和一个大花园。

女：要那么大的房子干什么呀？

男：我可以在家搞一些庆祝活动，像生日晚会、周末烧烤等。当然，为了我的孩子，附近还要有一个好学校，邻居也要友好。

女：我还没有结婚，没考虑你那么远。我喜欢住在交通方便、热闹的地方，周围要有商场、电影院、健身房等。家里要有一个大冰箱，放很多吃的东西。

24. 男的希望妻子是什么样的人？

A. 活泼可爱　　B. 能生孩子　　C. 温柔贤惠　　D. 事业心强

答案是C。“有个温柔贤惠的妻子”其中的“温柔贤惠”就是答案。

25. 女的喜欢住在什么地方？

A. 安静　　B. 上班近　　C. 交通方便　　D. 邻居好

答案是C。“我喜欢住在交通方便、热闹的地方”其中的“交通方便”就是答案。

第26到27题是根据下面一段对话：

男：我想去外面租房子住。

女：你怎么跟我想到一块儿去了！我这几天也净看广告找房子呢！

男：是吗？那我们合租怎么样？既能节省房租，又能互相照顾。

女：不好吧，别人会说闲话的！

男：你怎么这么保守呀？现在很多男女都一起租房子住的。我看好了一个房子，周围环境好，交通也方便，正打算跟中介谈价钱呢。

女：让我再想想吧。

26. 对于合租，男的是什么想法？

A. 有事时可以商量　　B. 怕别人说闲话　　C. 节省房租　　D. 交通方便

答案是C。从“既能节省房租，又能互相照顾”可知，答案选C。

27. 女的为什么没有答应合租？

A. 怕家长知道　　B. 怕别人说闲话　　C. 不好意思　　D. 不相信男的

答案是B。“别人会说闲话的”说明她认为别人会说她的闲话，所以没有答应合租房子。

第28到30题是根据下面一段对话：

女：你今天上午去看医生，医生怎么说？严重吗？

男：哦，我上午开完小强的家长会都十一点多了，就没去。

女：什么？你又没有去？这是我第三次和人家张医生约了。

男：好好好，改天你帮我再约一次吧，我一定按时去。

女：好吧，那下次你可一定要去。哦，对了，家长会上老师都说了些什么？

男：讲了讲从开学到现在的教学情况。还有，学校打算开一些兴趣班，动员家长帮孩子报名呢。

女：那得看小强对什么感兴趣，让他自己定吧。咱们小强在学校的表现还可以吧？

男：那还用说？老师对他挺满意的。

28. 男的上午做什么了？

A. 上班　　B. 看病　　C. 在家休息　　D. 开家长会

答案是D。“我上午开完小强的家长会都十一点多了”就是答案所在。

29. 小强在学校表现怎么样？

A. 很好　　B. 一般　　C. 老师不满意　　D. 对学习没兴趣

答案是A。“老师对他挺满意的”说明小强在学校表现好。

30. 这两个人最可能是什么关系？

A. 同学　　B. 夫妻　　C. 同事　　D. 邻居

答案是B。“咱们小强在学校的表现还可以吧”其中“咱们小强”意思是小强是他们俩的孩子，说明他们是夫妻关系。

听力第二部分　短文及其4大必考文体

一、题型规律、解题技巧、同步训练

（一）故事叙述类　同步训练录音文本及答案解析

第1–45题：请选出正确答案。

◆ 名人轶事

第1到3题是根据下面一段话：

李白小时候不喜欢念书，常常逃学，在街上乱逛。

一天，李白又没有去上学，在街上东走西看，不知不觉到了城外。走着走着，到了一家人门前，门口坐着一个满头白发的老婆婆，正在磨一根很粗的铁棒。

李白走过去问老婆婆："您在做什么？" 老婆婆抬起头，对李白笑了笑说："我要把这根铁棒磨成一根针。""针？"李白又问："是做衣服用的针吗？""当然！""可是，铁棒这么粗，什么时候能磨成细细的针呢？"

老婆婆反问李白："水可以滴穿石头，铁棒为什么不能磨成针呢？只要我下的功夫比别人多，就没有做不到的事情。"

听了老婆婆的话，李白觉得不好意思，回去之后，再也没有逃过学。后来他成了唐朝著名的大诗人。

1. 李白看见老婆婆在干什么？

A. 在磨石头　　B. 在聊天　　C. 在磨针　　D. 在做衣服

答案是C。由"门口坐着一个满头白发的老婆婆，正在磨一根很粗的铁棒"和"把这根铁棒磨成一根针"可知，老婆婆要把铁棒磨成针。

2. 李白听了老婆婆的话后发生了什么变化？

A. 在街上乱逛　　B. 再也没逃过学

C. 听父母的话　　D. 不喜欢念书

答案是B。"回去之后，再也没有逃过学"就是答案所在。

3. 李白是哪个朝代的大诗人？

A. 宋朝　　B. 元朝　　C. 清朝　　D. 唐朝

答案是D。李白是唐朝著名的大诗人，从短文最后一句话也能知道。

第4到6题是根据下面一段话：

法国有一位作家十分珍惜时间，他把所有的时间都用在了写作上。他的创作时间表是：从夜里十二点到中午工作，连续十二个小时，努力修改和创作。然后从中午到四点校对稿子，五点钟用餐，五点半才上床休息，到夜里十二点又起床工作。他把全部精力都用在了工作上，成为名副其实的"工作狂"。他一生创作出了90多部中长篇小说，成为一位多产作家。他之所以著作等身，与他珍惜时间、勤奋写作是分不开的。

4. 这位作家把所有时间都用来做什么？

A. 绘画　　B. 书法　　C. 写作　　D. 烹饪

答案是C。"他把所有的时间都用在了写作上"就是答案所在。

5. 这位作家每天连续工作多长时间？

A. 九小时　　B. 十小时　　C. 十一小时　　D. 十二小时

答案是D。"从夜里十二点到中午工作，连续十二个小时，努力修改和创作"就是说这位作家从夜里要工作到中午，每天连续工作十二小时。

6. 这位作家著作等身的主要原因是什么？

A. 对工作认真负责　　B. 在创作上有天赋

C. 珍惜时间、勤奋写作　　D. 经常读书看报

答案是C。“他之所以著作等身，与他珍惜时间、勤奋写作是分不开的”其中“珍惜时间、勤奋写作”就是答案。

第7到9题是根据下面一段话：

王献之的父亲是个著名的书法家，他经常把自己珍藏的书法作品拿出来让王献之欣赏，要他认真学习。

有一天，王献之正在用心练字的时候，父亲走了过来，伸手从他背后去抽他手里的毛笔，竟然没抽出来。父亲称赞他握笔有力，一定能写出好字。

王献之问父亲怎样才能把字写好，父亲微笑着对他说：“你把屋后那十八缸水用完，就可以把字练好。”

王献之记住父亲的教导，努力练字。最后也成了一名著名的书法家。

7. 父亲为什么没有抽出王献之手里的毛笔？

A. 专心练字　　B. 握笔有力

C. 怕打扰他　　D. 一定能写好字

答案是B。“父亲称赞他握笔有力”说明王献之握笔非常有力。

8. 父亲是如何让王献之练好字的？

A. 练字要专心　　B. 勤奋读书

C. 用完十八缸水　　D. 练字要有毅力

答案是C。“把屋后那十八缸水用完，就可以把字练好”就是答案所在。

9. 王献之最后成为什么？

A. 画家　　B. 书法家

C. 作家　　D. 收藏家

答案是B。由最后一句“最后也成了一名著名的书法家”可知答案。

◆ 哲理故事

第10到11题是根据下面一段话：

一天，五根手指争论谁最有价值。大拇指说：“每当主人称赞别人时，必定把我举起，我代表成功，所以最有价值。”食指反驳说：“每次主人指挥别人做事时，必定伸出我做指示，我是权势的象征，所以最有价值。”这时，高高在上的中指低下头，看着同伴说：“我是五个手指当中长得最高的，你们是没法和我比的。”戴着结婚戒指的无名指一脸的骄傲：“你们看看我身上闪闪发光的钻石，这

就是我价值的象征。”正当它们四个吵得不可开交的时候，小拇指说：“我相信自己是最有价值的，因为主人每次祈祷时，我与上帝是最近的。”

10. 五根手指在干什么？

A. 争论　　B. 谈话　　C. 聊天　　D. 吵架

答案是A。“五根手指争论谁最有价值”就是答案所在。

11. 中指为什么说自己有价值？

A. 它代表成功　　B. 它长得最高

C. 它闪闪发光的钻石　　D. 它与上帝最接近

答案是B。“我是五个手指当中长得最高的，你们是没法和我比的”就是答案所在。

第12到14题是根据下面一段话：

有一户人家的院子里有一块大石头，到院子里的人，不小心就会踢到，不是跌倒就是擦伤。

儿子问：“爸爸，那块讨厌的石头，为什么不把它挖走？”爸爸回答说：“它从你爷爷小时候就在那里。而且体积那么大，不知道要挖到什么时候。走路小心一点儿，还可以训练你的反应能力。”

一天早上，儿子带着工具和一桶水，把水倒在大石头的四周。十几分钟以后，他用工具把大石头四周的泥土弄松。儿子早有心理准备，可能要挖一天吧，谁都没想到几分钟就把石头挖了出来，看看大小，这块石头没有想象的那么大，都是被那个巨大的外表蒙骗了。

生活中，阻碍我们去发现、去创造的，其实是我们心理上的障碍和思想中的顽石。

12. 父亲为什么一直没有挖那块大石头？

A. 石头看起来很大　　B. 石头还有别的用处

C. 父亲想让儿子挖　　D. 父亲想保存石头

答案是A。“体积那么大，不知道要挖到什么时候”就是说石头很大，要挖很长时间，所以父亲一直没有挖那块大石头。

13. 石头最后是被谁挖出来的？

A. 父亲　　B. 儿子　　C. 媳妇　　D. 母亲

答案是B。“儿子带着工具和一桶水”“几分钟就把石头挖了出来”，就是说石头最后是被儿子挖出来的。

14. 根据短文，下面理解正确的是哪个？

A. 不要听信老人的话　　B. 改变世界，先改变自己的心态

C. 任何事情只要有毅力，就能成功　　D. 只要勤劳，就能有收获

答案是B。“生活中，阻碍我们去发现、去创造的，其实是我们心理上的障碍和思想中的顽石”，意思是说不管做什么事都要勇于实践，大胆尝试，先改变自己的心态。

第15到17题是根据下面一段话：

有个年轻人去微软公司应聘，但公司并没有登过招聘广告。年轻人跟总经理解释说自己是碰巧路过这里就进来了，请他原谅。总经理感觉很新鲜，就给他安排了一个面试。面试的结果出人意料，年轻人表现得很不好。他说自己事先没有准备，总经理以为他不过是找个理由，就随口应道：“等你准备好了再来试吧。”

一周后，年轻人再次走进微软公司的大门，这次他仍然没有成功。但比起第一次，他的表现好了很多。而总经理给他的回答仍然跟上次一样：“等你准备好了再来试。”就这样，这个青年先后五次走进微软公司的大门，最终被公司录用，并成为公司的重点培养对象。所以，只有坚持到底、永不放弃的人才能成功！

15. 这个人为什么去微软公司应聘？

A. 去见总经理　　B. 去试试看

C. 看到了招聘广告　　D. 碰巧路过

答案是D。“碰巧路过”就是答案所在。

16. 年轻人去了几次才被公司录用？

A. 2次　　B. 3次　　C. 4次　　D. 5次

答案是D。从“这个青年先后五次走进微软公司的大门，最终被公司录用”可知，答案应选D。

17. 这个故事告诉我们什么道理？

A. 努力学习就能成功　　B. 只有坚持才能成功

C. 要经常去公司看看　　D. 要珍惜工作机会

答案是B。最后一句“只有坚持到底、永不放弃的人才能成功”就是答案。

◆ 感人故事

第18到20题是根据下面一段话：

一个花园里有一间小屋子，屋子里住着花园的主人，他是一个盲人。他虽然眼睛看不见，但却把花园弄得非常漂亮，花园里总是开满了各种鲜花。

一位过路人惊奇地观赏着这漂亮的花园，不解地问盲人：“你这样做为的是什么呢？你根本就看不见这些美丽的花呀。”

盲人笑了，说：“我可以告诉你四个理由：第一，我喜欢工作；第二，我可以抚摸我的花；第三，我可以闻到它们的香味；至于第四个理由，则是因为你。”

“我？但是，你根本不认识我呀。”路人说。

“是的，我不认识你，但是我知道有一些像你一样的人，会在某个时间从这儿经过，这些人会因为看到我美丽的花园而心情愉快，而我也因此能有机会和你在这儿谈这件事。”

18. 关于那个花园，可以知道什么？

A. 开满了鲜花　　B. 可以随便参观

C. 有很多人来买花　　D. 有两名管理人员

答案是A。“花园里总是开满了各种鲜花”就是答案。

19. 花园主人的第四个理由是什么？

A. 闻花的香味　　B. 热爱这项工作

C. 给别人带来快乐　　D. 抚摸鲜花

答案是C。“第四个理由，则是因为你”“我知道有一些像你一样的人，会在某个时间从这儿经过，这些人会因为看到我美丽的花园而心情愉快”，从这两句话可以知道，花园主人是为了给别人带来快乐。

20. 关于花园的主人，下列哪项正确？

A. 眼睛看不见　　B. 耳朵听不见

C. 有一个果园　　D. 儿子很能干

答案是A。第一句话“他是一个盲人”就是答案。“盲人”就是眼睛看不见的人。

第21到23题是根据下面一段话：

在一个小村庄住着一对母女。母亲胆子很小，一到晚上就把门锁得紧紧的；女儿呢，不喜欢乡村生活，想去看看那个想象中华丽的都市。一天清晨，女儿趁母亲睡觉时偷偷离家出走了。

十年后，已经长大成人的女儿，厌烦了城市生活，只好回到了故乡。

她回到家时已经是深夜了，一丝灯光从门缝儿透出来。她轻轻敲了敲门，并试着用力推了一下门，门竟然开着。她大吃一惊：奇怪，母亲以前是从来不会忘记把门锁上的。

“妈……妈……”听到女儿的声音，母亲睁开了眼睛，接着把女儿紧紧地搂在怀里。在母亲怀里哭了很久之后，女儿突然好奇地问：“妈，今天你怎么没有锁门，有人闯进来怎么办？”

母亲回答说：“不只是今天，我怕你晚上突然回来进不了家门，所以十年来门从没锁过。”

21. 女儿向往什么样的生活？

A. 乡村生活　　B. 都市生活　　C. 海边生活　　D. 无忧无虑的生活

答案是B。“不喜欢乡村生活，想去看看那个想象中华丽的都市”说明女儿向往的是都市生活。

22. 一天清晨，女儿做出了什么决定？

A. 外出打工　　B. 离家出走　　C. 回校读书　　D. 在家照顾母亲

答案是B。“女儿趁母亲睡觉时偷偷离家出走了”意思是女儿没有告诉母亲就悄悄地离开了乡村。

23. 女儿走后，母亲为什么一直没有再锁门？

A. 门锁坏了　　B. 担心女儿出走

C. 等待女儿回家　　D. 锁门不方便

答案是C。“我怕你晚上突然回来进不了家门，所以十年来门从没锁过”就是说母亲在女儿出走之后就再也没锁过门，随时等待女儿回家。

第24到26题是根据下面一段话：

以前，我们上学都带着简单的盒饭。我的同桌也是如此。这个同学，每次都先从盒饭里拣出几根头发，再若无其事地开始吃。这让大家看着很不舒服。

有一天放学之后，这个同学叫住了我：“你要是有空儿就去我家玩儿吧。”这是他第一次邀请我，所以我不好意思拒绝，尽管我的心里不太情愿。

到家门口的时候，同学喊了一声：“妈，我带朋友来了。”过了一会儿，门打开了，“朋友来啦，快请进。”同学的母亲，手拄着拐杖站在门口。这时我才知道，她是一位双眼失明的盲人。

看着眼前的情景，我的鼻子一阵阵发酸，一句话都说不出来。原来，同学的盒饭是这位盲人母亲小心翼翼装好的！

同学每天享受的不只是一顿午餐，更是母亲满满的爱心，就连那几根头发，也是母亲的爱。

24. 关于同学母亲，可以知道什么？

A. 眼睛看不见　　B. 耳朵听不见　　C. 腿脚不好　　D. 不能说话

答案是A。“她是一位双眼失明的盲人”就是说同学母亲的眼睛什么也看不见。

25. 同学的饭盒里每天都有什么？

A. 肉　　B. 蔬菜　　C. 头发　　D. 香肠

答案是C。“每次都先从盒饭里拣出几根头发”说明他的饭盒里有头发。

26. 为什么“我”的鼻子一阵阵发酸？

A. 同学的母亲身体不好　　B. 母爱的伟大感动了他

C. 同学家生活困难　　D. 同学的父亲去世了

答案是B。“同学的盒饭是这位盲人母亲小心翼翼装好的”就是说母亲的眼睛看不见，还要每天给同学做饭，他被这种母爱所感动。

◆ 寓言故事

第27到29题是根据下面一段话：

古时候，郑国有个人想买双鞋。他在家里量了量自己的脚，做了一个尺码，然后匆匆忙忙地来到集市上，在一家店铺里找到了自己要买的鞋。当店家问他要多大尺码时，他摸摸口袋，说：“哎呀！我忘记带尺码了。”转身就往家跑。等他拿着尺码再赶到集市，鞋店已经关门了，因此，他没有买到鞋。有人问他：“你为什么不用自己的脚去试试鞋的大小呢？”他回答说：“我忘了可以自己试鞋了。”

27. 这个人想去集市干什么？

A. 买衣服　　B. 买裤子　　C. 买鞋子　　D. 买袜子

答案是C。“想买双鞋”就是答案所在。

28. 到了集市他忘记了什么？

A. 买鞋　　B. 带尺码

C. 带钱　　D. 店铺的名字

答案是B。“忘记带尺码”就是答案所在。

29. 这个买鞋人是个什么样的人？

A. 做事认真　　B. 不会变化

C. 灵活多变　　D. 实事求是

答案是B。“我忘了可以自己试鞋了”说明他做事不会根据情况的变化而变化。

第30到31题是根据下面一段话：

西施是中国历史上的“四大美女”之一，她一举一动都非常迷人。可是，她的身体不好，有心痛的毛病。她犯病时总是用手按住胸口，紧锁眉头。虽然她看起来非常难受，但是见到的村民们却都称赞，说她这样比平时更美丽。

离西施家不远的地方，有个叫东施的女孩儿，她因为长得丑，所以总是想尽办法打扮自己。有一天，她在路上碰到西施，见西施手按着胸口，皱着眉头，显得特别美。心想：难怪人们说她漂亮，原来是做出这种样子。于是她就开始模仿西施的病态。看着东施这种奇怪的样子，人们觉得她更难看了。

30. 关于西施，下面哪种说法正确？

A. 身体有病　　B. 身体强壮

C. 喜欢打扮　　D. 喜欢模仿

答案是A。“她的身体不好，有心痛的毛病”就是答案所在。

31. 东施为什么要模仿西施的动作？

A. 她嫉妒西施　　B. 村民都夸西施漂亮

C. 西施身体不好　　D. 西施有许多漂亮的衣服

答案是B。“村民们却都称赞”就是说村民看见西施生病的样子都认为很美，所以东施模仿西施的病态。

第32到34题是根据下面一段话：

在一个寒冷的冬天，有一个农夫，在路边看到一条快要冻死的蛇。善良的农夫觉得这条蛇很可怜，就把它捡起来放到自己的怀里为它取暖。过了很久，这条蛇渐渐醒过来了。农夫很高兴，他问蛇好点儿没有。蛇说：“谢谢你救了我，但是我现在饿了，想吃东西。”说完它就狠狠地咬了农夫一口。农夫非常后悔，他终于明白像蛇这样邪恶的东西是不应该去帮助它的，但是他明白得太晚了。

32. 在什么季节，农夫救了这条蛇？

A. 春天　　B. 秋天

C. 夏天　　D. 冬天

答案是D。“在一个寒冷的冬天”说明农夫是在冬天救了这条蛇。

33. 农夫救了蛇，蛇是怎样对待农夫的？

A. 蛇要报答农夫　　B. 蛇咬死了农夫

C. 蛇要帮助农夫　　D. 蛇和农夫成为好朋友

答案是B。从“它就狠狠地咬了农夫一口”可知，农夫救了蛇，蛇却咬死了农夫。

34. 从这则寓言里，我们学到了什么？

A. 一切事物都要顺其自然　　B. 做人一定要诚实

C. 人与人之间要互相帮助　　D. 邪恶的东西是不值得帮助的

答案是D。“他终于明白像蛇这样邪恶的东西是不应该去帮助它的”就是答案所在。

第35到37题是根据下面一段话：

知了看见一只大雁在空中自由地飞翔，十分羡慕。于是就请大雁教它学飞，大雁高兴地答应了。

学飞是一件很辛苦的事情。知了怕吃苦，一会儿东张西望，一会儿爬来爬去，学习很不认真。大雁给它讲飞的道理，它只听几句就不耐烦地说：“知了！知了！”大雁教给它本领，它只试了几下，就骄傲地喊道：“知了！知了！”

秋天到了，大雁要到南方去了。知了想跟着大雁一起展翅高飞。可是它用力扑腾着翅膀，还是没能飞离树梢。

这时候，知了眼望着万里长空，只见大雁振翅远飞，真后悔啊！可是这时已经晚了，它只好叹着气说：“迟了！迟了！”

35. 知了想跟大雁学什么？

A. 飞　B. 跑　C. 跳　D. 唱

答案是A。“请大雁教它学飞”就是让大雁教它如何在天空飞翔。

36. 为什么知了没有学会飞？

A. 怕吃苦　B. 怕危险　C. 怕摔跤　D. 怕困难

答案是A。“知了怕吃苦”就是答案所在。

37. 从这个故事中可以懂得什么道理？

A. 学本领要动脑筋　B. 学本领要能吃苦

C. 学本领要不怕危险　D. 学本领要勇敢

答案是B。短文告诉我们，知了因为怕吃苦，所以没有学会“飞”。因此，从这个故事我们可以懂得学本领要能吃苦。

◆ 幽默笑话

第38到40题是根据下面一段话：

我决定去买汽车的那天下着很大的雪，想到在这样糟糕的天气里，销售商一定认为不会有顾客上门，我便信心百倍准备大肆杀价。正如我所料，当我进入展厅时，发现我是唯一的顾客。但销售商一开口，我准备狠狠杀价的希望便立即落空了。“小伙子，”他得意地说，“你肯定想新车想坏了，这么糟的天气都跑出来买车。”

38. 这个人买汽车的那天天气怎么样？

A. 天气晴朗　B. 下着大雨

C. 下着大雪　D. 刮着大风

答案是C。“那天下着很大的雪”就是说天气不好。

39. 展厅里的顾客很多吗？

A. 有很多顾客在买车　B. 顾客非常稀少

C. 我是唯一的顾客　D. 展厅的顾客很多

答案是C。“我是唯一的顾客”就是答案所在。

40. 他杀价的希望为什么落空了？

A. 他没有看上展厅的汽车　B. 展厅里的汽车太少

C. 销售商看出他急于买车　D. 汽车的颜色他不喜欢

答案是C。“你肯定想新车想坏了，这么糟的天气都跑出来买车”意思是说这么糟糕的天气都来买车，一定是特别想买汽车，销售商看出他急于买车，所以他没法狠狠杀价。

第41到42题是根据下面一段话：

有一个人在路上走着，他觉得饿了，看见很多人在一家饭馆儿里吃饭，就走了进去。坐下以后，服务员给他拿来了菜单，这个人不识字，但又装出识字的样子，就往菜单上一指，说："要这个。"一会儿，服务员给他端来一碗汤。服务员问他："先生，您还要什么菜？"他又指了一下。这回服务员端来的还是一碗汤。他一看还是汤，就又指了一下，服务员看了一下笑着说："这个不能吃。"那个人问："为什么不能吃？""这是我们饭馆儿的名字。"

41. 他在饭馆儿坐下以后，服务员给他拿来什么？

A. 碗　　B. 筷子　　C. 菜单　　D. 餐巾纸

答案是C。"坐下以后，服务员给他拿来了菜单"就是答案所在。

42. 他指的菜服务员看了一下为什么笑了？

A. 他指的菜饭馆儿没有　　B. 他指的是饭馆儿名字

C. 服务员不想给他上菜　　D. 服务员知道他不识字

答案是B。从"这是我们饭馆儿的名字"可知，因为他不识字，指的是饭馆儿的名字，服务员认为饭馆儿名字不是菜，不能吃，所以笑了。

第43到45题是根据下面一段话：

早上上班，差不多每天我都在公司门口买一个煎饼当早餐。时间一长，就和卖煎饼的阿姨熟了。每次我举起手，伸出一个手指，阿姨就会马上动手做好一个煎饼，等我放好自行车后过来拿。有时胃口大开，觉得一个不够吃，伸两个手指就行了。昨天起了个早，我在家里吃了面包后才去上班。路过卖煎饼的地方，就抬手跟阿姨打了个招呼。放好自行车后，我打算直接进公司。没想到刚到门口，那个阿姨就跑过来，手里拿着一个袋子，说："你刚才伸了五个手指，我就做了五个煎饼，等了半天你都不来，只好给你送来了，快趁热吃吧。"

43. 他平时早饭吃什么？

A. 煎饼　　B. 饼干

C. 包子　　D. 面包

答案是A。"早上上班，差不多每天我都在公司门口买一个煎饼当早餐"其中"差不多每天我都……买一个煎饼当早餐"就是答案。

44. 他伸出两个手指是什么意思？

A. 要两个　　B. 很好吃

C. 表示祝贺　　D. 一共两个人

答案A。"一个不够吃，伸两个手指就行了"意思就是要两个煎饼。

45. 阿姨为什么给他五个煎饼？

A. 向他表示感谢　　B. 他今天胃口不错

C. 误会他的意思了　　D. 让他午饭时再吃

答案是C。从“路过卖煎饼的地方，就抬手跟阿姨打了个招呼”“你刚才伸了五个手指，我就做了五个煎饼”这两句话可以知道，阿姨误会了他的意思。

（二）介绍说明类　同步训练录音文本及答案解析

第1–35题：请选出正确答案。

◆ 事物现象

第1到2题是根据下面一段话：

汽车是现代人最常用的交通工具，很多人出行时都会选择开车或者坐车。但是，传统的汽车不仅耗费了大量的能源，对环境也造成了严重的破坏。因此，为了节约能源，保护环境，目前，世界上许多国家都积极研发、推广新能源汽车。

1. 传统的汽车有什么缺点？

A. 使用不方便　　B. 造价太高　　C. 不好停车　　D. 耗费能源

答案是D。“耗费了大量的能源”就是答案所在。

2. 为什么许多国家都在研发推广新能源汽车？

A. 更环保　　B. 更快　　C. 更容易驾驶　　D. 更容易研发

答案是A。因为研发推广新能源汽车可以节约能源，更环保。

第3到4题是根据下面一段话：

《我们的地球》是一套专为幼儿园的孩子编写的环保读物。它通过有趣的故事、生动的卡通形象、色彩鲜艳的画面，向孩子们讲述爱护水资源、垃圾分类、保护动植物、节约用水等大问题。环保教育、环保意识要从小抓起，这套书体现了面向未来的独到眼光，出版后在幼儿园教育中已经取得了很好的效果。

3. 上面这段话主要讲的是什么？

A. 一次环保讲座　　B. 一次环保活动

C. 一家环保幼儿园　　D. 一套环保书籍

答案是D。“《我们的地球》是一套专为幼儿园的孩子编写的环保读物”就是说这是一套为孩子编写的环保书籍。

4. 上面这段话没有提到哪个大问题？

A. 爱护水资源　　B. 垃圾分类　　C. 保护动植物　　D. 节约用电

答案是D。“爱护水资源、垃圾分类、保护动植物”都是文中提到的，只有“节约用电”在文中没有提到。

第5到6题是根据下面一段话：

交通事故的发生，与汽车颜色有着密切的联系。其中，黑色汽车是最容易发生事故的。灰色和银色汽车的危险性仅次于黑色汽车，然后是蓝色和绿色汽车，再其次是红色汽车，而白色汽车最安全。白色汽车出车祸的概率最小，白色成为汽车的安全色，这可能与白色对光线的反射率较高、易于识别有关。不过，如果进行合理的色彩搭配，也可以提高某些暗色的视觉效果，比如蓝色或者绿色和白色相配就比较醒目，被不少国家用于警车上。总的来说，颜色浅淡鲜亮的车比深色车要安全一些。

5. 哪种颜色的车最容易发生交通事故？

A. 红色　　B. 绿色

C. 黑色　　D. 灰色和银色

答案是C。“黑色汽车是最容易发生事故的”就是答案所在。

6. 为什么白色汽车出车祸的概率最小？

A. 颜色好看　　B. 视觉效果好

C. 颜色浅淡鲜亮　　D. 对光线反射率较高

答案是D。“白色对光线的反射率较高、易于识别”就是答案所在。

◆ 天文地理

第7到8题是根据下面一段话：

上海市内有一条弯弯的河流，叫作黄浦江。人们把这条河的西边叫浦西，把东边叫浦东。浦西的外滩和南京路都很有名。外滩有众多的西方建筑，代表着这里的过去。南京路可以说是全中国最热闹的街道。而浦东呢，过去在上海人眼里不过是乡下而已，是被遗忘的角落。曾经流传着这样一句话：宁要浦西一张床，不要浦东一间房。

7. 上海市内一条河流的名字叫什么？

A. 黄河　　B. 黄浦江　　C. 外滩　　D. 长江

答案是B。“上海市内有一条弯弯的河流，叫作黄浦江”其中“黄浦江”就是答案。

8. 下面哪种说法正确？

A. 上海市有中国最热闹的街道　　B. 南京路有很多的西方建筑

C. 外滩是浦东一个有名的地方　　D. 浦西在上海人眼里是乡下

答案是A。短文中提到“南京路可以说是全中国最热闹的街道”，且从短文中可知，南京路在上海，故A正确。

第9到11题是根据下面一段话：

太阳离我们有一亿五千万公里远。到太阳上去，如果步行，日夜不停地走，差不多要走三千五百年；就是坐飞机，也要飞二十几年。

我们看太阳，觉得它并不大，实际上它大得很，一百三十万个地球才能抵得上一个太阳。因为太阳离地球太远了，所以看上去太阳只有一个盘子那么大。

太阳会发光，会发热，是个大火球。太阳的温度很高，表面温度有六千度，就是钢铁碰到它，也会变成汽；中心温度估计是表面温度的三千倍。

9. 太阳为什么会发光发热？

A. 它是个大火球　　B. 太阳依靠月亮的光

C. 星星围绕太阳转　　D. 太阳离地球很近

答案是A。“太阳会发光，会发热，是个大火球”就是答案所在。

10. 为什么我们看太阳只有盘子那么大？

A. 看太阳的角度不同　　B. 地球离太阳太远

C. 太阳非常刺眼　　D. 太阳会发光发热

答案是B。“太阳离地球太远了”就是答案所在。

11. 关于太阳的特点，下列哪项不正确？

A. 太阳离地球很远　　B. 太阳体积非常大

C. 太阳的温度很高　　D. 太阳靠月亮发光

答案是D。文中提到了ABC三项的内容，没有提及D。另外，从常识我们知道，月亮是不会发光的，它是反射太阳的光，所以“太阳靠月亮发光”是错误的。

◆ 心理生理

第12到13题是根据下面一段话：

哭在人们生活中很常见。在同情、伤感、悲痛、绝望、呼救时，人们往往会哭。过多的哭对身体是有害的，但哭也有好的方面。科学家们认为，在想流泪的时候就应该让它流出来，不要强行压抑。因为人们在想哭的时候流出来的眼泪是含有毒素的，这些毒素排泄出来，对身体有益。

12. 哭对人的身体有什么好处？

A. 心情开朗　　B. 排泄毒素

C. 新陈代谢　　D. 增强体质

答案是B。“毒素排泄出来，对身体有益”就是答案所在。

13. 下面哪种哭是文中没有提到的？

A. 同情的哭　　B. 悲痛的哭

C. 高兴的哭　　D. 绝望的哭

答案是C。从“在同情、伤感、悲痛、绝望、呼救时，人们往往会哭”可知，文中没有提到的哭是高兴的哭。有时候人们在遇到高兴的事时，也会激动地哭起来。

第14到16题是根据下面一段话：

人的短期记忆在早晨是最强的，大约比其他时间强15%，因此学生应当记住，早上面临考试的时候，事先浏览一下笔记的确会有益处，但是短期记忆对几天后才举行的考试帮助不大。

长期记忆则有所不同，对于几天、几周或几个月之后仍想记住的资料，最好是下午研读，利用这个时间来背诵文章最为有效。如果是学生，明智的做法是较困难的课程安排在下午，同时力争在下午完成大部分功课而不是要留到深夜。如果您的工作经常需要与词语和数字打交道，则在早上做更佳。

14. 人什么时候的短期记忆最强？

A. 早晨　B. 上午　C. 下午　D. 深夜

答案是A。“人的短期记忆在早晨是最强的”就是答案所在。

15. 短期记忆对几天后的考试效果怎么样？

A. 很有帮助　B. 没有帮助

C. 帮助不大　D. 效果明显

答案是C。“短期记忆对几天后才举行的考试帮助不大”就是答案所在。

16. 下面哪种安排是合理的？

A. 早上准备几天后的考试　B. 把困难的课程安排在上午

C. 下午做与数字相关的工作　D. 利用下午完成大部分功课

答案是D。“明智的做法是较困难的课程安排在下午，同时力争下午完成大部分功课”就是答案所在。

第17到18题是根据下面一段话：

健康学家的研究结果表明，人们思考的质量与思考时的人体姿势密切相关。一般来说，人在平躺的时候思路最广阔，思维最活跃，分析能力和综合能力也特别强。这是因为，躺着时人体肌肉和神经放松，情绪稳定，心跳缓慢，因而脑细胞最容易调整到最佳状态。

17. 人们思考的质量与什么密切相关？

A. 说话表情　B. 人体姿势

C. 周围环境　D. 自身情绪

答案是B。“人们思考的质量与思考时的人体姿势密切相关”就是答案所在。

18. 脑细胞在什么情况下最容易调整到最佳状态？

A. 人在走路时　　B. 人在说话时　　C. 人在平躺时　　D. 人在思考时

答案是C。从“人在平躺的时候……脑细胞最容易调整到最佳状态”可知答案是C。

◆ 动物植物

第19到21题是根据下面一段话：

几乎所有的动物都有尾巴，尾巴的长短粗细不一样，用途作用也不一样。

袋鼠无论是跑，还是跳，都靠两条后腿，这样就不容易平衡，是尾巴帮了它的大忙，帮助它保持平衡。

壁虎的尾巴，可以帮助它逃生。当遇到进攻时，它会自动把尾巴折断留给敌人。尾巴里面有很多神经，还能蹦跳一段时间，可以转移敌人视线，让自己趁机逃之夭夭，敌人想追也追不上。

狮子、老虎的长尾巴是它们的进攻武器之一，在和其他动物搏斗时，只要一摆尾巴，就可以把对方打倒。

总之，动物的尾巴有各种各样的用途，对许多动物来说，尾巴的妙用，给它们提供了更多的生存机会。

19. 关于动物的尾巴，下列哪项正确？

A. 长短粗细一样　　B. 不能保护自己　　C. 有不同的作用　　D. 有的没有用

答案是C。从“几乎所有的动物都有尾巴，尾巴的长短粗细不一样，用途作用也不一样”可知答案选C。

20. 袋鼠的尾巴有什么作用？

A. 帮助自己逃脱　　B. 有进攻作用　　C. 有平衡作用　　D. 可以保温

答案是C。“尾巴帮了它的大忙，帮助它保持平衡”就是答案。

21. 文中的“逃之夭夭”是什么意思？

A. 蹦蹦跳跳　　B. 跑得很远　　C. 保护自己　　D. 躲避敌人

答案是B。“让自己趁机逃之夭夭，敌人想追也追不上”，敌人追不上，说明跑得很远。

第22到24题是根据下面一段话：

猫头鹰的面部像猫，身子像老鹰，所以人们叫它“猫头鹰”。猫头鹰的眼睛同别的鸟不同，是长在正前方的。白天，它常常站在树枝上闭目养神，可是，到了夜晚，它就睁着两只闪闪发光的大眼睛，注视着田野。猫头鹰的耳朵也很特别，耳孔很大，周围排列着很长的羽毛，好像一对竖起的猫耳朵。它的听觉很灵，哪怕一点儿轻微的声音，它都能听见。

22. 猫头鹰的眼睛同别的鸟儿有什么不同？

A. 眼睛长得细小　　B. 眼睛长在正前方

C. 眼睛看不清猎物　　D. 眼睛会发光

答案是B。“猫头鹰的眼睛同别的鸟不同，是长在正前方的”就是答案所在。

23. 猫头鹰通常白天干什么？

A. 注视田野　　B. 捕捉猎物

C. 闭目养神　　D. 搭建房子

答案是C。“白天，它常常站在树枝上闭目养神”就是说猫头鹰白天睡觉，晚上工作。

24. 根据上文，对猫头鹰认识不正确的是哪个？

A. 白天睡觉，夜晚捕猎　　B. 耳孔大，周围排列很多羽毛

C. 听觉非常灵敏　　D. 它是哺乳动物

答案是D。文中直接提到了ABC，而且从“猫头鹰的眼睛同别的鸟不同，是长在正前方的”可知猫头鹰是鸟类动物，不是哺乳动物。

第25到26题是根据下面一段话：

银杏树是著名的长寿树种，生命力很强。因为银杏树是世界上十分珍贵的树种之一，因此被当作植物界中的“活化石”。贵州有一棵银杏树，大约生长了6000年，树很粗，13个人才能抱住，是世界上最大的银杏树。

银杏树还有很多用处。比如绿化环境、保持水土、医疗保健等，可以说银杏树全身都是宝。

25. 关于银杏树，下列哪项不正确？

A. 生命力很强　　B. 被称为“活化石”

C. 全身是宝　　D. 到处都有

答案是D。文中提到银杏树“生命力很强”，“被称为‘活化石’”，“全身是宝”，但没有提到银杏树的分布。

26. 世界最大的银杏树在哪里？

A. 广州　　B. 郑州

C. 贵州　　D. 福州

答案是C。“贵州有一棵银杏树，……是世界上最大的银杏树”就是答案。

第27到29题是根据下面一段话：

香蕉是美国人最爱吃的水果之一，平均每人每年食用香蕉达15公斤，可算是香蕉消费大国。

香蕉是一百多年前才传入美国的。1804年，一位船长从古巴带来30串香蕉，美

国人才第一次见到了这种奇妙的水果。在此后很长一段时期内，香蕉在美国仍是很稀罕的水果，其价格高得令人咂舌，一般人不敢问津。直到1876年，在费城博览会上，香蕉仍是水果中的珍品。当时要花10美分才能买到一根香蕉。进入20世纪后，香蕉这一昔日的珍果才逐渐出现在寻常百姓的餐桌上。

27. 香蕉消费大国是哪个国家？

A. 英国　　B. 美国　　C. 法国　　D. 古巴

答案是B。“美国人……平均每人每年食用香蕉达15公斤”说明美国人非常喜欢吃香蕉，消费量大，是香蕉消费大国。

28. 1804年，美国人第一次见到的奇妙的水果是什么？

A. 桃子　　B. 葡萄　　C. 香蕉　　D. 苹果

答案是C。美国人第一次见到的奇妙的水果是香蕉，100多年前由船长从古巴带到美国。

29. 1876年，在费城博览会上，人们要花多少钱才能买到一根香蕉？

A. 10美分　　B. 20美分　　C. 30美分　　D. 40美分

答案是A。“当时要花10美分才能买到一根香蕉”就是答案所在。

◆ 文化习俗

第30到31题是根据下面一段话：

泼水节是傣族最隆重的节日，也是云南少数民族中影响面最大、参加人数最多的节日。泼水节是傣族的新年，人们把这一天视为最美好、最吉祥的日子。人人身着盛装，喜气洋洋，互相泼水祝福，就是要洗去过去一年的疾病、烦恼，祝福新的一年吉祥、幸福、健康。

30. 傣族人最隆重的节日是什么？

A. 泼水节　　B. 火把节

C. 开斋节　　D. 春节

答案是A。“泼水节是傣族最隆重的节日”就是答案所在。

31. 傣族人在泼水节这天都做什么？

A. 跳火把舞　　B. 泼水祝福

C. 互相拜年　　D. 祭祀谷神

答案是B。“互相泼水祝福”就是答案所在。

第32到33题是根据下面一段话：

“福”字有“幸福、福气”的意思，所以，中国人在过春节时，把“福”字写在红纸上，贴在门上或其他地方，或把“福”字倒过来贴，这样人们看到就可以说“福倒了”，意思是“幸福来到自己家里”。

32. 根据上文，中国人在过春节时有什么风俗？

A. 包饺子　　B. 贴福字　　C. 赛龙舟　　D. 吃粽子

答案是B。由短文可知，中国人在过春节时要在门上或其他地方贴“福”字，表示幸福来了。

33. 福字倒着贴，表示什么意思？

A. 幸福来临　　B. 消灾避邪

C. 思念亲人　　D. 一种迷信

答案是A。“把‘福’字倒过来贴” 意思是“幸福来到自己家里”，也就是幸福来临了。

第34到35题是根据下面一段话：

每年阴历的五月初五，是中国的“端午节”。这个节日是为了纪念伟大的诗人屈原，他在五月初五这天投江自尽。这一天还有吃粽子、赛龙舟的习俗。直到现在，端午节在中国仍然是一个十分重要的节日。

34. 端午节是为了纪念哪个伟大诗人？

A. 李白　　B. 杜甫　　C. 屈原　　D. 白居易

答案是C。中国人的“端午节”也叫“端阳节”，是为了纪念伟大的诗人屈原。从文中“这个节日是为了纪念伟大的诗人屈原”也可以知道。

35. 端午节有吃什么的习俗？

A. 元宵　　B. 粽子　　C. 年糕　　D. 月饼

答案是B。“这一天还有吃粽子、赛龙舟的习俗”，其中“吃粽子”就是答案所在。

（三）评价议论类　同步训练录音文本及答案解析

第1–30题：请选出正确答案。

第1到2题是根据下面一段话：

友情和爱情在很多方面都有着相似之处，比如相互理解，相互关心，相互尊重，相互信任，相互帮助等。但是爱情不允许第三者的存在。而友情就不一样，你和你的朋友都可以拥有其他的朋友，而且，朋友越多越好。但是，如果你已经结婚，就必须考虑你爱人的个性，他（她）喜欢不喜欢交朋友，喜欢交什么样的朋友。总之，友情要以不损害家庭的稳固和幸福为前提。如果友情的存在违反了这个前提，就必须调整这种关系，甚至断绝朋友关系来维护家庭的稳固和幸福。

1. 友情和爱情最大的区别是什么？

A. 友情需要互相帮助　　B. 爱情需要相互信任

C. 友情不能发展成爱情　　D. 爱情不允许第三者

答案是D。“爱情不允许第三者的存在。而友情就不一样”其中“不允许第三者的存在”就是答案。

2. 根据短文，友情和爱情发生冲突时应该怎样做？

A. 让爱人理解　　B. 跟朋友解释

C. 断绝朋友关系　　D. 选择离婚

答案是C。“甚至断绝朋友关系来维护家庭的稳固和幸福”其中的“断绝朋友关系”就是答案。

第3到5题是根据下面一段话：

流言，无时无处不有，是社会一大公害。

流言，是没有根据的传言，或者说是人们相互传播而无任何根据的信息。

流言是一个没有良心的怪物，不知摧残了多少人的心灵……

面对流言，我们需加强自身修养，提高判断能力。据一项调查，男性比女性更易相信流言，文化素质低的比文化素质高的更易相信流言，个人经历不顺的人也容易听信流言。当然，这是就一般情况而言，与上述情况相反的也不少见。每个人应从自身的实际出发，不断提高自己的思想道德和文化素质，提高自己辨别是非的能力，做一个不传播流言的人。

3. 关于流言，作者是什么观点？

A. 对社会的影响有限　　B. 奇怪然而并不可怕

C. 是毫无用处的信息　　D. 随时随地都可听到

答案是D。“流言，无时无处不有”就是说流言随时随地都可听到，是人们之间相互传播而无任何根据的言论。

4. 本文主要分析了流言的什么特点？

A. 都包括哪些类型　　B. 最容易欺骗哪种人

C. 是什么人制造的　　D. 何时何地最易传播

答案是B。从文中提到的“男性比女性更易相信流言，文化素质低的比文化素质高的更易相信流言”可知，本文主要分析了流言最容易欺骗哪种人。

5. 关于文中所提到的调查，下列哪项是正确的？

A. 结果绝对可靠　　B. 范围不够广泛

C. 根本没有说服力　　D. 只反映一般情况

答案是D。“这是就一般情况而言”就是说只反映一般情况。

第6到7题是根据下面一段话：

“一辈子没红过脸”，这是不少报纸杂志上对良好夫妻关系的一种描述。事实上，人无完人，夫妻俩因各自成长的家庭环境、受教育程度、个性脾气、生活习惯等方面的不同，矛盾总是有的。良好的夫妻关系需要相互包容、谦让，但并不是要专挑好听的说。夫妻俩“红脸”其实不见得是一件坏事，相反，这样也许能使两个人都发现自身的缺点，避免产生新的矛盾。

6. “一辈子没红过脸”是什么意思？

A. 夫妻没有生活在一起　　B. 夫妻说话脸红

C. 夫妻关系好　　D. 夫妻关系紧张

答案是C。“一辈子没红过脸”是“对良好夫妻关系的一种描述”，意思是夫妻之间互相关心，不争吵。

7. 作者认为怎样才能保持良好的夫妻关系？

A. 专挑好听的说　　B. 相互包容与谦让

C. 发现自身的缺点　　D. 改变生活习惯

答案是B。由“良好的夫妻关系需要相互包容、谦让，但并不是要专挑好听的说”可知，答案选B。

第8到9题是根据下面一段话：

什么是幸福呢？做自己喜欢的事情，和自己喜欢的人在一起应该是幸福的。愿望实现了，应该是幸福的。一个人在田里劳动，满头大汗，可是他觉得很幸福，他就是幸福的；另一个人在花园里散步，可是他觉得自己很不幸福，他就是不幸福的。其实，你觉得你幸福你就是幸福的，幸福与不幸福都在你自己的心中。

8. 这段话主要谈什么？

A. 劳动　　B. 愿望

C. 幸福　　D. 散步

答案是C。短文中多次出现“幸福”一词，由此可知答案是C。

9. “幸福与不幸福都在你自己的心中”是什么意思？

A. 每天都希望幸福

B. 不要担心幸福或不幸福

C. 幸福是自己的感觉

D. 心里没有幸福的感觉

答案是C。“幸福与不幸福都在你自己的心中”意思是幸福是自己的感觉。

第10到11题是根据下面一段话：

俗话说："世上无难事，只怕有心人。"世界上很难办到的事情，只要人们用心去做，总是有可能成功的，也就是坚持就是胜利。

不论做什么事，如不坚持到底，半途而废，那么再简单的事也做不好。当然，并不是所有的坚持都会取得胜利。比如，我们做一件事，虽然你尽了最大努力，但迎接你的却仍是失败。这时，请你不要灰心。因为只要你尽了自己的力量，那么即使失败了，你也是强者。

10. "半途而废"是什么意思？

A. 喜欢灰心丧气　　B. 没有坚持到底

C. 害怕困难　　D. 不愿意付出

答案是B。从文中我们可以知道"不坚持到底"和"半途而废"意思相近。

11. 文中的"强者"指的是什么人？

A. 喜欢做事的人　　B. 失败的人　　C. 成功的人　　D. 坚持到底的人

答案是D。最有一句话"只要你尽了自己的力量，那么即使失败了，你也是强者"中"尽了自己的力量"也就是坚持到底。

第12到13题是根据下面一段话：

夫妻之间要学会相互欣赏，不要老盯着对方的缺点，要学会欣赏对方的优点。比如，妻子辛辛苦苦做了一桌子菜，你可以赞美她说："老婆真有一手，做的菜真好吃。"她的心里一定很高兴，做事的积极性会更高。人都喜欢被赞美，哪怕是成人。我老公以前就不太懂，老打击我的积极性，当他说我烧菜不好吃时，我就会说："你做得好吃，那你做吧。"后来他就学聪明了，不时说点儿漂亮话，虽然我也知道不是真的，但心里还是挺高兴的。所以，不要认为这只是一个小把戏，其实，夫妻关系的和谐，是离不了这些的。

12. 妻子做了一桌子菜，丈夫应该做什么？

A. 安慰　　B. 鼓励　　C. 赞美　　D. 无所谓

答案是C。"妻子辛辛苦苦做了一桌子菜，你可以赞美她"其中"赞美"就是答案。

13. 根据这段短文，怎样才能搞好夫妻关系？

A. 欣赏对方的优点　　B. 给对方讲道理

C. 跟对方辩论　　D. 请朋友帮助

答案是A。"夫妻之间要学会相互欣赏，不要老盯着对方的缺点，要学会欣赏对方的优点"其中"欣赏对方的优点"就是答案。

第14到15题是根据下面一段话：

在我们的生命中，常常有三种力量起到了重要的作用。

第一种是承受的力量，就是能够坦然接受生命中一切苦难和失败的力量。

第二种是奋斗和努力的力量，就是相信奋斗和努力能够改变人生。

第三种是助人为乐、与人为善的力量。

当我们能掌控好这三种力量，在遇到苦难和失败时坦然面对，相信奋斗和努力能够改变现状，在进入社会时能够用一颗善良的心力所能及地帮助别人，那么，我们离成功就不会太远了。每个人的生命之路都是不同的，创造出来的成就也是独特的；但生命前行的力量是可以相同的，这些力量让我们能够安装上生命的发动机，飞向任何一片我们想要到达的天空。

14. 根据这段话，下列哪项正确？

A. 每个人都有这三种力量　　B. 大部分人都需要这三种力量

C. 有这三种力量成功就不远了　　D. 不同的力量可以创造不同的成功

答案是C。“当我们能掌控好这三种力量，……我们离成功就不会太远了”就是答案。

15. 这段话主要谈什么？

A. 理想、道德、宽容　　B. 承受、奋斗、助人为乐

C. 失败、奋斗、竞争　　D. 信念、创造、生命

答案是B。短文中提到的三种力量正好与B相对应。

第16到17题是根据下面一段话：

出国留学，无论是读中学、本科，还是硕士、博士，就业竞争力是你追求的最低目标，是一个肯定能够实现的目标；而最高目标，是成为将来社会各行各业、各个方面的领袖人物、尖端人物。

留学最重要的追求，不仅仅是学习科学知识技能，而且要学习对方以语言为核心的文化价值观。所以，不管你学什么专业，不管你在哪个学校，文化价值观是所有留学生在专业学习之外，一定要努力学习和掌握的东西。

16. 留学的最低目标是什么？

A. 学习外语　　B. 拿到毕业证

C. 成为领袖人物　　D. 提高就业竞争力

答案是D。“就业竞争力是你追求的最低目标”就是答案。

17. 留学生除了学习专业知识之外，还应该掌握什么？

A. 科学技能　　B. 科学知识

C. 文化价值观　　D. 生活习惯

答案是C。"文化价值观是所有留学生在专业学习之外，一定要努力学习和掌握的东西"就是答案所在。

第18到19题是根据下面一段话：

改善中青年知识分子健康水平，很重要的一点是要讲科学。首先是对身体、疾病要有一个科学的态度。我们不赞成带病坚持工作，这是不科学的。有病不治，带病工作，不但工作效率不高，病也耽误了。有了病及早治疗，才是对国家、对事业、对自己负责的态度。国家培养一个人才不容易，要花很多钱，在需要工作时病倒了，是很大的损失。另外，现在很多中年知识分子身体不好，大多是青年时不注意造成的，所以从青年时期就应该养成好的生活习惯并注意饮食结构。

18. 本文主要阐述作者怎样的观点？

A. 中青年知识分子的健康问题　　B. 中青年知识分子的生活习惯

C. 中青年知识分子对工作负责　　D. 中青年知识分子工作压力大

答案是A。短文第一句和最后一句讲到了"健康水平"和"饮食结构"，说明本文主要阐述了中青年知识分子的健康问题。

19. 很多中年知识分子身体不好的原因是什么？

A. 不锻炼身体　　B. 工作压力大

C. 带病坚持工作　　D. 青年时不注意身体健康

答案是D。"现在很多中年知识分子身体不好，大多是青年时不注意造成的"就是答案。

第20到22题是根据下面一段话：

有些孩子上课不专心听讲，比如爱说话、玩手机，或者心不在焉。对此类孩子的教育，除了学校外，家长应该从日常生活入手，通过各种方法训练孩子专心听讲。

首先，父母要训练让孩子听一遍就马上做到；其次，在生活中，家长可以有意识地训练孩子的听话能力，如安排三四件事，先做什么，后做什么，最后做什么，家长观察孩子是否如此；再次，家长要有意识地训练孩子的注意力，和孩子讲话，一定要孩子看着你的脸听；第四，家长应尽量要求孩子复述课堂内容，或谈上课中印象最深的问题。

20. 孩子上课不专心听讲，家长应做什么？

A. 家长什么也做不了　　B. 对孩子多关心

C. 在日常生活中训练　　D. 和老师多沟通

答案是C。从"除了学校外，家长应该从日常生活入手，通过各种方法训练孩子专心听讲"可知应选C。

21. 训练孩子专心听讲应从哪方面入手？

A. 家长言行　　B. 家庭环境

C. 日常生活　　D. 依靠老师

答案是C。从“除了学校外，家长应该从日常生活入手，通过各种方法训练孩子专心听讲”可知，答案是C。

22. 关于训练孩子的注意力，下列哪项是不正确的？

A. 要求孩子复述课堂内容　　B. 要求孩子听一遍就做到

C. 让孩子看着你的脸听　　D. 让孩子多做家务

答案是D。只有D是短文中没有提到的。

第23到24题是根据下面一段话：

在现代商业社会必须与时间竞赛，争取时间重要，合理分配时间更重要。时间就是金钱，但是时间不等于金钱。这里说的是时间的价值，它是用金钱买不到的。时间不但买不到，而且也借不来。在企业家手里最不能放过的就是时间了，因为时间多而且分配得好就可能创造出价值来。谁能够掌握时间，谁就是个赢家。

23. 现代商业社会什么更重要？

A. 争取时间　　B. 合理分配时间

C. 搞好人际关系　　D. 拥有资金

答案是B。“争取时间重要，合理分配时间更重要”其中“合理分配时间更重要”就是答案。

24. 根据短文，可以知道什么？

A. 谁掌握时间谁就是赢家　　B. 谁掌握企业谁就是赢家

C. 谁掌握金钱谁就是赢家　　D. 谁掌握权力谁就是赢家

答案是A。短文中多次提到“时间”一词，且最后一句话直接指出“谁能够掌握时间，谁就是个赢家”，因此应选A。

第25到26题是根据下面一段话：

当今社会是一个竞争的社会，处在这个激烈竞争时代的人，如果没有知识和专门的技能及各种能力，就必将被社会所淘汰。所以，家长应教育子女不仅要学好科学文化知识，还应积极参加其他各项活动，培养各方面的能力，全面发展。孩子的教育和培养是一门很复杂的学问，家长一定要努力配合学校的教育，为孩子的健康成长创造良好的环境。

25. 作者认为哪类人必将被社会淘汰？

A. 没有知识技能的人　　B. 缺乏爱心的人

C. 没有生活目标的人　　D. 好吃懒做的人

答案是A。“如果没有知识和专门的技能及各种能力，就必将被社会所淘汰”就是说没有知识、没有一技之长就要被社会淘汰。

26. 根据短文，哪一项不是家长教育子女时应该注意的方面？

A. 学好科学文化知识　　B. 积极参加各项活动

C. 培养各方面的能力　　D. 树立远大的理想

答案是D。“不仅要学好科学文化知识，还应积极参加其他各项活动，培养各方面的能力”都是文中提到的，只有“树立远大的理想”在文中没有提到。

第27到28题是根据下面一段话：

一个优秀的人对生命会无比热爱，每天会很高兴地等待着太阳出来；没有太阳的时候，也会很高兴地等待着下雨天的到来；在月亮阴晴圆缺的时候，总是等待着月夜那一刻的美丽。这些都是对生命热爱的标志。

一个热爱生命的人首先是爱自己，要有自信，当然不是狂妄。第二还要关心别人，喜欢交朋友。一个对生命热爱的人喜欢交朋友，一个天天闷在家里、心理阴暗的人是不太敢去交朋友的，因为他既不相信别人，也不相信自己。当然，对大自然的热爱也是对生命热爱的一个重要组成部分。这就是“三热爱”——爱自己、爱他人、爱自然。

27. 根据短文，优秀的人有什么特点？

A. 热爱工作　　B. 热爱家人

C. 热爱旅游　　D. 热爱生命

答案是D。短文第一句话指出“一个优秀的人对生命会无比热爱”，由此可知答案应选D。

28. 热爱生命的人首先应该爱什么？

A. 爱自己　　B. 爱他人

C. 爱自然　　D. 爱孩子

答案是A。“一个热爱生命的人首先是爱自己”就是答案。

第29到30题是根据下面一段话：

你得到了东西当然会开心，不管是金钱、名誉、地位，还是女朋友或者男朋友，得到比较容易接受，但失去有的时候就不一定能够坦然地接受。人有时候会失去很多东西，如果说对得失，特别是对于失去特别在乎，就会非常麻烦。我们看到很多企业家已经有了几十亿、上百亿的资产，最后还要做假账，搞数据欺骗，想让自己公司的股价更高一点儿，这就是得失之心太重。所以，不要因为背后有利益，不要因为背后有地位和名声，就把得失看得太重。得到是人生的赏赐，失去也要坦然面对。

29. 为什么有的企业家要做假账？

A. 他们希望公司更有名　　B. 他们希望自己的权力更大

C. 他们不愿意公司倒闭　　D. 他们想让公司的股价高一些

答案是D。"我们看到很多企业家……最后还要做假账，……想让自己公司的股价更高一点儿"就是答案所在。

30. 这段短文告诉我们什么？

A. 不要太在乎得失　　B. 失败是成功之母

C. 骄傲使人落后　　D. 天才出于勤奋

答案是A。"不要因为背后有利益，……就把得失看得太重"就是答案所在。

（四）调查应用类　同步训练录音文本及答案解析

第1–28题：请选出正确答案。

◆ 新闻调查

第1到2题是根据下面一段话：

近年来，随着网络计算机技术的发展，网上购物逐渐受到人们的喜爱，越来越多的人选择网上购物。

据调查报告显示，我国网购人数达到2.12亿，2011年全年网购规模达到8090亿元，占到了全国社会商品零售总额的4.4%。网购这种新潮的购物方式必将在未来的消费交易市场中占有越来越重的比例。

1. 从短文可知，哪种购物方式受到人们的喜爱？

A. 超市购物　　B. 网上购物

C. 电视购物　　D. 电话购物

答案是B。"网上购物逐渐受到人们的喜爱"就是答案所在。

2. 2011年全年网上购物占到全国社会商品零售总额的多少？

A. 3.3%　　B. 4.4%

C. 5.5%　　D. 6.6%

答案是B。从"2011年全年网购规模达到8090亿元，占到了全国社会商品零售总额的4.4%"可知答案应选B。

第3到5题是根据下面一段话：

快餐就是快速餐饮的意思，它以卫生、安全、便捷等特点顺应了人们的生活节奏，也越来越被人们接受。洋快餐更是当代人们最热衷的食物，尤其是青少年，对洋快餐更是喜爱有加。

但是据有关部门的一项调查研究表明，洋快餐具有“三高”（高脂肪、高热量、高蛋白质）和“三低”（低维生素、低矿物质、低纤维）的特点，被营养学家称为“能量炸弹”和“垃圾食品”。它易导致肥胖，过多的添加盐也容易诱发各种疾病。

3. 哪类人群对洋快餐比较喜爱？

A. 中年人　　B. 老年人

C. 青少年　　D. 儿童

答案是C。“尤其是青少年，对洋快餐更是喜爱有加”就是答案所在。

4. 据调查，营养学家是如何评价洋快餐的？

A. 有相当高的营养价值　　B. 能量炸弹和垃圾食品

C. 富含维生素　　D. 提高人体免疫力

答案是B。“被营养学家称为‘能量炸弹’和‘垃圾食品’”就是答案所在。

5. 吃洋快餐容易导致哪种疾病？

A. 胃病　　B. 感冒　　C. 肥胖　　D. 拉肚子

答案是C。“它易导致肥胖”就是答案所在。

第6到8题是根据下面一段话：

随着生活水平的提高，手机的普及率开始升高，且使用者范围也开始扩大。调查数据显示，在被调查的大学生中80%都有手机。在没有手机的学生中10%的学生将会在近期购买手机。

从这些数据可以看出：随着高科技的发展和人们生活水平的提高，手机在大学里已不再是新鲜玩意儿了，已经普及化了。调查中还发现，大学生最喜爱的品牌是苹果，40%的人使用的是这款手机。其他像三星、索尼、爱立信等品牌也广受学生欢迎。

绝大多数学生的手机价格在800～1500元之间，大学生购买手机还是以实用为主。

6. 随着生活水平的提高，哪种产品普及率升高？

A. 电脑　　B. MP3　　C. 手机　　D. 电视

答案是C。“手机的普及率开始升高”就是答案所在。

7. 在调查中发现，大学生最喜欢什么品牌的手机？

A. 索尼　　B. 爱立信　　C. 三星　　D. 苹果

答案是D。“大学生最喜爱的品牌是苹果”就是答案所在。

8. 绝大多数学生购买手机时，选择什么价位的手机？

A. 600～1500元　　B. 700～1500元

C. 800～1500元　　D. 900～1500元

答案是C。“绝大多数学生的手机价格在800～1500元之间”就是答案所在。

第9到11题是根据下面一段话：

近年来，随着人们健康意识的不断提高，对于自身的保健也开始重视起来，审美观念也随之改变。为了能拥有健康的身体和良好的体形，已有越来越多的人加入到减肥的行列。

在接受调查的人中最希望减肥的是20～30岁的人群，占到了31.2%；其次是41～50岁的人群，占了26.8%；排在最后一位的是61～70岁的人群，它仅为6.3%。在所有这些人中平均期望体重为56.75kg，其中女性中希望减肥的人明显多于男性。

9. 随着时代的变迁，人们越来越重视什么了？

A. 饮食　　B. 良好的身材　　C. 自身的保健　　D. 服装

答案是C。“对于自身的保健也开始重视起来”意思是人们对自己的身体健康非常重视。

10. 现在最希望减肥的是哪类人群？

A. 20～30岁　　B. 30～40岁

C. 41～50岁　　D. 61～70岁

答案是A。“最希望减肥的是20～30岁的人群”就是答案所在。

11. 哪类人减肥欲望最明显？

A. 男性　　B. 女性　　C. 青少年　　D. 中青年

答案是B。“女性中希望减肥的人明显多于男性”就是说女性比男性减肥欲望更强。而短文中未提及青少年是否希望减肥，且提到最希望减肥的人群是“20～30岁”，不是中青年。因此答案选B。

◆ 广播通知

第12到14题是根据下面一段话：

飞机很快就要起飞了，现在由客舱乘务员进行安全检查。请您坐好，系好安全带，收起座椅靠背和小桌板。请您确认您的手提物品是否妥善安放在头顶上方的行李架内或座椅下方。本次航班全程禁烟，在飞行途中请不要吸烟。谢谢合作。

12. 飞机起飞前由谁来进行安全检查？

A. 旅客　　B. 飞行员　　C. 机组人员　　D. 客舱乘务员

答案是D。“由客舱乘务员进行安全检查”就是答案所在。

13. 本次航班禁止干什么？

A. 禁止大声说话　　B. 禁止吸烟

C. 禁止走动　　D. 禁止开窗

答案是B。“本次航班全程禁烟”就是在飞机上不能抽烟。

14. 乘务员在安检前没有提醒旅客注意的是下列哪一项？

A. 系好安全带　　B. 收起座椅靠背

C. 关闭手机　　D. 收起小桌板

答案是C。“系好安全带，收起座椅靠背和小桌板”这些都是乘务员在安检前提醒旅客注意的，只有“关闭手机”没有提醒。

第15到17题是根据下面一段话：

旅客朋友大家好！

为了方便您的旅行生活，下面向您介绍列车的简单概况和服务项目。

我们这趟列车是由北京西站始发，开往西安的T41次特快空调列车，全程1275公里，运行13小时46分，到达终点站西安车站的时间是明天早上5点37分。

我们这趟列车挂有硬座车、硬卧车、软卧车、餐车和行李车，餐车随时为朋友们提供餐饮服务。需要购买卧铺票的旅客朋友请您注意收听列车广播通告，按登记顺序到办公席办理。

15. 这趟列车终点站是什么地方？

A. 兰州　　B. 西宁　　C. 西安　　D. 北京

答案是C。“到达终点站西安车站”就是答案所在。

16. 这列火车到达终点站是什么时候？

A. 早上　　B. 中午　　C. 下午　　D. 晚上

答案是A。“到达终点站西安车站的时间是明天早上5点37分”就是答案所在。

17. 需要买卧铺的旅客应该怎么做？

A. 找列车长购买　　B. 找乘务员购买

C. 到办公席办理　　D. 直接去卧铺车厢

答案是C。“按登记顺序到办公席办理”就是答案所在。

第18到19题是根据下面一段话：

亲爱的各位来宾朋友，您好！

欢迎光临天天百货商场，与我们共度美好的一天！我们的营业时间为上午八点半到晚上九点，为了使您购物方便，现特向您介绍楼层的分布情况：

一楼经营：副食品、日用品、文化用品等。

二楼经营：化妆品、金银饰品、钟表、大小家电、小百货、箱包皮具、男女皮鞋、童鞋、工艺家居用品及床上用品等。

三楼经营：男女套装、休闲装及童装等。

四楼经营：各类高中档家具、办公设备等。

五楼为办公区域。

您可根据自己不同的需求，选择不同的楼层购物，希望您买得放心、用得舒心，高兴而来、满意而归，天天百货商场全体员工祝您购物愉快，谢谢！

18. 关于这家商场的营业时间，下列哪项正确？

A. 上午八点到晚上九点　　B. 上午八点到晚上九点半

C. 上午八点半到晚上九点　　D. 上午八点半到晚上九点半

答案是C。“我们的营业时间为上午八点半到晚上九点”就是答案所在。

19. 办公区在几楼？

A. 一楼　　B. 二楼　　C. 三楼　　D. 五楼

答案是D。“五楼为办公区域”就是答案。

第20到21题是根据下面一段话：

亲爱的顾客朋友，下午好！

感谢您光临乐购百货，我们的营业时间为上午八点半到晚上九点，现在距离营业结束时间还有15分钟，快到和您说再见的时候了，请您抓紧时间挑选好您所需的商品，同时不要忘记随身携带的物品。感谢您对我们工作的支持和鼓励，我们将认真总结今天，努力做好明天，祝各位顾客朋友购物愉快，欢迎您的再次光临。

20. 广播的时间是几点？

A. 八点半　　B. 八点四十五　　C. 九点一刻　　D. 九点半

答案是B。从“我们的营业时间为上午八点半到晚上九点，现在距离营业结束时间还有15分钟”可知，9点-15分=8点45分。

21. 广播提醒顾客什么？

A. 认真总结今天　　B. 带好所需的商品

C. 不要忘记结账　　D. 不要忘记携带的物品

答案是D。“不要忘记随身携带的物品”就是答案。

第22到23题是根据下面一段话：

新春佳节渐近，为欢度中华民族的传统佳节，使全体人员能够开开心心地过上一个欢乐、祥和的2014年春节，尽可能地与家人一起享受节日的欢乐和喜悦；结合生产情况，经公司研究决定：

公司定于1月27日起开始放假，假期共计15天，截止时间为2月10日，2月11日正式上班。衷心祝愿大家过个欢乐、祥和的春节，马年平安！

22. 公司为什么要放假？

A. 过元宵节　　B. 过春节

C. 过端午节　　D. 过中秋节

答案是B。“使全体人员能够开开心心地过上一个欢乐、祥和的2014年春节”其中的“春节”就是答案。

23. 公司共计放假多少天？

A. 11天　　B. 10天　　C. 15天　　D. 27天

答案是C。“假期共计15天”且文中也提到从1月27日到2月10日放假，也可知共放假15天。

◆ 天气预报

第24到25题是根据下面一段话：

武汉市三天天气具体预报为：今天白天多云转晴，最高温27℃，最低温18℃，偏北风2到3级。今晚到明天白天晴转多云，最高温28℃，最低温16℃，偏北风2到3级。明晚到后天白天晴转多云，最高温29℃，最低温17℃。

24. 今天的最高气温是多少？

A. 21℃　　B. 28℃　　C. 27℃　　D. 16℃

答案是C。文中第一句提到“今天白天多云转晴，最高温27℃”，由此可知答案是C。B是今晚到明天白天的最高气温，不选。

25. 关于明晚到后天白天的天气，下列哪个是正确的？

A. 晴转多云　　B. 多云转晴

C. 晴转阴　　D. 阴转晴

答案是A。“明晚到后天白天晴转多云”就是答案所在。

第26到28题是根据下面一段话：

北京市气象台17时发布的最新天气预报称，今夜晴，北风三四级，最低气温11℃。明天白天晴，风力二三级，最高气温25℃。明天早晨气温较低、风力较大，市民应注意防风保暖。

同时，市气象台预计节日期间，大部分时间晴间多云，最高气温24～26℃，最低气温12～15℃，有利于出行。2日有四级左右偏北风，北部山区有阵雨。

26. 这个天气预报是几点发布的？

A. 11点　　B. 17点　　C. 5点　　D. 7点

答案是B。“北京市气象台17时发布的最新天气预报”也就是下午5点发布的最新天气预报。

27. 天气预报提醒市民什么？

A. 带雨伞　　B. 不利于出行　　C. 防风保暖　　D. 天气不好

答案是C。“市民应注意防风保暖”就是答案所在。

28. 节日期间最低气温是多少？

A.24～26℃　　B. 12～15℃　　C. 12～25℃　　D. 11～17℃

答案是B。“最低气温12～15℃”就是答案所在。

二、短文题综合训练录音文本及答案解析

第1–75题：请选出正确答案。

第1到2题是根据下面一段话：

李嘉诚是有名的富豪，他在教育孩子方面很有见地。他非常注意对孩子人格与品性的培养。他的两个儿子八九岁时，李嘉诚就让他们参加董事会，列席“旁听”，让他们学习父亲的诚信和节俭。

后来，两个儿子都在美国留学，并取得了优异的成绩。毕业后，他们想在父亲的公司干一番事业，但李嘉诚果断地拒绝了。兄弟俩去了加拿大，一个搞地产开发，一个投资银行，他们克服了难以想象的困难，把公司和银行办得有声有色，成了加拿大商界出类拔萃的人物。李嘉诚就是这样把孩子逼上自立、自强之路，培养了他们勇敢坚毅、不屈不挠的人格和品性。

1. 关于李嘉诚，可以知道什么？

A. 他工作很忙　　B. 他很会教育孩子

C. 他让儿子投资银行　　D. 他经常做慈善

答案是B。第一句话“他在教育孩子方面很有见地”中的“在……方面有见地”就是“在……做得好，有独特的方法”。

2. 为什么李嘉诚拒绝儿子到自己的公司？

A. 不相信儿子　　B. 想让儿子搞地产开发

C. 不想让儿子回国　　D. 希望儿子自强自立

答案是D。最后一句话“李嘉诚就是这样把孩子逼上自立、自强之路”其中的“自强自立”就是答案。

第3到4题是根据下面一段话：

西安古称“长安”，居中国四大古都之首，是中国历史上影响力最大的都城，著名的秦始皇陵就在这里。早在唐朝的时候，西安就已经是一个国际化的大都市了，著名的“丝绸之路”就是从这里开始，到达西方的罗马古城。因为它历史悠久，交通发达，西安至今都是中国一个重要的城市。

3. 西安在哪个朝代就已经是国际化大都市了？

A. 唐朝　　B. 秦朝

C. 明朝　　D. 清朝

答案是A。“早在唐朝的时候，西安就已经是一个国际化的大都市了”就是答案所在。

4. 为什么西安至今都是中国一个重要的城市？

A. 资源丰富　　B. 旅游胜地

C. 历史悠久，交通发达　　D. 经济文化中心

答案是C。从最后一句“因为它历史悠久，交通发达，西安至今都是中国一个重要的城市”可知答案选C。

第5到6题是根据下面一段话：

《十万个为什么》是一本小学生的课外读物，它图文并茂，生动有趣，可以增长知识、开阔视野，有助于小学生文化素质的提高和阅读能力的培养。书中包含了宇宙、地球、海洋、动物、植物、交通、人体奥秘等方面的内容。

5. 这本书是为什么人写的？

A. 中学生　　B. 大学生

C. 小学生　　D. 学龄前儿童

答案是C。第一句话“《十万个为什么》是一本小学生的课外读物”其中的“小学生”就是答案。

6. 下列哪一项不是书的内容？

A. 地球　　B. 海洋

C. 交通　　D. 军事

答案是D。从最后一句话“书中包含了宇宙、地球、海洋、动物、植物、交通、人体奥秘等方面的内容”可知，ABC都是书中的内容，答案应选D。

第7到9题是根据下面一段话：

有个人肚子饿了，一连吃了五个馒头。吃完第五个馒头时，他觉得肚子饱

了，于是就后悔起来，心想："吃饱肚子，全靠这第五个馒头，前面四个馒头都白吃了，真是干了件傻事，早知道这第五个馒头这么顶用，应该先吃这第五个才对呀。"

7. 这个人吃完第几个馒头时，觉得肚子饱了？

A. 三个　　B. 四个　　C. 五个　　D. 六个

答案是C。从"吃完第五个馒头时，他觉得肚子饱了"可知答案是C。

8. 吃完馒头，他对自己是怎么评价的？

A. 认为自己聪明　　B. 干了一件傻事

C. 后悔吃馒头　　D. 只吃第五个馒头

答案是B。"真是干了件傻事"意思是前面四个馒头不该吃，只吃第五个馒头就行了，吃前面的四个馒头就是浪费。

9. 从这个故事中，你明白了什么道理？

A. 宁可少一些，也不要贪多　　B. 没有数量的积累，就达不到目的

C. 要按客观规律做事　　D. 无论做什么事情都要专心

答案是B。从文中故事我们知道，如果只吃第五个馒头，故事中的人不可能吃饱。这个故事使我们明白了"没有数量的积累，就达不到目的"这个道理。

第10到11题是根据下面一段话：

对爱情期待越高的人，对婚姻生活的失落也就越多。在爱情中，每一个人都在展示自己最好的一面。一个人在谈恋爱时的包容和忍受能力是在婚姻中的十倍以上。所以，谈恋爱时，一个男人能够容忍他深爱的女人一切无理取闹的行为；而一个女人也能够忍受她深爱的男人原本令人厌恶的一切，比如抽烟、喝酒、不讲卫生。这就是为什么如果一个人用爱情的心态期待婚姻，婚姻成功的可能性就会很小。婚后，浪漫慢慢退去，现实摆在眼前，柴米油盐成了日常生活的话题。只有在这种氛围中还能够活下来的爱情，才是真正的爱情。

10. 结了婚的人为什么有失落感？

A. 一方有了外遇　　B. 夫妻经常吵架

C. 对爱情期待太高　　D. 因为没有孩子

答案是C。第一句话"对爱情期待越高的人，对婚姻生活的失落也就越多"就是答案。

11. 这段短文告诉我们什么？

A. 爱情浪漫，婚姻现实　　B. 不要轻易结婚

C. 幸福的婚姻很少　　D. 婚姻需要相互的理解

答案是A。“婚后，浪漫慢慢退去，现实摆在眼前，柴米油盐成了日常生活的话题”其中的“浪漫”“现实”就是答案。

第12到14题是根据下面一段话：

兄弟二人看见天空中飞着一只大雁。哥哥拿起弓箭，一边准备射箭，一边说：“射下来可以清炖。”弟弟马上反对说：“不，应该红烧！”兄弟二人争论不休，就去找一位老先生评理。老先生建议他们把大雁分成两半儿，一半清炖，一半红烧。兄弟二人这才不再争吵。可是，等他们再去寻找大雁的时候，那只大雁已经飞得无影无踪了。

12. 兄弟二人在争论什么事情？

A. 谁先看见大雁　　B. 如何吃大雁

C. 谁射得准　　D. 谁跑得快

答案是B。从短文可知，兄弟二人在争论如何吃大雁，一个要清炖，一个要红烧。

13. 老先生给他俩的建议是什么？

A. 清炖　　B. 红烧

C. 一半清炖，一半红烧　　D. 爆炒

答案是C。“老先生建议他们把大雁分成两半儿，一半清炖，一半红烧”就是答案所在。

14. 他俩不争吵了，大雁去了哪里？

A. 在天空中　　B. 在树枝上

C. 飞得无影无踪　　D. 被兄弟俩射下来了

答案是C。“那只大雁已经飞得无影无踪了”意思是大雁飞远了，看不见大雁的踪影了。

第15到17题是根据下面一段话：

旅客朋友：列车前方到站是洛阳车站，到达洛阳车站的时间是5点06分。

在洛阳站换车的旅客朋友请注意：有去往广州方向的旅客，请您换乘T37次列车，开车的时间是1点12分。下车和换车的旅客朋友，请整理好自己随身携带的物品，有序下车。洛阳站是一个比较大的车站，上下车的旅客比较多，不下车的旅客朋友请看管好自己的物品，以免互相拿错。到站台上散步和购买食品的旅客，请注意开车铃声，铃响及时上车。为了保持站内的清洁卫生，停车时请旅客朋友不要使用车内的厕所。

15. 列车前方到站是哪个车站？

A. 郑州　　B. 开封　　C. 洛阳　　D. 广州

答案是C。“列车前方到站是洛阳车站”就是答案所在。

16. 开往广州方向的火车，开车时间是几点？

A. 1点12分　　B. 5点06分

C. 1点06分　　D. 5点12分

答案是A。“有去往广州方向的旅客，请您换乘T37次列车，开车的时间是1点12分”就是答案所在。

17. 停车时旅客不能干什么？

A. 不能下车　　B. 不能到站台散步

C. 不能到站台购买食品　　D. 不能使用车内厕所

答案是D。“停车时请旅客朋友不要使用车内的厕所”就是答案所在。

第18到19题是根据下面一段话：

根据中国气象局消息，今天北方地区大风降温，降幅达到8～11℃。

随着冷空气东移南下，中央气象台预计在中秋节、国庆节到来前，华北大部、东北、黄淮、江淮、江南东部等地先后将有4～6℃降温，局地可达8℃，并伴有4～6级阵风、7～8级偏北风。

未来24小时，台湾有大到暴雨，台湾东部的部分地区有大暴雨，将是我国降水最“抢眼”的地方。

18. 今天北方地区降温幅度是多少？

A. 8～17℃　　B. 8～11℃

C. 4～6℃　　D. 7～8℃

答案是B。“今天北方地区大风降温，降幅达到8～11℃”就是答案所在。

19. 未来24小时，我国什么地方降水最多？

A. 台湾西部地区　　B. 台湾东部地区

C. 华北地区和海南　　D. 江淮和江南东部

答案是B。“台湾东部的部分地区有大暴雨，将是我国降水最‘抢眼’的地方”就是说台湾东部是降水最多的地区。

第20到21题是根据下面一段话：

大家都知道洗澡对健康有好处，但是有些人刚吃完饭就去洗澡，这样做不仅刚吃下的东西得不到充分消化，而且心脏也得不到很好的休息。再加上洗澡间的空气不流通，缺少氧气，对心脏病人是很危险的。所以，心脏功能不正常的人更不应该吃了饭就洗澡。另外，冬季天气寒冷，上了年纪的人洗澡也要注意，浴室要暖和些，水温却不要过高，洗的时间也不宜过长，最好家里有人照顾，以免发生意外。

20. 根据这段话，什么时候最好不要洗澡？

A. 刚吃完饭时　　B. 天气太冷时

C. 水温较低时　　D. 室温较高时

答案是A。“不应该吃了饭就洗澡”就是说刚吃完饭不要去洗澡。

21. 根据这段话，哪类人洗澡时容易发生危险？

A. 儿童　　B. 老人

C. 消化不好的人　　D. 吃东西少的人

答案是B。文中提到“上了年纪的人洗澡也要注意……以免发生意外”，其中“上了年纪的人”是指年纪较大的，一般指老人。

第22到24题是根据下面一段话：

尊敬的业主：您好！最近一段时间，气温变化较大，请注意衣服添减，以防疾病。夏季即将来临，风雨、雷电天气可能会频繁出现，希望各位业主注意自身身体健康外，对居室中放置在阳台、窗台的杂物，如花盆、晾晒的衣物等，妥善放置，避免在刮大风时丢失、砸伤行人或毁坏其他物品。雷电时请注意保护好您家中的电器。在外出时切记检查家中水管、电器、煤气、门窗是否关好，以免发生意外。

22. 最近气温变化大，业主需要注意什么？

A. 添减衣物，以防疾病　　B. 减少外出旅游

C. 经常锻炼身体　　D. 合理饮食

答案是A。“注意衣服添减，以防疾病”就是答案所在。

23. 雷电时要注意保护好家中的什么？

A. 水管　　B. 煤气　　C. 门窗　　D. 电器

答案是D。“雷电时请注意保护好您家中的电器”就是答案所在。

24. 夏季来临，哪种现象不会频繁出现？

A. 下雨　　B. 刮风　　C. 彩虹　　D. 雷电

答案是C。文中提到“夏季即将来临，风雨、雷电天气可能会频繁出现”，只有彩虹并未提到会频繁出现。

第25到28题是根据下面一段话：

有一次，太阳和北风争论谁的本领大。

他们你一言，我一语，争论不下，后来，他们决定：谁先让行人脱掉衣服，就算谁的本领大。

北风抢先“呼呼”地刮了起来。行人冷得缩起头，拉紧衣服。不一会儿，又从背着的布袋里取出一条毛毯，裹在身上。北风刮得越猛，行人却把毛毯裹得越

紧。最后，北风厌倦了，停止了努力。他侧过头，对太阳说道："现在就显显你的本事吧！"

北风一停，太阳便露出了笑脸，放出温暖的光芒。行人脱下了身上的毛毯，塞进了布袋。阳光越来越强，行人越来越热，不得不将衣服一件一件地脱掉。最后，行人热得跳进附近的一条河里，泡在水中直到太阳渐渐收敛起他的热量，行人才穿上衣服继续赶路。

"你的本领确实比我大！"北风在告别太阳时，无可奈何地承认了。

25. 北风和太阳在争论什么问题？

A. 谁跑得快　　B. 谁的本领大

C. 谁能发光　　D. 谁能刮风

答案是B。"太阳和北风争论谁的本领大"就是答案所在。

26. 北风的做法是什么？

A. 放出温暖的光　　B. 阳光越来越强

C. 风呼呼地刮起来　　D. 收起放出的能量

答案是C。北风的做法是"抢先'呼呼'地刮了起来"。

27. 太阳的做法是什么？

A. 让行人缩起头颈　　B. 让行人拉紧衣服

C. 放出温暖的光芒　　D. 停止了努力

答案是C。"露出了笑脸，放出温暖的光芒"就是答案所在。

28. 这则寓言说明了什么道理？

A. 说服往往比压服有效　　B. 人有长处，也有短处

C. 虚心向别人学习经验　　D. 取长补短，才能进步

答案是A。北风用强力想使人脱衣服，但是相反人们穿得更多了；而太阳则通过"笑脸""温暖的光芒"使人心甘情愿地脱掉衣服。说明说服往往比压服有效。

第29到31题是根据下面一段话：

我们常说"一日之计在于晨"，这是人们长期积累的生活经验的总结。那么什么时候睡觉最合适呢？根据研究，人入睡的最佳时间是晚上九到十点之间，如果因为某种原因十一点还没睡着，那么，到了十二点想入睡就困难了。这点对年纪大或者有失眠症的人特别明显。

29. 一天中哪段时间最重要？

A. 早晨　　B. 中午　　C. 下午　　D. 晚上

答案是A。"一日之计在于晨"就是说一天之中早晨是最重要的。

30. 人睡觉的最佳时间是什么时候?

A. 晚上八点到九点　　B. 晚上八点半到九点半

C. 晚上九点到十点　　D. 晚上九点半到十点半

答案是C。“人入睡的最佳时间是晚上九到十点之间”就是答案所在。

31. 哪种人到了晚上十二点想入睡就困难了?

A. 青少年　　B. 中年人

C. 年纪大或有失眠症　　D. 妇女和儿童

答案是C。“年纪大或者有失眠症的人”就是答案所在。

第32到33题是根据下面一段话:

据中国中央气象台27日18时发布的台风预报，今年第17号超强台风“杰拉华”将以每小时10～15公里的速度向西北转北偏西方向移动，逐渐向我国台湾省东部一带沿海靠近，强度缓慢减弱。28日以后将在台湾东部近海海面转向东北方向移动，并逐渐向日本南部一带沿海靠近。

32. 这个气象预报是什么地方发布的?

A. 中国气象台　　B. 中国中央气象台

C. 我国台湾气象台　　D. 日本气象台

答案是B。“据中国中央气象台27日18时发布的”就是说是由中国中央气象台发布的气象预报。

33. 主要预报的是什么?

A. 刮风　　B. 下雨　　C. 台风　　D. 气温

答案是C。由“台风预报”及文中内容可知主要预报的是台风。

第34到36题是根据下面一段话:

孩子的教育受到社会的普遍关注，也给许多家庭带来了巨大的压力。不良的家庭教育，对孩子成长造成了很大的伤害。

经过调查发现，由于根据中国现今的教育实际情况，面对巨大的升学压力，大部分家长都偏重关注孩子学习方面的问题，学习问题成为家庭中围绕孩子的主要问题，而一些孩子成长的其他要素，例如品德修养、兴趣，往往被家长忽略。多数孩子晚上都要花大部分时间在学习方面，而一些其他活动则较少参与。还有一个问题就是，大部分家长都反映自己的孩子基本上不参与家务劳动。

34. 目前社会比较普遍关注的是什么问题?

A. 家庭暴力　　B. 物价上涨　　C. 孩子的教育　　D. 医疗保险

答案是C。“孩子的教育受到社会的普遍关注”就是答案所在。

35. 大部分家长都偏重关注孩子什么方面的问题？

A. 孩子的健康　　B. 孩子的学习

C. 孩子的兴趣　　D. 孩子的品德

答案是B。"大部分家长都偏重关注孩子学习方面的问题"就是答案所在。

36. 多数孩子晚上都要花大部分时间干什么？

A. 玩游戏　　B. 听音乐　　C. 干家务　　D. 学习

答案是D。"多数孩子晚上都要花大部分时间在学习方面"就是答案所在。

第37到38题是根据下面一段话：

有一只骄傲的青蛙，总是认为自己是最厉害的。有一天，骄傲的青蛙又在跟同伴吹牛说自己有多厉害。这时候，刚好一头牛走过来吃草，同伴就说："你能够比那头牛还大吗？"骄傲的青蛙说："当然能啊！"说完骄傲的青蛙就猛吸一口气把肚子鼓了起来。同伴说："还不够大！"于是骄傲的青蛙就拼命地吸气，把自己的肚子鼓得大大的，想要赢过那头牛，他吸呀吸的，终于"砰"的一声，把自己的肚皮给撑破了。

37. 青蛙认为自己怎么样？

A. 漂亮　　B. 伟大　　C. 骄傲　　D. 厉害

答案是D。"总是认为自己是最厉害的"就是答案所在。

38. 为什么青蛙把自己的肚皮撑破了？

A. 吃得太多了　　B. 把肚子鼓起来　　C. 爱吹牛　　D. 吸气

答案是C。从文中可知，青蛙因为爱吹牛，想和牛比大，所以把自己的肚皮吹破了。

第39到40题是根据下面一段话：

爱护环境不仅可以让这个地球、这个世界变得更美、更干净，而且还可以增长地球的寿命，减少自然灾害。爱护环境不是说让你一定要做出什么惊天动地的大事，而是应该从我做起，从身边的小事做起，比如，把小吃袋、纸屑扔进垃圾桶。只要你能做到这些，你就是爱护环境的。

39. 这段话主要谈什么？

A. 爱护环境　　B. 延长地球寿命

C. 减少自然灾害　　D. 做惊天动地的事

答案是A。"爱护环境"在短文中出现了三次，是短文谈论的中心意思。

40. 关于爱护环境的小事，文中提到了哪一个？

A. 把水果皮扔进垃圾桶　　B. 把小吃袋扔进垃圾桶

C. 不要采摘公园的花草　　D. 不要随地吐痰

答案是B。“比如，把小吃袋、纸屑扔进垃圾桶”就是答案所在。

第41到42题是根据下面一段话：

旅客朋友大家好！为了使我们拥有一个优美、整洁的乘车环境，请朋友们把随身携带的物品平稳整齐地放在行李架上，怕压、怕碰、比较重的物品放到坐席或铺位下面，这样既保持了车容整齐、美观，又保证了物品的安全。当乘务员整理物品和衣帽时，请朋友们给予协助。

41. 旅客应把随身携带的物品放在什么地方？

A. 铺位下面　　B. 坐席下面

C. 行李架上　　D. 过道上

答案是C。“把随身携带的物品平稳整齐地放在行李架上”就是答案所在。

42. 怕压、怕碰和比较重的物品应放在什么地方？

A. 坐席或铺位下面　　B. 行李架上

C. 寄存起来　　D. 行李车上

答案是A。“怕压、怕碰、比较重的物品放到坐席或铺位下面”就是答案所在。

第43到45题是根据下面一段话：

有一个记者在家写稿时，他四岁的儿子吵着要他陪。记者很烦，就将一本杂志的封底撕碎，对他儿子说：“你把这上面的世界地图拼完整，爸爸就陪你玩儿。”过了不到五分钟，儿子又过来了，说：“爸爸，我拼好了，你陪我玩儿吧！”

记者很生气：“小孩子要玩儿是可以理解的，但如果说谎话就不好了。怎么可能这么快就拼好世界地图！”

儿子非常委屈：“可是我真的拼好了呀！”

不会吧？记者一看，果然如此。他非常好奇地问：“你是怎么拼的？”

儿子说：“世界地图的背面是一个人的头像。我反过来拼，只要这个人好了，世界就完整了。”

是啊，做事先做人。人做好了，世界也就和谐了。

43. 记者的孩子多大了？

A. 五岁　　B. 四岁　　C. 十岁　　D. 七岁

答案是B。“他四岁的儿子吵着要他陪”，说明孩子四岁了。

44. 记者让孩子做什么？

A. 拼世界地图　　B. 做地理作业

C. 整理房间　　D. 拼人的头像

答案是A。“你把这上面的世界地图拼完整，爸爸就陪你玩儿”就是答案。

45. 这个短文说明了什么道理？

A. 教育孩子很重要　　B. 应该经常拼地图

C. 做人第一，做事第二　　D. 世界需要和谐

答案是C。由短文最后提到的“做事先做人”可知，本文说明了“做人第一，做事第二”的道理。

第46到48题是根据下面一段话：

非洲大沙漠里有一种植物，种子深埋在沙子里，静静地等待时机。有时几年不下雨，它就几年没动静，但只要一下雨，种子就会紧紧抓住机遇，迅速发芽、长叶、开花、结果，完成一个生命的周期。然后，它的后代又埋进沙子，等待下一次雨水的到来。

相比较而言，人的生存环境比那些沙漠植物要宽松许多。可惜的是，许多人或者还没准备好，或者在机会面前反应比较慢，于是一次次地失去机会，最终一事无成。而那些时刻准备着的人，机遇一来，就能紧紧抓住不放。有时虽然环境恶劣，他们也能主动出击，追求机遇，创造机遇。所以，机遇的后面是巨大的付出、艰苦的劳动以及耐心的等待。

46. 许多人不能成功的原因是什么？

A. 缺少付出　　B. 没有信心

C. 抓不住机会　　D. 没有耐心

答案是C。“一次次地失去机会，最终一事无成”就是抓不住机遇，最终一事无成。

47. 在创造机遇方面作者没有提到下列哪一项？

A. 巨大的付出　　B. 艰苦的劳动

C. 耐心等待　　D. 获取更多的知识

答案是D。从“机遇的后面是巨大的付出、艰苦的劳动以及耐心的等待”可知，ABC都是作者提到的，D“获取更多的知识”作者没有提到。

48. 从上文可以知道什么？

A. 机遇可以随时出现　　B. 机遇不能强求

C. 机遇靠人的努力去创造　　D. 机遇是等出来的

答案是C。由短文最后一句话可以知道，人们只有靠辛勤付出、艰苦的劳动才能创造机遇。

第49到51题是根据下面一段话：

一只青蛙住在井里。有一天，青蛙在井边碰上了一只海龟。

青蛙就对海龟夸口说：“你看，我住在这里多快乐！我是这个井里的主人，在

这里自由自在，你为什么不常到这里来玩儿玩儿呢？”

海龟听了青蛙的话，真想进去看看。但井口太小了，它的左右脚根本不能都进去。于是，它就把大海的情形告诉了青蛙：“你看过海吗？海的广大，哪止千里？海的深度，哪止千来丈？住在那样的大海里，才是真的快乐呢！”

井蛙听了海龟的话，吃惊地呆在那里，再也没有话可说了。

49. 青蛙在井边碰上了谁？

A. 鲨鱼　　B. 海豚　　C. 海龟　　D. 鲸鱼

答案是C。从“青蛙在井边碰上了一只海龟”可知答案应选C。

50. 青蛙觉得在井里的生活怎么样？

A. 快乐　　B. 健康　　C. 平安　　D. 幸福

答案是A。“我住在这里多快乐”就是说青蛙觉得它在井里生活得非常快乐。

51. 青蛙听了海龟的话，它的表情是什么样的？

A. 泪流满面　　B. 非常吃惊

C. 愁眉苦脸　　D. 无精打采

答案是B。“井蛙听了海龟的话，吃惊地呆在那里”就是答案所在。

第52到54题是根据下面一段话：

有一个单身女子刚搬了家，她发现隔壁住着一个寡妇与两个小孩儿。一天晚上，忽然停了电，这个女子只好自己点起了蜡烛。没一会儿，忽然听到有人敲门。原来是隔壁邻居的小孩儿，只见他紧张地问：“阿姨，请问你家有蜡烛吗？”女子心想：“他们家穷到连蜡烛都没有吗？千万别借给他们，免得他们以后经常来借东西！”

于是，她对孩子大吼一声：“没有！”正当她准备关上门时，那个小孩儿笑着说：“我就知道你家一定没有！”然后，从口袋里拿出两根蜡烛，说：“妈妈怕你一个人住又没有蜡烛，让我给你送两根来。”

这时，女子感动得热泪盈眶，把那小孩儿紧紧地抱在怀里。

52. 小孩儿为什么敲单身女子家的门？

A. 问她借蜡烛　　B. 给她送蜡烛

C. 跟她聊天儿　　D. 向她请教问题

答案是B。从“妈妈怕你一个人住又没有蜡烛，让我给你送两根来”这句话可以知道，孩子是来送蜡烛的。

53. 单身女子为什么对孩子大吼？

A. 她不喜欢孩子　　B. 她脾气不好

C. 担心以后被打扰　　D. 她没有蜡烛

答案是C。“千万别借给他们，免得他们以后经常来借东西”其中“免得他们以后经常来借东西”就是不愿意被他们打扰的意思。

54. 女子看见小孩儿送的蜡烛，心情怎么样？

A. 愤怒　　B. 悲伤　　C. 感动　　D. 自豪

答案C。从“感动得热泪盈眶”可知，女子误解了小孩儿，孩子那颗善良的心感动了她。

第55到56题是根据下面一段话：

春节期间正处于一年中最冷的时候，南方受低温雨雪天气的影响，蔬菜生长缓慢，蔬菜供给量减少，再加上运费上涨，导致蔬菜价格上涨。

据超市推销员和农贸市场菜农反应，去年12月份，15种蔬菜平均价为每500克2.66元，临近春节，逐步上升为平均每500克2.84元、平均每500克3.13元。今年1月份，15种蔬菜的月平均价为每500克3.55元，与去年12月份2.88元的月平均价相比，环比上涨23.26%；与去年1月份相比，同比上涨19.13%。

55. 下面哪一个不是导致春节期间蔬菜价格上涨的原因？

A. 天气寒冷，蔬菜生长慢　　B. 人们为过春节储备蔬菜

C. 蔬菜供给量减少　　D. 运费上涨

答案是B。从“蔬菜生长缓慢，蔬菜供给量减少，再加上运费上涨，导致蔬菜价格上涨”可知，并没有提及“人们为过春节储备蔬菜”。

56. 今年1月份的蔬菜比去年一月份蔬菜同比上涨了多少？

A. 23.26%　　B. 19.13%　　C. 26.23%　　D. 13.19%

答案是B。从最后一句话可知，今年1月份与去年1月份相比，同比上涨19.13%。

第57到59题是根据下面一段话：

有一个小镇很久没有下雨了，当地农作物损失惨重，于是牧师把大家集合起来，准备在教堂里开一个祈求降雨的祷告会。

人群中有一个小女孩儿，因为个子太小，几乎没有人注意到她。只有牧师注意到小女孩儿所带的东西，便指着她说：“那位小妹妹很让我感动！”于是大家顺着他手指的方向看了过去。

牧师接着说：“我们今天来祷告祈求上帝降雨，可是整个教堂里，只有她一个人带着雨伞！”大家仔细一看，果然，她的座位旁边挂了一把红色的小雨伞。

我们必须承认：小孩儿其实一点都不“小”，他（她）们其实很“大”！他（她）们的爱心很大！他（她）们的信心很大！

57. 牧师把大家召集起来要干什么？

A. 祈求健康平安　　B. 讨论农作物损失问题

C. 祈求降雨　　D. 听音乐会

答案是C。“牧师把大家集合起来，准备在教堂里开一个祈求降雨的祷告会”就是答案所在。

58. 牧师看见小女孩儿拿着什么东西过来？

A. 雨衣　　B. 雨鞋　　C. 雨伞　　D. 帐篷

答案是C。“只有她一个人带着雨伞”就是说只有小女孩一个人带着雨伞来到教堂。

59. 那位小女孩儿为什么让牧师很感动？

A. 她从很远的地方来　　B. 她非常坚强

C. 她有爱心和信心　　D. 她不怕困难

答案是C。“他（她）们的爱心很大！他（她）们的信心很大”意思是小女孩对这次祈求降雨的祷告会充满了信心，她希望祷告成功，尽快下雨。

第60到62题是根据下面一段话：

一个走路不便的瘸子，在马路上偶然遇见了一个眼睛看不见的瞎子，瞎子正满怀希望地期待着有人来带他行走。

“嘿！”瘸子说，“一起走好吗？我也是一个有困难的人，也不能独自行走。你看上去力气一定很大！你背着我，这样我就可以给你指路了。你的腿脚就是我的腿脚，我明亮的眼睛也就成了你的眼睛了。”

于是，瘸子将拐杖握在手里，趴在了瞎子那宽阔的肩膀上。两人步调一致，获得了一人不能实现的效果。

你不具备别人所具有的天赋，而别人又缺少你所具有的才能，通过类似的交际才能弥补缺陷。因此，请别抱怨上帝的不公！某些优势，他没有给你，而赐予了他人，这是一样的，我们完全可以自己来交流。

60. 瘸子是什么样的人？

A. 眼睛看不见的人　　B. 耳朵听不见的人

C. 不会说话的人　　D. 腿脚不便的人

答案是D。文中第一句提到“一个走路不便的瘸子”，“走路不便”就是答案。

61. 瘸子和瞎子是怎么合作的？

A. 瘸子领着瞎子　　B. 瘸子拉着瞎子

C. 瞎子背着瘸子　　D. 瞎子跟着瘸子

答案是C。从“瘸子将拐杖握在手里，趴在了瞎子那宽阔的肩膀上”可以知道答案。

62. 这段短文告诉我们什么？

A. 瘸子和瞎子关系很好　　B. 人的缺陷可以互相弥补

C. 要有勇气面对自己的缺陷　　D. 一个人有信心很重要

答案是B。短文中提到瞎子和瘸子相互合作获得了一个人不能实现的效果，而且从“通过类似的交际才能弥补缺陷”也可知选B。

第63到65题是根据下面一段话：

为确保商场内卫生清洁、道路通畅，为广大商户及顾客营造一个良好的购物与工作环境，打造一流购物场所，提高商业价值，现做出以下规定：

1. 商场及铺面周围必须时时保持卫生清洁、美观、道路畅通；
2. 严禁在商场通道内摆放杂物，如生活垃圾、垃圾桶、扫把、拖把等；
3. 对进货和发货的包装物（纸箱、纸皮、纸袋等）拆完包装后要立即清除；
4. 严禁在商场内吸烟，如有发现者罚款并停业整顿。

从即日起，违反以上规定者，一经发现，将一律没收乱摆乱放的所有物品。

63. 商场共提出几条规定？

A. 3条　　B. 4条

C. 5条　　D. 6条

答案是B。商场共提出4条规定。

64. 关于商场及铺面的环境，没有提到的是哪个？

A. 保持卫生清洁　　B. 保持周围美观

C. 保持道路畅通　　D. 保持商铺周围绿化项目

答案是D。从“商场及铺面周围必须时时保持卫生清洁、美观、道路畅通”可知，ABC都提到了，只有“保持商铺周围绿化项目”没有提到。

65. 发现商场违规者将做怎样的处罚？

A. 罚款　　B. 停业整顿

C. 没收乱摆乱放的所有物品　　D. 拘留15天

答案是C。“违反以上规定者，一经发现，将一律没收乱摆乱放的所有物品”就是答案所在。

第66到68题是根据下面一段话：

有个小伙子生长在美国一个贫民窟里，他从小就受到了不好的影响。上小学的时候，有一天，他从窗台上往下跳时，正好被校长看见了。出乎意料的是校长没有批评他，反而说：“我一看你的小拇指就知道，将来你一定会是纽约州的州长。”这让小伙子大吃一惊。他记住了校长的话并坚信这是真的。从那天起，

“纽约州州长”就像一面旗帜一样在他心里高高飘扬。他的衣服不再那么脏、他的语言不再那么难听。此后的40多年里，他没有一天不按照州长的身份要求自己。51岁那年，他终于成了纽约州的州长。

信念是一面旗帜，这面旗帜任何人都可以免费获得。也许，在成长道路上，我们缺乏的不是机遇，也不是聪明才智，而是信心、信念。

66. 校长认为小伙子长大后会成为什么人？

A. 小船的船长　　B. 纽约州州长

C. 富商　　D. 工程师

答案是B。“将来你一定会是纽约州的州长”就是答案所在。

67. 小伙子听了校长的话，他发生了什么变化？

A. 孝敬父母　　B. 以州长的身份要求自己

C. 珍惜荣誉　　D. 刻苦读书

答案是B。“按照州长的身份要求自己”就是答案。

68. 小伙子最后取得成功的原因是什么？

A. 有信念　　B. 有机遇

C. 聪明能干　　D. 人缘好

答案是A。由短文最后一句话可知，小伙子最后取得成功的原因是他对生活有信心、有信念。

第69到72题是根据下面一段话：

一个穷农夫有一只鸭子，这只鸭子会生金蛋；不过它一个星期只生一次，而且每次只生一个。对此农夫心想：“我应该杀了这只鸭子，这样我就可能在一天之内得到它肚子里的全部金蛋了。”

说干就干，他立刻就把那只鸭子杀了，可是他又立刻惊奇地发现，他干了一件多么愚蠢的事：那只鸭子肚子里连一只金蛋都没有。农夫后悔不已，暗暗叫苦：“我真是活该倒霉！每个星期一只金蛋不要，偏偏要什么更多的金蛋，太贪心了。这下，我的希望、我的利益全都化为泡影了。现在我才是真正到了贫穷的地步了！”

69. 关于这只鸭子，可以知道什么？

A. 一天生一个金蛋　　B. 每星期生一个金蛋

C. 生的蛋很好吃　　D. 生的蛋可以治病

答案是B。“这只鸭子会生金蛋；不过它一个星期只生一次，而且每次只生一个”就是答案。

70. 农夫为什么要杀这只鸭子？

A. 鸭子生病了　　B. 他想吃烤鸭

C. 他不喜欢这只鸭子　　D. 他想取出全部金蛋

答案是D。“我就可能在一天之内得到它肚子里的全部金蛋了”就是答案。

71. 农夫为什么后悔？

A. 鸭肉不好吃　　B. 鸭蛋不好吃

C. 鸭子肚里没有金蛋　　D. 他只拿出了一个金蛋

答案是C。“那只鸭子肚子里连一只金蛋都没有。农夫后悔不已”就是答案。

72. 这个故事告诉我们什么道理？

A. 贪心没有好下场　　B. 失败是成功之母

C. 坚持到底就是胜利　　D. 一分钱一分货

答案是A。从文中提到农夫杀鸭子后后悔自己贪心而且没有拿到一个金蛋可知，这个故事告诉我们不能太贪心。

第73到75题是根据下面一段话：

旅客朋友，大家好！终点站北京西站就要到了，在列车到达终点站前，还要请旅客朋友再一次与我们合作，协助保持车厢内的卫生。为了能让列车干干净净地到达终点站，我们还要做一次彻底的清扫。当乘务员清扫到您身边时，劳驾您把座位下面的物品挪动一下，以便彻底清扫；清扫过后，请协助保持。由于我们的清扫给您带来的麻烦，请您多加谅解。为了保持终点站的清洁，列车上的厕所要提前关闭，请旅客朋友们提前使用。

73. 在列车到达终点之前，旅客与列车员之间再有一次怎样的合作？

A. 列车员帮旅客拿行李　　B. 旅客帮乘务员打扫卫生

C. 协助保持车厢内的卫生　　D. 旅客帮乘务员关闭厕所

答案是C。“协助保持车厢内的卫生”就是答案所在。

74. 为了保持终点站的清洁，列车上的什么要提前关闭？

A. 水龙头　　B. 垃圾袋

C. 厕所　　D. 餐厅

答案是C。“列车上的厕所要提前关闭”就是答案所在。

75. 快到终点站了，列车员没有提醒旅客的是什么？

A. 保持车厢内的卫生　　B. 乘务员清扫时挪动自己的物品

C. 提前关闭厕所　　D. 请携带好自己的行李

答案是D。“保持车厢内的卫生”“乘务员清扫时挪动自己的物品”“提前关闭厕所”都是列车员提醒旅客的，只有“请携带好自己的行李”是列车员没有提醒旅客的。

模拟题

模拟题一　录音文本及答案解析

第一部分

第1到20题，请选出正确答案。现在开始第1题：

1. 男：这种单间一天多少钱？

女：比标准间还贵，打完折三百六。

问：他们最可能是在哪儿谈话？

A. 宾馆　　B. 商场　　C. 餐厅　　D. 售票处

答案是A。“单间”“标准间”是住宾馆的常用语。

2. 女：你平时都来得很早，今天怎么比我们晚了？

男：我原来打算早晨7点出发，但是因为车出了点儿毛病，推迟了两个半小时才出发。

问：男的是什么时候出发的？

A. 7点　　B. 8点半　　C. 9点　　D. 9点半

答案是D。“打算早晨7点出发……推迟了两个半小时才出发”就是说男的出发时间是7点+2个半小时=9点半。

3. 男：您的刹车灯坏了，换一个吧，不然太危险。

女：上个月刚换的，怎么又坏了？

问：男的是干什么的？

A. 修车的　　B. 修表的

C. 修电视机的　　D. 修电脑的

答案是A。“您的刹车灯坏了，换一个吧，不然太危险”其中“刹车灯”是汽车刹车用的灯，说明男的是修车的。

4. 男：我看你的论文还有很多地方需要修改。

女：那你多带带儿子，这样我就有时间修改了。

问：两个人是什么关系？

A. 师生关系　　B. 同学关系　　C. 夫妻关系　　D. 同事关系

答案是C。“那你多带带儿子”说明两个人是夫妻关系。

5. 男：周六去香山了吗？

女：唉，别提了，本来都准备好了，后来外地来了一个同学，我就陪她去长城玩儿了一天。

问：女的原来打算周六干什么？

A. 复习　　B. 去香山　　C. 去长城　　D. 见同学

答案是B。男的问女的"周六去香山了吗"，女的说"本来都准备好了，后来外地来了一个同学"意思是本来周六打算去香山，却没有去成。

6. 男：赵经理怎么还没来？真急人。

女：我俩都等赵经理一个多钟头了，你才等了十五分钟就叫苦。

问：一共有几个人在等赵经理？

A. 一个人　　B. 两个人　　C. 三个人　　D. 四个人

答案是C。"我俩"表示两个人，再加上男的，一共是三个人在等赵经理。

7. 男：小张，今年HSK的考生多不多？

女：比哪年都多。

问：女的是什么意思？

A. 她知道哪年学生多　　B. 她想知道哪年学生多

C. 今年的考生比去年多　　D. 今年的考生最多

答案是D。"比哪年都多"意思是今年是最多的一年。

8. 女：你觉得金山这个人怎么样？

男：那没的说。在我们单位，没有一个人不夸他的。

问：男的觉得金山怎么样？

A. 非常优秀　　B. 没有人夸　　C. 不怎么样　　D. 还可以

答案是A。"没有一个人不夸他的"是一个强调句，意思是每个人都夸他，说明他很优秀。

9. 男：听说你非常喜欢旅行。

女：是啊，不过我喜欢在因特网上旅行。

问：女的喜欢做什么？

A. 打网球　　B. 旅行　　C. 上网　　D. 运动

答案是C。"不过我喜欢在因特网上旅行"其中"因特网"就是互联网，就是说女的喜欢上网。

10. 女：刚才我看见老张满脸不高兴的样子，你知道是怎么回事吗？

男：唉，还不是公司这个月经济效益不好，经理总是发火，这次老张又成了出气筒。

问：从对话中我们可以知道什么？

A. 办公室里太热了　　B. 经理生气了

C. 老张的车胎没气了　　D. 经理生病了

答案是B。“经理总是发火”其中“发火”是生气、发脾气的意思。

11. 男：寄到美国，多长时间能到？一周之内能到吗？

女：平信慢一点儿，特快专递一般三到五个工作日就能到。

问：根据对话，可以知道什么？

A. 一周之内能到　　B. 男的在寄信　　C. 平信很快　　D. 特快专递三天能到

答案是B。“寄”“平信”“特快专递”都是邮局的常用语。“平信”就是普通信件，由此可知男的是在寄信。

12. 女：你儿子学习怎么样？

男：比上不足，比下有余吧。

问：男的是什么意思？

A. 儿子学习很好　　B. 儿子学习比较差

C. 儿子学习一般　　D. 无法评价

答案是C。“比上不足，比下有余”意思是比学习好的同学差一点儿，比学习差的同学好一些，男的认为儿子学习一般。

13. 男：你为什么一定要让孩子到北京二中上学呀？

女：北京二中虽然离我家比较远，接送孩子不方便，但是二中的教学质量没的说。

问：女的为什么让孩子到北京二中上学？

A. 接送孩子方便　　B. 离自己家近　　C. 教学质量高　　D. 教学方式活泼

答案是C。“二中的教学质量没的说”其中“没的说”意思就是很好、不错。

14. 男：刚才我去和客户谈生意了。

女：不用说，看你的表情，就知道碰钉子了。

问：女说话人是什么意思？

A. 男的和客户谈钉子的买卖　　B. 男的去钉钉子了

C. 男的遇到了麻烦　　D. 男的会钉钉子

答案是C。“看你的表情，就知道碰钉子了”其中“碰钉子”就是遇到了麻烦事，不好处理。

15. 男：小王刚才说的是什么意思？

女：听他的口气，好像是找了个新工作，要辞职了。

问：关于小王，我们可以知道什么？

A. 已经辞职了　　B. 想找新工作　　C. 没找到工作　　D. 要换工作了

答案是D。"好像是找了个新工作，要辞职了"就是说小王不打算在这儿干了，重新找了一份工作，要换工作了。

16. 男：你儿子乒乓球打得真好，看得出来他对乒乓球挺感兴趣的。
女：他就爱打球，如果他在学习上也这么用心我就不用担心了。
问：女的是什么意思？
A. 她觉得儿子学习不努力　　B. 她很担心儿子球打得不好
C. 儿子喜欢打球她很高兴　　D. 儿子学习跟打球一样好
答案是A。"如果他在学习上也这么用心我就不用担心了"就是说儿子在学习上不用心，学习不努力，让女的很操心。

17. 女：今天晚上都有谁去看电影？
男：除了小李和小赵，全班都去。
问：从对话中我们可以知道什么？
A. 全班的人今晚都去看电影　　B. 小李和小赵今晚去看电影
C. 小李、小赵和其他人一起去看电影　　D. 小李和小赵今晚不去看电影
答案是D。"除了小李和小赵，全班都去"意思是小李和小赵不去看电影，其他人都去。

18. 女：现在才8点，再坐会儿吧。
男：不了，家里还有一大堆事儿等着我做呢。
问：男的是什么态度？
A. 拒绝　　B. 同意　　C. 犹豫　　D. 兴奋
答案是A。"不了"意思是"不"，表示拒绝。

19. 男：现在很多贷款买房的人都觉得自己的生活质量下降了。
女：我不也一样吗？每个月都得还四五千块钱。
问：女的是什么意思？
A. 很想买房　　B. 贷款买房了
C. 生活质量提高了　　D. 每个月工资四五千块钱
答案是B。"我不也一样吗"是个反问句，意思是我跟很多人一样贷款买了房。

20. 男：你是吃面条，还是吃饺子？
女：我无所谓，看他们吧。
问：女的是什么意思？
A. 吃面条　　B. 吃饺子　　C. 都不吃　　D. 面条和饺子都可以
答案是D。"我无所谓"意思是吃什么都可以，没有要求，即面条和饺子都可以。

第二部分

第21到45题，请选出正确答案。现在开始第21题：

21. 男：听说李伟被炒鱿鱼了。

女：是啊，他把公司的重要文件给了竞争对手。

男：那他现在怎么样了？找到工作了没有？

女：在家待着呢。没有公司敢要他。

问：李伟为什么被炒鱿鱼了？

A. 与老板不和　　B. 和同事吵架　　C. 出卖公司　　D. 身体有病

答案是C。“他把公司的重要文件给了竞争对手”意思就是“他出卖了公司”。

22. 男：麻烦你帮我发一个传真。

女：真抱歉，可能不行，传真机出了点儿毛病。

男：让我看看。没什么大问题，没有墨了，我帮你换一下吧。

女：那太谢谢了。

问：传真机怎么了？

A. 没电了　　B. 卡纸了　　C. 没墨了　　D. 坏了

答案是C。“没有墨了”就是答案。

23. 女：大夫，我的病严重吗？

男：从检查结果来看，是急性胃炎，幸亏你来得及时。

女：那得吃药吧？

男：当然。尽量吃点儿容易消化的食物，不要吃生冷和刺激性食物。

问：女的得了什么病？

A. 胃病　　B. 拉肚子　　C. 发烧　　D. 感冒

答案是A。“从检查结果来看，是急性胃炎”其中的“急性胃炎”就是答案。

24. 女：你上个月去欧洲旅行用的是信用卡吗？

男：是，信用卡可比现金安全方便多了。

女：我父母下周也要出国旅游，我让他们带信用卡，但他们还是习惯带现金。

男：我的父母也不例外，老人都这样，不习惯用信用卡。

问：男的是什么意思？

A. 他父母要去旅行　　B. 他父母愿意用信用卡

C. 老人不习惯用信用卡　　D. 老人不喜欢旅游

答案是C。“老人都这样，不习惯用信用卡”就是答案。

25. 男：您是剪发还是烫发？

女：我想听听您的想法，您看哪种发型更适合我？帮我设计一下吧。

男：您的脸型留短发不错，最好再染个颜色。

女：好的，就按您说的做吧。

问：男的建议女的做什么？

A. 剪短发　　B. 做护理　　C. 烫发　　D. 洗发

答案是A。“您的脸型留短发不错”说明男的建议女的剪短发。

26. 女：欢迎光临，请问您订位了吗？

男：我们没有订位，现在有空位吗？

女：很抱歉，今天用餐的人多，暂时没有空位，您先拿个号，稍等一会儿。

男：好的，需要等多长时间？

女：大概15分钟。

问：对话最可能发生在什么地方？

A. 饭馆儿　　B. 电影院　　C. 图书馆　　D. 理发店

答案是A。“今天用餐的人多”其中的“用餐”是饭馆儿、餐厅的常用语。

27. 女：你在实习期间表现不错，公司打算聘用你。

男：是吗？这太让我兴奋了！

女：你下周一来签合同，人事部的张经理还有些具体的事情要跟你谈谈。

男：好的，我一定来。

问：关于男的，可以知道什么？

A. 是部门经理　　B. 被公司聘用了

C. 在人事部工作　　D. 不想实习了

答案是B。“公司打算聘用你”意思是公司打算聘用他，让他继续在公司工作。

28. 男：这件衣服又是你在网上买的吧？

女：没错。可是这件我不是太满意，穿着有点儿短。

男：那能退换吗？

女：当然可以，现在网上购物服务挺不错的，七天之内包退包换。

问：女的在网上买什么了？

A. 零食　　B. 日用品　　C. 衣服　　D. 手提包

答案是C。“这件衣服又是你在网上买的吧”说明女的在网上买了一件衣服。

29. 男：刘佳，你最喜欢哪门课程？

女：我最喜欢生物。

男：生物？太让人惊讶了，我还以为你最喜欢体育呢。

女：我的兴趣很广泛，但是我对生物最感兴趣。

问：女的最喜欢什么课程？

A. 体育　　B. 生物　　C. 音乐　　D. 物理

答案是B。“我对生物最感兴趣”就是答案所在。

30. 女：王先生，您一路顺利吗？

男：很幸运，飞机没有晚点，一切顺利。

女：太好了。公司的车在外面，请跟我来。

男：好，您先请。我第一次来这里参加交易会，还请您多多关照。

问：他们最可能在哪儿？

A. 船上　　B. 机场　　C. 火车站　　D. 汽车上

答案是B。“飞机没有晚点”说明男的刚下飞机，女的在机场接他。

第31到33题是根据下面一段话：

古时候有个孩子叫司马光。有一天，他跟几个小朋友在花园里捉迷藏。花园里有假山，假山下面有一个大水缸，缸里装满了水。他们玩儿得正高兴，忽然，一个小朋友掉进了大水缸里。其他小朋友都慌了，有的哭着喊着，有的跑去找大人。司马光没有慌。他举起一块大石头，使劲儿砸那口缸，几下子就把缸砸破了。缸里的水流出来了，掉在缸里的小朋友得救了。

31. 司马光和小朋友在花园里干什么？

A. 砸缸　　B. 捉迷藏　　C. 给花浇水　　D. 爬假山

答案是B。“他跟几个小朋友在花园里捉迷藏”就是答案所在。

32. 他们在玩儿的时候，一个小朋友出了什么事？

A. 胳膊摔破了　　B. 掉进水缸里　　C. 掉进河里了　　D. 鼻子流血了

答案是B。“一个小朋友掉进了大水缸里”就是答案所在。

33. 司马光为什么要砸缸？

A. 他在缸里找石头　　B. 他的玩具掉进了缸里

C. 为了救小朋友　　D. 他们在玩儿捉迷藏

答案是C。“一个小朋友掉进了大水缸里”，司马光为了救小朋友，所以把水缸砸破了。

第34到36题是根据下面一段话：

有位父亲想对一对双胞胎兄弟做“性格改造”，因为其中一个过分乐观，而另一个则过分悲观。一天，他买了许多色泽鲜艳的新玩具给悲观孩子，又把乐观孩子送进了一间堆满马粪的车房里。

第二天清晨，父亲看到悲观孩子在哭，就问：“你为什么不玩儿那些玩具呢？”“玩儿了就会坏的。”孩子回答说。

父亲叹了口气，走进车房，却发现那个乐观孩子正兴高采烈地在马粪里掏着什么。

“告诉你，爸爸。”那孩子得意洋洋地跟父亲说，“我想马粪堆里一定还藏着一匹小马呢！”

乐观者在每次危难中都看到了机会，而悲观的人在每个机会中都看到了危难。

34. 父亲的两个孩子性格怎么样？

A. 都很乐观　　B. 都很悲观

C. 一个乐观，一个悲观　　D. 性格倔强

答案是C。“其中一个过分乐观，而另一个则过分悲观”就是答案所在。

35. 第二天清晨，父亲看见悲观孩子在干什么？

A. 在玩儿玩具　　B. 在哭泣　　C. 在学习　　D. 在掏马粪

答案是B。“悲观孩子在哭”就是答案所在。

36. 乐观孩子想马粪堆里藏有什么？

A. 一列小火车　　B. 一辆小汽车

C. 一架小飞机　　D. 一匹小马

答案是D。“我想马粪堆里一定还藏着一匹小马呢”就是答案所在。

第37到38题是根据下面一段话：

人们常说：失败是成功之母。在人生的道路上，“常胜将军”是没有的，而“常败将军”却是很常见的。因为许多事情要想成功，必须历经一次又一次的失败。有一位大发明家曾经为一项发明做了近八千次实验，都失败了，可他没有灰心。他说：“这八千次失败至少使我明白了这八千种方法是行不通的。”正是这些失败，最终把他推向了成功。由此可见，没有失败就没有成功。

37. 根据上文，下面哪个说法不正确？

A. 成功比失败更常见　　B. 失败比成功更常见

C. 面对失败，不灰心的人才能成功　　D. 要想成功，必须经历失败

答案是A。文中提到“‘常胜将军’是没有的，而‘常败将军’却是很常见的”，可知，成功不常见，而失败则很平常，所以A说法不正确，应选。且BCD文中都有涉及，为正确说法，不选。

38. 下列哪项最适合做上文的标题？

A. 成功的人很多　　B. 耐心等待成功

C. 失败是成功之母　　D. 多鼓励失败者

答案是C。第一句话提到“失败是成功之母”，后文通过例子进一步说明了“没有失败就没有成功”，由此可见上文主要讲“失败是成功之母”的道理，答案应选C。

第39到40题是根据下面一段话：

所谓“绿色食品”并不是说食品本身是绿色的，而是指一种接近没有污染的“安全食品”。那么，什么样的食品才能称得上是“绿色食品”呢？首先，粮食、瓜果、蔬菜等在生长期内不能受到污染。其次，在把它们加工制作成各种食品的过程中也不能受到污染。最后，在销售过程中也要避免接触污染物。做到以上几点，基本上可以称这种食品为“绿色食品”了。

其实，粮食作物、瓜果、蔬菜在生长期内，大气中的一些污染物，不可能对它们一点儿污染都没有。所以“绿色食品”不能称为绝对不含任何污染的食品，而更为确切的名字应是“安全食品”。

39. 什么叫“绿色食品”？

A. 绿颜色的食品　　B. 绿色的蔬菜

C. 接近没有污染的食品　　D. 没有化肥的食品

答案是C。第一句话“所谓‘绿色食品’并不是说食品本身是绿色的，而是指一种接近没有污染的‘安全食品’”，其中的“接近没有污染”就是答案。

40. 关于“绿色食品”，下列哪种说法是错误的？

A. 绿色食品也叫安全食品　　B. 绿色食品绝对没有任何污染

C. 销售绿色食品时要避免接触污染　　D. 加工绿色食品时不应受到污染

答案是B。“‘绿色食品’不能称为绝对不含任何污染的食品”就是答案所在。

第41到43题是根据下面一段话：

他是个单亲爸爸，独自抚养一个七岁的小男孩儿。有一次因为要赶火车，没陪孩子吃早餐，他便匆匆离开了家。一路上担心孩子有没有吃饭，会不会哭，心老是放不下。到了出差地点，也不时打电话回家。办完事情后他马上就往家里赶。回到家时看到孩子已经熟睡了，他这才松了一口气。正准备上床睡觉时，突然大吃一惊：棉被下面，竟然有一碗打翻了的方便面！

“这孩子！为什么这么调皮？”愤怒之下，他朝熟睡中的儿子屁股上打了一下。

“我没有……”孩子委屈地解释：“我没有调皮，这……这是给爸爸留的晚餐。”

原来孩子盼着爸爸回家，特地泡了两碗方便面，一碗自己吃，另一碗给爸爸。可是因为怕爸爸那碗面凉了，所以放进了棉被底下保温。

爸爸听了，紧紧抱住孩子。看着碗里剩下的一半已经泡涨的方便面，对孩子说：“孩子，这是世上最……最美味的方便面！”

41. 爸爸准备睡觉时，发现棉被下面有什么？

A. 一只花猫　　B. 一些玩具　　C. 一碗方便面　　D. 几本童话书

答案是C。爸爸准备睡觉时发现“棉被下面，竟然有一碗打翻了的方便面”。

42. 孩子为什么把方便面放在棉被下面？

A. 他特别调皮　　B. 担心方便面凉了

C. 给爸爸一个惊喜　　D. 自己饿了再吃

答案是B。“怕爸爸那碗面凉了，所以放进了棉被底下保温”就是答案所在。

43. 爸爸为什么说这是世上最美味的方便面？

A. 方便面味道好　　B. 孩子充满了爱心

C. 方便面价钱贵　　D. 孩子非常聪明

答案是B。由文中内容可知，爸爸觉得孩子懂事了，知道关心体贴人了，被孩子那颗真诚的爱心所感动。

第44到45题是根据下面一段话：

最新数据表明，我国小学生近视眼发病率为22.8%，初中生为55.2%，高中生为70.3%。

调查研究表明形成近视的原因主要有以下几点：看电视距离太近或者时间太长，在光线太强或者太弱的阳光下看书，写作业时的姿势不正确，长时间坐在电脑、电视前，不合理的饮食等。

因此，要保护好视力我们必须要合理饮食，坐姿正确，看电视或者电脑时要经常起来活动一下，每天坚持做一遍眼保健操。

44. 高中生近视眼的发病率是多少？

A. 22.8%　　B. 55.2%　　C. 70.3%　　D. 11.3%

答案是C。“高中生为70.3%”就是答案所在。

45. 关于如何保护好视力，文中没有提到的是哪项？

A. 合理饮食，坐姿正确　　B. 坚持做眼保健操

C. 经常往远处看看　　D. 要经常起来活动

答案是C。短文最后一句提到了ABD，没有提及“经常往远处看看”，因此应选C。

模拟题二　录音文本及答案解析

第一部分

第1到20题，请选出正确答案。现在开始第1题：

1. 女：我想剪短一点儿，不过后面最好留长一点儿。

男：没问题，包您满意。您先洗一下吧。

问：两个说话人可能是什么关系？

A. 理发师和顾客　　B. 售货员和顾客　　C. 裁缝和顾客　　D. 修理工和顾客

答案是A。“剪短一点儿”“洗一下”是理发店的常用语，由此可知他们是理发师和顾客的关系。

2. 男：这些天我没工夫，你还是找别人吧。

女：这件事特别重要，非你去不可。

问：女的是什么意思？

A. 这件事只有男的不能办　　B. 这件事男的可以办

C. 这件事男的可以不办　　D. 这件事只有男的才能办

答案是D。“这件事特别重要，非你去不可”其中“非你去不可”是一个强调句，意思是你一定要去。

3. 男：你知道期末考试是什么时候吗？

女：过几天系里的公告栏里会贴出来的。

问：女的是什么意思？

A. 考试日期已经公布了　　B. 考试日期还没有公布

C. 女的不知道要考试　　D. 女的没明白男的的意思

答案是B。“过几天系里的公告栏里会贴出来的”，意思是现在公告栏还没有公布时间，过几天就会公布出来。

4. 女：今天下午我想上街转转，给儿子买双运动鞋。

男：那你顺便给我妈买条围巾吧？

问：男的让女的做什么？

A. 买鞋　　B. 看妈妈　　C. 买毛巾　　D. 买围巾

答案是D。男的说“那你顺便给我妈买条围巾吧”意思是让女的给他妈妈买一条围巾。

5. 女：小刘，这次活动办得很成功，辛苦你了。

男：其实小王和小张也很辛苦，王老师比我们这些学生还要辛苦。

问：男的认为谁最辛苦？

A. 小王　　B. 小张　　C. 小刘　　D. 王老师

答案是D。“王老师比我们这些学生还要辛苦”就是说这些学生很辛苦，但王老师比这些学生还要辛苦。

6. 女：今天特别闷，看样子，明天要下雨。

男：我刚才听天气预报说明天有中到大雨。

问：他们在谈什么？

A. 天气情况　B. 身体情况　C. 电视节目　D. 广播节目

答案是A。“闷”“下雨”都是跟天气相关的词语。

7. 女：哎呀，你咳嗽真厉害，去医院看了吗？

男：看过了。医生说是气候的原因，天气有点儿反常。

问：男的为什么咳嗽？

A. 医生也说不清楚　B. 医生认为是天气造成的

C. 可能是传染的　D. 可能是不小心着凉了

答案是B。“医生说是气候的原因”就是答案所在。

8. 男：您帮我拿那件再看看？

女：要我说呀，您就来一件吧，这是我们新进的货，式样又新，颜色又亮，穿上绝对新潮。

问：女的可能是做什么的？

A. 摄影师　B. 裁缝　C. 售货员　D. 饭店服务员

答案是C。“这是我们新进的货”是售货员向顾客介绍货品时的常用语。

9. 女：明明说好在校门口见面，都过了20分钟了，阿里怎么还不来？

男：他别是记错了时间，把8点当成8点半了吧？

问：他们谈话的时候是几点？

A. 7点40　B. 8点　C. 8点20　D. 8点半

答案是C。“都过20分钟了”“把8点当成8点半了吧”，从他俩的对话中可以看出他们约定8点见面，已经过去20分钟了，现在是8点20。

10. 女：老王，星期天过得不错吧？

男：不错什么呀！本来高高兴兴的，却把钱包丢了。

问：老王的心情怎么样？

A. 很高兴　B. 不错　C. 一般　D. 不好

答案是D。“不错什么呀”是一个反问句，意思是不好。

11. 女：孩子好像有点儿累了，咱们休息休息再爬吧。

男：给他点儿吃的东西，一边吃一边爬，一会儿到了山顶再休息。

问：他们正在做什么？

A. 休息　B. 爬山　C. 吃东西　D. 买东西

答案是B。“一会儿到了山顶再休息”说明他们在爬山，打算爬到山顶休息一下。

12. 女：新办公楼盖好了，咱们下星期就能搬进去啦。

男：在又小又黑的平房里办公的日子终于要过去了。

问：从对话中可以知道什么？

A. 男的很喜欢平房　　B. 新办公室和旧办公室一样

C. 男的不喜欢平房　　D. 平房里没有灯

答案是C。“在又小又黑的平房里办公的日子终于要过去了”说明他们之前的办公室是又小又黑的平房，男的不喜欢。

13. 男：小芳，工作找得怎么样了？

女：唉，别提了。我把简历递给了十多家公司，可是没有一家通知我去面试的。

问：女的是什么意思？

A. 她没有找工作　　B. 没有找到她喜欢的公司

C. 公司都没有叫她去面试　　D. 只有一家公司叫她去面试

答案是C。女的说“可是没有一家通知我去面试的”，意思是她投递的公司没有一家叫她去面试的。

14. 女：苏明，你还想听我唱哪一首歌？

男：我要是再听你唱歌，今天一天都会吃不下饭的。

问：男的是什么意思？

A. 他想先吃饭，再听歌　　B. 他不习惯吃饭的时候听歌

C. 他很喜欢听女的唱歌　　D. 他不喜欢听女的唱歌

答案是D。“我要是再听你唱歌，今天一天都会吃不下饭的”，其中“一天都会吃不下饭的”意思是她唱得不好听，不想让女的再唱歌。

15. 女：你认识李教授？

男：我跟李教授从小就像亲兄弟一样，是熟得不能再熟的老朋友啦。

问：男的是什么意思？

A. 我和李教授是亲兄弟　　B. 我想认识李教授

C. 我跟李教授不太熟悉　　D. 我和李教授非常熟

答案是D。“是熟得不能再熟的老朋友啦”意思是他和李教授非常熟。

16. 女：老李他们怎么能拿公款去吃饭呢？

男：他们越来越不像话了。

问：男的是什么意思？

A. 老李他们不会说话　　B. 老李他们的做法很过分

C. 老李他们很会说话　　D. 老李他们的做法很合适

答案是B。“他们越来越不像话了”意思是他们用公款吃饭不合适，这种做法很过分。

17. 女：小英想当一名画家。你看，墙上挂的都是她的画儿。

男：你别说，小英的画还真像那么回事儿呢！

问：男的是什么态度？

A. 惊讶　　B. 赞赏　　C. 轻视　　D. 不满

答案是B。“像那么回事儿”意思是不错、很好，表示赞赏。

18. 女：你们班同学的学习成绩怎么样？

男：我们这次考得很差，其中60分以下的就有7个。

问：男的是什么意思？

A. 这个班有7个人考了60分以下　　B. 这个班只有7个人，都考了60分以下

C. 这个班只有7个人考得差　　D. 这个班有7个学习不好的学生

答案是A。男的说“其中60分以下的就有7个”意思是他们班这次考试有7个人考了60分以下。

19. 女：你知道小李什么时候出差吗？

男：我也不太清楚，好像不是明天就是后天。

问：男的是什么意思？

A. 小李明天出差　　B. 小李不可能出差

C. 小李后天出差　　D. 小李明天或者后天出差

答案是D。“不是明天就是后天”意思是可能是明天出差，也可能是后天。

20. 男：劳驾，加200块92号汽油。多少钱一升？

女：七块八。要发票吗？

问：女的可能在哪儿工作？

A. 商场　　B. 加油站　　C. 修车铺　　D. 自由市场

答案是B。“92号汽油”是一种汽油的型号。

第二部分

第21到45题，请选出正确答案。现在开始第21题：

21. 女：你的羽毛球打得真棒！

男：我爸爸是羽毛球教练，我5岁的时候他就教我打羽毛球。

女：难怪你的球打得那么好。

男：我要好好儿练，争取获得羽毛球世界冠军。

问：男的有什么愿望？

A. 成为羽毛球教练　　B. 当运动员　　C. 获得世界冠军　　D. 每天打羽毛球

答案是C。“我要好好儿练，争取获得羽毛球世界冠军”就是答案所在。

22. 男：门口怎么堆了这么多书呀？

女：这是书店刚刚送来的。

男：赶快整理一下摆放整齐吧，太乱了。

女：只是临时放一下，一会儿就搬走。

问：关于这些书，下列哪项正确？

A. 还没付款　　B. 质量不合格　　C. 摆得很整齐　　D. 临时放这儿

答案是D。“只是临时放一下”就是临时摆放一下，一会儿就拿走。

23. 女：你们这里有什么特色菜，给我推荐一下吧？

男：您喜欢清淡的，还是口味重的？

女：还是清淡点儿的吧。少放点儿油、盐，千万不要放味精。

男：那就广东菜吧。

问：女的有什么要求？

A. 不要放油　　B. 不要放盐　　C. 不要放糖　　D. 不要放味精

答案是D。“千万不要放味精”就是答案。另外女的要求“少放点儿油、盐”，并不是说不放油、盐，因此不选A、B。

24. 女：你怎么还不起床啊？上班时间到了。

男：我发烧了，不能上班了。

女：我陪你去医院看看吧。

男：你先帮我跟领导请个假，然后再去医院。

问：关于男的，下列哪项正确？

A. 拉肚子　　B. 头疼　　C. 发烧　　D. 在家休息

答案是C。“我发烧了”就是答案所在。

25. 女：赵经理，欢迎，欢迎！请上座。

男：真让您费心了，请接受我和我们代表团全体成员的真诚感谢，谢谢您为我们举行这个宴会。

女：希望你们在这里的第一个夜晚过得愉快。

男：太谢谢了！

问：对话最可能发生在什么场合？

A. 颁奖典礼　　B. 欢迎晚宴　　C. 交易会　　D. 总结会

答案是B。从“谢谢您为我们举行这个宴会”“希望你们在这里的第一个夜晚过得愉快”这两句话中的“宴会”“夜晚”可以知道他们在开一个欢迎晚宴。

26. 女：这台复印机该换新的了。

男：是啊，这台已经用了快十年了，总出毛病。我们已经申请了，老板已经批准了。

女：换了新的就方便了，否则特耽误事。

男：就是。

问：关于这台复印机，下列哪项不正确？

A. 经常出毛病　　B. 用了快十年

C. 老板批准换新的　　D. 非常贵

答案是D。“用了快十年了，总出毛病。我们已经申请了，老板已经批准了”这些都是对话中谈到的，只有“非常贵”没有提到。

27. 男：麻烦给我退下房，这是我的房卡。

女：请您稍等一下，服务员在清点房间。

男：好的。请给我开张发票。

女：这是您的押金300元，这是发票，三天一共900元。

问：男的在干什么？

A. 订房间　　B. 订票　　C. 退房　　D. 吃饭

答案是C。第一句话“麻烦给我退下房”其中的“退房”就是答案。

28. 女：我想把头发修一下。

男：你要不要试一下我们新进的洗发水？效果不错。

女：可以，我的头发最近变得很干燥。

男：那你可以做个护理，我们现在搞活动，如果办卡，可以打八折。

问：关于女的，可以知道什么？

A. 想做头发护理　　B. 想办优惠卡　　C. 头发很干燥　　D. 想剪短发

答案是C。“我的头发最近变得很干燥”就是答案。至于A、B提到的“做头发护理”和“办优惠卡”则是男的建议女的做的，女的并不一定做。

29. 女：这件夹克衫多少钱？能打折吗？

男：这件打四折后大约要320元。

女：只有这一种款式吗？

男：不，我们的款式非常多，您可以到那边去挑选。

问：这件夹克衫原价大约多少元？

A. 320元　　B. 230元　　C. 300元　　D. 800元

答案是D。从“这件打四折后大约要320元”可知，这件衣服原价大约800元，打了四折后，大约要320元。

30. 男：你怎么考得这么差呀！

女：考试前我生病了，一个星期都没上课。

男：你暑假好好儿复习，等开学补考吧。

女：是的，只能这样了。

问：女的为什么考试成绩差？

A. 没有复习　　B. 上课没有听讲
C. 考试前病了　　D. 逃学
答案是C。“考试前我生病了，一个星期都没上课”就是答案所在。

第31到32题是根据下面一段话：

一次，一个路人随手丢给乞丐一块糖。乞丐从来没有吃过糖，也不知道糖是什么东西。他小心地剥开糖纸，把糖放在嘴里舔了舔，一种甜甜蜜蜜的感觉顿时传遍全身，他没有想到世界上还会有这么好吃的东西。他十分珍惜那块糖，一直吃了很长时间。后来，乞丐通过自己的努力，成了当地的富翁，也吃了无数的糖，但是在他的记忆里，第一次吃到的糖才是最甜的。

一个什么都没有的人未必不幸，一个什么都有的人未必幸福，幸福其实只是一个人的感觉而已。

31. 路人随手给了乞丐什么？
A. 一个苹果　　B. 一块饼干
C. 一块糖　　D. 一瓶水
答案是C。“一个路人随手丢给乞丐一块糖”其中的“一块糖”就是答案。

32. 从这段短文可以知道什么？
A. 幸福就是拥有很多东西　　B. 幸福是一种感觉
C. 幸福是一个微笑　　D. 什么都有的人很幸福
答案是B。“幸福其实只是一个人的感觉而已”就是答案所在。

第33到35题是根据下面一段话：

小时候的一件事使我终生难忘。那时我家生活很苦，因为爸爸妈妈都失业了。有一天，我在一家商店的橱窗里看到一个小汽车，非常想得到它，就跑回家向妈妈要钱。妈妈说：“五毛钱能吃一顿饭呢！”但爸爸说：“给她吧，五毛钱就能给孩子买到快乐，这种事以后不会再遇到的。”那时我就明白，这五毛钱买到的快乐是难忘的。

33. 小时候他们家发生了什么事情？
A. 奶奶去世了　　B. 爸爸妈妈失业了
C. 钱被小偷偷走了　　D. 她要去远方读书
答案是B。“爸爸妈妈都失业了”就是答案所在。

34. 她非常想得到什么？
A. 小火车　　B. 洋娃娃
C. 小汽车　　D. 红气球

答案是C。“看到一个小汽车，非常想得到它”就是说她非常喜欢这个小汽车，特别想得到它。

35. 她对哪件事感到永远难忘？

A. 妈妈做的饭　　B. 爸爸说的话

C. 五毛钱买的快乐　　D. 买了一个小汽车

答案是C。“这五毛钱买到的快乐是难忘的”就是答案所在。

第36到37题是根据下面一段话：

一位在中国工作的外籍教师，根据多年的观察发现，中国的很多父母省吃俭用，把所有的钱都存起来，甚至拿出自己的养老金、看病的钱来替儿女交学费，买房结婚。这种爱的方式让不少“老外”感到不可思议。实际上，放任和包办这两个极端，都不是真正爱孩子。在农村，有多少个“留守孩子”可怜巴巴地期盼着父母的疼爱；在城市里，有多少“生活不能自理”的大学生抱怨父母的溺爱。爱子之情是为人父母的天性，但是，爱，需要理性；养育，是一门科学。

36. 老外对哪种爱的方式不理解？

A. 经常打骂孩子　　B. 为儿女买房结婚

C. 为儿女看孩子　　D. 为儿女找工作

答案是B。“甚至拿出自己的养老金、看病的钱来替儿女交学费，买房结婚。这种爱的方式让不少‘老外’感到不可思议”，其中“买房结婚”就是答案。“不可思议”的意思是难以理解。

37. 这段短文告诉我们什么？

A. 不要把孩子放在农村　　B. 不要给孩子太多的钱

C. 要理性地爱孩子　　D. 要让孩子独立思考

答案是C。最后一句话中的“爱，需要理性”就是答案。

第38到39题是根据下面一段话：

鸡蛋是一种营养丰富的食品。每100克鸡蛋含蛋白质14克，脂肪8.6克，而且对人体健康有益的一些微量元素含量也不低。鸡蛋所含的维生素也较高，特别是维生素A。因此在我国民间，向来把鸡蛋看作滋补食品，不但餐桌上常见，病人、孕妇、产妇、年老体弱者更常用来滋补身体。

38. 下列对鸡蛋的叙述中，哪项不正确？

A. 常用来滋补身体　　B. 营养丰富

C. 矿物质含量高　　D. 维生素含量高

答案是C。“常用来滋补身体”“鸡蛋是一种营养丰富的食品”“鸡蛋所含的维生素也较高”，这些都是文中提到的，文中并没有提到鸡蛋“矿物质含量高”，所以C是错误的。

39. 每100克鸡蛋里含的什么最高？

A. 蛋白质　　B. 维生素

C. 脂肪　　D. 无机盐

答案是A。短文提到“每100克鸡蛋含蛋白质14克，脂肪8.6克”“鸡蛋所含的维生素也较高”，可知答案应选A。

第40到42题是根据下面一段话：

有一天，老虎抓住一只狐狸，心想，今天可以美美地享受一顿午餐了。狐狸很狡猾，骗老虎说：“我是天帝派到山林中来做百兽之王的，你要是吃了我，天帝是不会原谅你的。”老虎问：“你是百兽之王，有什么证据？”狐狸连忙说：“你如果不相信我的话，可以随我到山林中走一走，我让你亲眼看看百兽害怕我的样子。”

老虎想这倒也是个办法，于是就让狐狸在前面带路，自己跟在它的后面，一起向山林深处走去。森林中的动物们远远地看见老虎来了，都纷纷逃命。老虎不知道动物们是害怕自己而逃跑的，还以为它们是害怕狐狸才逃走的。

40. 狐狸编出了什么谎言？

A. 它是百兽之王　　B. 小动物都怕它

C. 它是上帝派来的　　D. 它喜欢老虎

答案是A。“我是天帝派到山林中来做百兽之王的”是狐狸编出的谎言，意思是它现在是山林里的百兽之王。而文中提到的是“天帝”而不是“上帝”，因此C不对。

41. 森林的小动物真正害怕的是谁？

A. 狮子　　B. 狐狸　　C. 老虎　　D. 豹子

答案是C。“森林中的动物们远远地看见老虎来了，都纷纷逃命”就是说森林里的小动物真正害怕的是老虎。

42. 狐狸是一种什么样的动物？

A. 温顺　　B. 狡猾　　C. 凶猛　　D. 可爱

答案是B。从短文中狐狸骗老虎，可知狐狸是一种非常狡猾的动物。

第43到45题是根据下面一段话：

前往英国伦敦的旅客请注意：我们抱歉地通知，您乘坐的CA038次航班由于飞机在本站出现机械故障不能按时起飞。在此我们深表歉意，请您在候机厅休息，等候通知。如果您有什么要求，请与服务台联系。谢谢！

43. 飞机为什么不能按时起飞？

A. 天气恶劣　　B. 旅客问题　　C. 出现机械故障　　D. 航班延误

答案是C。"飞机在本站出现机械故障不能按时起飞"就是答案所在。

44. 前往哪个国家的飞机不能按时起飞了？

A. 英国伦敦　　B. 法国巴黎　　C. 美国华盛顿　　D. 日本东京

答案是A。"前往英国伦敦的旅客"就是答案所在。

45. 旅客如有要求，应与什么地方联系？

A. 安检部　　B. 医疗急救中心　　C. 现场监管　　D. 服务台

答案是D。"如果您有什么要求，请与服务台联系"就是答案所在。

模拟题三　录音文本及答案解析

第一部分

第1到20题，请选出正确答案。现在开始第1题：

1. 女：这个牌子不错，出去玩儿时带上几听给大家尝尝。

男：没问题。

问：他们在谈论什么？

A. 水果　　B. 啤酒　　C. 面包　　D. 零食

答案是B。"带上几听"其中"听"是一个量词，选项中只有"啤酒"能与"听"搭配。

2. 女：咱们听我买的那张CD吧。

男：那张CD没什么好听的，唱来唱去总是那些，我都听够了。

问：男的是什么意思？

A. 那张CD很好听　　B. 人们总喜欢听那张CD

C. 我不想听那张CD了　　D. 我要听够那张CD

答案是C。"我都听够了"意思是听烦了，不想听那张CD了。

3. 男：让我进去吧！我想看看我爱人怎么样了。

女：不行，刚做完手术，家属还不能进去探视。

问：对话可能发生在什么地方？

A. 监狱　　B. 军队　　C. 医院　　D. 学校

答案是C。"手术"是医院的常用语。

4. 男：国产电视机价格便宜，服务又好，你何必非买进口的？

女：也是，那我看看其他牌子的吧。

问：女说话人是什么意思？

A. 觉得男的说的有道理　　B. 觉得男的说的没道理

C. 认为国产电视机质量不好　　D. 认为进口电视机不贵

答案是A。“也是”表示认同，她觉得男的的话有道理。

5. 女：小刘这个人聪明、能干，做事也认真。

男：没错儿，就是脾气大了点儿。

问：男的认为小刘怎么样？

A. 聪明能干，但是脾气不好　　B. 聪明能干，脾气也好

C. 没有脾气　　D. 做事不认真

答案是A。“没错儿，就是脾气大了点儿”其中“就是”表示转折，意思是“但是”。

6. 男：你父母真不错，不过我不知道他们对我印象如何，那天我有点儿紧张。

女：别担心，我看得出来他们挺喜欢你的，他们会同意我们在一起的。

问：说话人最有可能是什么关系？

A. 恋人　　B. 夫妻　　C. 邻居　　D. 同事

答案是A。从“他们会同意我们在一起的”可以知道他们是恋人关系。

7. 女：这项工作看起来容易，做起来可真费劲儿。

男：怪不得很多人都坚持不下去。

问：从对话中我们可以知道什么？

A. 这项工作很容易完成　　B. 这项工作不需要多少时间

C. 这项工作很奇怪　　D. 很多人都没完成这项工作

答案是D。“怪不得”表示知道了事情发生的原因。

8. 女：我才不相信你能得第一名呢！

男：那你就等着瞧吧！

问：男的是什么口气？

A. 气愤　　B. 自信　　C. 不安　　D. 兴奋

答案是B。“那你就等着瞧吧”意思是肯定能得第一，表示对自己有信心。

9. 女：李老师，祝您节日快乐！

男：你都工作好几年了，还记得老师的节日，我真高兴！

问：对话发生在什么时候？

A. 五一劳动节　　B. 春节　　C. 教师节　　D. 父亲节

答案是C。老师的节日是教师节。

10. 女：树风，你还在天祥工作吧？

男：早就想换个公司，可一直没找到合适的，国泰离家太远，四通工资太低，先在这儿凑合吧。

问：关于男的，可以知道什么？

A. 还没辞职　　B. 已经找到了公司

C. 现在的公司离家太远　　D. 现在的公司工资太低

答案是A。“早就想换个公司，可一直没找到合适的”意思是现在还没有换公司，还在天祥工作。

11. 女：好家伙，这间可真够大的！

男：这间大的给爸妈吧，咱们要对面那间小的。

问：他们在谈论什么？

A. 工作　　B. 房子　　C. 衣服　　D. 文件

答案是B。“这间可真够大的”其中“间”是房间的量词。

12. 男：你妈妈的身体怎么样了？

女：吃了您开的药，我妈的身体一天天见好了。

问：女的是什么意思？

A. 她母亲的身体时好时坏　　B. 她母亲的身体一天就变好了

C. 她母亲的身体越来越好　　D. 她母亲的身体更不好了

答案是C。“我妈的身体一天天见好了”意思是她妈妈的身体一天比一天好。

13. 女：您能不能在十二点之前把我的自行车修好？

男：没问题！

问：男说话人是什么意思？

A. 十二点之前不能修好女的的自行车

B. 十二点之前肯定能修好女的的自行车

C. 十二点以后再修女的的自行车

D. 女的的自行车没有问题

答案是B。“没问题”表示肯定，肯定能在十二点之前把自行车修好。

14. 女：今天晚上的节目没什么好看的，净是新闻。

男：我觉得有些新闻还挺有意思的。

问：他们正在谈论什么？

A. 电视节目　　B. 广播节目　　C. 电影　　D. 杂志

答案是A。“今天晚上的节目没什么好看的，净是新闻”其中的“节目”“新闻”都是跟电视有关的词语。“净”的意思是“都”。

15. 男：听说老刘的儿子下个星期天办事儿，咱们送点儿什么好呢？
女：结婚嘛，送些喜庆点儿的东西就行了。
问：他们准备去干什么？
A. 找老刘办事儿　　B. 看望老刘的儿子
C. 参加婚礼　　D. 结婚
答案是C。"结婚嘛，送些喜庆点儿的东西就行了"说明他们准备去参加婚礼。

16. 男：小红，你这是急着干什么去呀？
女：我刚才在食堂排队买饭的时候把词典丢了，现在去找找。
问：小红为什么跑这么快？
A. 去食堂买饭　　B. 去排队买词典
C. 赶快去排队　　D. 去找词典
答案是D。"把词典丢了，现在去找找"意思是她着急找词典。

17. 男：明明太不讲卫生了，把自己的房间搞得那么脏。
女：你还说他？还是先看看你自己的吧。
问：女的是什么意思？
A. 不相信男的说的话　　B. 让男的和明明谈一谈
C. 男的做得也不好　　D. 应该让明明自己想一想
答案是C。"你还说他"这是一个反问句，意思是你不应该说他。女的说"还是先看看你自己的吧"，意思是男的把房间搞得也很乱，做得也不好。

18. 女：你看，我穿这条裙子怎么样？
男：不错，要是再配一双白色的皮鞋，就更没的说了。
问：男的是什么意思？
A. 这双白色的皮鞋很漂亮　　B. 配上白色皮鞋会更好
C. 裙子很好，但不知道该怎么说　　D. 不好，也没什么可说的
答案是B。男的说"要是再配一双白色的皮鞋，就更没的说了"，意思是这条裙子很好看，再配上一双白皮鞋就更好看了。"没的说"指很好，没有可以指责的缺点。

19. 女：对不起，刚才我和朋友光顾说话了，没看见红灯。
男：街上车这么多，可不是闹着玩儿的，下次多注意。
问：关于对话，可以知道什么？
A. 女的在街上玩儿　　B. 女的闯了红灯
C. 男的劝女的不要玩儿　　D. 男的跟女的是朋友
答案是B。"没看见红灯"说明女的闯了红灯，男的提醒女的以后多注意。

20. 女：明天我们要考试，如果我请假，老师会怎么想呢？

男：不要紧，我会给你开病假条的。

问：男的可能是干什么的？

A. 学生　B. 警察　C. 医生　D. 老师

答案是C。"我会给你开病假条的"其中"开病假条"是医生做的事情。

第二部分

第21到45题，请选出正确答案。现在开始第21题：

21. 女：你为什么喜欢养宠物？对此我总感到奇怪。

男：没什么好奇怪的。宠物狗，当你孤独时能陪伴你，它们就像你的亲密朋友。

女：狗有时会咬人。

男：只是偶尔，只有当它们遭到攻击时，才会咬人。

问：根据对话，男的为什么喜欢养宠物？

A. 因为它们可以攻击别人　B. 因为它们可以陪伴主人

C. 因为它们可以看门　D. 因为它们可以表演节目

答案是B。从"当你孤独时能陪伴你，它们就像你的亲密朋友"可知，男的觉得他孤独的时候狗能陪伴他，所以喜欢养宠物。

22. 男：我想给儿子买个玩具，您能帮我推荐几个吗？

女：这个玩具火车、变形金刚都不错，质量也好。

男：我的孩子才三岁，不会玩儿吧？

女：很多小男孩儿都很喜欢玩儿，你们做家长的可以带着他一起玩儿。

问：关于男的，可以知道什么？

A. 想买玩具火车　B. 不相信售货员

C. 喜欢孩子　D. 孩子三岁

答案是D。"我的孩子才三岁"就是答案。

23. 男：你好，这位大妈想换你的下铺，行吗？

女：当然可以。大妈在上铺吧。

男：中铺，老人上下不方便。给你添麻烦了。

女：别客气！

问：请问大妈想换到哪儿？

A. 中铺　B. 下铺　C. 上铺　D. 休息室

答案是B。"这位大妈想换你的下铺"就是答案所在。

24. 女：你对我们公司了解吗？销售经理可不好当！

男：这个我清楚，我在两个公司干过，有一定的经验。

女：你的信心倒是蛮大的。

男：我的专业就是市场营销，而且我喜欢做一些具有挑战性的工作。

问：男的想应聘什么职位？

A. 公司经理　　B. 销售经理　　C. 秘书　　D. 业务员

答案是B。从“销售经理可不好当”这句话中可以看出男的想应聘销售经理这个职位。

25. 男：你看起来好像不舒服，脸色通红，是不是发烧了？

女：没有，我肚子疼，想吐。

男：你是不是吃了不干净的东西了？

女：可能是昨天晚上吃的海鲜不对胃口。

问：女的怎么了？

A. 发烧了　　B. 肚子疼　　C. 不高兴　　D. 胃难受

答案是B。“我肚子疼”就是答案所在。

26. 女：你去年就打算买房，买了吗？

男：最后还是在郊区买的，城里的房子实在太贵了。

女：那是不是有点儿不方便呀？每天上下班都得花很长时间。

男：那有什么办法呢？郊区房子虽然有点儿偏，但价钱比城里便宜得多。

问：男的为什么在郊区买房子？

A. 离市中心近　　B. 交通便利　　C. 价钱便宜　　D. 房子漂亮

答案是C。“价钱比城里便宜得多”意思是城里的房子贵，在郊区买房子便宜。

27. 女：听说你们这儿有一个中餐厅，还有一个西餐厅。

男：对呀，您想在哪边用餐？

女：还是西餐厅吧，朋友说这里的西餐不错。

男：那您这边请。

问：女的是怎么知道这家餐厅的？

A. 朋友介绍　　B. 从电视广告上　　C. 从报纸上　　D. 从网上

答案是A。“朋友说这里的西餐不错”就是答案所在。

28. 男：我的手机怎么回事？刚开机一会儿，就自动关机了。

女：我的也出现过这种情况，是不是该充电了？

男：我昨晚才充的电，不会这么快就没了吧？

女：那也许是电池出毛病了，你换块电池再试试吧。

问：男的的手机怎么了？

A. 电池坏了　　B. 老是自动关机　　C. 掉水里了　　D. 快没电了

答案是B。“刚开机一会儿，就自动关机了”就是答案所在。

29. 男：你喜欢杭州的什么季节？

女：我喜欢这儿的秋天，天空非常蓝，空气也很清新。

男：杭州秋天雨水不多，而春天雨季长、潮湿。

女：是的，很多人都喜欢秋天来这里旅行。

问：他们在谈论什么？

A. 杭州的饮食　　B. 杭州的景点

C. 杭州的天气　　D. 杭州的优缺点

答案是C。第一句话“你喜欢杭州的什么季节”就是答案所在。

30. 男：你这学期选了几门课？

女：四门。除了星期三以外，每天都有课。你呢？

男：我的课虽然不多，但是我要考虑毕业论文的题目，搜集资料，还要参加一些就业说明会。

女：那你的事情也不少。

问：关于男的，可以知道什么？

A. 选了四门课　　B. 每天都有课

C. 在准备毕业论文　　D. 已经找到了工作

答案是C。“我要考虑毕业论文的题目”就是答案。

第31到32题是根据下面一段话：

从前，有一个叫张三的人，家里好不容易攒了三百两银子，放在哪儿都怕被人偷了。于是他想出了一个办法，把钱埋在地里，上边竖着个牌子，牌子上写着：“此地无银三百两。”邻居王二路过，看见牌子上的字，知道地下肯定有银子，就把银子偷走了。王二怕被人怀疑，就在牌子上写下：“邻居王二没偷。”

31. 为了防止银子被偷，张三想到了什么办法？

A. 把钱藏在墙缝里　　B. 把钱埋在地里

C. 把钱存起来　　D. 把钱交给妻子

答案是B。“他想出了一个办法，把钱埋在地里”就是答案所在。

32. 张三是个什么样的人？

A. 斤斤计较　　B. 精打细算

C. 自作聪明　　D. 隐瞒事实

答案是C。通过短文可以知道，张三是个自以为是、自作聪明的人。

第33到35题是根据下面一段话：

在法国一个偏僻的小镇，据说有一个特别灵验的水泉，常会出现神迹，可以医治各种疾病。有一天，一个拄着拐杖，少了一条腿的退伍军人，一跛一跛的走过镇上的马路，旁边的人带着同情的口吻说："可怜的家伙，难道他要向上帝祈求再有一条腿吗？"这句话被退伍的军人听到了，他转过身对他们说："我不是要向上帝祈求有一条新的腿，而是要祈求他帮助我，教我没有一条腿后，也知道如何过日子。"

33. 关于退伍军人，下面哪种说法正确？

A. 身体强壮　　B. 少了一条腿

C. 少了一只胳膊　　D. 不会走路

答案是B。"少了一条腿的退伍军人"就是答案所在。

34. 人们对待退伍军人的态度怎么样？

A. 同情他　　B. 冷淡他　　C. 嘲笑他　　D. 讽刺他

答案是A。"旁边的人带着同情的口吻"意思是人们都很同情他。

35. 退伍军人要向上帝祈求什么？

A. 给他一条新腿　　B. 找一位善良的妻子

C. 教他失去一条腿也能生活　　D. 给他充足的食物

答案是C。"教我没有一条腿后，也知道如何过日子"就是说退伍军人向上帝祈求，让上帝告诉他如何在没有一条腿的情况下生活。

第36到38题是根据下面一段话：

大量事实表明，干旱气候、沙尘环境，只是沙漠化的物质基础，人类活动才是造成沙漠化的主要原因。人类是沙漠化的制造者，又是沙漠化的受害者。在人与自然的关系上，人类始终处于主动地位，自然则处于被动地位，人类对自然的影响日益扩大，自然因素通过人类活动发生作用。人类如果能够改变自己的行为，调整自己的生活方式，减少对自然的破坏，使人类与自然处于一种和谐发展状态，就可以防止沙漠化的发生。

36. 作者认为沙漠化的主要原因是什么？

A. 气候干旱　　B. 多沙环境

C. 人类活动　　D. 水资源不丰富

答案是C。"人类活动才是造成沙漠化的主要原因"就是答案所在。

37. 人和自然有着怎样的关系？

A. 人类与大自然相处和谐　　B. 人类与大自然相互对立

C. 人类与大自然相互影响　　D. 人类一定能战胜大自然

答案是C。从“人类对自然的影响日益扩大，自然因素通过人类活动发生作用”可知，人类和自然相互影响、相互制约。

38. 防止沙漠化的发生，下列哪项观点是错误的？

A. 调整人类生活方式　　B. 减少对自然的破坏

C. 人类与大自然和谐发展　　D. 多雨利于防止沙漠化

答案是D。文中最后提到ABC都可以防止沙漠化的发生，却没有提到D项。

第39到41题是根据下面一段话：

虚荣心强的孩子在成长中经常会出现各种问题，例如说谎、情绪不稳定、不认真学习、缺乏意志力等。所以，虚荣心强对孩子来说是一种可怕的不良心理。那么，用什么方法才能加以纠正呢？

父母首先要以身作则，不要跟别人攀比，为孩子树立榜样。也不要总是给孩子买东西、买礼物，因为如果形成习惯，孩子就会感觉他得到这些礼物是应该的，而且他的欲望也会越来越强，虚荣心就会不断膨胀。要给孩子多创造些机会，让孩子用靠自己劳动挣来的钱购买所需要的东西。这样，他们就会明白一分劳动一分收获，而不会盲目跟别人攀比了。

39. 虚荣心强的孩子有什么问题？

A. 缺乏意志力　　B. 不尊敬师长

C. 喜欢买东西　　D. 学习成绩不好

答案是A。“例如说谎、情绪不稳定、不认真学习、缺乏意志力等”其中的“缺乏意志力”就是答案。

40. 帮助孩子克服虚荣心，下列哪项文中没有提到？

A. 不要和别人攀比　　B. 要有坚定的信念

C. 靠劳动获得财富　　D. 不要总给孩子买礼物

答案是B。文中提到了“不要和别人攀比”，“不要总给孩子买礼物”，“靠劳动挣钱”，没有提到“要有坚定的信念”。

41. 父母经常给孩子买礼物，孩子会怎么样？

A. 更加珍惜礼物　　B. 特别喜欢父母

C. 虚荣心越来越强　　D. 影响孩子学习

答案是C。从“不要总是给孩子……买礼物，因为……虚荣心就会不断膨胀”可知答案是C。

第42到43题是根据下面一段话：

电子游戏创造的是一个虚拟的世界，但是，很多青少年并不完全理解这一点，他们常常把游戏和现实生活混在一起，昼夜坐在电脑前，痴迷地生活在这些虚幻的电子游戏之中。有的人沉迷于暴力游戏，习惯于以暴力解决问题，在现实生活中也是如此，因此出现了很多青少年暴力事件。我们应该让每一个游戏迷知道：电子游戏这个虚幻的世界也会给我们带来真实的伤害！

42. 作者认为电子游戏给青少年带来怎样的问题？

A. 影响他们的学习　　B. 影响他们的视力

C. 出现青少年暴力事件　　D. 电子游戏是虚幻的世界

答案是C。AB文中没有提到，D文中虽有涉及，但D是电子游戏的特点，不是其给青少年带来的问题。

43. 本文主要讲了什么？

A. 哪类人喜欢玩儿电子游戏

B. 电子游戏对健康不利

C. 电子游戏影响孩子学习

D. 电子游戏给大家带来真实的伤害

答案是D。“电子游戏这个虚幻的世界也会给我们带来真实的伤害”就是答案所在。

第44到45题是根据下面一段话：

据统计，2011年中国自费出国留学人数是2000年的10倍，仅2011年就有31万多自费留学人员赴海外。根据历年出国留学人员统计数据测算，今后若干年内我国出国留学人数每年将会以不低于20%的速度快速递增。

据调查，从中国人留学意向上，目前最受欢迎的留学国家排名靠前的有：美国、澳大利亚、英国、加拿大等。

44. 2011年中国自费出国留学的人数是多少？

A. 37万多　　B. 31万多

C. 20万多　　D. 10万多

答案是B。“2011年就有31万多自费留学人员赴海外”其中的“31万多”就是答案。

45. 出国留学最受中国人欢迎的国家是哪个？

A. 英国　　B. 加拿大

C. 美国　　D. 澳大利亚

答案是C。“最受欢迎的留学国家排名靠前的有：美国、澳大利亚、英国、加拿大等”，“美国”排在第一。

模拟题四　录音文本及答案解析

第一部分

第1到20题，请选出正确答案。现在开始第1题：

1. 女：你走好，我就不远送了，有空再来玩儿啊！

男：好的，你请留步吧，有时间也到我家坐坐。

问：他们正在做什么？

A. 告别　　B. 问候　　C. 开会　　D. 旅行

答案是A。“我就不远送了，有空再来玩儿啊”是主人与客人告别时的常用语。

2. 女：去年看到你还是病歪歪的，怎么现在一下子变得这么精神了？

男：我每天都跑步，看来锻炼还是很有效果的。

问：男的现在身体怎么样？

A. 很差　　B. 很胖　　C. 不太好　　D. 很好

答案是D。“现在一下子变得这么精神了”其中“这么精神”是指身体状况很好。

3. 女：明天早上10点钟的飞机，咱们必须提前两个小时出发。

男：你难道不知道吗？旅行社的人刚才来电话说，明天早上的航班推迟到下午5点起飞。

问：他们应该几点钟出发？

A. 上午8点　　B. 上午10点　　C. 下午3点　　D. 下午5点

答案是C。“明天早上的航班推迟到下午5点起飞”意思是早上的飞机取消了，要推迟到下午5点起飞。且从女的说的“咱们必须提前两个小时出发”可知，他们应该在下午3点出发。

4. 女：现在的水果怎么这么贵呀？

男：还说呢，最近市场上苹果一天一个价儿，昨天还是三块五毛钱一斤，今天价格就翻了一番。

问：今天苹果卖多少钱一斤？

A. 三块五　　B. 五块　　C. 四块五　　D. 七块

答案是D。“翻一番”指在原有的基础上再增加一倍，即昨天是三块五，今天就是七元。

5. 女：合同的事弄得我心烦。

男：你就别再想了，这件事虽然有你的错，但主要责任还在对方。

问：男的是什么语气？

A. 安慰　　B. 教育　　C. 批评　　D. 夸奖

答案是A。从“别再想了”“但主要责任还在对方”可知男的在安慰女的。

6. 女：小王，圣诞礼物你想买贵点儿的还是便宜点儿的？
男：管它贵还是便宜，只要女朋友喜欢就行。
问：小王想买什么样的礼物？
A. 贵的　B. 便宜的　C. 中等的　D. 女友喜欢的
答案是D。“只要女朋友喜欢就行”是一个条件句，“只要”后面是条件，是说话人认为重要的。

7. 男：王强真的获奖了？
女：难道我还能骗你不成？
问：从对话中我们可以知道什么？
A. 女的在欺骗男的　B. 女的不相信男的
C. 王强的确获奖了　D. 男的肯定被骗了
答案是C。“难道我还能骗你不成”是一个反问句，意思是我不会骗你的。

8. 女：美美和有芳在一个班，她俩真要好，整天都形影不离。
男：是呀。看上去像亲姐妹似的。
问：美美和有芳是什么关系？
A. 姐妹　B. 师生　C. 同事　D. 同学
答案是D。“美美和有芳在一个班，她俩真要好，整天都形影不离”其中“在一个班”说明是同学关系。“像亲姐妹似的”说明不是亲姐妹。“形影不离”的意思是经常在一起，关系很好。

9. 女：听说小刘做了手术，咱们哪天去看看他吧。
男：好啊，你先问一下探视时间，我最近都行。
问：根据对话，下列哪项正确？
A. 女的做了手术　B. 女的问男的有没有时间
C. 男的没有时间　D. 男的最近每天都有时间
答案是D。“我最近都行”意思是最近每天都有时间。

10. 男：想不到离婚有这么多麻烦事，你快给我出个主意吧。
女：你们这起房产纠纷挺复杂的，还是请个律师吧。
问：女的建议男的做什么？
A. 离婚　B. 打官司　C. 请律师　D. 买房
答案是C。“还是请个律师吧”其中“还是”表示建议。

11. 男：这是今年的最新款，有您需要的号，您坐下试试吧。
女：样子不错，可走起来感觉有点儿紧，跟儿也太高了。

问：女的很可能在买什么？

A. 皮鞋　　B. 外套　　C. 裤子　　D. 帽子

答案是A。“走起来感觉有点儿紧，跟儿也太高了”其中的“跟儿”一般指鞋跟，说明女的在买鞋子。

12. 女：为这件事，我可没少操心。

男：你这个人也真是的，何苦为这件小事费脑筋呢？

问：男的是什么意思？

A. 生活应该操心　　B. 不要太痛苦

C. 做事需要动脑筋　　D. 这件事不值得费心思

答案是D。“何苦为这件小事费脑筋呢”是一个反问句，意思是没有必要为这件小事伤脑筋。

13. 男：对不起，这三本书过期了，您应该交五块钱罚款。

女：是吗？我是哪天借的？

问：男的最有可能是干什么的？

A. 图书管理员　　B. 书店售货员　　C. 警察　　D. 律师

答案是A。“书”“过期”“罚款”“借”都是跟图书馆借书相关的词语。

14. 男：哦，是李老师啊，快请进。您这儿坐。别客气，吃点儿水果。

女：别忙了，我坐一会儿就走。

问：这段对话发生在什么地方？

A. 家里　　B. 饭馆儿　　C. 咖啡厅　　D. 会议室

答案是A。“快请进”“您这儿坐”“别客气”“吃点儿水果”这些都是主人招待客人时的常用语，由此可知他们是在家里。

15. 女：你帮我推荐一款电视机吧。

男：这几种电视机的质量都差不多，哪种便宜就买哪种吧。

问：关于男的，可以知道什么？

A. 认为应该买便宜的电视机　　B. 正在问哪种电视机便宜

C. 问一共有几种电视机　　D. 认为应该买质量好的电视机

答案是A。“哪种便宜就买哪种吧”意思是买便宜的电视机。

16. 男：附近街上有一家开到很晚的酒吧，我和那儿的人很熟，老板娘总是给我留几瓶冰镇啤酒。

女：你还真有人缘儿，下次我也跟你去喝几杯。

问：关于这家酒吧，我们可以知道什么？

A. 不卖啤酒　　B. 关门很早　　C. 离得很远　　D. 说话人常去

答案是D。从“我和那儿的人很熟，老板娘总是给我留几瓶冰镇啤酒”可以知道男的常去这家酒吧，老板娘很照顾他。

17. 女：请问，王老师住在这儿吗？

男：我在这儿住了很久了，这儿没有姓王的。

问：关于女的，可以知道什么？

A. 她找错门了 B. 她要找的人现在不在

C. 她要找的人一直没回来 D. 她要找的人刚搬走

答案是A。“我在这儿住了很久了，这儿没有姓王的”意思是这儿没有她要找的人，女的可能找错门了。

18. 女：你们家周围的环境不错啊，听说森林公园就在你们家附近。

男：环境好是好，就是每天上下班得花三四个小时的时间。

问：关于男的的家，下面哪句话是错的？

A. 附近有很多树 B. 离公园不远 C. 离工作单位远 D. 环境不太好

答案是D。男的说“环境好是好”，意思是他认为环境不错。

19. 男：真没看出来，你做菜还真有两下子。

女：那是，你不知道啊，做菜是我的拿手好戏。

问：关于女的，我们可以知道什么？

A. 很会做菜 B. 不会做菜 C. 做菜马马虎虎 D. 做菜很认真

答案是A。“做菜是我的拿手好戏”其中“拿手好戏”是指很擅长做某事。

20. 男：这是我们的产品目录，一会儿我带您去看看样品。

女：你是知道的，我们最关心的是产品质量。

问：女的最关心的是什么？

A. 产品目录 B. 样品 C. 产品质量 D. 生产过程

答案是C。“我们最关心的是产品质量”就是答案所在。

第二部分

第21到45题，请选出正确答案。现在开始第21题：

21. 女：看别人上下班都开车，我挺羡慕的。

男：没什么好羡慕的，遇上堵车还不如坐地铁快呢。

女：那也是，而且养车也不便宜。

男：你们先好好儿考虑考虑，别急着买。

女：好吧，明年再说吧。

问：关于女的，下列哪项正确？

A. 上下班开车　　B. 上下班坐地铁　　C. 明年保养车　　D. 没买车

答案是D。“明年再说吧”意思是现在先不买，等明年再考虑是否买车。

22. 女：请问，我刚买的这件毛衣，能退吗？

男：衣服质量有问题吗？

女：没有，只是我觉得穿着不太合适。

男：如果质量没有问题，就不能退，只能换。这些都是新款，您自己挑吧。

问：女的为什么想退毛衣？

A. 有质量问题　　B. 颜色不好看　　C. 穿着不合适　　D. 价钱太贵

答案是C。“我觉得穿着不太合适”就是答案所在。

23. 女：告诉你一个好消息，我的腿已经完全恢复了。

男：太棒了，你又可以回到赛场了。

女：对，刚好不耽误下个月的决赛。

男：到时我一定去给你加油。

问：关于女的，可以知道什么？

A. 腿受过伤　　B. 下周有比赛　　C. 是个啦啦队员　　D. 准备回家

答案是A。从第一句话“我的腿已经完全恢复了”可以知道她的腿受过伤。

24. 男：咱们到底去哪儿玩儿？你想好了吗？

女：除了南方几个城市，北方我都没去过。

男：那咱们先去洛阳或者大同，然后再去草原，怎么样？

女：好主意！这样既可以游览名胜古迹，又可以骑马看草原。

问：他们在谈论什么？

A. 去南方　　B. 去北方　　C. 骑马　　D. 旅游计划

答案是D。“咱们到底去哪儿玩儿？你想好了吗”说明他们在讨论旅游计划。

25. 女：我今天看的房子相当不错，大概有120平方米。

男：好啊，环境怎么样？

女：安静，治安好，而且绿化也很棒。

男：那相当不错，赶紧买吧。

问：女的觉得房子怎么样？

A. 户型不错　　B. 交通便利　　C. 环境很好　　D. 价格便宜

答案是C。从男的问“环境怎么样”和女的回答“安静，治安好，而且绿化也很棒”可以知道女的认为环境很好。

26. 女：我的电脑出问题了，总是自动重启。

男：让我检查一下是不是中病毒了。

女：换个杀毒软件吧。

男：不行，你的电脑得重做系统。

问：男的的建议是什么？

A. 换个杀毒软件　　B. 重做系统

C. 换个新电脑　　D. 去修理部修理

答案是B。“你的电脑得重做系统”就是答案所在。

27. 男：你想喝点什么？

女：我想喝茶。

男：我们这里有冰红茶、绿茶等，你想喝哪一种？

女：我想喝花茶，要加糖的。

问：女的要喝什么茶？

A. 绿茶　　B. 花茶　　C. 冰红茶　　D. 龙井茶

答案是B。“我想喝花茶”就是答案所在。

28. 男：请问，这是留学生办公室吗？

女：是，有什么事情需要帮忙吗？

男：我是去年毕业的学生，还没有领毕业证书。

女：那你稍等，我帮你找找。

问：男的想干什么？

A. 找留学生办公室　　B. 报名考试

C. 领毕业证书　　D. 领成绩单

答案是C。“还没有领毕业证书”就是说男的去留学生办公室的目的是领毕业证书。

29. 男：小王，昆明气候如何？

女：不冷不热，因此被称为春城。你家乡的气候怎么样？

男：夏天要比昆明热得多。

女：那我可以去你家乡游泳了。

问：昆明被人们称作什么？

A. 花城　　B. 古城　　C. 春城　　D. 水城

答案是C。“被称为春城”就是答案所在。

30. 女：欢迎光临，请问您需要什么服务？

男：我想做按摩，做足底按摩和头部按摩。

女：这样的话，您还不如做个全身的，价钱差不了多少。

男：那好吧。

问：女的有什么建议？

A. 不要做太贵的项目　　B. 建议男的做头部按摩

C. 希望男的做足底按摩　　D. 让男的做全身按摩

答案是D。“您还不如做个全身的”就是答案所在。“还不如……”有建议的意思。

第31到32题是根据下面一段话：

有的女人，想把老公的每一分钱都控制住，认为控制了老公的钱，就控制了老公的心。其实，她越这样，老公的心就走得越远。聪明的女人应该这样做：让老公交一部分钱，剩下的钱怎么花与我无关。恰恰因为这样的气度，老公可能就越不会乱花钱，因为有这样的老婆，他会舍得丢下吗？当一个男人舍不得身边的女人时，他就会检点自己的行为；当他觉得身边的女人很讨厌，并且觉得丢了也不可惜的时候，就什么事情都敢做了。所以，有些女人觉得生活难，其实很多难处是自己制造出来的。

31. 为什么有的女人想控制老公的钱？

A. 认为这样老公就不会离婚　　B. 认为这样可以控制老公的心

C. 她们不喜欢自己的老公　　D. 她们想让老公给自己买东西

答案是B。“有的女人……认为控制了老公的钱，就控制了老公的心”就是答案。

32. 从这段短文我们可以知道什么？

A. 女人应该有气度　　B. 女人应该长得漂亮

C. 女人不要制造困难　　D. 女人不要花太多钱

答案是A。“恰恰因为这样的气度，老公可能就越不会乱花钱……”其中的“气度”就是答案。

第33到35题是根据下面一段话：

安徒生是世界上最伟大的童话家之一。他小时候，家境十分贫困，父亲是个鞋匠，在他十一岁时就病逝了。十四岁那年，他不得不离开故乡到外谋生。他曾经想当歌唱家，但他的真正才能是讲故事，写童话。后来在一个好心人的帮助下，他进了一所大学。在那里，他刻苦学习，博览文学名著，为日后的文学创作打下了稳固的基础。安徒生所创作的童话极富幻想，《美人鱼》《丑小鸭》《皇帝的新衣》《卖火柴的小女孩》等故事，都充满了欢笑和爱心，早已被翻译成各种文字，在世界各地广泛流传。这些童话故事不仅使孩子们感动，而且使成年人感动，因此安徒生被称作“童话之王”。

33. 安徒生十一岁的时候，家里发生了什么事？

A. 他的父亲去世了　　B. 他的父亲做了鞋匠

C. 他离开故乡了　　D. 他上大学了

答案是A。“父亲是个鞋匠，在他十一岁时就病逝了”就是说在他十一岁时，他父亲就去世了。

34. 安徒生创作的童话有什么特点？

A. 孩子喜欢　　B. 大人喜欢

C. 极富幻想　　D. 流传很广

答案是C。“极富幻想”是安徒生所创作的童话的特点，而ABD是他创作的童话的影响。

35. 为什么安徒生被称作“童话之王”？

A. 他写的童话多　　B. 他写的童话长

C. 他喜欢写童话　　D. 他的童话很感人

答案是D。从“这些童话故事不仅使孩子们感动，而且使成年人感动，因此安徒生被称作‘童话之王’”可知，答案是D。

第36到39题是根据下面一段话：

有一个女孩儿总爱低着头，她一直觉得自己长得不够漂亮。有一天，她去商场买了一个粉色的蝴蝶结，售货员不停地赞美她戴上蝴蝶结多么多么漂亮。女孩儿虽然不信，但是心里很高兴，不由得昂起了头，由于急于让大家看见，出门时与别人撞了一下都没在意。

第二天，女孩儿走进教室，迎面碰上了老师，老师拍拍她的肩膀说：“你抬起头来真美！”那一天，她得到了许多人的赞美。她想一定是蝴蝶结的功劳，可往镜前一照，头上根本就没有蝴蝶结，“一定是离开商场时与人撞了一下弄丢了”，女孩儿想。

其实，自信原本就是一种美丽，但很多人却因为太在意外表而往往失去很多快乐。

36. 女孩去商场买了什么？

A. 粉色的裙子　　B. 粉色的蝴蝶结

C. 粉色的发卡　　D. 粉色的书包

答案是B。“她去商场买了一个粉色的蝴蝶结”就是答案所在。

37. 售货员赞美女孩时，女孩的内心是怎样的？

A. 骄傲　　B. 高兴　　C. 微笑　　D. 害羞

答案是B。“心里很高兴”就是答案所在。

38. 第二天，女孩在教室碰到了谁？

A. 售货员　　B. 朋友　　C. 老师　　D. 姐姐

答案是C。“女孩儿走进教室，迎面碰上了老师”就是答案所在。

39.女孩真正缺少的是什么？

A. 漂亮　　B. 快乐　　C. 自信　　D. 幸福

答案是C。由短文，尤其最后一句“自信原本就是一种美丽”可知，女孩真正缺少的是自信。

第40到42题是根据下面一段话：

十多年前，有个女孩儿和男孩儿，他们是同桌。那时候，女孩儿家境不好，连文具都买不全。有一次，男孩儿把自己用的半支铅笔送给了她。就是这半支铅笔，让女孩儿感动至今。

后来，男孩儿到了另外一个地方求学，而女孩儿总是想起铅笔的事，挂念着他，盼望见到他的那一天。终于有一天，他们见面了。女孩儿向男孩儿诉说了这十多年关于那半截铅笔的情思。男孩儿很惊讶，没有想到自己一个小小的、不经意的行为，会在她心中留下如此深刻的印象。生活中，也许你不经意的一个关爱，足以温暖别人的一生。

40. 关于那个女孩儿，可以知道什么？

A. 她想要一支铅笔　　B. 她喜欢这个男孩儿

C. 她家生活条件不好　　D. 她学习不用功

答案是C。“女孩儿家境不好”其中“家境”就是生活条件。

41. 听了女孩儿的话，男孩儿为什么很惊讶？

A. 因为女孩儿保留着他的铅笔　　B. 因为他们在学校是同桌

C. 他没想到女孩儿会感动一生　　D. 他们终于见面了

答案是C。“没有想到自己一个小小的、不经意的行为，会在她心中留下如此深刻的印象”意思是没想到自己小小的举动会感动女孩一生。

42. 上文主要想告诉我们什么？

A. 应该给朋友送温暖　　B. 关爱更让人幸福

C. 男孩儿是一个热心人　　D. 应该送给朋友礼物

答案是B。上文主要告诉我们关爱别人会温暖别人的一生，更让人觉得幸福。

第43到45题是根据下面一段话：

大熊猫是中国的“国宝”，也是世界上最珍贵的动物之一。

大熊猫形象独特，长得似熊非熊，似猫非猫。竹子是它们的主要食物。大熊猫的食量很大，一只成年的熊猫，一昼夜可以吃掉5～10公斤竹子。大部分时间，大熊猫都过着独居的生活，几乎没有严格的“作息时间”，白天和夜间几乎都活动，睡眠和休息时间不固定。早晨和傍晚活动最频繁。在没有外界干扰的情况下，大熊猫的一切活动都很缓慢。当它们被追赶的时候，也会快速逃跑。大熊猫会上树，当被敌人追得无路可逃的时候，它们的办法就是爬到树上躲起来。

43. 成年的大熊猫，24小时可以吃多少竹子？

A. 5公斤　　B. 10公斤　　C. 5～10公斤　　D. 很多

答案是C。“一只成年的熊猫，一昼夜可以吃掉5～10公斤竹子”就是答案。

44. 大熊猫什么时间活动最频繁？

A. 白天　　B. 夜晚　　C. 中午和下午　　D. 早晨和傍晚

答案是D。“早晨和傍晚活动最频繁”就是答案。

45. 当被敌人追赶的时候，大熊猫会躲到什么地方？

A. 动物园　　B. 树上　　C. 竹林里　　D. 房间里

答案是B。“当被敌人追得无路可逃的时候，它们的办法就是爬到树上躲起来”其中“爬到树上躲起来”就是答案。

模拟题五　录音文本及答案解析

第一部分

第1到20题，请选出正确答案。现在开始第1题：

1. 女：昨天晚上那场戏你看了吗？

男：看了。那场戏其实很一般，之所以受欢迎，主要是因为有名演员出场。

问：男的认为那场戏怎么样？

A. 不好评价　　B. 水平很高　　C. 很一般　　D. 很差

答案是C。“那场戏其实很一般”其中“很一般”就是答案。

2. 男：老刘喜欢喝茶，咱们就带盒茶叶，再买点儿水果就行了。

女：也行，上次咱们去他家做客，带的巧克力他孙女还挺喜欢吃的。

问：他们要去干什么？

A. 买茶叶　　B. 买水果　　C. 去做客　　D. 送巧克力

答案是C。“去他家做客”就是答案所在。

3. 女：自从你去上海工作以后，咱们就没见过面吧？

男：是啊，差不多三年了。

问：男说话人是什么意思？

A. 正好三年没见面了　　B. 大约三年没见面了

C. 还没到三年，就又见面了　　D. 三年才能见一次面答案是B。“差不多三年了”其中“差不多”是“大概、大约”的意思，就是说大约三年没见面了。

4. 女：大夫，我妈妈能提前几天出院吗？

男：那怎么行？这么大的手术，至少得再观察一个星期才能出院。

问：男的是什么语气？

A. 害怕　　B. 犹豫　　C. 不同意　　D. 同意

答案是C。“那怎么行”是个反问句，表示不同意、不赞成对方的意见。

5. 男：小周今天还陪您去医院吗？

女：他本来准备陪我去，可是刚才他们厂长打电话来，说厂里有台重要的机器出毛病了，非让他去修理。

问：从对话中我们可以知道什么？

A. 小周是个工程师　　B. 小周把机器弄坏了

C. 小周今天去了医院　　D. 小周病了

答案是A。从“厂里有台重要的机器出毛病了，非让他去修理”这句话中可以看出小周是工程师，他在工厂工作，会修理重要的机器设备。

6. 男：听说你爱人炒股遇到了点儿麻烦，现在麻烦都解决了吗？

女：麻烦是解决了，可是他现在脾气变得特别不好，动不动就发火。

问：女的是什么意思？

A. 她爱人现在经常发火　　B. 她爱人不发火

C. 她爱人的麻烦还没有解决　　D. 她爱人现在脾气变好了

答案是A。“他现在脾气变得特别不好，动不动就发火”其中“动不动”就是经常的意思。

7. 女：小崔，麻烦你通知一下张老师今天下午去报告厅听报告。

男：好的，我一会儿就告诉他。

问：被通知的人是谁？

A. 小崔　　B. 张老师　　C. 说话人　　D. 听话人

答案是B。“小崔，麻烦你通知一下张老师今天下午去报告厅听报告”其中“小崔”是通知人，“张老师”是被通知人。

8. 男：听说林兵下个月底就要办喜事了。

女：是呀，不知道新房收拾好了没有？

问：他们在谈论什么事？

A. 林兵搬家的事　　B. 林兵找房子的事

C. 林兵结婚的事　　D. 林兵的工作

答案是C。“听说林兵下个月底就要办喜事了”其中“办喜事”就是要结婚了，他们在谈论林兵结婚的事。

9. 女：王经理，我们希望得到贵公司的大力协助。

男：在市场调研方面只要我们能办到的，一定尽力办。

问：男的是什么意思？

A. 保证资金　B. 提供人力支持　C. 协助申请项目　D. 协助市场调研

答案是D。“在市场调研方面只要我们能办到的，一定尽力办”其中的“市场调研”就是答案。

10. 男：我要加班，可能晚点儿回来，你跟儿子先吃吧，别等我。

女：好吧，回来路上开车小心点儿。

问：说话的两个人是什么关系？

A. 母子　B. 夫妻　C. 同事　D. 父女

答案是B。“你跟儿子先吃吧”其中“儿子”是他们两个人的孩子，可以看出他俩是夫妻关系。

11. 女：听说这批时装销路不错。

男：头几天确实卖得不错，后来就卖不动了。

问：关于这批时装，下列哪项是正确的？

A. 卖得一直不错　B. 开始不错，后来就难销了

C. 开始卖不出去，后来畅销了　D. 一直都卖不出去

答案是B。“头几天确实卖得不错，后来就卖不动了”其中“头几天”就是前面的几天。

12. 女：明天去上街买东西吗？

男：明天不去哪天去？

问：男的是什么意思？

A. 哪天去都可以　B. 明天不能去

C. 他想知道哪天去好　D. 明天去

答案是D。“明天不去哪天去”是一个反问句，用否定表示肯定的意思，指明天去。

13. 女：咱们家的煤气什么时候才能通啊？

男：谁知道！昨天我给煤气公司打电话一直没有人接，我想今天下午去一趟。

问：男的打算做什么？

A. 打电话　B. 去煤气公司　C. 找人　D. 维修煤气管道

答案是B。女的问“煤气什么时候才能通”，男的回答“我想今天下午去一趟”，意思是去煤气公司问一下。

14. 男：这部书不错，你也看看吧。

女：我看过不下三遍了。

问：女的是什么意思？

A. 这本书她看过至少三遍　　B. 这本书她看过不到三遍

C. 这本书她看过两遍　　D. 这本书她不喜欢

答案是A。“我看过不下三遍了”其中的“不下三遍”就是“最少三遍”。

15. 男：劳驾，买一张22号到成都的硬卧，要下铺。

女：下铺没有了，只有中铺。

问：这段话可能发生在什么地方？

A. 展览馆　　B. 电影院　　C. 售票处　　D. 公园

答案是C。从“买一张22号到成都的硬卧，要下铺”这句话可以知道男的在售票处买火车票。

16. 男：明天咱们全家一起去吃饭，美美高兴吗？

女：她比谁都高兴。

问：女的是什么意思？

A. 美美没有别人高兴　　B. 她想知道谁最高兴

C. 美美最高兴　　D. 她知道谁最高兴

答案是C。“她比谁都高兴”意思是全家人一起吃饭，美美是最高兴的。

17. 男：家里的洗衣机又坏了。

女：可不是嘛，还是名牌呢，用了没多长时间。干脆换个新的得了。

问：关于洗衣机，下面哪项是正确的？

A. 不是名牌的　　B. 经常出毛病

C. 是刚调换的　　D. 用了很长时间

答案是B。“家里的洗衣机又坏了”其中“又”在这里指的是“经常、总是”的意思，就是说家里的洗衣机经常出毛病。

18. 男：换个频道吧，这个电视剧又慢又长，真没劲。

女：谁说的？我觉得挺好。你要是不喜欢，就忙你的事儿去吧。

问：女的在干什么？

A. 看电影　　B. 看电视　　C. 换频道　　D. 忙别的事

答案是B。“这个电视剧又慢又长”说明女的在看电视剧。

19. 女：你回国以后找工作难不难？

男：一般的工作不难找，可是，如果想找这样称心的工作可不容易。

问：关于男的，我们知道什么？

A. 他出国了 B. 他喜欢现在的工作
C. 他的心脏不好 D. 他很容易找到工作
答案是B。“如果想找这样称心的工作可不容易”其中的“称心”就是“满意、喜欢”的意思。

20. 男：你看下周一能不能把合同签了？
女：我是跟朋友一起租的，还得让她来看一下才能最后定。
问：男的最可能是干什么的？
A. 公司老板 B. 推销员 C. 房屋中介 D. 律师
答案是C。“合同”“租”都是跟租房相关的词语。

第二部分

第21到45题，请选出正确答案。现在开始第21题：

21. 女：我儿子这段时间总是跟我顶嘴、对着干，我说话他一点儿都不听。
男：十三四岁的孩子都有这种逆反心理。
女：我看你女儿挺优秀的，你有什么好办法？
男：其实也没什么，就是得耐心，多表扬少批评。
问：男的是什么意思？
A. 应该理解孩子 B. 跟孩子对着干
C. 没有什么好办法 D. 对孩子要有耐心
答案是D。“得耐心”就是答案。

22. 男：为什么中国人见面总爱说“吃饭了吗”“你去哪了”？
女：这是中国人打招呼的一种方式。
男：我还以为是想知道别人的私事呢。
女：每个民族都有自己的习惯，你真得好好学一学。
问：中国人见面时问“吃饭了吗”是什么意思？
A. 打招呼 B. 关心别人的私事
C. 外交习惯 D. 邀请吃饭
答案是A。“这是中国人打招呼的一种方式”其中“打招呼”就是答案。

23. 男：你寄航空还是海运？
女：寄航空几天能到美国？
男：大概十来天，如果你想更快的话可以寄特快专递，大概三四天就到了。
女：那我寄特快专递，越快越好。
问：哪种方式寄东西最快？
A. 航空 B. 海运 C. 特快专递 D. 办托运

答案是C。从“如果你想更快的话可以寄特快专递”可知特快专递是最快的。

24. 女：菜够了，太多咱们吃不了。

男：那来点儿喝的吧。你喝啤酒还是果汁？

女：我一喝啤酒就头疼、脸红。

男：那给你要一杯果汁，我来一瓶冰镇啤酒吧。

问：关于女的，可以知道什么？

A. 喜欢吃菜　　B. 不能喝果汁　　C. 不能喝啤酒　　D. 身体不舒服

答案是C。“我一喝啤酒就头疼、脸红”就是说女的喝啤酒容易醉，不能喝啤酒。

25. 女：我想买些新家具，你有什么要推荐的吗？

男：我们这儿有几套三件套的家具在打6折，您可以看看。

女：我喜欢那套黑色的真皮家具，现在打折吗？

男：是的，现在半价，很划算，我们还免费送货。

问：家具店在做什么促销活动？

A. 打折，免费送货　　B. 送礼品　　C. 买一送一　　D. 送购物券

答案是A。从“现在半价，很划算，我们还免费送货”可知应选A。

26. 男：大夫，我牙疼得厉害。

女：我给你检查一下，你左边这颗牙是虫牙。

男：那要拔掉吗？我非常害怕拔牙。

女：不用，补一下就可以了，不过要经过三次处理，这次我先给你清理一下。

问：大夫有什么建议？

A. 拔牙　　B. 装假牙　　C. 补牙　　D. 每天清理

答案是C。“补一下就可以了”意思是补一下牙齿就行了。

27. 男：咱们的行李多，早点儿去排队吧。

女：那咱们现在就去候车室吧。

男：把你的票和身份证都准备好，一会儿进站的时候要检查的。

女：我已经准备好了。

问：对话发生在什么地方？

A. 火车站　　B. 飞机场　　C. 轮船上　　D. 地铁站

答案是A。“候车室”“进站”都是火车站常用的词语。

28. 女：老板，我想请几天假。

男：怎么了？是身体不舒服还是工作不开心？

女：都不是，我父亲病危了，我得回去一趟。我姐姐刚才给我打了电话。

男：那你赶紧走吧。

问：女的请假的原因是什么？

A. 身体不舒服　　B. 工作不开心　　C. 父亲病危　　D. 孩子生病

答案是C。“我父亲病危了”就是答案所在。

29. 男：陈女士，由于市场行情的变化，我们打算取消与贵公司的订单。

女：这不好吧？我们双方一向都是重信誉、守合同的。

男：是的，这次实在是不得已，请谅解。

女：那我向总经理请示一下，明天给您答复吧。

问：男的希望做什么？

A. 研究市场　　B. 取消合同

C. 请示经理　　D. 推销产品

答案是B。“打算取消与贵公司的订单”就是不跟他们合作，要取消合同。

30. 男：暑假有英语口语班吗？

女：有。您想报哪个水平的？初级、中级、高级？

男：中级班。小班多少人？是外教授课吗？

女：12人，外教授课。具体上课时间您可以看这个手册。

问：男的希望英语口语班怎么样？

A. 外教授课　　B. 上高级班　　C. 每班12人　　D. 有课本

答案是A。男的问“是外教授课吗”意思是他希望外教授课。

第31到33题是根据下面一段话：

有位先生在花店门口停了车，他打算订一束花，请他们寄给远在故乡的母亲。

当他往花店走的时候，发现一个小女孩儿坐在路边哭。这位先生走到女孩儿面前问她说：“小朋友，你为什么哭啊？”“我想买一朵玫瑰花送给妈妈，可是我的钱不够。”女孩儿说。于是这位先生牵着女孩儿的手走进花店，先订了要送给母亲的花，然后给女孩儿买了一朵玫瑰花。走出花店时他问小女孩儿：“要不要我开车送你回家？”“您真的要送我回家吗？”“当然啊！”“那您送我去妈妈那里好了。可是叔叔，我妈妈住的地方，离这里很远。”

先生按照女孩儿指定的路线一直开，没想到走出市区之后，又走了一段山路，竟然来到了墓地。女孩儿给一个月前刚去世的母亲献上了一朵玫瑰花。

31. 这位先生订花打算做什么？

A. 送女朋友　　B. 看望病人

C. 送给母亲　　D. 去墓地献花

答案是C。“寄给远在故乡的母亲”就是答案所在。

32. 女孩儿为什么坐在路边哭？

A. 发卡丢了　　B. 胳膊摔伤了　　C. 买花的钱不够　　D. 迷路了

答案是C。“我想买一朵玫瑰花送给妈妈，可是我的钱不够”就是说她想买花，但钱没有带够，买不成花。

33. 女孩儿把这位先生带到了什么地方？

A. 公园　　B. 妈妈的墓地　　C. 她妈妈家　　D. 小女孩儿的家

答案是B。“来到了墓地”意思是女孩儿把这位先生带到了妈妈的墓地。

第34到36题是根据下面一段话：

古时候，有一个农夫，看自己田里的秧苗长得很慢，心里很着急。有一天，他到田里干活，发现自己种的秧苗一点儿也没长大，心想：“用什么办法可以使秧苗长得快一点儿呢？”忽然，他灵机一动：“有了，我把每棵秧苗都拔高一点儿不就行了！”天快黑的时候，农夫好不容易才完成他自以为聪明的杰作。他得意洋洋地回到家里，对妻子说：“告诉你一件了不起的事，我今天想到一个好点子，让咱们田里的稻苗长高了不少。”妻子半信半疑，就叫儿子到田里去看。当儿子兴奋地跑到田里去看时，才发现秧苗确实长高了，但是却一棵棵低着头，眼看着就要干死了。

34. 农夫回到家里告诉妻子一件什么事情？

A. 禾苗丰收了　　B. 禾苗长高了

C. 禾苗都死了　　D. 禾苗发芽了

答案是B。由“告诉你一件了不起的事，我今天想到一个好点子，让咱们田里的稻苗长高了不少”可知，答案应选B。

35. 农夫把禾苗拔高后，心情怎么样？

A. 半信半疑　　B. 愁眉苦脸　　C. 得意洋洋　　D. 心里着急

答案是C。“他得意洋洋地回到家里”其中“得意洋洋”就是答案所在。

36. 这个故事说明了什么道理？

A. 不能急于求成　　B. 应该精明强干

C. 要足智多谋　　D. 应该意志坚定

答案是A。这个故事说明了做什么事情都要顺其自然，不能急于求成。

第37到39题是根据下面一段话：

大家都说快餐店的食物很多都是油炸的，有损健康，我却不这么认为。我喜欢快餐店的环境，也喜欢汉堡、苹果派的味道，好诱人啊！有时候，跟朋友一起去，一边聊天，一边享受着这些美味的食物，好愉快！我相信，如果我们吃了快餐以后，多运动运动，就不会影响健康了。

37. 作者喜欢快餐店的什么？

A. 油炸食物　　B. 饮料　　C. 服务态度　　D. 环境和美食

答案是D。“我喜欢快餐店的环境，也喜欢汉堡、苹果派的味道”就是说他喜欢快餐店的环境和美食。

38. 作者吃完快餐店的美食，他的心情怎么样？

A. 激动　　B. 愉快　　C. 失望　　D. 得意

答案是B。“好愉快”就是答案所在。

39. 作者建议大家吃了快餐后做什么？

A. 及时刷牙　　B. 多运动　　C. 多喝水　　D. 不要马上睡觉

答案是B。“多运动运动”就是答案所在。

第40到42题是根据下面一段话：

一个乞丐在地铁出口卖铅笔。这时过来了一位富商，他向乞丐的破碗里投了几枚硬币便匆匆离去。过了一会儿，商人回来取铅笔，对乞丐说：“对不起，我忘了拿铅笔，我们都是商人。”几年后，这位富商参加一次高级酒会，一位先生向他敬酒致谢并告知说，他就是当初卖铅笔的乞丐。生活的改变，得益于富商的那句话：你我都是商人。

我们可以设想，如果乞丐一直没能遇到这样一位商人，也许他一辈子也就是个乞丐。因为给自己定位很重要：你认为自己只能做乞丐，当然你就只能做乞丐；你认为自己也可以成为富商，当然你就得往这个方向去努力，从而就具备了这种可能。

40. 富商对乞丐说了什么？

A. 这是我给你的钱　　B. 参加我们的酒会吧

C. 我们都是商人　　D. 不要再做乞丐了

答案是C。“对不起，我忘了拿铅笔，我们都是商人”就是答案所在。

41. 乞丐遇到这位富商，他发生了什么变化？

A. 他还是个乞丐　　B. 他和商人一起经商

C. 在地铁出口卖铅笔　　D. 成为一名富商

答案是D。乞丐遇到富商后，在富商“我们都是商人”那句话的启发下，他最后也成为一名富商。这从短文中这个乞丐也去参加高级酒会可以知道。

42. 这段短文告诉我们什么？

A. 应该经商　　B. 要认识富商

C. 人应该互相帮助　　D. 给自己定位很重要

答案是D。“给自己定位很重要”就是答案。

第43到45题是根据下面一段话：

据中国教育部留学服务中心介绍，现在到中国留学的外国学生逐年增加，人数正以每年5000多人的速度递增，年平均增长幅度超过30%。截至去年，中国招收外国留学生的普通高校已达400多所。中国不仅受到发展中国家学生的青睐，也吸引了一些来自欧美发达国家的学生。

国外留学生到中国留学后，有了懂汉语的专长，这为他们以后的就业提供了一个保障。以往到中国学习汉语的外国留学生要占到80%以上，其次是学中医学、戏曲等有关中国传统文化的专业，近年来经济、管理、法律、科技、建筑、工程等专业也吸引了不少外国学生。

43. 现在外国留学生年平均增长率是多少？

A. 30%　　B. 40%　　C. 50%　　D. 80%

答案是A。"年平均增长幅度超过30%"就是答案所在。

44. 中国招收外国留学生的普通高校已达多少所？

A. 200多所　　B. 300多所　　C. 400多所　　D. 500多所

答案是C。"中国招收外国留学生的普通高校已达400多所"就是答案所在。

45. 以前国外留学生来中国主要学习什么？

A. 中医学　　B. 戏曲　　C. 汉语　　D. 经济

答案是C。"以往到中国学习汉语的外国留学生要占到80%以上"就是说大部分国外留学生来中国主要学习汉语。

模拟题六　录音文本及答案解析

第一部分

第1到20题，请选出正确答案。现在开始第1题：

1. 女：小曹真可怜，上个月刚离了婚，现在又丢了工作。

男：难怪他整天无精打采的，一点儿精神都没有。

问：男的是什么意思？

A. 小曹因为没有精神所以丢了工作　　B. 小曹精神状况不好

C. 小曹没有离婚　　D. 小曹生活很困难

答案是B。"难怪他整天无精打采的"其中"难怪"表示知道了事情发生的原因。"无精打采"就是没有精神。

2. 女：今天我请客，咱们去吃日本寿司，怎么样？

男：又是寿司，还有别的没有？

问：男的是什么意思？

A. 希望女的请客　　B. 对吃寿司感到不满

C. 很高兴去吃寿司　　D. 以为女的会做寿司

答案是B。“又是寿司，还有别的没有”意思是经常吃寿司，都吃腻了，对吃寿司感到不满。

3. 男：喂，你在哪呢？我已经到大门口了，怎么没看到你呀？

女：我在大门口啊！你是在南门口吗？

问：从对话可知，下面哪项正确？

A. 他们在同一个地方　　B. 只有一个大门

C. 女的还在路上　　D. 他们可能不在同个地方

答案是D。从“你是在南门口吗”，且两人都在大门口，却没见到，可以猜测两人可能不在同个地方，答案应选D。

4. 女：你知道咱们班同学都擅长些什么吗？

男：让我想想看。赵平画画好，刘劲的书法不错，李玲和张英会拉二胡……

问：他们在谈论什么？

A. 同学的特长　　B. 同学的兴趣　　C. 音乐　　D. 美术

答案是A。“咱们班同学都擅长些什么”就是指他们班同学都有些什么特长。

5. 男：昨天开会小刘和小孙去了吗？

女：除了小张以外，大家都去了。

问：昨天谁没去开会？

A. 小刘　　B. 小张　　C. 小孙　　D. 都去了

答案是B。“除了小张以外，大家都去了”就是说小张没有去，其他人都去了。

6. 女：教练，这次我让您失望了。

男：别有思想负担，以后加紧训练，争取下回能有个好成绩！

问：女的可能是做什么的？

A. 裁判员　　B. 服务员　　C. 售货员　　D. 运动员

答案是D。从“以后加紧训练，争取下回能有个好成绩”这句话中可以看出女的是运动员。

7. 女：我妈妈手术做得怎么样，现在可以进去探视吗？

男：还有20分钟才到探视时间，你们稍微再等一会儿。

问：对话最有可能发生在什么地方？

A. 医院　　B. 饭店　　C. 监狱　　D. 会客室

答案是A。“我妈妈手术做得怎么样”其中“做手术”就是在医院做治疗。

8. 女：王经理，请您谈谈贵商场今年上半年家用电器的销售情况。

男：总的来说，销量比去年都有所增加，其中空调增长了30.8%，纯平彩电增长了26.4%，家用电脑增长了49.6%，洗衣机增长了10.8%。

问：家用电脑的增长幅度是多少？

A. 百分之三十点八　　B. 百分之二十六点四

C. 百分之四十九点六　　D. 百分之十点八

答案是C。“家用电脑增长了49.6%”就是答案所在。

9. 女：经理，您觉得新来的秘书怎么样？

男：凑合吧，在没有更合适的人选之前，就用她吧。

问：经理认为新秘书怎么样？

A. 很好　　B. 还可以　　C. 很不好　　D. 不很好

答案是B。“凑合吧，在没有更合适的人选之前，就用她吧”其中“凑合”的意思是“还可以”。

10. 女：这段时间你怎么这么用功啊？

男：咳，笨鸟先飞嘛！

问：男的是什么口气？

A. 谦虚　　B. 骄傲　　C. 赞赏　　D. 批评

答案是A。“笨鸟先飞”指男的把自己比作笨鸟，做事比别人先动手，是谦虚的口气。

11. 女：芳芳怎么了？你快说呀！

男：芳芳放学以后，在校门口等你去接，等不着，就自己跑回来，在马路上被汽车撞了。

问：从对话中我们可以知道什么？

A. 女的没接着芳芳　　B. 芳芳没去上学

C. 芳芳被别人用车接走了　　D. 芳芳在校门口被车撞了

答案是A。从女的问芳芳的情况，男的说“芳芳放学以后，在校门口等你去接，等不着，就自己跑回来”可知“女的没接着芳芳”。D不对是因为“芳芳是在马路上被汽车撞了”，不是在校门口。

12. 男：你看这里再改一改就有说服力了。

女：谢谢您，您在课上的讲解我也想写进去。

问：他们是什么关系？

A. 同学　　B. 恋人　　C. 兄妹　　D. 师生

答案是D。从“您在课上的讲解我也想写进去”这句话可以看出他们是师生关系。

13. 男：这家川菜馆儿的菜特别地道，今天我请客，咱们好好吃一顿。

女：这儿的川菜做得是不错，不过我今天有点儿感冒，没胃口。

问：关于女的，可以知道什么？

A. 胃病犯了　　B. 很想多吃　　C. 不想吃饭　　D. 心情不好

答案是C。“这儿的川菜做得是不错，不过我今天有点儿感冒，没胃口”就是说菜做得很好，由于身体不舒服不想吃。“没胃口”的意思是不想吃东西。

14. 女：今天的联欢会你不参加了吗？

男：除非有人骑车带我去，今天我太累了。

问：男的是什么意思？

A. 不喜欢参加　　B. 不想走路

C. 不想一个人去　　D. 不想让别人骑车带他

答案是B。“除非有人骑车带我去，今天我太累了”就是说他不想走路去。

15. 女：这件衣服的样式不错，不过贵了点儿，还有颜色……

男：只要样式好，颜色我无所谓，贵一点儿就贵一点儿吧。

问：男的买衣服觉得什么最重要？

A. 价钱　　B. 颜色　　C. 样式　　D. 质量

答案是C。“只要样式好，颜色我无所谓，贵一点儿就贵一点儿吧”是一个条件句，“只要”后面是条件，是最重要的。

16. 男：你的东西可真多，一辆车能装下吗？

女：差不多。在这儿住了这么多年，现在要搬家了，真舍不得。

问：关于女的，可以知道什么？

A. 有一辆车　　B. 要搬家了

C. 想让男的送她　　D. 不想在这儿住了

答案是B。“现在要搬家了”就是答案。

17. 女：好久不见，你忙什么呢？

男：唉，别提了！现在市场竞争激烈，买卖不好做，我整天东奔西跑地去推销。累死我了。

问：关于男的，可以知道什么？

A. 不愿意做买卖　　B. 是个推销员

C. 整天到处乱跑　　D. 讨厌市场竞争

答案是B。“我整天东奔西跑地去推销”其中“推销”说明男的是推销员。

18. 男：附近有一家新开的书店，一会儿我们一起去看看好吗？

女：改天吧，还有一篇小论文明天得交呢。

问：从对话可以知道什么？

A. 男的开了一家书店　　B. 男的要买书

C. 女的让男的帮她写论文　　D. 女的拒绝了男的的邀请

答案是D。“改天吧”的意思是希望改时间，表示拒绝。

19. 女：四点钟你不是要去开会吗？时间差不多了。

男：幸亏你提醒了我，要不我就把这事儿给忘了。

问：男的是什么意思？

A. 拒绝开会　　B. 不知道要开会

C. 感谢女的提醒自己　　D. 希望女的一起开会

答案是C。“幸亏你提醒了我，要不我就把这事儿给忘了”其中的“幸亏”表示庆幸，指如果没有女的提醒，就会有不好的结果。说明男的对女的的提醒很感谢。

20. 女：这么晚还没走？又加班呢？

男：没办法，对我来说，这已经是家常便饭了。

问：男的是什么意思？

A. 准备回家　　B. 不想工作　　C. 经常加班　　D. 回家吃饭

答案是C。“这已经是家常便饭了”意思是经常加班。

第二部分

第21到45题，请选出正确答案。现在开始第21题：

21. 男：地上车位已经满了，您停地下吧。

女：地下怎么收费？

男：按小时收费，一小时8块。如果在商场购物满200元，就免收停车费。

女：好的，多谢！

问：关于地下停车场，下列哪项正确？

A. 车位已满　　B. 按小时收费　　C. 免费停车　　D. 禁止停车

答案是B。“按小时收费，一小时8块”其中的“按小时收费”就是答案。

22. 男：你喜欢在网上购物吗？

女：喜欢，真的很方便，不用出门就能买到东西，还节省时间呢。

男：网上买东西质量有保证吗？

女：没问题，人家会免费送货，如果发现有问题还可以退货。

问：关于网上购物，下列哪项不正确？

A. 质量没保证　　B. 免费送货　　C. 可以退货　　D. 节省时间

答案是A。从男的问“网上买东西质量有保证吗”和女的回答“没问题”可以知道答案。

23. 男：关于折扣问题，请问刘经理是怎么考虑的？

女：原则上我们不给折扣。

男：这不合惯例吧，我们这次订货总额很大，按照惯例，至少可以得到10%的折扣。

女：你们这次订货数量确实不小，但是我们在价格方面已经优惠了，所以不能再给折扣了。

问：女的为什么不同意给折扣？

A. 按照惯例　　B. 订货数量不够　　C. 价格已经优惠　　D. 公司不同意

答案是C。“在价格方面已经优惠了，所以不能再给折扣了”就是答案所在。

24. 男：周末咱们去看红叶吧？

女：好啊，星期日去吧，我星期六有事。

男：好。我开车去，咱们可以顺便去泡泡温泉。

女：那太好了，你别忘了带相机。

问：女的提醒男的什么？

A. 看红叶　　B. 周六去　　C. 开车　　D. 带相机

答案是D。“你别忘了带相机”就是答案所在。

25. 女：你怎么了？脸色这么不好。

男：我有点儿不舒服，头疼。

女：是不是晚上没睡好？

男：不是。昨天出门没带伞，被雨淋了。

问：男的为什么头疼？

A. 没睡好　　B. 感冒了　　C. 淋雨了　　D. 生气了

答案是C。“昨天出门没带伞，被雨淋了”其中“被雨淋了”就是答案。

26. 男：这两件衬衫是真丝的，这条裙子是化纤的。一共洗三件。

女：师傅，什么时候可以取？

男：三天以后，要是着急的话，每件多加五块钱。

女：那好，我明天中午来取。

问：关于女的，可以知道什么？

A. 只洗了两件衬衫　　　　B. 明天上午取衣服
C. 每件多加了五块钱　　　　D. 对洗衣店不满意

答案是C。男的说“三天以后”可以取衣服，“要是着急的话，每件多加五块钱”，而女的明天中午取衣服，说明她每件衣服多加了五块钱。

27. 男：你的房子找得怎么样了？
女：不怎么样，还没找到价格合适的。
男：你想找什么价位的？
女：我只能承受月租800到1000元的。超过1000我就支付不起了。
问：女的是什么意思？

A. 想买房了　　　　B. 不想租房了
C. 想租800元以下的房子　　　　D. 超过1000元租不起

答案是D。“超过1000我就支付不起了”就是答案所在。

28. 女：你好，我想开一个活期账户。
男：我先复印一下您的身份证，您填一下这张表。
女：在这里签字吧？
男：对，别忘了写上日期。
问：女的在办理什么业务？

A. 护照申请　　B. 办身份证　　C. 领取包裹　　D. 银行开户

答案是D。“我想开一个活期账户”其中“活期账户”是银行的常用语。

29. 男：你觉得最理想的职业是什么？
女：职业好不好，关键要看收入和工作环境。
男：你说的工作环境是指什么？
女：比如跟同事、跟领导的关系，当然还有办公环境。
问：关于职业，女的没有提到什么？

A. 收入　　B. 发展前途　　C. 人际关系　　D. 办公环境

答案是B。“收入”“人际关系”“办公环境”都是对话中提到的，只有“发展前途”对话中没有提到。

30. 男：你是什么时候迷上集邮的？
女：上小学的时候，爸爸送给我一套精美的邮票，后来，我就开始集邮了。
男：那你一定收藏了很多邮票吧？
女：那还用说！人物的、花鸟的、风景的……各种各样的都有。
问：关于女的，下列哪项正确？

A. 喜欢集邮　　B. 喜欢画画　　C. 喜欢收藏　　D. 喜欢做手工

答案是A。男的问女的"什么时候迷上集邮的"，说明女的非常喜欢集邮。

第31到33题是根据下面一段话：

有一天，两个人正在旅行。突然，他们遇见一只熊。其中一人飞快地爬上树，想把自己隐藏在树枝中。另一个人来不及躲起来，只好躺在地上。熊走过来，把他闻了个遍。这个人憋着气，假装死了。熊很快就走开了，因为正如许多人所说的，熊是不会碰死尸的。当熊走了以后，树上的那个人爬下来找他的朋友。他开了个玩笑，问："那只熊跟你说了什么悄悄话？"他的朋友很严肃地回答："他告诉我：千万别和一个一遇到危险就抛开朋友的人一起旅行。"

31. "飞快"是什么意思？

A. 飞得很快　　B. 很快地飞

C. 非常迅速　　D. 像飞机一样跑

答案是C。"飞快"的意思是非常迅速。

32. 为什么那个人要憋着气装死？

A. 担心熊会吃他的朋友　　B. 害怕熊吃他

C. 他不喜欢动物　　D. 他和熊在玩耍

答案是B。"这个人憋着气，假装死了"是害怕熊把他吃了。

33. 这个故事告诉我们什么道理？

A. 朋友之间要互相帮助　　B. 不能共患难的人不是真朋友

C. 朋友之间要互相鼓励　　D. 朋友之间要分享快乐

答案是B。"千万别和一个一遇到危险就抛开朋友的人一起旅行"意思是不能共患难的人不是真朋友。

第34到35题是根据下面一段话：

莫言是第一位获得诺贝尔奖的中国籍作家。北京时间2012年10月11日19点，瑞典文学院宣布，莫言获2012年度诺贝尔文学奖。

莫言出生于1955年，山东人，他的作品很有想象力和幽默感，很多重要作品被翻译成各种文字出版。其中一部小说被改编成电影《红高粱》，并获得国际大奖。

34. 莫言的作品有什么特点？

A. 有批判性　　B. 有想象力

C. 内容丰富　　D. 语言生动

答案是B。"他的作品很有想象力和幽默感"其中"有想象力"就是答案。

35. 莫言获诺贝尔奖时是多少岁？

A. 50岁　　B. 55岁　　C. 57岁　　D. 60岁

答案是C。1955年出生，2012年获诺贝尔奖时的年龄是：2012-1955=57岁。

第36到37题是根据下面一段话：

中国人说西方人很不严肃，在结婚之前就与对方发生亲密关系；外国人说中国人不严肃，关系还不足够亲密就敢结婚。尽管不能绝对，但西方人对待婚姻的确比对待爱情更加严肃。在他们看来，爱情是浪漫的过程，两人怎么交往都没问题，但婚姻是一辈子的事，不是儿戏，所以必须慎重。相比之下，中国人在结婚这件事上思考得的确不够，以至于婚后反悔的现象越来越多。现在中国的离婚率比很多国家都高，这表明我们应该更加严肃地思考爱情和婚姻。

36. 西方人对待婚姻的态度怎么样？

A. 比较随便　　B. 比较严肃

C. 认为无所谓　　D. 认为不需要

答案是B。"西方人对待婚姻的确比对待爱情更加严肃"其中的"严肃"就是答案。

37. 在中国，为什么婚后反悔的现象越来越多？

A. 婚前思考得不够　　B. 婚前关系太密切

C. 把婚姻看得太重　　D. 婚后经常吵架

答案是A。"中国人在结婚这件事上思考得的确不够"其中"思考得的确不够"就是答案。

第38到39题是根据下面一段话：

交朋友一定要慎重，酒肉朋友没有问题，一般的朋友也没有问题，但是人生中一定要有几个朋友是什么话都可以说的，心理压力可以和他们讲，家庭矛盾可以和他们讲，因为这些朋友能够让你感受到这个世界上还存在幸福。因为，你总有和老婆不能讲的事情，和子女不能讲的事情，和领导不能讲的事情，和下属不能讲的事情，只能和朋友们讲。"朋友一生一起走"，这种感觉会很好。

38. 人必须有什么样的朋友？

A. 酒肉朋友　　B. 一般朋友

C. 无话不说的朋友　　D. 外国朋友

答案是C。"人生中一定要有几个朋友是什么话都可以说的"其中"什么话都可以说"的意思就是无话不说。

39. "朋友一生一起走"是什么意思？

A. 跟朋友一起去旅行　　B. 跟朋友一起散步

C. 跟朋友讨论问题　　D. 跟朋友共享痛苦和欢乐

答案是D。从这篇短文可知，“跟朋友共享痛苦和欢乐”是人生一大乐事。

第40到42题是根据下面一段话：

我们一家四口出去散步。母亲老了，走远一点儿就觉得累。今天她本来不愿意出来，说自己身体不好。我说，正因为年龄大了，身体不好，才应该多走走。母亲信任地点点头，便去拿外套了。

母亲现在很听我的话，就像我小时候很听她的话一样。正走着，出现了不同意见：母亲要走大路，说大路好走；儿子要走小路，认为小路有意思。不过，一切都由我来决定。我的母亲老了，她早已习惯听从她强壮的儿子；我的儿子还小，他还习惯听从他高大的父亲；妻子呢，在外面总是听我的。突然间，我感到了责任的重大。我想找一个两全其美的好办法，但是找不出来。我决定委屈儿子，因为我和他在一起的日子还很长，而我和母亲在一起的日子越来越少了。我说：“走大路。”

40. 关于母亲，下面哪种理解正确？

A. 年龄大，身体不好　　B. 脸色红润

C. 身体硬朗　　D. 经常干家务活

答案是A。“年龄大了，身体不好”就是答案所在。

41. 母亲现在对说话人是怎样的一种态度？

A. 无所谓　　B. 顺从

C. 冷淡　　D. 温柔

答案是B。“母亲现在很听我的话”就是说母亲现在很顺从他，听他的话。

42. 说话人为什么选择走大路？

A. 他想和母亲在一起　　B. 他和妻子在一起

C. 他和儿子在一起　　D. 他和父亲在一起

答案是A。因为他觉得母亲年龄大了，和母亲在一起的日子越来越少了，为了多陪伴母亲，让母亲更方便，所以决定走大路。

第43到45题是根据下面一段话：

经理先生、女士们、先生们：

我对贵公司的访问，从一开始就受到了热情接待。今晚我应贵公司的邀请出席这个宴会，深感荣幸，请允许我代表我的同事，并且以我个人的名义，向经理先生、各位朋友表示衷心感谢！

在贵国访问期间，我们在坦率友好的气氛中进行了会谈。通过会谈，我们增进了相互了解，双方都表示愿意进一步加强科技合作。我真诚地希望我的这次访

问有利于我们双方贸易往来，有利于促进我们友谊的发展。

为各位的健康干杯！

43. 他去公司访问，公司是以什么态度对他的？

A. 热情　B. 亲切　C. 友好　D. 真诚

答案是A。“从一开始就受到了热情接待”就是答案所在。

44. 他们在什么样的气氛中进行了会谈？

A. 紧张激烈　B. 坦率友好　C. 轻松活泼　D. 真诚友好

答案是B。“在坦率友好的气氛中进行了会谈”就是答案所在。

45. 通过会谈，下列哪项是会谈中没提到的？

A. 促进友谊发展　B. 利于双方贸易往来

C. 加强科技合作　D. 加强经济合作

答案是D。“加强科技合作”“利于双方贸易往来”“促进友谊发展”都是文中提到的，只有“加强经济合作”文中没有提到。

模拟题七　录音文本及答案解析

第一部分

第1到20题，请选出正确答案。现在开始第1题：

1. 女：你刚从桂林回来，觉得那儿的风景怎么样？

男：世界上不会有比那儿更美的地方了。

问：男的是什么意思？

A. 感觉桂林一般　B. 不知道怎么评价好

C. 世界上有很多美丽的地方　D. 桂林是世界上最美的地方

答案是D。“世界上不会有比那儿更美的地方了”意思是桂林这个地方很美，其他地方都没有桂林美。

2. 女：我假期带孩子去了趟迪斯尼乐园，你去过那儿吗？

男：都是小孩子玩儿的，没什么意思。

问：男的是什么意思？

A. 迪斯尼乐园太远　B. 去迪斯尼乐园的人太多

C. 孩子都想去迪斯尼乐园　D. 对迪斯尼乐园不感兴趣

答案是D。“没什么意思”就是说男的对那个地方不感兴趣，不喜欢迪斯尼乐园。

3. 女：张文，这是你第一次来北京吗？

男：不是，我2008年在北京学过三个月汉语，一年后又来了一次，这已经是第三次了。

问：张文第二次来北京是哪一年？

A. 2007年　　B. 2008年　　C. 2009年　　D. 2010年

答案是C。“我2008年在北京学过三个月汉语，一年后又来了一次”，说明他2008年第一次来，一年后就是2009年，是第二次来北京。

4. 女：你们领导今天在会上说什么了？

男：尽说些大话，大家都不爱听，真没劲。

问：男说话人是什么意思？

A. 领导不高兴　　B. 大家开会很认真

C. 大家对会议内容很反感　　D. 领导召集大家开会

答案是C。“尽说些大话，大家都不爱听，真没劲”其中“真没劲”表示不满、反感。

5. 女：老李，既然你们有事，我也就不留你们了，有空常来玩儿啊。

男：好的，你有空也去我那儿玩儿吧。

问：这段对话发生在什么时候？

A. 分别　　B. 吃饭　　C. 道歉　　D. 请求

答案是A。“有空常来玩儿啊”是与朋友分别时的常用语。

6. 男：对不起，请您出示驾照和行驶证。

女：我不小心闯了红灯，请您高抬贵手，放我一次吧！

问：说话的两个人是什么关系？

A. 警察和司机　　B. 保安和司机　　C. 乘客和司机　　D. 教练和司机

答案是A。“驾照”“行驶证”“闯红灯”都是跟汽车驾驶和交通规则相关的词语，说明他们是警察和司机的关系。

7. 女：大力，你看我刚买的连衣裙怎么样？

男：嗯，蛮不错的。

问：男的觉得女的的裙子怎么样？

A. 很好看　　B. 很难看　　C. 很一般　　D. 看不出来

答案是A。“蛮不错的”表示赞赏，说明男的认为裙子很好看。

8. 女：听说你当爸爸了，这几天高兴坏了吧？

男：高兴是高兴，不过，真是够辛苦的。

问：男的为什么高兴？

A. 很不高兴　　B. 有孩子了　　C. 父亲非常忙　　D. 工作很辛苦

答案是B。“听说你当爸爸了”意思是有孩子了，故应选B。

9. 女：听说昨天咱们输给英语系了。

男：别提了，就差一分。

问：他们在谈论什么？

A. 学习方法　　B. 演出时间　　C. 英语教学　　D. 比赛结果

答案是D。“咱们输给英语系了”意思是他们跟英语系比赛，比赛结果是英语系获得了胜利。

10. 男：你每个月一千块钱生活费够吗？

女：这些钱不是很多，可也不是不够花。

问：关于生活费，女的是什么意思？

A. 够花　　B. 不够花　　C. 可能够花　　D. 也许不够花

答案是A。“不是不够花”是一个强调句，意思是够花。

11. 女：老师留的作业你做完了吗？

男：还没有，看来今天晚上又要开夜车了！

问：男说话人是什么意思？

A. 作业太多了，晚上开车到学校去做　　B. 晚上要开车，不能做作业了

C. 作业太多了，要做到很晚　　D. 作业太难了，根本不会做

答案是C。“今天晚上又要开夜车了”其中“开夜车”是工作或者学习到很晚，男说话人的意思是作业太多了，要做到很晚。

12. 男：劳驾，我买一张去展览馆的票，单程的。

女：两块，这是五块，找您三块。

问：对话最可能发生在什么地方？

A. 学校　　B. 饭店　　C. 商场　　D. 地铁

答案是D。“票”“单程”都是地铁售票处常用的词语。

13. 女：我可以根据你的脸型帮你设计一个新发型。

男：那好，我还想烫一下，染一下。

问：女的最可能是做什么的？

A. 律师　　B. 医生　　C. 老师　　D. 理发师

答案是D。“发型”“染”“烫”都是理发时常用的词语。

14. 女：你出去玩儿会儿吧，让妈妈一个人待在屋里清静清静。

男：好吧。

问：女的在对谁说话？

A. 妈妈　　B. 爸爸　　C. 孩子　　D. 孩子和爸爸

答案是C。妈妈对孩子说话时常用孩子对自己的称呼来指代自己。"让妈妈一个人待在屋里清静清静"是妈妈对孩子说的话。

15. 男：你准备应聘的这家公司怎么样？

女：据我了解，这家公司不大，可效益倒不错。

问：女的是什么意思？

A. 这家公司不大，效益不好　　B. 这家公司不大，效益很好

C. 这家公司很大，效益不好　　D. 这家公司很大，效益很好

答案是B。"这家公司不大，可效益倒不错"就是答案所在。

16. 男：昨天晚上的联欢会怎么样？

女：特没劲，幸亏你没有去。

问：女的是什么语气？

A. 犹豫　　B. 赞赏　　C. 无所谓　　D. 不满

答案是D。"没劲"的意思是没有意思。

17. 女：大家都说你下个月就要结婚了，到时候别忘了请我吃喜糖啊。

男：开什么玩笑，我还没有对象呢。

问：关于男的，下列哪项正确？

A. 他很喜欢听笑话　　B. 他下个月结婚

C. 他下个月不结婚　　D. 他没听懂

答案是C。"开什么玩笑"表示否定。"我还没有对象呢"说明他下个月不结婚，答案选C。

18. 男：你知道吗？对于一个企业来说，质量就是生命。

女：徐总，以后我一定严格把关，不会再出次品了。

问：根据对话，可以知道什么？

A. 企业亏损了　　B. 女的很严格

C. 发现了次品　　D. 市场需要好产品

答案是C。女的说"以后我一定严格把关，不会再出次品了"其中的"不会再出次品了"说明发现了次品。"次品"就是质量不合格的产品。

19. 女：假期你们又去旅游了吧？都去哪儿了？

男：去了好多地方呢，你要是能跟我们一起去就好了。

问：男的是什么意思？

A. 去旅游很累　　B. 希望女的一起去

C. 以后打算跟女的一起去　　D. 假期去旅游人很多

答案是B。“你要是能跟我们一起去就好了”其中的“要是……就好了”是一种假设，希望某事发生。

20. 女：你看，丽丽这么高的个子，可真不像南方人。

男：是啊，我也一直以为她是北方人呢。

问：关于丽丽，下列哪个是正确的？

A. 是南方人　　B. 个子不高

C. 身材不好　　D. 是北方人

答案是A。“丽丽这么高的个子，可真不像南方人”意思是丽丽个子高，长得不像南方人，可实际上她就是南方人。

第二部分

第21到45题，请选出正确答案。现在开始第21题：

21. 男：你好，麻烦帮我订个房间，标准间。

女：请问您贵姓，手机号，哪天入住？

男：免贵姓李，我的手机号是13678882324，11月21号到23号，住三个晚上。

女：好的，李先生，我已经为您预订了，请您入住时带上身份证。

问：男的给哪里打电话？

A. 医院　　B. 宾馆　　C. 火车站　　D. 游泳馆

答案是B。“订房间”“标准间”“入住”都是宾馆订房间时的常用语。

22. 女：马总，咱们公司还需要销售经理吗？

男：当然需要，你有什么人要推荐吗？

女：我有个师弟学的也是市场营销，营销经验比较丰富。

男：那约个时间，什么时候见面聊聊。

问：根据对话，可以知道什么？

A. 女的是总经理　　B. 他们在面试人

C. 女的是学市场营销的　　D. 男的想推荐一个人

答案是C。“我有个师弟学的也是市场营销”，其中“我有个师弟”说明她和师弟都出自于同一个老师，都是学市场营销这个专业的，可以得知女的是学市场营销的。

23. 女：我打算高中毕业就去美国留学。

男：你为什么想出国呢？

女：美国是一个移民国家，学完后就业相对容易。

男：希望你在那里学有所成。

问：女的为什么想去美国留学？

A. 物价比较低　　　　　　　　　　B. 就业相对容易

C. 名牌大学多　　　　　　　　　　D. 收入较高

答案是B。女的说“学完后就业相对容易”，因此应选B。

24. 男：这是你新买的相机吧？

女：昨天在摄影器材城刚买的，不过是二手货。

男：你那么喜欢摄影，为什么不买一个高档的相机呢？一分钱一分货。

女：你别小看这个相机，镜头比一些新款的还好呢，照出来的效果还真不错。

问：关于相机，可以知道什么？

A. 在商场买的　　B. 很高档　　C. 照相效果不错　　D. 价格很高

答案是C。“照出来的效果还真不错”就是答案。

25. 女：师傅，去机场。

男：好的。您是几点的飞机？

女：九点半的。国际航班，还差两个半小时，时间有点儿紧吧？

男：这会儿不堵车，来得及，不会耽误的。

问：男的觉得时间怎么样？

A. 够用　　B. 太晚了　　C. 有点儿早　　D. 有点儿紧张

答案是A。从男的说“这会儿不堵车，来得及”可知时间够用，女的能赶上飞机。

26. 女：你还在那家公司工作吗？

男：去年过完年我就离开那家公司了。

女：那你现在做什么工作？

男：我跟我的朋友跑运输，他曾经在驾校当过教练，现在不干了。

问：男的现在从事什么工作？

A. 在公司上班　　B. 在驾校学车　　C. 在驾校当教练　　D. 长途货运

答案是D。“我跟我的朋友跑运输”，其中“跑运输”是用汽车把货物送到目的地，是长途货运。

27. 女：网上购物看起来挺方便的，但是买回来的家具还得自己安装，真麻烦！

男：这就是为什么网上买家具比较便宜的原因。

女：安装说明书有时候也不是那么容易看懂。

男：你别着急，只要按照图片一步一步操作就可以了。

问：男的认为网上买家具便宜的原因是什么？

A. 没有运费　　B. 有优惠　　C. 说明书难懂　　D. 得自己安装

答案D。女的说“买回来的家具还得自己安装”，男的说“这就是为什么网上买家具比较便宜的原因”，可知答案应选D。

28. 女：我发现小刘性格比较内向，她去做志愿者合适吗？
男：你可别小瞧她，她很有脑子，经常有很多新想法。
女：我是说她不太爱说话，跟人沟通会不会有问题？
男：不会的，跟人熟了就好了。
问：关于小刘，可以知道什么？
A. 不适合做志愿者　B. 跟人沟通有问题　C. 性格比较内向　D. 不喜欢熟人
答案是C。“我发现小刘性格比较内向”就是答案。

29. 男：系上安全带吧，车速太快，危险。
女：按照这个速度，我们十二点之前可以到家吗？
男：应该没问题。
女：我都着急了，已经三天没见到孩子了。
问：他们正在做什么？
A. 照顾孩子　B. 开车　C. 修汽车　D. 整理房间
答案是B。“系上安全带”“车速太快”，就是开车的速度快，表明他们在开车。

30. 男：您来英国多长时间了？
女：我是上星期五来的。
男：您这次来是工作还是游玩儿？
女：最近业务比较忙，公司经理派我来英国解决一些问题。
问：女的来英国做什么？
A. 旅游　B. 工作　C. 找朋友　D. 买东西
答案是B。“最近业务比较忙，公司经理派我来英国解决一些问题”，其中“业务比较忙”是工作中的常用语。

第31到32题是根据下面一段话：

有一次，公司老板的家被盗了。他的同事写信安慰他，他在回信中说到：“谢谢你来信安慰我，我现在很好。我很感谢上帝：第一，盗贼只是偷走了我的东西，并没有伤害到我的生命；第二，盗贼只偷走了我的部分东西，并不是全部；第三，最值得庆幸、让我感到高兴的是，做贼的是他而不是我……”

31. 老板家里发生了什么事情？
A. 正在装修　B. 发生了命案　C. 东西被偷了　D. 有同事做客
答案是C。“公司老板的家被盗了”就是东西被偷了。

32. “庆幸”是什么意思？
A. 感到幸运　B. 幸灾乐祸　C. 觉得倒霉　D. 灰心丧气
答案是A。从“最值得庆幸、让我感到高兴”中的“感到高兴”可知答案是A。

第33到35题是根据下面一段话：

二手房的交易量与商品房销售量的比例在逐年增高，2007年接近5%，2008年则为9%，而相关数据显示，今年两者之间的比重将超过20%。二手房市场交易量连续3年以接近100%的速度递增。

调查显示，认为二手房“价格更实惠，刚好可以接受”的人最多，占43.8%，可见价格仍然是众多购房者考虑最多的因素。其次是认为“带装修，即搬即住”，也占到了32.5%，这部分群体中许多人是第一次置业，同时也是资金比较紧张的购房者，他们都希望买来的二手房马上入住，省去装修的麻烦，也减少装修成本。

33. 二手房市场交易量以什么样的速度递增？

A. 20%　　B. 9%　　C. 100%　　D. 5%

答案是C。“以接近100%的速度递增”就是答案所在。

34. 买二手房的人考虑最多的因素是什么？

A. 房子的质量　　B. 户型　　C. 价格因素　　D. 周围的环境

答案是C。“价格仍然是众多购房者考虑最多的因素”就是说买二手房的人资金比较紧张，二手房的价格相对便宜。

35. 根据短文，资金比较紧张的购房者希望买什么样的房子？

A. 房子小一些　　B. 装修简单

C. 可以马上入住　　D. 新房

答案是C。文中“他们都希望买来的二手房马上入住”就是答案所在。

第36到38题是根据下面一段话：

住在两座山上的两个人，每天都会在同一时间下山挑水。

有一天，左边山上的人没有下山挑水。另一个人很好奇，他决定看看到底发生了什么事。他来到左边山上，向那个人说明了来由。那个人指着院里的一口井说：“这几年，我每天都会抽空挖这口井。昨天，井口冒出了清水，我也就不必再下山挑水了。”

其实，我们可以为自己挖一口井。在紧张匆忙的生活中，每天拿出一点儿时间去多读几页书，多学一点儿实用的知识，多留意一些别人平时不在意的事情，不经意间，你的积累也许就能在关键时刻助你一臂之力。不要小看了那一点点的收获，或许正是因为这一点一滴的努力，你就会走在别人的前面。

36. 那两个人有什么共同点？

A. 每天上山砍柴　　B. 挑水时间相同

C. 住在一座山上　　D. 每天挑两次水

答案是B。“在同一时间下山挑水”就是说他俩同时下山挑水，挑水时间相同。

37. 左边山上那个人为什么没下山挑水？

A. 生病了　　B. 要出远门　　C. 打了一口井　　D. 发明了新工具

答案是C。“每天都会抽空挖这口井”“井口冒出了清水”意思是左边山上那个人自己打了一口井，自己有水喝了。

38. 这段话想告诉我们什么？

A. 要节约用水　　B. 平时就要积累

C. 一切从实际出发　　D. 要听别人的建议

答案是B。这段话告诉我们平时就要积累，多留意别人不注意的事情。

第39到40题是根据下面一段话：

家长认为手机会在一定程度上影响学习，学校也认为手机是学生的“成绩杀手”，应该禁止；而学生本人却认为带手机可以方便和老师、同学联系，也可以避免临时有事时到处找固定电话的麻烦。

其实，学生带手机只要掌握好一个“度”，就会转弊为利了。这个“度”很大程度在于学生本身的自觉性。手机既然是人类的新工具，自然就会给人们带来许多便利，那么，我们就该很好地接受它。它走进校园后，我们应该倡导学生一分为二地看待这个问题，让手机成为学生学习上的帮手、生活中的通讯工具，避免用手机上网玩儿游戏、看电影、看小说。若能掌握好这个“度”，手机会是学生的好朋友。

39. 对于学生带手机，家长和学校的看法是什么？

A. 增加经济负担　　B. 影响学习

C. 方便联系　　D. 没什么作用

答案是B。“家长认为手机会在一定程度上影响学习，学校也认为手机是学生的‘成绩杀手’”就是答案所在。

40. 这段短文主要谈的是什么？

A. 手机是学生的好朋友　　B. 手机的利与弊

C. 手机是现代化的工具　　D. 学生应如何发挥手机的作用

答案是D。文中讲到学生使用手机的利和弊，并指出学生带手机只要掌握好一个“度”就能使手机发挥出作用。由此可见应选D。A不对，因为只有在利用好的情况下，手机才是学生的好朋友。B不对，因为文中更多的是强调学生使用手机的利和弊。

第41到43题是根据下面一段话：

那天跟老公幸运地买到了回家的车票。上车后却发现有位女士坐在我们的位子上，老公示意我先坐在她旁边的位子上，却没有请这位女士让开。我仔细一看，发现她右脚有点儿不方便，才知道老公的用意。

老公就这样站了三个小时到了终点站，从头到尾都没有向这位女士表示过这个位子是他的，下了车之后，心疼老公的我跟他说："让位子是做好事，但路途这么远，你应该中途叫她把位子还给你，让你坐一会儿。"老公却说："人家不方便一辈子，我们就不方便这三小时而已。"听到老公这么说，我相当感动，有这么一位善良的老公，让我觉得世界都变得温柔了许多。

41. 老公为什么没有请那位女士让位子？

A. 他们是好朋友　　B. 女士的右脚不方便

C. 女士生病了　　D. 女士抱着孩子

答案是B。"她右脚有点儿不方便"就是说这位女士的右脚有一些残疾，行走不方便。

42. 老公在车上站了多长时间？

A. 1小时　　B. 2小时

C. 3小时　　D. 4小时

答案是C。"老公就这样站了三个小时到了终点站"就是答案所在。

43. 妻子觉得老公是一个怎样的人？

A. 温柔　　B. 善良　　C. 大方　　D. 热情

答案是B。从"有这么一位善良的老公"可知，妻子觉得老公心地善良，非常体贴人。

第44到45题是根据下面一段话：

人都是在生病的时候，才知道健康的重要性，体会到身体健康是多么的幸福。而健康呢，跟我们平时良好的卫生习惯有关，比如：要保持个人清洁卫生，衣服要勤换洗，勤洗澡，勤剪指甲，饭前便后要洗手；经常打扫环境卫生；适当参加体育锻炼，增强身体免疫力。这些理论上的知识在我们读小学的时候，老师家长们都曾经教育过我们，关键是我们得时刻提醒自己，养成一个良好的生活习惯。

44. 人什么时候会觉得健康重要？

A. 工作的时候　　B. 生病的时候

C. 旅游的时候　　D. 学习的时候

答案是B。"人都是在生病的时候，才知道健康的重要性"就是答案所在。

45. 这段短文告诉我们什么？

A. 养成良好的习惯很重要　　B. 应该多学习理论知识

C. 要听老师和家长的话　　D. 没有健康就没有一切

答案是A。"关键是我们得时刻提醒自己，养成一个良好的生活习惯"就是答案所在。

模拟题八　录音文本及答案解析

第一部分

第1到20题，请选出正确答案。现在开始第1题：

1. 男：来，尝尝我做的红烧排骨。

女：味道不错，看不出来你做菜还真有一手。

问：女的觉得男的的菜做得怎么样？

A. 做得很好　　B. 味道不好　　C. 做得一般　　D. 不想评价

答案是A。“看不出来你做菜还真有一手”其中“有一手”就是有能力、做得不错。

2. 女：我们都喜欢去那个酒吧，那儿不但酒好，而且环境也非常好。

男：是吗？下次去的时候也叫上我吧。

问：关于酒吧，下列哪项是正确的？

A. 离得不远　　B. 有很多酒

C. 酒不好但环境很好　　D. 酒和环境都很好

答案是D。“不但A，而且B”表示递进关系，意思是“A和B都……，其中B更……”。

3. 女：你看这张照得还行吧？表情挺自然的。

男：我觉得还是那张照得好一点儿，光线、背景都不错。

问：他们在谈论什么？

A. 画　　B. 照片　　C. 邮票　　D. 桌子

答案是B。“你看这张照得还行吧？表情挺自然的”说明他们在讨论照片。

4. 男：公司说有十分紧急的事情，需要我马上回去。真遗憾，不能跟你们一起继续学习了。

女：我也觉得很遗憾。这是我的通讯地址，有机会再联系吧。

问：根据对话，可以知道什么？

A. 男的正在学习　　B. 男的工作很忙　　C. 男的不想学习了　　D. 女的心情不好

答案是A。男的说“不能跟你们一起继续学习了”其中的“学习”就是答案。

5. 女：一转眼咱们毕业已经二十年了，今天见面很多人都认不出来了。

男：是啊，时间过得真快呀。

问：说话的人可能是什么关系？

A. 亲戚　　B. 师生　　C. 同事　　D. 同学

答案是D。“咱们毕业已经二十年”说明他们俩以前都在同一个学校学习，现在毕业二十年了，是同学关系。

6. 女：我晕车，坐火车还行，坐汽车时间一长就想吐。

男：原来是这样，那你以后出来旅行最好带点儿晕车药。

问：男的建议女的做什么？

A. 最好坐火车　　B. 不要坐汽车　　C. 带点儿晕车药　　D. 不要外出旅行

答案是C。“那你以后出来旅行最好带点儿晕车药”就是答案。

7. 男：小刘，咱们小区的房产证已经下来了，你抽空去二号楼张经理那儿拿一下吧。

女：多谢啦，我明天就去拿，小陈也跟我说了。

问：房产证在谁那儿？

A. 小刘　　B. 小陈　　C. 张经理　　D. 陈经理

答案是C。“你抽空去二号楼张经理那儿拿一下吧”其中“张经理”就是答案。

8. 女：小红已经学了四五年钢琴了，让她给你弹一首。

男：你还别说，她还真有两下子，像个小钢琴家。

问：男的是什么意思？

A. 不愿意听小红弹钢琴　　B. 认为小红钢琴弹得不错

C. 对小红弹钢琴感到吃惊　　D. 希望把小红培养成钢琴家

答案是B。“她还真有两下子”其中“有两下子”的意思是有本事，就是说她琴弹得好。

9. 男：天气预报说，明天有一股冷空气，你上班要多穿点儿衣服。

女：今年又是倒春寒，都四月了，还不见暖和。

问：现在是哪个季节？

A. 春季　　B. 夏季　　C. 秋季　　D. 冬季

答案是A。“倒春寒”就是春季暖和以后，受强冷空气影响，出现低温的天气。由此可知现在是春季。

10. 女：这种样子的包，对什么人都很合适，教师、学生，尤其是你们做推销员的，买的人很多。

男：谁说的，我就不喜欢。

问：男的是干什么的？

A. 教师　　B. 学生　　C. 售货员　　D. 推销员

答案是D。“尤其是你们做推销员的”其中“推销员”就是答案所在。

11. 男：整整干了四个小时，论文终于改完了。

女：那咱们走吧，你看，图书馆都快没人了。

问：他们现在在哪儿？

A. 公司　　B. 餐厅　　C. 宿舍　　D. 图书馆

答案是D。“你看，图书馆都快没人了”说明他们现在都在图书馆。

12. 女：这车骑着老响，后闸也有点儿不灵。

男：可能该上油了。您放这儿吧，下午三点以后来取。

问：女的正在和什么人谈话？

A. 加油站的工作人员　　B. 汽车公司的工作人员

C. 修手表的　　D. 修自行车的

答案是D。“这车骑着老响，后闸也有点儿不灵”，说明自行车出毛病了，找修自行车的才能修好。

13. 男：小李是怎么搞的，写的报告净是错误。

女：是啊，真没想到。

问：男的是什么态度？

A. 满意　　B. 责备　　C. 紧张　　D. 惊讶

答案是B。“怎么搞的”表示不满。

14. 女：这台是取款机，那台可以存，您去那边吧。

男：是吗？那我白排了半天队。

问：男的准备做什么？

A. 取钱　　B. 买东西　　C. 存钱　　D. 办信用卡

答案是C。从“这台是取款机，那台可以存，您去那边吧”可以知道男的要存钱。

15. 女：你觉得李新这个人怎么样？

男：这小伙子思想进步，工作积极，真是没说的。

问：男的觉得李新怎么样？

A. 非常聪明　　B. 他很优秀　　C. 考虑问题全面　　D. 爱帮助人

答案是B。“这小伙子思想进步，工作积极，真是没说的”其中“没说的”意思是这个人很优秀，没有什么可挑剔的。

16. 女：听说你上个月去了上海。

男：没有，我太太上个月去了上海，我下个月才去呢。

问：从对话中我们可以知道什么？

A. 男的上个月去了上海　　B. 男的不想去上海

C. 男的太太在上海　　D. 男的下个月去上海

答案是D。“我下个月才去呢”说明男的下个月去上海。

17. 女：这次考试的作文题目是什么？你给我透透风吧。

男：那怎么行？考试题目是保密的。

问：男的是什么意思？

A. 不愿意告诉女的　　B. 不喜欢女的　　C. 很害怕女的　　D. 想知道作文题

答案是A。“那怎么行”是一个反问句，意思是不行，表示不同意。

18. 男：这个孩子很害羞，见了生人连一句话也不敢说。

女：多带他出去跟小朋友玩儿玩儿就好了。

问：关于这个孩子，可以知道什么？

A. 不会说话　　B. 怕见生人　　C. 不喜欢玩儿　　D. 性格不好

答案是B。“很害羞，见了生人连一句话也不敢说”就是答案。

19. 女：按照中国传统习惯，到了春节，在外地的人一般都要回老家过年，所以，这个时候交通非常紧张。

男：可不是！今年我大年三十晚上才赶回家。

问：男的为什么大年三十晚上才到家？

A. 这是中国的传统习惯　　B. 他想到家时正好过年

C. 火车开得太慢了　　D. 可能车票不太好买

答案是D。因为过年回家人多，车票不太好买，所以男的大年三十晚上才到家。

20. 男：如果你们对我的房子满意，咱们就签合同。如果不满意，你们就再看看。

女：您的房子条件的确不错，但是房租贵了点儿，我们再考虑一下，尽快给您答复。

问：关于女的，下列哪项是正确的？

A. 正在接受采访　　B. 对房子不满意　　C. 正在签合同　　D. 认为房租太贵

答案是D。“您的房子条件的确不错，但是房租贵了点儿”其中“房租贵了点儿”就是答案。

第二部分

第21到45题，请选出正确答案。现在开始第21题：

21. 女：好长时间不见你的影儿，你忙什么呢？

男：咳，装修房子、买家具，都快累死我了。

女：沙发选好了吗？我知道一个品牌的沙发，款式多，经常打折，你不妨去看看。

男：那你把地址、电话给我，我抽空去看看。

问：男的最近在忙什么？

A. 买沙发　　B. 搬家　　C. 买房子　　D. 装修房子

答案是D。“装修房子”就是答案所在。

22. 女：我儿子明年大学毕业，想找个实习单位，你们那儿需要人吗？

男：也许需要，我需要确认一下。

女：那我明天把儿子的简历发给你，请多关照哦。

男：好的，如果有机会的话我一定告诉你。

问：关于女的，可以知道什么？

A. 她儿子正在上大学　　B. 她正在找工作

C. 女的想辞职　　D. 她明年大学毕业

答案是A。“我儿子明年大学毕业”，说明她儿子现在没有毕业，还在上大学。

23. 男：我想办一张游泳卡。

女：您要办年卡、月卡还是单次卡？

男：那我就办一张月卡吧，需要多少钱？

女：500元。

问：男的要办什么游泳卡？

A. 年卡　　B. 月卡　　C. 单次卡　　D. 会员卡

答案是B。“那我就办一张月卡吧”就是答案所在。

24. 女：你怎么晒得这么黑？

男：我刚从三亚回来。

女：玩儿得不错吧？

男：太舒服了，我们躺在海边的沙滩上晒太阳，都不想回来了。

女：哈哈，怪不得晒成这个样子。

问：男的去了什么地方？

A. 海边　　B. 沙漠　　C. 公园　　D. 动物园

答案是A。“我们躺在海边的沙滩上晒太阳”其中“海边”就是答案。

25. 女：你在找什么呢？

男：我记得昨天我把文件夹放在桌子上了，怎么找不着了？

女：你是不是记错了？在抽屉里找找。

男：你瞧我这记性，我把它放在背包里了。

问：男的把文件夹放在什么地方了？

A. 桌子上　　B. 抽屉里　　C. 背包里　　D. 凳子上

答案是C。“我把它放在背包里了”就是答案所在。

26. 女：哎呀，你的胳膊怎么了？

男：今天在公司干活儿的时候，不小心从凳子上摔下来了。

女：我给你贴一张创可贴吧。

男：蹭破点儿皮，没事。

问：男的怎么了？

A. 胃疼　　B. 经常失眠　　C. 把胳膊摔破了　　D. 把窗户打碎了

答案是C。询问“你的胳膊怎么了”说明他的胳膊出现问题了。

27. 女：我的打印机坏了，你帮我看看。

男：这台打印机是新买的，应该没啥大问题。

女：我刚才用还好好儿的。

男：让我看看：小问题，卡纸了。

问：打印机出现什么问题了？

A. 缺纸　　B. 卡纸　　C. 没墨了　　D. 操作失误

答案是B。“卡纸了”就是答案所在。

28. 男：请问，从这儿怎么去火车站方便？

女：你可以坐公交车、地铁，也可以打的。现在是上下班高峰时间，路上堵得厉害。

男：谢谢您，那我还是坐地铁吧。

女：这样比较好，坐地铁不堵车，时间有保证。

问：男的打算怎么去火车站？

A. 坐公交车　　B. 坐出租车　　C. 坐地铁　　D. 坐大巴汽车

答案是C。“那我还是坐地铁吧”其中的“坐地铁”就是答案。

29. 男：你看这张照片，这几个人都是我的好朋友。

女：是中学的朋友还是大学的朋友？

男：都是大学的朋友。他叫飞龙，电脑特棒，我们电脑出了问题，简单的、难的，他都能解决，所以有个外号，叫“电脑超人”。

女：那以后有机会给我介绍一下你这个超人朋友。

问：女的希望男的做什么？

A. 给她拍照片　　B. 帮助她修电脑

C. 让她认识超人朋友　　D. 解答她的难题

答案是C。“那以后有机会给我介绍一下你这个超人朋友”其中“给我介绍一下你这个超人朋友”的意思就是让她认识超人朋友。

30. 女：你每天都坐在电脑前面干什么啊？

男：唉，别提了。这不是想找份工作嘛，给人家发了很多份简历，连个回信儿都没有！

女：现在竞争这么激烈，中国名牌大学的毕业生都不见得能找到个好工作，更别说我们这些打工的了。

男：苦恼啊，没办法！

问：男的为什么感到苦恼？

A. 天天坐在电脑前面　　B. 不会写简历

C. 不是名牌大学毕业的　　D. 简历发出但没有回音儿

答案是D。“给人家发了很多份简历，连个回信儿都没有”就是答案所在。

第31到32题是根据下面一段话：

威尼斯是举世闻名的水上城市。小船成了它的重要交通工具，就像其他城市街头的汽车一样。

威尼斯的小船有二三十英尺长，船身窄窄的，船头和船尾向上翘起，像一个弯弯的月亮。行驶起来轻快、灵活。

船舱里有舒适的座位，乘客或是看书，或是观望岸上的景色都别有情趣。

31. 威尼斯的主要交通工具是什么？

A. 汽车　　B. 飞机　　C. 小船　　D. 火车

答案是C。“小船成了它的重要交通工具”就是答案所在。

32. 乘客可以在船里干什么？

A. 吃饭　　B. 娱乐　　C. 睡觉　　D. 看书

答案是D。从“乘客或是看书”可知，答案是“看书”。

第33到34题是根据下面一段话：

地震发生之后，救护人员发现了一个已经死去的妇女，在她的身下发现了一个孩子，那个孩子正在睡觉，一点儿事儿都没有。妈妈为了保护她的孩子死了！救护人员在孩子的棉被里面发现了一部手机，上面写着：宝贝，如果你还活着，请记住妈妈永远爱你。救护人员看到了以后非常感动，抱起孩子对他说：“宝贝，你要记住你的妈妈永远爱你，她为了你能活着牺牲了自己，多么好的妈妈啊，你要永远记住你妈妈对你的爱。”

33. 救护人员在什么地方发现了孩子？

A. 房子里面　　B. 桌子下面

C. 棉被里面　　D. 妈妈的身体下面

答案是D。“救护人员发现了一个已经死去的妇女，在她的身下发现了一个孩子”，“身下”就是身体下面。

34. 这段短文告诉我们什么？

A. 地震很残酷　　B. 母亲不想死

C. 母爱的伟大　　D. 母亲很辛苦

答案是C。短文中母亲为了救孩子而牺牲了自己，说明母爱非常伟大。

第35到37题是根据下面一段话：

我们的飞机已经离开北京首都国际机场前往英国伦敦。下面将向您介绍客舱设备的使用方法：今天您乘坐的是波音747型飞机。您的座椅靠背可以调节，调节时请按座椅扶手上的按钮。在您前方座椅靠背的口袋里有清洁袋，供您放置杂物时使用。在您座椅的上方备有阅读灯开关和呼叫按钮。如果您需要乘务员的帮助，请按呼唤铃。在您座位上方还有空气调节设备，您如果需要新鲜空气，请转动通风口。洗手间在飞机的前部和后部，在洗手间内请不要吸烟。

35. 旅客今天乘坐的是什么型号的飞机？

A. 麦道MD80　　B. 空客A320

C. 波音747　　D. 东方航空

答案是C。“您乘坐的是波音747型飞机”就是答案所在。

36. 在哪个地方有清洁袋可供旅客放置杂物？

A. 座椅靠背的下方　　B. 座椅的上方

C. 座椅靠背的口袋里　　D. 座椅的扶手上

答案是C。“在您前方座椅靠背的口袋里有清洁袋”就是答案所在。

37. 在飞机的什么地方有洗手间？

A. 飞机的侧面　　B. 飞机的中间

C. 飞机的前部和后部　　D. 飞机的出口处

答案是C。“洗手间在飞机的前部和后部”就是答案所在。

第38到39题是根据下面一段话：

世界上没有两样完全相同的东西。人从外表上看是完全对称的：两只眼睛，一双手，脚分左右，耳分东西；鼻子虽然只有一个，却有两个鼻孔。但从根本上讲，人实际上是不对称的。

最明显的例子是左右手。习惯用左手的人，左手肌肉要比右手发达，也稍长于右手；习惯用右手的人情形则相反。就是左右手并用的人，他的两手也不完全一样，手长不一样，指纹不一样，力气也不完全一样。

人的双眼大小也不完全一样。一般人都是右眼大于左眼，而且右眼的使用率比左眼高很多。世界上大约三分之二的人主要用右眼，三分之一的人主要用左眼。

38. 根据这段短文，下列哪项是正确的？

A. 人体真奇妙　　B. 右手比左手重要

C. 人完全是对称的　　D. 没有完全相同的东西

答案是D。第一句话“世界上没有两样完全相同的东西”就是答案。

39. 世界上有多少人主要用右眼？

A. 三分之一　　B. 三分之二

C. 百分之五十　　D. 非常多

答案是B。最后一句话“世界上大约三分之二的人主要用右眼”就是答案。

第40到42题是根据下面一段话：

两只小猫在吵架，狐狸看见了，走上前去，问：“你们吵什么？”

“他想抢走我发现的食物！”一只小猫说。

“不对，这是我先发现的！”另一只小猫说。

狐狸说：“知道了，知道了！不要再吵了，我把食物给你们分成两半，你们拿秤去！”

狐狸把食物分成两半，并用秤称了起来。“咦，右边比较重喔！”狐狸说着就把右边的一半咬了一口。“啊！这次变成左边比较重啦！”狐狸又咬了一口左边的食物。

两只猫眼看着秤上的食物，变得越来越小。

“实在没办法啦！就让我吃光吧！”结果狐狸把食物吃得一干二净，还说：“啊！真好吃！嗨！再见了！”

多么狡猾的狐狸呀！“我们两个如果不吵架，好好儿地把那食物分开来吃该多好啊！”两只猫都很后悔，决定以后再也不吵架了。

40. 两只猫为什么争吵？

A. 抢皮球　　B. 抢小鱼

C. 抢食物　　D. 抢花朵

答案是C。两只猫在为抢食物争吵。

41. 狐狸用什么分猫的食物？

A. 用手掰开　　B. 用牙咬

C. 用秤称　　D. 用刀切开

答案是C。“狐狸把食物分成两半，并用秤称了起来”说明狐狸用秤称猫的食物。

42. 两只猫最后的心情怎么样？

A. 伤心　　B. 后悔　　C. 高兴　　D. 开心

答案是B。“两只猫都很后悔”就是答案所在。

第43到45题是根据下面一段话：

一个小男孩儿染上了很容易传染人的皮肤病。为了自家孩子的健康，很多家长都告诫各自的孩子不要再跟那个小伙伴接触。

但有一个小男孩儿仍然跟以往一样，与患病的伙伴一起上学放学，一起玩耍。邻居们都感到奇怪。因为这个小男孩儿的父母都是医生，他从小受到的卫生教育理应比别人多，他没有理由不知道那样做的危险啊！有好心的邻居提醒小男孩儿，小男孩儿回答说："妈妈告诉我，健康的身体是不怕传染的！"

果真，直到患病的伙伴痊愈了，这个小男孩儿也没被传染。他说："如果我是健康的，我就不怕传染；如果我是好人，我就不怕别人教我学坏，因为好人是不会学坏的。"

43. 为什么家长不让自己的孩子接触那个小伙伴？

A. 因为他有坏习惯　　B. 因为他得了传染病

C. 因为他学习不好　　D. 大家都不相信他

答案是B。第一句话"一个小男孩儿染上了很容易传染人的皮肤病"就是答案。

44. 为什么那个小男孩儿仍然跟患病的伙伴玩儿？

A. 他不知道伙伴有病　　B. 他父母都是医生，而且他很健康

C. 他父母不懂卫生教育　　D. 他也有一样的病，所以不怕传染

答案是B。由短文可知，小男孩的父母都是医生，他很健康，而且知道健康的身体不怕被传染。

45. 这个故事告诉我们什么？

A. 不要跟有病的人在一起　　B. 要养成卫生的习惯

C. 提醒人们预防传染病　　D. 自身的情况决定是否会受不好的影响

答案是D。从短文最后一句话"如果我是健康的，我就不怕传染；如果我是好人，我就不怕别人教我学坏，因为好人是不会学坏的"可知，这个故事想告诉我们，自身的情况决定是否会受不好的影响，应选D。

附录：新HSK五级新增词（1300个）

A

āi
唉

àihù
爱护

àixī
爱惜

àixīn
爱心

ānwèi
安慰

ānzhuāng
安装

àn
岸

B

bǎwò
把握

bǎi
摆

bānzhǔrèn
班主任

bànlǐ
办理

bàng
棒

bàngwǎn
傍晚

bāoguǒ
包裹

bāohán
包含

bāozi
包子

báo
薄

bǎobèi
宝贝

bǎoguì
宝贵

bǎochí
保持

bǎocún
保存

bǎoliú
保留

bǎoxiǎn
保险

bàogào
报告

bēiguān
悲观

bèi
背

bèijǐng
背景

bèizi
被子

běnkē
本科

běnlǐng
本领

běnzhì
本质

bǐcǐ
彼此

bǐlì
比例

bǐrú
比如

bìjìng
毕竟

bìmiǎn
避免

bìrán
必然

bìxū
必需

bìyào
必要

biānjí
编辑

biānpào
鞭炮

biàn
便

biànlùn
辩论

biāodiǎn
标点

biāozhì
标志

biǎomiàn
表面

biǎomíng
表明

biǎoqíng
表情

biǎoxiàn
表现

bǐng
丙

bìngdú
病毒

bōli
玻璃

bówùguǎn
博物馆

bózi
脖子

búbì
不必

búduàn
不断

bú jiàndé
不见得

bú nàifán
不耐烦

bú yàojǐn
不要紧

bǔchōng
补充

bù
布

bù'ān
不安

bù déliǎo
不得了

bù hǎoyìsi
不好意思

bùmiǎn
不免

bùrán
不然

bùrú
不如

bùzú
不足

bùmén
部门

bùzhòu
步骤

C

cáichǎn
财产

cǎi
踩

cǎifǎng
采访

cǎiqǔ
采取

cǎihóng
彩虹

cānkǎo
参考

cānyù
参与

cāntīng
餐厅

cánjí
残疾

cánkuì
惭愧

cāochǎng
操场

cāoxīn
操心

cè
册

cèsuǒ
厕所

cèyàn
测验

céngjīng
曾经

chā
插

chābié
差别

chāzi
叉子

chāi
拆

chǎnpǐn
产品

chǎnshēng
产生

chángshí
常识

chángtú
长途

chāo
抄

cháo
朝

cháodài
朝代

chǎo
炒

chǎojià
吵架

chēkù
车库

chēxiāng
车厢

chèdǐ
彻底

chénmò
沉默

chèn
趁

chēng
称

chēnghu
称呼

chēngzàn
称赞

chéng
乘

chéngdān
承担

chéngrèn
承认

chéngshòu
承受

chéngdù
程度

chéngxù
程序

chéngfèn
成分

chéngguǒ
成果

chéngjiù
成就

chénglì
成立

chéngyǔ
成语

chéngzhǎng
成长

chéngkěn
诚恳

chīkuī
吃亏

chíxù
持续

chízi
池子

chǐzi
尺子

chìbǎng
翅膀

chōng
冲

chōngdiànqì
充电器

chōngfèn
充分

chōngmǎn
充满

chóngfù
重复

chǒngwù
宠物

chōuti
抽屉

chōuxiàng
抽象

chǒu
丑

chòu
臭

chūbǎn
出版

chūkǒu
出口

chūsè
出色

chūxí
出席

chūjí
初级

chú
除

chúfēi
除非

chúxī
除夕

chǔlǐ
处理

chuánbō
传播

chuándì
传递

chuánrǎn
传染

chuánshuō
传说

chuántǒng 传统

chuānglián 窗帘

chuǎng 闯

chuàngzào 创造

chuī 吹

cídài 磁带

cízhí 辞职

cǐwài 此外

cìjī 刺激

cìyào 次要

cōngmáng 匆忙

cóngcǐ 从此

cóng'ér 从而

cóngqián 从前

cóngshì 从事

cù 醋

cùjìn 促进

cùshǐ 促使

cuī 催

cún 存

cúnzài 存在

cuòshī 措施

cuòwù 错误

D

dāying 答应

dádào 达到

dǎgōng 打工

dǎ jiāodao 打交道

dǎ pēntì 打喷嚏

dǎting 打听

dǎ zhāohu 打招呼

dàfang 大方

dàxiàng 大象

dàxíng 大型

dāi 呆

dàikuǎn 贷款

dàiyù 待遇

dānchún 单纯

dāndiào 单调

dāndú 单独

dānwèi 单位

dānyuán 单元

dānrèn 担任

dānwu 耽误

dǎnxiǎoguǐ 胆小鬼

dàn 淡

dāngdài 当代

dǎng 挡

dǎo 岛

dǎoméi 倒霉

dǎoyǎn 导演

dǎozhì 导致

dào 倒

dàodá 到达

dàodé 道德

dàolǐ 道理

dēngjīpái 登机牌

dēngjì 登记

děngdài 等待

děnghòu 等候

děngyú 等于

dī 滴

díquè 的确

dírén 敌人

dì 递

dìdao 地道

dìlǐ 地理

dìqū 地区

dìtǎn 地毯

dìwèi 地位

dìzhèn 地震

diǎntóu 点头

diǎnxin 点心

diànchí 电池

diàntái 电台

diào 钓

dīng 丁

dǐng 顶

dòng 冻

dòng 洞

dònghuàpiàn
动画片

dòu
逗

dòufu
豆腐

dúlì
独立

dútè
独特

dùguò
度过

duǎnxìn
短信

duī
堆

duìbǐ
对比

duìdài
对待

duìfāng
对方

duìshǒu
对手

duìxiàng
对象

duìyú
对于

dūn
吨

dūn
蹲

duōkuī
多亏

duōyú
多余

duǒcáng
躲藏

E

èliè
恶劣

F

fābiǎo
发表

fāchóu
发愁

fādá
发达

fādǒu
发抖

fāhuī
发挥

fāmíng
发明

fāpiào
发票

fāyán
发言

fákuǎn
罚款

fǎyuàn
法院

fān
翻

fánróng
繁荣

fánshì
凡是

fǎn'ér
反而

fǎnfù
反复

fǎnyìng
反应

fǎnzhèng
反正

fāng
方

fāng'àn
方案

fāngshì
方式

fáng'ài
妨碍

fángdōng
房东

fǎngfú
仿佛

fàngsōng
放松

fēi
非

féizào
肥皂

fèi
肺

fèihuà
废话

fèiyong
费用

fēnbié
分别

fēnbù
分布

fēnpèi
分配

fēnxī
分析

fēnfēn
纷纷

fèndòu
奋斗

fènnù
愤怒

fēnggé
风格

fēngsú
风俗

fēngxiǎn
风险

fēngkuáng
疯狂

fěngcì
讽刺

fǒudìng
否定

fǒurèn
否认

fú
扶

fú
幅

fúcóng
服从

fúzhuāng
服装

fǔdǎo
辅导

fùkuǎn
付款

fùnǚ
妇女

fùzhì
复制

G

gǎigé
改革

gǎijìn
改进

gǎishàn
改善

gǎizhèng
改正

gài
盖

gàikuò
概括

gàiniàn
概念

gāncuì
干脆

gǎnjī
感激

gǎnshòu
感受

gǎnxiǎng
感想

gǎnjǐn
赶紧

gǎnkuài
赶快

gàn huór
干 活儿

gāngtiě
钢铁

gāodàng
高档

gāosù gōnglù
高速 公路

gǎo
搞

gàobié
告别

gēbo
胳膊

gēzi
鸽子

gébì
隔壁

gémìng
革命

géwài
格外

gèbié
个别

gèrén
个人

gèxìng
个性

gèzì
各自

gēn
根

gēnběn
根本

gèngjiā
更加

gōngbù
公布

gōngkāi
公开

gōngpíng
公平

gōngyù
公寓

gōngyuán
公元

gōngzhǔ
公主

gōngchǎng
工厂

gōngchéngshī
工程师

gōngrén
工人

gōngyè
工业

gōngfu
功夫

gōngnéng
功能

gòngxiàn
贡献

gōutōng
沟通

gòuchéng
构成

gūgu
姑姑

gūniang
姑娘

gǔdài
古代

gǔdiǎn
古典

gǔlǎo
古老

gǔpiào
股票

gǔtou
骨头

gǔwǔ
鼓舞

gùdìng
固定

gùtǐ
固体

gùyōng
雇佣

guàhào
挂号

guāi
乖

guǎiwān
拐弯

guàibude
怪不得

guān
官

guānbì
关闭

guānhuái
关怀

guānchá
观察

guāndiǎn
观点

guānniàn
观念

guǎnzi
管子

guànjūn
冠军

guàntou
罐头

guānghuá
光滑

guānglín
光临

guāngmíng
光明

guāngpán
光盘

guāngróng
光荣

guǎngchǎng
广场

guǎngdà
广大

guǎngfàn
广泛

guīju
规矩

guīlǜ
规律

guīmó
规模

guīzé
规则

guìtái
柜台

gǔn
滚

guō
锅

guójí 国籍
Guóqìngjié 国庆节
guǒshí 果实
guòfèn 过分
guòmǐn 过敏
guòqī 过期

H

hā 哈
hǎiguān 海关
hǎixiān 海鲜
hǎn 喊
hángyè 行业
háohuá 豪华
hàoqí 好奇
hébì 何必
hékuàng 何况
héfǎ 合法
hélǐ 合理
hétong 合同
héyǐng 合影
hézuò 合作
hépíng 和平
héxīn 核心
hèn 恨
héng 横
hòuguǒ 后果
hūshì 忽视
hūxī 呼吸
hú 壶
húdié 蝴蝶
húshuō 胡说
hútòng 胡同
húxū 胡须
hútu 糊涂
huāshēng 花生
huábīng 滑冰
huáchuán 划船
huáyì 华裔
huàtí 话题
huàxué 化学
huáiniàn 怀念
huǎnjiě 缓解
huànxiǎng 幻想
huāngzhāng 慌张
huángdì 皇帝
huánghòu 皇后
huángguā 黄瓜
huángjīn 黄金
huī 挥
huī 灰
huīchén 灰尘
huīxīn 灰心
huīfù 恢复
huìlǜ 汇率
hūnlǐ 婚礼
hūnyīn 婚姻
huóyuè 活跃
huǒbàn 伙伴
huǒchái 火柴

J

jīběn 基本
jīliè 激烈
jīqì 机器
jīròu 肌肉
jígé 及格
jímáng 急忙
jítǐ 集体
jízhōng 集中
jì lǐngdài 系领带
jìlù 纪录
jìlǜ 纪律
jìniàn 纪念
jìlù 记录
jìyì 记忆
jìmò 寂寞
jìsuàn 计算
jiābīn 嘉宾
jiātíng 家庭
jiāwù 家务

jiāxiāng 家乡
jiāzi 夹子
jiǎ 甲
jiǎrú 假如
jiǎzhuāng 假装
jià 嫁
jiàshǐ 驾驶
jiàzhí 价值
jiān 煎
jiānbǎng 肩膀
jiānjù 艰巨
jiānkǔ 艰苦
jiānjué 坚决
jiānqiáng 坚强
jiānruì 尖锐
jiǎn 捡
jiǎndāo 剪刀
jiǎnlì 简历
jiǎnzhí 简直
jiànlì 建立
jiànshè 建设
jiànyì 建议
jiànzhù 建筑
jiànpán 键盘
jiànshēnfáng 健身房
jiǎngjiu 讲究
jiǎngzuò 讲座

jiàngluò 降落
jiàngyóu 酱油
jiāo 浇
jiāohuàn 交换
jiāojì 交际
jiāoqū 郊区
jiāoshuǐ 胶水
jiǎodù 角度
jiǎohuá 狡猾
jiàocái 教材
jiàoliàn 教练
jiàoxùn 教训
jiēchù 接触
jiēdài 接待
jiējìn 接近
jiēzhe 接着
jiēduàn 阶段
jiēshi 结实
jié 节
jiéshěng 节省
jiégòu 结构
jiéhé 结合
jiélùn 结论
jiézhàng 结账
jiěfàng 解放
jiěshuōyuán 解说员
jiè 届

jièkǒu 借口
jièyān 戒烟
jièzhi 戒指
jīnshǔ 金属
jǐn 紧
jǐnjí 紧急
jǐnliàng 尽量
jǐnshèn 谨慎
jìnbù 进步
jìnkǒu 进口
jìndài 近代
jìnlì 尽力
jīngdiǎn 经典
jīngyíng 经营
jīnglì 精力
jǐngsè 景色
jìng'ài 敬爱
jiǔbā 酒吧
jiù 救
jiùhùchē 救护车
jiùjiu 舅舅
jūrán 居然
júzi 桔子
jǔ 举
jùbèi 具备
jùtǐ 具体
jùdà 巨大

jùhuì
聚会

jùlèbù
俱乐部

jùshuō
据说

juān
捐

juǎn
卷

juéduì
绝对

juésài
决赛

juéxīn
决心

juésè
角色

jūnshì
军事

jūnyún
均匀

K

kǎchē
卡车

kāifā
开发

kāifàng
开放

kāimùshì
开幕式

kāixīn
开心

kǎn
砍

kànbuqǐ
看不起

kànlái
看来

kàngyì
抗议

kǎoyā
烤鸭

kē
颗

kějiàn
可见

kěkào
可靠

kěpà
可怕

kè
克

kèfú
克服

kèchéng
课程

kèguān
客观

kètīng
客厅

kèkǔ
刻苦

kōngjiān
空间

kǒngbù
恐怖

kòngxián
空闲

kòngzhì
控制

kǒuwèi
口味

kuā
夸

kuàijì
会计

kuàngquánshuǐ
矿泉水

L

làjiāo
辣椒

làzhú
蜡烛

láizì
来自

lán
拦

làn
烂

láng
狼

láodòng
劳动

láojià
劳驾

lǎobǎixìng
老百姓

lǎobǎn
老板

lǎoshi
老实

lǎoshǔ
老鼠

lǎolao
姥姥

lèguān
乐观

léi
雷

lèi
类

lí
梨

líhūn
离婚

límǐ
厘米

lǐbàitiān
礼拜天

lǐlùn
理论

lǐyóu
理由

lì
粒

lìfāng
立方

lìjí
立即

lìkè
立刻

lìliàng
力量

lìrùn
利润

lìxī
利息

lìyì
利益

lìyòng
利用

liánhé
联合

liánmáng
连忙

liánxùjù
连续剧

liàn'ài
恋爱

liánghǎo
良好

liángshi
粮食

liǎobuqǐ
了不起

línshí 临时
líng 铃
línghuó 灵活
língjiàn 零件
língqián 零钱
língshí 零食
lǐngdǎo 领导
lǐngyù 领域
liúchuán 流传
liúlǎn 浏览
lóng 龙
lòu 漏
lù 露
lùdì 陆地
lùxù 陆续
lùqǔ 录取
lùyīn 录音
lúnliú 轮流
lùnwén 论文
luójí 逻辑
luòhòu 落后

M

mà 骂
màikèfēng 麦克风
mántou 馒头
mǎnzú 满足
máo 毛
máobìng 毛病
máodùn 矛盾
màoxiǎn 冒险
màoyì 贸易
méimao 眉毛
méitàn 煤炭
měishù 美术
mèilì 魅力
mílù 迷路
míyǔ 谜语
mìfēng 蜜蜂
mìmì 秘密
mìshū 秘书
mìqiè 密切
miánhua 棉花
miànduì 面对
miànjī 面积
miànlín 面临
miáotiao 苗条
miáoxiě 描写
miǎo 秒
mínzhǔ 民主
míngpái 名牌
míngpiàn 名片
míngshèng gǔjì 名胜古迹
míngquè 明确
míngxiǎn 明显
míngxìnpiàn 明信片
míngxīng 明星
mìnglìng 命令
mìngyùn 命运
mō 摸
mófǎng 模仿
móhu 模糊
mótuōchē 摩托车
mòshēng 陌生
mǒu 某
mùbiāo 目标
mùlù 目录
mùqián 目前
mùtou 木头

N

nǎpà 哪怕
nánguài 难怪
nánkàn 难看
nǎodai 脑袋
nèikē 内科
nèn 嫩
nénggàn 能干
néngyuán 能源
niándài 年代
niánjì 年纪

niàn
念

nìngkě
宁可

niúzǎikù
牛仔裤

nóng
浓

nóngmín
农民

nóngyè
农业

nǚshì
女士

O

ǒurán
偶然

P

pāi
拍

páiduì
排队

páiqiú
排球

pài
派

pànwàng
盼望

péicháng
赔偿

péiyǎng
培养

pèifu
佩服

pèihé
配合

pén
盆

pèngjiàn
碰见

pī
披

pī
批

pīzhǔn
批准

píláo
疲劳

píxié
皮鞋

pǐ
匹

piàn
片

piànmiàn
片面

piāo
飘

píndào
频道

pǐnzhǒng
品种

píng
凭

píng
平

píngcháng
平常

píngděng
平等

píngfāng
平方

pínghéng
平衡

píngjìng
平静

píngjūn
平均

píngjià
评价

pòchǎn
破产

pòhuài
破坏

pòqiè
迫切

pǔsù
朴素

Q

qīdài
期待

qījiān
期间

qíjì
奇迹

qíyú
其余

qǐfā
启发

qǐtú
企图

qǐyè
企业

qìfēn
气氛

qìyóu
汽油

qiān
牵

qiānxū
谦虚

qiānzì
签字

qiántú
前途

qiǎn
浅

qiàn
欠

qiāng
枪

qiángdiào
强调

qiángliè
强烈

qiǎng
抢

qiāoqiāo
悄悄

qiáo
瞧

qiǎomiào
巧妙

qiē
切

qīn'ài
亲爱

qīnqiè
亲切

qīnzì
亲自

qīnlüè
侵略

qínfèn
勤奋

qínláo
勤劳

qīng
青

qīngchūn
青春

qīngshàonián
青少年

qīngdàn 清淡
qīngshì 轻视
qíngjǐng 情景
qíngxù 情绪
qǐngqiú 请求
qìngzhù 庆祝
qiúmí 球迷
qūshì 趋势
qǔ 娶
qǔxiāo 取消
qùshì 去世
quān 圈
quánlì 权力
quánlì 权利
quánmiàn 全面
quàn 劝
quēfá 缺乏
quèdìng 确定
quèrèn 确认

R

ránshāo 燃烧
rǎng 嚷
rào 绕
rè'ài 热爱
rèliè 热烈
rèxīn 热心
réncái 人才
rénkǒu 人口
rénlèi 人类
rénshēng 人生
rénshì 人事
rénwù 人物
rényuán 人员
rěnbuzhù 忍不住
rìcháng 日常
rìchéng 日程
rìlì 日历
rìqī 日期
rìyòngpǐn 日用品
rónghuà 融化
róngxìng 荣幸
róngyù 荣誉
rúhé 如何
rújīn 如今
ruǎnjiàn 软件
ruò 弱

S

sǎ 洒
sǎngzi 嗓子
shā 杀
shāmò 沙漠
shātān 沙滩
shǎ 傻
shài 晒
shānchú 删除
shǎndiàn 闪电
shànliáng 善良
shànyú 善于
shànzi 扇子
shāngpǐn 商品
shāngyè 商业
shàngdàng 上当
sháozi 勺子
shé 蛇
shétou 舌头
shěbude 舍不得
shèbèi 设备
shèjì 设计
shèshī 设施
shèjī 射击
shèyǐng 摄影
shēn 伸
shēncái 身材
shēnfèn 身份
shēnkè 深刻
shénhuà 神话
shénjīng 神经
shénmì 神秘
shēng 升

shēngchǎn
生产

shēngdòng
生动

shēngdiào
声调

shéngzi
绳子

shěnglüè
省略

shènglì
胜利

shī
诗

shīmián
失眠

shīqù
失去

shīyè
失业

shídài
时代

shíkè
时刻

shímáo
时髦

shíqī
时期

shíshàng
时尚

shíhuà
实话

shíjiàn
实践

shíxí
实习

shíxiàn
实现

shíxíng
实行

shíyàn
实验

shíyòng
实用

shítou
石头

shíwù
食物

shǐjìnr
使劲儿

shǐzhōng
始终

shìbīng
士兵

shìde
似的

shìfǒu
是否

shìjuàn
试卷

shìshí
事实

shìwù
事物

shìxiān
事先

shōuhuò
收获

shōujù
收据

shǒugōng
手工

shǒushù
手术

shǒutào
手套

shǒuxù
手续

shǒuzhǐ
手指

shòumìng
寿命

shòushāng
受伤

shūcài
蔬菜

shūjià
书架

shūrù
输入

shūshì
舒适

shūzi
梳子

shúliàn
熟练

shǔbiāo
鼠标

shǔyú
属于

shùjù
数据

shùmǎ
数码

shuāi
摔

shuǎi
甩

shuāngfāng
双方

shuì
税

shuōbudìng
说不定

shuōfú
说服

sī
撕

sīchóu
丝绸

sīháo
丝毫

sīkǎo
思考

sīxiǎng
思想

sīrén
私人

sìhū
似乎

sìmiào
寺庙

sùshè
宿舍

suíshí
随时

suì
碎

sǔnshī
损失

suōduǎn
缩短

suōxiǎo
缩小

suǒ
锁

suǒ
所

suǒwèi
所谓

T

tǎ
塔

táijiē
台阶

tàijíquán
太极拳

tàitai
太太

tánpàn 谈判
tǎnshuài 坦率
tàng 烫
táo 桃
táo 逃
táobì 逃避
tào 套
tèshū 特殊
tèyì 特意
tèzhēng 特征
téng'ài 疼爱
tí 提
tíchàng 提倡
tígāng 提纲
tíwèn 提问
tímù 题目
tǐhuì 体会
tǐjī 体积
tǐtiē 体贴
tǐxiàn 体现
tǐyàn 体验
tiānkōng 天空
tiānzhēn 天真
tiányě 田野
tiáopí 调皮
tiáozhěng 调整
tiǎozhàn 挑战
tōngcháng 通常
tōngxùn 通讯
tóng 铜
tóngshí 同时
tǒngyī 统一
tǒngzhì 统治
tòngkǔ 痛苦
tòngkuài 痛快
tóuzī 投资
tòumíng 透明
tūchū 突出
tǔdì 土地
tǔdòu 土豆
tù 吐
tùzi 兔子
tuán 团
tuīcí 推辞
tuīguǎng 推广
tuījiàn 推荐
tuì 退
tuìbù 退步
tuìxiū 退休

W

wāi 歪
wàijiāo 外交
wān 弯
wánjù 玩具
wánměi 完美
wánshàn 完善
wánzhěng 完整
wànyī 万一
wángzǐ 王子
wǎngfǎn 往返
wēihài 危害
wēixiào 微笑
wēixié 威胁
wéifǎn 违反
wéihù 维护
wéijīn 围巾
wéirào 围绕
wéiyī 唯一
wěiba 尾巴
wěidà 伟大
wěiqu 委屈
wěituō 委托
wèi 胃
wèibì 未必
wèilái 未来
wèishēngjiān 卫生间
wèizhì 位置
wēnnuǎn 温暖
wēnróu 温柔
wén 闻

wénjiàn
文件

wénjù
文具

wénmíng
文明

wénxué
文学

wěn
吻

wěndìng
稳定

wènhòu
问候

wòshì
卧室

wūzi
屋子

wúnài
无奈

wúshù
无数

wǔqì
武器

wǔshù
武术

wù
雾

wùlǐ
物理

wùzhì
物质

X

xīshōu
吸收

xì
系

xìtǒng
系统

xìjié
细节

xìjù
戏剧

xiā
瞎

xià
吓

xiàzài
下载

xiānyàn
鲜艳

xiǎnde
显得

xiǎnrán
显然

xiǎnshì
显示

xiàn
县

xiànjīn
现金

xiànshí
现实

xiànxiàng
现象

xiāngchǔ
相处

xiāngdāng
相当

xiāngduì
相对

xiāngguān
相关

xiāngsì
相似

xiǎngniàn
想念

xiǎngxiàng
想象

xiǎngshòu
享受

xiàng
项

xiàngliàn
项链

xiàngmù
项目

xiàngpí
橡皮

xiàngqí
象棋

xiàngzhēng
象征

xiāofèi
消费

xiāohuà
消化

xiāomiè
消灭

xiāoshī
消失

xiāoshòu
销售

xiǎochī
小吃

xiǎohuǒzi
小伙子

xiǎomài
小麦

xiǎoqi
小气

xiǎotōu
小偷

xiàolǜ
效率

xiàoshun
孝顺

xiē
歇

xié
斜

xiétiáo
协调

xīnlǐ
心理

xīnzàng
心脏

xīnshǎng
欣赏

xìnfēng
信封

xìn hào
信号

xìnxī
信息

xíngchéng
形成

xíngróng
形容

xíngshì
形式

xíngshì
形势

xíngxiàng
形象

xíngzhuàng
形状

xíngdòng
行动

xíngrén
行人

xíngwéi
行为

xìngkuī
幸亏

xìngyùn
幸运

xìngzhì
性质

xiōng 胸
xiōngdì 兄弟
xióngwěi 雄伟
xiūgǎi 修改
xiūxián 休闲
xūxīn 虚心
xùshù 叙述
xuānbù 宣布
xuānchuán 宣传
xuǎnjǔ 选举
xuéqī 学期
xuéshù 学术
xuéwen 学问
xúnwèn 询问
xúnzhǎo 寻找
xùnliàn 训练
xùnsù 迅速

Y

yáncháng 延长
yánsù 严肃
yànhuì 宴会
yángtái 阳台
yǎng 痒
yàngshì 样式
yāo 腰
yáo 摇
yǎo 咬
yàobù 要不
yàoshi 要是
yè 夜
yètǐ 液体
yèwù 业务
yèyú 业余
yīrán 依然
yíbèizi 一辈子
yídàn 一旦
yílù píng'ān 一路平安
yízhì 一致
yídòng 移动
yímín 移民
yíhàn 遗憾
yíwèn 疑问
yǐ 乙
yǐjí 以及
yǐlái 以来
yìlùn 议论
yìwài 意外
yìyì 意义
yìwù 义务
yīn'ér 因而
yīnsù 因素
yín 银
yīngjùn 英俊
yīngxióng 英雄
yíngjiē 迎接
yíngyǎng 营养
yíngyè 营业
yǐngzi 影子
yìngbì 硬币
yìngjiàn 硬件
yìngfu 应付
yìngpìn 应聘
yìngyòng 应用
yōngbào 拥抱
yōngjǐ 拥挤
yǒngqì 勇气
yòngtú 用途
yōuhuì 优惠
yōuměi 优美
yōushì 优势
yōujiǔ 悠久
yóulǎn 游览
yóujú 邮局
yóuyù 犹豫
yóuzhá 油炸
yǒulì 有利
yòu'éryuán 幼儿园
yúlè 娱乐
yǔqí 与其
yǔqì 语气

yǔzhòu
宇宙

yùbào
预报

yùdìng
预订

yùfáng
预防

yùmǐ
玉米

Yuándàn
元旦

yuángù
缘故

yuánliào
原料

yuánzé
原则

yuànwàng
愿望

yūn
晕

yùnqi
运气

yùnshū
运输

yùnyòng
运用

Z

zāihài
灾害

zàisān
再三

zànchéng
赞成

zànměi
赞美

zāogāo
糟糕

zàochéng
造成

zé
则

zébèi
责备

zhāi
摘

zhāntiē
粘贴

zhǎnkāi
展开

zhǎnlǎn
展览

zhànxiàn
占线

zhànzhēng
战争

zhǎng
涨

zhǎngwò
掌握

zhànghù
账户

zhāodài
招待

zháoliáng
着凉

zhàocháng
照常

zhàokāi
召开

zhéxué
哲学

zhēnduì
针对

zhēnlǐ
真理

zhēnshí
真实

zhēnxī
珍惜

zhěnduàn
诊断

zhěntou
枕头

zhèn
阵

zhèndòng
振动

zhēng
睁

zhēnglùn
争论

zhēngqǔ
争取

zhēngqiú
征求

zhěnggè
整个

zhěngtǐ
整体

zhèng
正

zhèngcè
政策

zhèngfǔ
政府

zhèngzhì
政治

zhèngjiàn
证件

zhèngjù
证据

zhèngqián
挣钱

zhī
支

zhīpiào
支票

zhí
直

zhíxíng
执行

zhízhào
执照

zhǐdǎo
指导

zhǐhuī
指挥

zhìdìng
制定

zhìdù
制度

zhìzuò
制作

zhìhuì
智慧

zhìjīn
至今

zhìyú
至于

zhìliáo
治疗

zhìxù
秩序

zhìyuànzhě
志愿者

zhōng
钟

zhōngjiè
中介

zhōngxīn
中心

zhōngxún
中旬

zhòng
重

zhòngliàng
重量

zhōudào
周到

zhúbù
逐步

zhúzi
竹子

zhǔ
煮

zhǔchí
主持

zhǔguān
主观

zhǔrén
主人

zhǔxí
主席

zhǔzhāng
主张

zhǔfù
嘱咐

zhùcè
注册

zhùfú
祝福

zhuājǐn
抓紧

zhuānjiā
专家

zhuānxīn
专心

zhuǎnbiàn
转变

zhuǎngào
转告

zhuāng
装

zhuāngshì
装饰

zhuàngkuàng
状况

zhuàngtài
状态

zhuīqiú
追求

zīgé
资格

zījīn
资金

zīliào
资料

zīyuán
资源

zīshì
姿势

zīxún
咨询

zǐ
紫

zìcóng
自从

zìdòng
自动

zìháo
自豪

zìjué
自觉

zìsī
自私

zìxìn
自信

zìyóu
自由

zìyuàn
自愿

zìmù
字幕

zōnghé
综合

zōngjiào
宗教

zǒngcái
总裁

zǒnggòng
总共

zǒnglǐ
总理

zǒngsuàn
总算

zǒngtǒng
总统

zǒngzhī
总之

zǔguó
祖国

zǔxiān
祖先

zǔhé
组合

zǔzhǐ
阻止

zuì
醉

zuìchū
最初

zuìfàn
罪犯

zūnjìng
尊敬

zūnshǒu
遵守

zuòpǐn
作品

zuòwéi
作为

zuòwén
作文